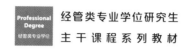

经管类专业学位研究生
主干课程系列教材

丛书编写委员会

主　　任　张金清

编　　委（按姓名笔画排序）

　　　　　陈　钊　程大中　陈冬梅　陈学彬　杜　莉
　　　　　封　进　黄亚钧　李心丹　刘红忠　刘莉亚
　　　　　束金龙　沈国兵　杨　青　张晖明

经管类专业学位研究生
主干课程系列教材

Mergers, Acquisitions
and Corporate Control

兼并、收购与公司控制

杨 青 编著

复旦大學 出版社

内容提要

本书全面回顾企业兼并的历史，系统介绍公司理论与公司价值决定理论，深入研究兼并、分立、重组、控制的形式及其理论，严密阐述其法律环境、政策环境与管理环境，详细论述财务分析的框架和企业估值的各种方法。既有深刻的理论推论，又有生动的案例分析和实证研究。不仅牢牢把握国际学术前沿，而且密切联系中国实际，详细剖析国内外资本运作的法律和规律。在此基础上，结合国际前沿理论和国际惯例阐述中国资本运作的实践和规定。同时，本书对有关中国资本运作和相关法律、法规的内容进行了翔实的叙述，以体现资本市场的新变化和法律法规的新要求。此外，本书还广泛运用发生在中国市场的新案例、新事实，以反映中国资本运作的最新动向。

本书适合金融管理专业师生作为参考用书。

前　言

自2012年开始，全球进入第六次兼并和收购（统称并购）浪潮之中，中国企业跨入大并购时代：一方面，大量企业需要不断创新，不断扩大业务规模，或是通过重组实现业务效率的提高；另一方面，市场投资活动如PE/VC开始活跃，各种公司控制方式如VIE公司、事业合伙制等也层出不穷。尤其是资本市场相当活跃，众多并购基金纷纷成立，开始运作，中国版"在门口的野蛮人"反响强烈，相关并购政策也不断在推动这些兼并重组活动，跨国活动也非常活跃。这波并购浪潮之中，基于中国经济发展的基础支撑，在并购活动相关的税务、资金、政策等大力推动下，中国并购市场进入一个持续活跃和大力发展的时期。

尽管中国并购市场相当活跃，但并购失败率也极高。调查表明：在成熟市场，并购成功率仅有40%左右，在一个各方面都还不成熟、人才欠缺、各方面经验不足的新兴市场，并购成功率甚至更低。新常态下，一方面，中国传统产业面临产能过剩和结构调整的问题；另一方面，技术创新尤其是平台经济在中国的广泛渗透，给古老的神州大地带来了经济发展的活力。新经济环境下，如何提升国民经济整体活力，并购和整合已成为必然趋势。然而，大部分中国企业依然缺乏经验，并购市场虽然活跃，但成功率低，时代发展迫切需要提升并购活动的专业度，对并购活动相关的估值、法律和整合等专门人才的培养迫在眉睫，对并购业务专门人才的需求在一段时间内将持续旺盛。

本书关注并购实务活动，尤其是中国并购市场的实务与实践，我们以并购活动的全流程为主线，重点讲述并购活动的尽职调查、并购交易的结构与设计、并购估值与融资，以及并购风险识别和并购整合，目的是使本书的使用者能够迅速掌握并购的基本知识，获得中国并购市场经验常识，更高效地识别并购风险,最终实现并购成功的目标。同时,本书也关注围绕并购活动的利益主体——专门的财务金融机构、员工、管理层与政府监管部门等,为并购活动提供一个全景图。

学习指南

兴趣是最好的导师,而兴趣需要不断地在理论学习和业务实践过程中进行培养。学习本书的最佳方法是把自己看作投资行业专门从事兼并收购业务的职业人士或大型企业的财务总监,并保持对兼并收购活动的兴趣。尝试从实务角度去考虑一家公司当前面临的问题和挑战以及制定长期发展战略,思考企业是否需要开展兼并收购活动、如何寻找合适的兼并收购对象、如何进行尽职调查和分析财务报表以及实现兼并收购活动后的协同效应。更重要的是在接下来的并购程序中完成对目标公司的估值和并购重整后的估值,借助各种渠道与途径获得并购所需资金,以及解决并购活动中可能碰到的各种问题,如目标公司管理层的接管防御、国家和资本市场的各种法律监管要求等。这一系列问题可以让你专注于对本书的学习,提升学习的效率,不断加深对企业进行兼并收购活动的理解。

站在一家公司战略发展的角度,很可能遇到以下形形色色的问题,诸如:若公司是创新产业的话,该如何策划自己的股权结构,从而能够在获得各种融资的同时而不失去对公司经营的控制,并在后期不断发展壮大,甚至对抗对手方的各种接管活动,实现公司战略长远发展的目标;若作为传统企业,其核心业务已经产能过剩,希望通过并购手段进入新兴产业领域,那么并购时需要思考哪些问题,怎样才能实现协同效应?若是一家资金充足的公司,市场上的并购机会很多,那些看起来有潜力的项目,是否真的能够带来理想的投资回报?并购对象选择关键看哪些要素,整合如何成功?尤其在尽职调查时,目标公司的问题为什么总是难以发现?目标公司不配合,财务报表掺假,怎样才能在做调查的时候一针见血地发现问题?

总之,即使是一名实务经验丰富的并购专家或者公司经营高手尚且对并购活动不敢轻易言胜,更何况是一名有志进入该行业的专业学习人员。由此,一方面我们需要系统学习并购活动的基础知识和相关知识,还要反复研习并购历史实务,学习前人经验;另一方面更要密切关注并购市场上每天上演的各种并购活动,不断补充更新知识体系并纳入自己的分析框架,时时演练,才有可能成为一名专业的兼并与收购业务的潜在专家。

本教材的目的在于,促使读者密切关注当前中国并购活动的同时进行独立思考。借鉴该教材中的基本概念、理论框架和分析技术,在持之以恒的学习过程和实践操作中,形成自己对企业兼并收购活动的独到见解和思维模式。有幸的话,你的独到见解和思维模式能运用到实际操作过程中,并促使企业从兼并收购活动中获取价值。

特点和创新

本书的特色或者说创新之处就在于,我们在近15年的本科和硕士研究生教学积累,以及实践活动反复思考和求证的基础上,不仅广泛借鉴学习国际上企业兼并收购领域的系列经典教材,如布鲁纳、威斯通等人的 EMBA、研究人士专业教材;也向国内同行学习取经,如周春生、周林、任淮秀、干春晖老师以及上海国家会计学院的各位老师等,在了解当前最新研究成果和经典案例分析的基础上,结合自己在上市公司参与董事会决策会议的实践常识,专门为金融专业硕士及相关专业研究生编写的一本兼具实用性和前沿性的教材。本书亦可作为投行人士的参考用书,其实用性和前沿性体现在以下六方面。

(1) 全书采用四大部分基础模块的框架结构,整体逻辑简洁清晰。从并购基础和背景、并购业务流程、并购估值活动与公司控制,以及并购市场的法规监管四大方面描述了兼并、收购与公司控制的全流程,对中国兼并收购活动具有现实指导意义。

(2) 基于学理框架和基础,结合经典案例和最新案例阐释并购活动对企业控制权的影响,如可口可乐收购汇源果汁、吉利收购沃尔沃以及宝万之争等。这些有助于学习者很好地理解并掌握并购知识在中国的应用。

(3) 观点鲜明,重点突出。关注并购实务与公司控制权的最终社会效益和经济效益最大化,详细解剖企业并购活动中的会计处理和估值方法。其中,会计处理方法包括购买法和权益法;估值方法涉及市场法、现金流量贴现法、实物期权法、成本法,以及协同效应的评估方法等。

(4) 为深入的学术研究提供了基础。立足于中国,放眼全球深度解析历次兼并收购浪潮,探索并购浪潮史背后的动因,获取实务经验教训,系统归纳研究并购动因的实证方法,如事件研究法、问卷调查法以及非调查问卷法等,为并购领域开展进一步的研究提供了思路。

(5) 学习美国基于法律的并购市场视角,关注中国公司控制与公司治理实务的本土化。系统梳理美国资本市场和中国资本市场对兼并收购活动进行监管的法律基础,为中国资本市场的法治化建设及公司治理的全球化视野提供了参考。

(6) 关注并购实务前沿,具有新业务的开拓精神。涉及时下热点问题,如私募股权(PE)、可变利益实体(VIE)、共享经济等,丰富和拓展了兼并收购研究领域的研究对象和范畴。

结构安排

本书从并购活动对公司控制权的影响的角度,立足于现代公司治理框架,在介绍并购活动基础内容后，构建了并购活动的流程主线，并突出介绍了典型的并购活动对公司控制权的影响，最后分析了并购活动的法律环境和监管。

总体而言，全书共分为并购基础、并购流程、并购活动与公司控制、并购监管四大部分。

第一部分　并购基础

本部分主要介绍并购、公司控制的背景、基础知识和发展阶段，重点关注公司并购的起源、基本概念以及并购历史。这部分内容共有三章：第一章涉及现代公司外部治理如并购对公司控制权的影响和关系，主要介绍并购活动作为公司外部治理的重要作用，公司治理的目标和公司控制、法律问题，以及 VIE、平台经济等一些新经济模式带来有关公司控制的挑战和思考；第二章主要介绍并购的基本概念与分类，包括协议收购与要约收购的法律界定、买壳上市与借壳上市的含义、区别和过程等；第三章主要介绍六次并购浪潮的全过程、特点和差异，尤其突出介绍了中国作为主体的第六次并购浪潮及其历史背景和特点。

第二部分　并购流程

本部分是非常重要的环节，主要用来帮助本书的使用者了解并购活动与业务的流程主体：公司发展战略为何要进行并购？如何制定并执行并购战略？如何协助完成目标公司估值并获得并购活动所需的资金？最后，如何完成目标公司财务报表的合并工作？这些都是并购工作获得成功的重点和核心内容。

这一部分是并购咨询业务的基础，共分为五章：首先，第四章概述了关于公司开展并购战略动因的十大基础理论，并提供了并购动因归类的实证支持和典型行业分析；其次，第五章将并购战略纳入公司发展战略整体框架，对并购战略、流程，并购目标的寻找方法（如波特竞争力分析、杜邦分析法等），以及并购尽职调查的清单与重要性进行了阐述；再次，第六章重点关注并购业务的各种价值评估方法，如市场法、可比公司法、现金流量贴现法（DCF），具体如 WACC、APV 等并购估值模型，以及金融工程方法的运用，并给出了这些方法在实际案例中的运用；再次，第七章系统分析了并购活动中的各种资金来源（如内源性、外源性融资）和过程；最后，第八章阐述了成功完成并购活动的不同利益主体下的合并财务报表的会计处理方法，如购买法和权益法。

第三部分　并购活动与公司控制

本部分主要介绍与公司控制权的变动相关的各种典型并购活动，如 LBO（杠杆收购）、ESOP（员工持股计划）、接管防御、重组、并购套利甚至跨国并购等。并购活动作为公司治理的外部机制，其主要资金来自财团，特定情况下财务公司就有可能成为公司的战略投资者，接管公司控制权；管理层也会借助债务实现 MBO（管理层收购），或是通过 ESOP

激励员工的同时完成对敌意收购的防御；或是通过重组完成公司控制权的重新安排；并购市场中的套利行为也会带来风险，造成公司控制权的变化；跨国并购可以拓展公司全球发展战略，扩大业务控制范围或者完成对国外公司的控制权，但是同时也会对公司战略发展带来挑战。

这一部分有六章：第九章介绍杠杆收购的基本特征、发展历史及运作方式等；第十章介绍员工持股计划作用和具体应用；第十一章介绍接管防御作用，着重区分接管防御的预防性措施和反抗性措施；第十二章介绍公司重组中的资产重组、股权重组和财务重组等类型；第十三章介绍并购套利的方式和风险；第十四章分析跨国并购的基本特征和模式，并给出可口可乐、吉利和万达等多个跨国并购经典案例。

第四部分　并购监管

本部分主要关注并购活动发生的法律环境（第十五章），不仅介绍了并购浪潮的主体——以美国为代表的并购监管环境的发展历史和法律框架；同时还重点介绍了中国并购市场以及跨国并购活动的法律监管环境和原则等；最后从监管者角度，介绍并购法律监管和履约程序的流程。

致谢

本书的出版基于编者自2003年开始在复旦大学经济学院国际金融系开设的"兼并与收购"课程，该课程为公司金融领域的核心内容。2009—2018年为复旦大学金融专业硕士开始讲授"兼并、收购与公司控制"课程；2005—2016年为科学硕士研究生讲授"兼并、收购与公司治理"，其间2009级硕士研究生陈峰对本书的整体框架构思提出了富有建设性的意见。此后，在与复旦大学本科生、研究生的相互学习、相互沟通交流中，本书的整体架构不断得到完善和发展，直至最终成书。因此，非常感谢他们——陈峰、周韵、韩清瞿、胡祐嘉、毛小骅、张晓筱、陈旭、张雁婷、鄢煜、王雪华、王一鸣、高润鑫、蒋小旺、黄俊杰、杨丹璐、杨郑晶、张宇茜、唐庆国、王志强、杨旻、刘越、姚望、任云涛、周文龙。亦师亦友，在与他们的交往中体会到作为一名老师的快乐。张剑宇同学对本书最后的模块划分提供了非常好的修改建议，也感谢两位匿名评审专家高屋建瓴的建议，为本书增色不少。还要感谢复旦大学专业硕士学科建设项目给予的大力支持和帮助。同时，感谢复旦大学经济学院的同事们——沈红波、卢华和黄明等提出的宝贵意见，复旦大学出版社徐惠平老师为本书出版提供的支持和付出的辛劳至关重要。

特别的，我要感谢帮助我一起排版的杨丹璐同学，她和我一起磨过了数个周末的时光，尤其在2018年狗年的大年初八，她就开始在家里启动了24小时办公模式，校订书稿原始资料的出处，订正案例，不断地调整排版，再次感谢她的严谨和认真！

最后，要感谢复旦大学出版社的编辑严谨的工作态度，以及在2018年炎热的暑期全力地投入工作，在已完成书稿的清样之后，配合我们查重，并重新审校书稿，反复修订。在此期间，要感谢复旦大学经济学院硕士研究生杨郑晶、唐庆国的付出，以及上海财经大学的徐皓元同学帮助一起校正。感谢这次重校，让我收获了满满的师生情谊：在这个浮躁的社会，在这个炎炎的夏日，我依然感受到了他们的静思之美！

杨　青

2018年8月28日于复旦校园

目 录

第一部分 并购基础

第一章 并购起源与公司治理 3
- 1.1 并购起源 3
- 1.2 企业的组织形式 6
- 1.3 公司的治理 8
  - 1.3.1 公司治理的控制权问题 10
  - 1.3.2 公司治理的法制问题 13
- 1.4 中国公司治理的新模式——VIE 15
  - 1.4.1 VIE 的概念 15
  - 1.4.2 VIE 在中国的实践 16
- 1.5 平台经济的发展模式 19
  - 1.5.1 平台经济理论基础 19
  - 1.5.2 平台经济的发展模式 21
- 本章小结 24
- 重要概念 25
- 课后习题 25

第二章 并购的概念与范畴 26
- 2.1 并购的概念 26
  - 2.1.1 兼并 26
  - 2.1.2 收购 29
- 2.2 并购的分类体系 30
  - 2.2.1 根据并购对象所在行业划分 30
  - 2.2.2 根据并购程序划分 32

  2.2.3 根据并购双方意愿划分 ·················· 34
  2.2.4 根据收购的标的物划分 ·················· 37
  2.2.5 根据并购支付方式划分 ·················· 37
  2.2.6 其他类型 ······························ 42
本章小结 ································· 52
重要概念 ································· 52
课后习题 ································· 52

第三章 并购浪潮发展史 55
 3.1 全球六次并购浪潮概述 ······················ 55
 3.2 以横向并购为特征的第一次并购浪潮(1895—1904年) ····· 56
 3.3 以纵向并购为特征的第二次并购浪潮(1916—1929年) ····· 59
 3.4 以混合并购为特征的第三次并购浪潮(1965—1969年) ····· 60
 3.5 以杠杆并购为特征的第四次并购浪潮(1981—1989年) ····· 65
 3.6 以全球性跨国并购为主的第五次并购浪潮(1995—2005年) ·· 67
 3.7 以中国为主战场的第六次并购浪潮 ················ 70
  3.7.1 中国并购史的探索与发展阶段(1984—2005年) ···· 70
  3.7.2 中国并购史的市场化阶段(2005—2008年) ······· 72
  3.7.3 中国并购活动掀起第六次浪潮(2012—　) ······· 73
 3.8 并购浪潮总结分析 ························· 77
本章小结 ································· 79
重要概念 ································· 80
课后习题 ································· 80

第二部分 并 购 流 程

第四章 并购的动因 83
 4.1 并购理论的发展 ·························· 83
  4.1.1 协同理论 ······························ 84
  4.1.2 多样化经营理论 ·························· 87
  4.1.3 自大理论 ······························ 87
  4.1.4 市场势力理论 ···························· 88
  4.1.5 效率理论 ······························ 89
  4.1.6 价值低估理论 ···························· 89
  4.1.7 信息信号理论 ···························· 90

  4.1.8 代理成本理论 90
  4.1.9 管理主义理论 91
  4.1.10 自由现金流量理论 91
 4.2 并购动因的实证分析 92
  4.2.1 并购动因的基础理论 92
  4.2.2 并购动因的实证方法 93
 4.3 并购动因案例分析 95
  4.3.1 国际医药行业的并购动因 95
  4.3.2 中国医药行业的并购动因 96
  4.3.3 中国电子行业的并购动因 98
  4.3.4 中国银行业并购动因 99
  4.3.5 中国饮料业的并购动因分析 100
 本章小结 102
 重要概念 103
 课后习题 103

第五章 并购的战略 104
 5.1 制定并购战略 105
  5.1.1 并购战略的范畴 105
  5.1.2 并购战略的意义 108
  5.1.3 并购战略的选择 111
  5.1.4 并购战略的类型 113
  5.1.5 并购战略的制定 115
 5.2 确定并购目标 120
  5.2.1 寻找并购目标 120
  5.2.2 分析目标企业 120
  5.2.3 评估自身实力 121
 5.3 尽职调查 122
  5.3.1 尽职调查的原则 122
  5.3.2 尽职调查的内容 123
  5.3.3 尽职调查的风险 126
 本章小结 128
 重要概念 129
 课后习题 129

第六章　并购的价值评估 130

6.1 并购价值评估综述 130
6.2 市场法 133
6.2.1 可比公司分析法 133
6.2.2 可比交易分析法 136
6.2.3 对市场法的评价 141
6.3 现金流量贴现法(DCF) 141
6.3.1 DCF法估值思路 141
6.3.2 DCF法估值模型 142
6.3.3 DCF法估值步骤 142
6.3.4 加权平均资本成本法(WACC) 149
6.3.5 调整现值法(APV) 153
6.3.6 现金流量贴现法(DCF)的评价 156
6.4 实物期权估值法 156
6.4.1 期权估值基础：B-S模型 157
6.4.2 二项式期权定价模型 158
6.4.3 实物期权 159
6.5 其他价值评估方法 168
6.5.1 成本法 168
6.5.2 经济附加值法(EVA) 169
6.6 并购的协同效应评估 172
6.6.1 协同效应的产生途径 172
6.6.2 协同效应的评估方法 172
6.6.3 协同效应的悖论 175

本章小结 184
重要概念 185
课后习题 185

第七章　并购融资 192

7.1 融资类型 192
7.2 内源性融资 193
7.3 外部融资 194
7.3.1 债务融资 194
7.3.2 权益融资 197
7.4 混合型融资 201

7.4.1　可转换证券 ·· 201
7.4.2　认股权证 ·· 202
7.5　融资过程 ·· 202
7.5.1　确定收购成本 ·· 203
7.5.2　确定融资工具比例 ·· 205
7.5.3　融资比例及综合成本 ··· 207
本章小结 ·· 212
重要概念 ·· 213
课后习题 ·· 213

第八章　并购中的会计处理 ·· 214

8.1　并购会计的核算方法 ··· 214
8.1.1　权益法 ·· 214
8.1.2　购买法 ·· 216
8.2　不形成控股合并的长期股权投资的并购会计处理 ····························· 218
8.2.1　初始计量方法 ·· 218
8.2.2　后续计量方法 ·· 218
8.3　分次投资取得控制权的并购会计处理 ·· 220
8.3.1　同一控制下分次投资取得控制权 ··· 220
8.3.2　非同一控制下分次投资取得控股权 ······································ 221
8.3.3　非同一控制下的控股合并 ·· 221
8.3.4　非同一控制下的吸收合并 ·· 223
8.4　同一控制下的企业合并 ·· 223
8.4.1　同一控制下的控股合并 ··· 224
8.4.2　同一控制下的吸收合并 ··· 224
8.4.3　合并方进行企业合并发生的有关费用的处理 ·························· 225
8.5　资产注入 ·· 225
8.6　商誉 ·· 225
8.6.1　商誉减值测试 ·· 225
8.6.2　商誉减值会计处理 ·· 226
8.7　案例分析 ·· 227
本章小结 ·· 231
重要概念 ·· 231
课后习题 ·· 231

第三部分　并购活动与公司控制

第九章　杠杆收购 ... 237
9.1　杠杆收购概述 ... 238
9.1.1　杠杆收购的概念 ... 238
9.1.2　杠杆收购的类型 ... 239
9.1.3　杠杆收购的特征 ... 240
9.2　杠杆收购的发展历史 ... 243
9.2.1　杠杆收购的起源 ... 243
9.2.2　杠杆收购的发展 ... 243
9.3　杠杆收购的运作方式 ... 245
9.4　资金来源 ... 248
9.4.1　担保负债 ... 248
9.4.2　无担保负债 ... 249
9.4.3　垃圾债券 ... 249
9.4.4　私募股权基金 ... 249
9.5　杠杆收购的影响因素 ... 249
9.5.1　杠杆收购的成功因素 ... 249
9.5.2　杠杆收购的失败因素 ... 250
本章小结 ... 253
重要概念 ... 254
课后习题 ... 254

第十章　员工持股计划 ... 255
10.1　员工持股计划概述 ... 255
10.1.1　基本概念 ... 255
10.1.2　主要类型 ... 256
10.1.3　运作模式 ... 257
10.1.4　历史发展 ... 258
10.1.5　中国员工持股计划的发展历程 ... 259
10.2　员工持股计划在公司财务领域的应用 ... 261
10.2.1　收购 ... 261
10.2.2　资产剥离 ... 262
10.2.3　接管防御 ... 263

		10.2.4 解救濒临破产的公司	264
		10.2.5 筹集资本	264
	10.3	员工持股计划的评价	264
		10.3.1 员工持股计划的优点	264
		10.3.2 员工持股计划的缺陷	265
	10.4	经典案例评析	265
		10.4.1 华为员工持股计划	265
		10.4.2 美国西北航空公司的员工持股计划	268
	本章小结		270
	重要概念		270
	课后习题		270

第十一章 接管防御 … 271

11.1	反收购		271
	11.1.1	基本概念	271
	11.1.2	动因分析	272
	11.1.3	中国反收购现状	273
11.2	预防性反收购措施		273
	11.2.1	股权结构安排	273
	11.2.2	反收购条款	275
11.3	对抗性反收购措施		278
	11.3.1	提高收购成本	278
	11.3.2	降低收购收益或增加收购风险	281
	11.3.3	"帕克曼"防御	284
	11.3.4	法律手段	285
本章小结			291
重要概念			292
课后习题			292

第十二章 公司重组 294

12.1	公司重组概述		294
12.2	公司重组类型		295
	12.2.1	资产重组	295
	12.2.2	股权重组	299
	12.2.3	财务重组	305

本章小结 ··· 307
重要概念 ··· 308
课后习题 ··· 308

第十三章　并购套利 ·· 311

　13.1　基本概念 ·· 311
　13.2　并购套利方式 ·· 312
　　13.2.1　现金收购 ··· 312
　　13.2.2　换股收购 ··· 313
　13.3　并购套利风险 ·· 316
　　13.3.1　内部因素 ··· 316
　　13.3.2　外部因素 ··· 319
　　13.3.3　并购套利失败案例 ··· 320
　13.4　举牌收购 ·· 322
　本章小结 ··· 323
　重要概念 ··· 324
　课后习题 ··· 324

第十四章　跨国并购 ·· 325

　14.1　跨国并购概述 ·· 325
　　14.1.1　基本概念 ··· 325
　　14.1.2　跨国并购动因 ··· 326
　　14.1.3　跨国并购效应 ··· 330
　14.2　中国跨国并购市场的发展 ··· 331
　14.3　外资并购中国企业 ··· 332
　　14.3.1　外资并购概述 ··· 332
　　14.3.2　外资并购特征 ··· 333
　　14.3.3　外资并购模式 ··· 334
　14.4　中国企业境外并购 ··· 336
　　14.4.1　境外并购动因 ··· 336
　　14.4.2　境外并购特征 ··· 338
　　14.4.3　境外并购中遇到的挑战 ··· 339
　14.5　经典案例 ·· 341
　　14.5.1　可口可乐公司收购汇源果汁 ··· 341
　　14.5.2　吉利并购沃尔沃 ··· 342

14.5.3 万达收购美国传奇 ……………………………………………………… 343
本章小结 …………………………………………………………………………… 344
重要概念 …………………………………………………………………………… 344
课后习题 …………………………………………………………………………… 344

第四部分 并 购 监 管

第十五章 并购的法律环境 …………………………………………………… 349
15.1 美国并购监管发展史 ………………………………………………………… 349
  15.1.1 1890 年《谢尔曼反托拉斯法》……………………………………… 350
  15.1.2 1914 年《克莱顿法》………………………………………………… 351
  15.1.3 1950 年《塞勒-凯弗维尔反兼并法》………………………………… 351
  15.1.4 1968 年《威廉姆斯法》与要约收购监管 …………………………… 351
  15.1.5 1976 年《哈特-斯科特-罗迪奥法》………………………………… 352
  15.1.6 并购监管准则 ………………………………………………………… 353
15.2 中国并购市场的监管 ………………………………………………………… 356
  15.2.1 并购监管原则 ………………………………………………………… 356
  15.2.2 并购监管框架 ………………………………………………………… 357
  15.2.3 并购监管：以上市公司重大资产重组管理办法为例 ……………… 358
15.3 跨国并购的监管 ……………………………………………………………… 361
  15.3.1 国外对跨国并购的监管 ……………………………………………… 361
  15.3.2 中国对跨国并购的监管 ……………………………………………… 365
  15.3.3 外资并购监管体系 …………………………………………………… 366
  15.3.4 VIE 架构公司的监管问题 …………………………………………… 369
15.4 M&A 法律流程 ……………………………………………………………… 370
  15.4.1 预备程序 ……………………………………………………………… 370
  15.4.2 调查程序 ……………………………………………………………… 370
  15.4.3 执行程序 ……………………………………………………………… 371
  15.4.4 履约程序 ……………………………………………………………… 371
本章小结 …………………………………………………………………………… 374
重要概念 …………………………………………………………………………… 375
课后习题 …………………………………………………………………………… 375

参考文献 ………………………………………………………………………………… 377

第一部分
并 购 基 础

本部分介绍兼并收购、公司控制的基础知识，涉及现代公司外部治理如并购对公司控制权的影响和关系。重点关注公司并购的起源、基本概念以及并购历史。这部分内容共有三章：第一章主要介绍并购作为公司外部治理的重要作用，公司治理的目标和公司控制、法律问题，以及VIE、平台经济等一些新发展模式带来有关公司控制的挑战和思考；第二章主要介绍并购的基本概念与分类，包括协议收购与要约收购的法律界定、买壳上市与借壳上市的含义、区别和过程等；第三章主要介绍六次并购浪潮的全过程、特点和差异，尤其突出介绍了中国作为主体的第六次并购浪潮。

第一章

并购起源与公司治理

本章导读
- 了解兼并与收购的起源,掌握企业的几种基本形式;
- 了解中国和欧美的公司治理框架,掌握公司治理的目标和公司治理问题的类型;
- 了解VIE模式产生原因及其在中国发展情况;
- 平台经济与分享经济等经济形式对并购活动的冲击和挑战。

"话说天下大势,分久必合,合久必分。"

——罗贯中《三国演义》

1.1 并购起源

为了了解企业兼并与收购(merger & acquisition, M & A)的起源,我们不妨从最初美国资本市场的发展历史入手。美国独立战争结束时,联邦政府因为战争欠下的各类债务高达 2 700 万美元,而且货币形式五花八门。为了改善当时政府脆弱的财政状况,担任财政部部长的汉密尔顿提出,用美国政府作为信用担保,发行新的国债来偿还战争时期借贷的各种旧债。虽然这种"以旧换新"的债券融资方式在今天看来,国际上已经司空见惯,但在三百多年前,这一创意确属超前妄为。在这一时局背景下,一些具有投资意识的投机"掮客"(broker)涌入市场,发挥了政府发行人和一些投资者之间的中介桥梁作用:掮客寻找投资者,并负责将债券以特定价格销售给投资者。

债券融资方式的创新和资本市场的发展为新生的美国提供了强大资金支持,推动美国经济迅速发展,这反过来又推动了资本市场的空前活跃。在这样的时代大背景下,第一代投资银行家的雏形开始形成。随后的几十年中,随着美国国土面积不断扩大,人口和经济的快速增长促进了对交通运输的需求,开凿运河和修建铁路成为当时最迫切的需要。但是,独立的企业和个人显然都没有能力筹集、承担这些大型项目所需要的巨额资本,更别说实施统一规划和统筹运营工作。因此,早期的投资银行家们看到了这一投资机会,开始承销有价证券，将分散的投资者手中的财富集聚起来形成资金池，再为实业家们提供雄厚的项目融资资金，并聘请专业职业经理人管理、运营项目的日常活动。依托金融资本对实体经济的巨大推动，美国就这样以超乎想象的速度完成了现代工业化的进程，并培育出了诸如卡耐基钢铁、标准石油公司等这样的超级企业，以及一批优秀、专注的职业经理人。

美国在其工业化进程中，特别是在铁路运输的发展进程中，股东和管理层分离的第一批现代股份制公司诞生了。虽然股份制公司在项目筹融资上的好处显而易见，但在缺乏有效公司治理和法律监管的情况下，铁路股票的发行成为投机者一夜暴富的投机工具，尤其是铁路公司的资本结构形形色色，铁路的运营和管理千奇百怪，尤其铁路行业恶性的价格战和重复建设使得整个铁路工业混乱无序，此时，美国铁路行业急需一个英雄式的人物出现力挽狂澜(参见案例1-1)。

案例 1-1

并购市场起源时美国铁路发展的背景

内战后，为了促进经济复苏，提升南北运输效率，加强东西各地联系，各地兴修铁路。其间，19世纪80年代的美国铁路出现了三方面的问题：① 重复建设；② 铁路衔接问题，如各铁路宽度不同，大量中转站；③ 铁路公司之间的自杀性竞争，如仅1877年就有65条铁路被关闭，一年后破产的铁路占全美总里程数的20%。这造成2.51亿美元的外国债券不能兑现，而铁路是当时美国产业界运输体系的支柱，但管理分散、混乱，需要将分散的各段铁路连通成一个联合体。兼并资本需要使得公司制盛行，并需要一个领袖式人物。

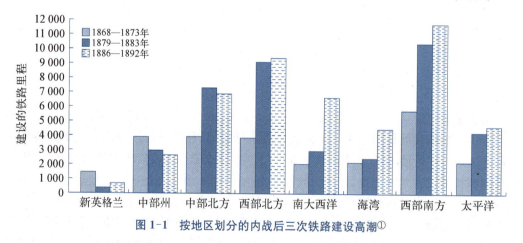

图 1-1　按地区划分的内战后三次铁路建设高潮①

1868—1892年，美国各地区建设铁路里程的数据表明：中央部分(包括南方和北方)、西部和西南地区以及太平洋诸州占领主导地位。到1868年，东部铁路(除了南大西洋地区)已经修建完成(见图1-1)。

资料来源：孙健，盖丽丽. 每天读点金融史[M]. 北京：新世界出版社，2008：1-24。

---

① Albert Fishlow. Internal Transportation, in Lance E. Davis et al., American Economic Growth[M]. New York：Harper & Row，1972，table 13.12.

这时，J.P.摩根作为银行资本家的出现改变了美国铁路工业建设、运营与管理的混乱状况。他借助自身强大的资本实力和社会影响力，进入华尔街整合美国铁路系统，即通过当时的美国资本市场完成铁路产业的重组，将效益低下的小公司整合到运转良好的大公司，使美国的铁路行业进入良性有序的经营发展阶段，这便是较早的并购重组出现的历史背景（参见案例1-2）。

案例 1-2

J.P.摩根在美国资本市场的资本运作之道

J.P.摩根是在其父朱尼厄斯·摩根的扶持下，在美国南北战争时期，利用各种情报发战争财积累的第一笔财富。而其父又是在合伙人乔治·皮博迪的帮助下发家的。皮博迪，靠在伦敦为马里兰州政府卖掉800万美元州债而出名，从而打入英国金融圈（阶层森严），受到内森·罗斯柴尔德的青睐，并在罗斯柴尔德家族策划的美国1857年经济危机中，大量吃进美国铁路债券和政府债券成为超级富豪。因无子嗣，邀朱尼厄斯·摩根入伙。

1. 声东击西智取西岸铁路

为将"华尔街指令"渗透到铁路业中，摩根纵观全局，认为阻碍这一行业发展的原因在于资源过于分散，于是他决定通过收购铁路对资源进行整合，形成对铁路业的彻底垄断。当时，纽约中央铁路与西岸铁路平行，在恶性竞争的价格战中，价格降幅达3/4，罗伯茨在1885年西岸破产前，买入其抵押债券，并顺利接管公司。此时，范德比尔特正联合卡内基兴建宾夕法尼亚铁路，与罗伯茨的宾夕法尼亚铁路平行。考虑到充足的资金和正在修建的铁路，摩根邀请罗伯茨在豪华游艇"海盗号"上兜风，建议罗伯茨将西岸铁路股份以成本价转让，同时也将建设中的宾夕铁路以成本价转让给他。

为避免背负垄断恶名，摩根以自己名义买下西岸铁路并以199年的期限租给纽约中央铁路，实行统一管理。1877年，范德比尔特去世，其子威廉继承事业，他追求轻松的生活，决定出售中央铁路的股份，并秘密找到J.P.摩根，希望借助他在英国秘密出售这些股份（25万股）。摩根当时提出了2个条件：第一，在五年内保证摩根有8%的股票红利；第二，股份让渡，无论股票卖给谁，希望有一份公司重要职位的空白委任状交给摩根。为了能顺利将股票销售到英国小额投资者手中，摩根出人意料地将公司经营策略和铁路线的详细扩充计划披露，英国投资者无法跨越大西洋来参加董事会活动，摩根成为其全权代表。

2. 实现铁路业的摩根化

1888年，北太平洋铁路和以里士满为终点的南方铁路相继破产倒闭，摩根出面筹集到大量资金，并以低价购进铁路股份，但是他觉得自己资金还不够雄厚，拉拢第一国家银行总裁乔治·贝克加入，收购该铁路公司后重组铁路行业：①调查公司内部财务状况，推算出最低收入；②要求大股东将股票存入银行；③减少固定负债，如债转股、优先股或低利率债券等；④使公司利润能负担其经营费用和借贷利息；⑤公开发行新股，解决铁路所需资金问题；⑥组建"信托委员会"，权限在股东大会之上，对公司实施控制。

3. 摩根化体制的核心

顺应时代潮流而产生的摩根哲学，投资银行脱离海盗式的经营方式，积极参与大企业的经营,帮助公司制定新的发展战略规划,使金融资本和产业资本密切地结合起来。

资料来源:孙健,盖丽丽.每天读点金融史[M].北京:新世界出版社,2008:1-24。

最初,一些小型的铁路公司被实力较强的大公司以合理价格收购,这些大铁路公司的实力进一步增强。纽约中央铁路、宾夕法尼亚铁路、伊利铁路等枢纽干线和其支线逐渐形成了一张铁路网,使得辽阔的美国国土成为一个统一的经济体。

1900年,摩根再次出面组织财团对美国钢铁行业进行并购重组。一年后,资本规模高达14亿美元的美国钢铁公司成立,而当年美国全国的财政预算也不过5亿美元。

由于资本对实体经济的作用日益显著,投资银行家在社会经济中扮演的角色也越来越重要,企业间的并购重组也同时成为投资银行业务的重要组成部分之一。

1.2 企业的组织形式

并购和公司治理其实是一枚硬币的两面,这枚硬币就是"公司监管"。公司治理是从内部对公司运营进行监管,而在内部监管不足时,运用并购行为进行外部监管。在了解了并购市场的开端之后,下面我们将从企业组织的几种基本形式入手,帮助我们对并购市场有更好的理解。

一般而言,现实世界中存在以下四种基本企业组织形式。

(1) 业主制(a sole proprietorship)。历史上最早出现的企业制度形式,也是企业组织最传统、最简单的形式。企业只有一位所有者,免缴公司所得税,企业的生命仅限于所有者在世时期,其缺陷在于所有者对企业债务负有无限责任,转移所有权较为困难,而且所有者和企业经营者没有明显的划分。如江浙一带的小企业,一般的饭店和家庭旅馆都属于这一类。

(2) 合伙制(a partnership)。在最初的合伙制企业里,所有合伙人对企业债务负责,若任一名合伙人死亡或撤资,则合作关系终止。现代合伙制企业一般分为有限合伙(limited partners)和一般合伙(general partners)。普通合伙人对合伙企业债务承担无限连带责任;有限合伙人以其认缴的出资额为限对合伙企业债务承担责任,其所有者权益可转移,但没有管理权力。合伙制在资金融通领域出现的历史悠久,值得借鉴(如案例1-3所提供的合伙制的起源)。现代律师事务所、私募股权(private equity, PE)等大多采用这种形式。

案例1-3

合伙制的起源

合伙制可追溯到公元前2000年的巴比伦王国,当时欧洲禁止高利贷收利息,这种商业组织形式便为长期需要大笔资金的投资提供了一种融资方式。

1478年,*The Treviso Arithmetic*提出的第一个合伙制问题是:有三个商人共同搭伙投资。第一个人名叫皮耶罗,第二个人名叫保罗,第三个人名叫朱安妮。皮耶罗投入112个杜卡托,保罗投入200个杜卡托,朱安妮投入142个杜卡托。过了一段时间,他们发现已经赚了563个杜卡托。问每个人应分多少个杜卡托才是公平的？建议的方案是根据他们各自的投资额按照比例来分配利润。

这个原则与斐波纳契在《论公司》提出的原则一样。该书提出，两个商人合伙投资来赚钱，一个在1472年的1月1日投入350杜卡托；一个在当年的7月1日投入500杜卡托和14格罗西，到1474年赚到622杜卡托，该如何分配？首先将每个人的投资转换为同一计量单位，即桑巴斯提亚诺投入8 400个格罗西，贾科莫投入12 014个格罗西。

The Treviso Arithmetic 这本书通过两人各自的投资月数来调整投资时点的差异：桑巴斯提亚诺有8 400×24＝201 600；贾科莫有12 014×18＝216 252，而后根据各自所占的比例来分配。两数之和是201 600＋216 252＝417 852。因此，桑巴斯提亚诺获得622×(201 600/417 852)＝300杜卡托，贾科莫获得622×(216 252/417 852)＝322个杜卡托。

现代的PE投资评估师要解决这个分配问题需要区分两种情况：贾科莫的滞后投资是事先约定好的呢，还是在临近投资时才决定的？在第一种情况下，他应当知道利率才能计算出公平的分配利润；在第二种情况下，他应当知道1472年7月1日那天合伙体中每股的价值，即资金的时间成本。合伙体中的每股价值可类比于封闭式基金的净资产价值。

资料来源：马克·鲁宾斯坦(Mark Rubinstein).投资思想史[M].张俊生,曾亚敏译.北京：机械工业出版社,2012：4。

---

(3) 有限责任公司(limited liability companies, LLC)。股东按照出资额为限对公司承担责任，并按股份比例享受公司收益，是一种较为常见的组织形式。一切所有者负有有限责任，但可以参与公司经营。

(4) 股份有限公司(a corporation)。这是一种企业法律实体独立于其所有者的表现形式，即所有权和经营权相分离(the separation of ownership and management)，也是多数企业所采用的表现形式。它可以签订合同、获得资产、履行责任，并受各国宪法保护，不得随意没收其资产。股份有限公司的所有者不对公司债务负责，而公司也不对其所有者个人债务负责。股份有限公司的建立必须经由法律程序，必须由所在地授权，其运作机制受《公司法》约束。

不同国家和地区对这几种不同形式的称谓，如表1-1所示。

表1-1 几种企业形式在不同国家(地区)的称谓

英美国家	德国	日本	中国台湾地区	中国大陆
有限责任公司(LTD) 公众公司(PLC) 私人公司	股份公司(AG) 有限公司(GmbH)	株式会社 有限会社	股份公司 有限公司	股份有限公司 有限责任公司
有限合伙	两合公司	两合公司	两合公司	有限合伙
无限公司或合伙	无限公司	无限公司	无限公司	合伙制企业

资料来源：吴敬琏.当代中国经济改革[M].上海：上海远东出版社,2003：129.

通过资本运作或兼并与收购活动可以实现上述几种企业组织形式之间的转化。可见,对剩余索取权和剩余控制权的不同法制安排,导致了不同的企业组织形式。鉴于按组织形式划分,从全球市场来看,公司整体比重占到三分之二以上,市值占 85% 以上,可以说当今的全球经济是公司制盛行并主导的时代。

1.3 公司的治理

公司制最初其实是为吸引风险投资资本而引入的一种组织变革形式,通过资本与经营的分离,公司的股东只要以其投资额为限对公司承担有限责任,有利于提高其工作积极性。最早比较有代表性的公司有 1555 年的 Moscovy 公司、1577 年的西班牙公司和 1601 年的荷兰东印度公司等。这种形式的公司制度最先由麦卡勒姆组织实施,在美国西部铁路的建设中得到了广泛应用,且在 1852 年后出现了专门为其服务的经理人(如麦卡勒姆)[①]。当然,公司制也存在着诸多弊端,特别是公司治理问题受到当今业界和学术界的广泛关注。

公司治理问题的研究最早可追溯到 1776 年亚当·斯密的《国富论》,该书提出"作为他人资金的使用者或经营者,不要期望他会像使用自己的金钱一样精心照顾他人的资金"的观点。1932 年,Berle 和 Means 在《现代公司与私有财产》一书中也指出,现代公司制条件下,公司的所有权和经营控制权发生分离,股东(代表剩余索取权)已经不再经营企业,而是设定一个契约将资产委托给职业经理人管理,真正控制公司的是最高层的经理人。他们认为,所有权和经营权分离的状况导致了委托—代理问题的产生,尤其是分散的股权会导致管理层滥用职权,造成一系列的公司治理问题,如卸职、过度投资、巩固地位、自我交易等,目标函数的不一致性和信息不对称等就会导致经理人利益和股东利益的背离。同时,美国现代公司分散的股权可自由转让,以及股东之间的免费搭便车行为,使股东对经理人实施有效的监督十分困难,经理人与股东利益尖锐对立。据此,他们曾十分悲观,认为公司治理问题将对美国过去赖以生存的经济秩序构成严重威胁。虽然时至今日,公司制一直盛行,但与公司治理问题的斗争在资本市场和公司经营管理的过程中从未停歇过。

何谓公司治理?从学界的系统平衡观点出发,公司治理就是限制针对事后产生的准租金分配的种种约束方式的总和。内容包括所有权的配置、企业的资本结构、对管理者的激励机制、公司接管、董事会制度、来自机构投资者的压力、产品市场的竞争、劳动力市场的竞争,甚至组织结构等。Gillan and Starks (1998) 指出公司治理就是一个有关控制公司运营的一系列法律、规则和各种控制因素的系统;英国的 Cadbury 报告认为公司治理是由董事会负责的一套监管体系。

目前,公司治理目标渐渐地出现了两大趋势。

一种是依托于英美法系的股东利益观(shareholders' view),主要突出股东利益最大化,如公司治理即股东追求公司给予他们相应的投资回报,保证公司的出资人可以获得他

[①] 小艾尔弗雷德·D.钱德勒.看得见的手(美国企业的管理革命)[M].沈颖译.北京:商务印书馆,2013.

们投资所带来的收益①。Shleifer 和 Vishny(1997)站在股东利益最大化的角度,认为公司治理的关键就是研究如何保证公司的出资人可以获得他们投资所带来的收益,研究出资人怎样可以使经理人将资本收益的一部分作为红利返还给他们,研究怎样可以保证经理人不吞掉他们所提供的资金,不将资金投资于坏项目。

英美的公司治理主要解决所有权、经营权分离状况下,股东保有剩余索取权,将决策权委托给董事会,董事会进一步将具体执行决策职能再委托给CEO,形成委托—代理关系(公司治理结构,如图 1-2 所示)。简言之,其公司治理是一个制度形成和演进的过程,是产权明晰的资源所有者为了确立剩余分配规则、保护自己权益而进行的讨价还价过程。

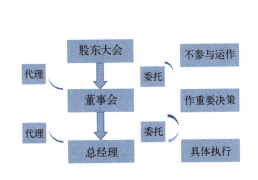

图 1-2 英美的公司治理结构示意　　图 1-3 中国的公司治理结构示意

另一种是依托于大陆法系的利益相关者观(stakeholders' view),如德国和日本的治理体系。在这种体系下,公司股权结构博弈中存在着以下利益主体:① 股东,包括控股股东、中小股东;② 董事会包括控股股东代表、中小股东代表、债权人代表、职工代表和管理层代表;③ 管理层;④ 职工;⑤ 客户;⑥ 政府(征税)。为有效安排不同利益群体之间的关系,中国公司治理采用利益相关者利益最大化的公司治理目标,在这种公司治理目标指导下,一般建议采用图 1-3 所示的双层董事会治理结构。

OECD(1999)认为,中国在实践操作中对公司治理的定义为:"……公司董事会、公司股东(大股东和中小股东)以及其他重要利益相关者(债权人、客户和雇员等)之间的利益关系集合……(提供)一系列机制以确定公司目标,如股东利益最大化、利益相关者均衡(中国国有银行等债权人)以及相关方法以便确保目标达成并监控公司运营。"在利益相关者利益最大化的公司治理目标指引下,中国的现代公司治理机制非常全面,整体框架包括:信息披露、股东大会、董事会、执行机构、管理层、公司控制权市场等,具体内容概述,如表 1-2 所示。

表 1-2 公司治理框架及作用

信息披露	例如会计、审计和公司经营信息
股东大会	股东依据所持股票份额来行使自己法定权利的机构,例如分红权、发言权、投票权、知情权和监察权等

---

① 宁向东.公司治理理论[M].北京:中国发展出版社,2006:373.

续 表

董事会	公司的法定代表机关
经营执行机构	公司的管理层
公司控制权市场	在股东大会与董事会失灵时,通过市场运作替换它们。所有有关公司控制权市场变动的行为,都可以作为外部治理纠正机制纳入公司治理的范畴。换言之,所有有关控制权行为的变化,都是兼并与收购的范围。这也是悬在CEO、CFO等高管头上的达摩克利斯之剑(The Sword of Damocles)

资料来源:吴敬琏.当代中国经济改革[M].上海:上海远东出版社,2003:132-133。

1.3.1 公司治理的控制权问题

目前,公司治理问题具体可以分为两大类:第一类是代理型公司治理问题,主要解决股东与管理层的矛盾冲突;第二类是剥夺型公司治理问题,主要解决大股东与管理层勾结侵占中小股东或者债权人利益的矛盾冲突问题。这两类公司治理问题是与企业的具体组织形式密切相关的,当公司管理人的权力由创业者向职业经理人转变时,由于经理人和股东利益目标不一致,股东追求投资回报最大化,经理人则看重个人效用最大化,而且两者之间存在信息不对称,因而产生代理型公司治理问题。剥夺型公司治理问题则主要与企业的融资方式相关。一般而言,融资方式主要有内源融资,如利用留存收益、债务融资、股权融资,以及混合融资方式等。股权融资方式下,股权不断稀释,因而存在有控制权的股东利用其优势,如通过隐蔽渠道、关联交易转移利润、转移资产等方式,不断侵犯小股东利益,现金流权和控制权出现分离,即剥夺性公司治理问题。

由于公司在发展过程中不仅会带来组织形式的变革,也常常引进外部投资者,所以多数企业实际上是这两类问题兼而有之(见表1-3)。

表1-3 公司治理问题的类型

融资方式	投资者是百分之百的管理者	职业经理人参与经营
内源性融资	无公司治理问题	代理型公司治理问题
外部股权融资		代理型/剥夺型
纯债务融资	剥夺型治理问题	剥夺型/代理型
股权和债券融资混合		代理型/剥夺型

资料来源:宁向东.公司治理理论[M].北京:中国发展出版社,2006:8。

宁向东(2006)认为代理型公司治理的问题代表是经理人的寻租问题,经理人所作出的投资决策可能只反映了自身的个人兴趣;此外,他还会通过短期行为为自己谋利,提高/降低公司的债务比例降低经营难度,签订不同的有利于自己利益的契约形式,买入或者出售资产来增加相对利润,从而直接侵占投资者的财产,不断地将公司营造成自己的"个人帝国"。英美国家通常设定浮动的经理报酬来作为第一道防线。此外,董事会制度规定股东具有更换董事会成员的投票权,可以有效地进行事中控制,并购活动也能达到相同的效用。另外,还有社会舆论监督和证券监管机构的规制[①]。

1997年亚洲金融危机爆发后,剥夺型公司问题在东亚典型的系族企业中表现得尤为显著,引发了广泛的关注。这种系族企业,即由一个家族或多个家族联合控制,以一家银行、保险公司或者券商、房地产作为核心企业上市并形成关联交易发达的系族族谱。这种系族企业在资本市场不发达的德国、瑞典、巴西、南非等地也十分盛行。剥夺型治理结构包括链式、金字塔式和交叉控股。东亚国家借助金字塔和交叉持股,使得控制权和现金流权实现更彻底的分离。这里说的现金流权指"股",控制权指"票"(投票权)(Grossman & Hart,1988)。宁向东在其《公司治理理论》(2006)一书的"剥夺的结构与隐蔽性"一章中对不同的剥夺性治理结构进行了解读。他指出金字塔型(pyramid structure,也称为纵向剥夺)是通过多链条控制,实现融资与控制并举,无论控制权(表决权)的链条多长,只要达到51%就能取得绝对控股的地位。

这里,我们用双汇国际的控制权变化为例进行说明。例如,高盛旗下的香港罗特克斯有限公司通过两起收购最终得到双汇集团100%的股权和双汇发展60.715%的控股股权(见图1-4):一是受让漯河市国资委持有的双汇集团100%股权,从而间接持有双汇发展35.715%股份;二是收购漯河海宇投资有限公司持有的双汇发展25%股份。

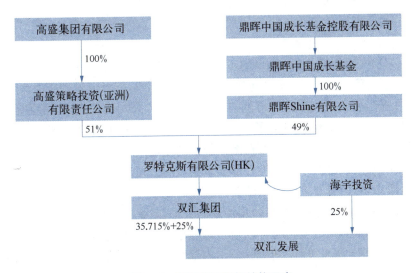

图1-4 双汇集团股权结构示意

资料来源:吴建江.高盛"偷食"双汇的"肉"[J].公司金融,2011,5(72):30-35。

反过来说,通过多层级链条和资金放大作用,最初很少的现金流权就可撬动庞大的资金额。如交叉持股(也称为横向剥夺)常见于日本,可用于弱化所有者权力,强化控制者权利。如图1-5中的Duck先生分别通过2份股份就控制了上市公司C和R,持股比例刚好是51%。

---

① 谭华杰.万科的事业合伙人制度[J].清华管理评论,2015:10.

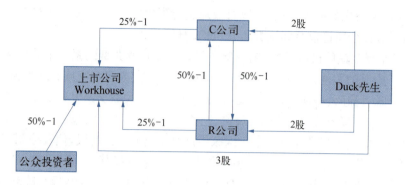

图 1-5　Duck 先生的 7 股之控示意

资料来源：宁向东.公司治理理论[M].北京：中国发展出版社，2006：98。

此外，类别股份也能实现控股权和现金流权的分离，比如爱立信主要控股公司有 40% 的投票权，但仅持有现金流权 20%。再比如双层股权结构，如京东的 AB 股权模式，B 股有相比于 A 股数倍的表决权，便是典型的双层股权结构。这种股权结构是指资本结构中包含两类或者多类代表不同投票权的普通股的架构，这种方式的存在令企业在取得外部融资的同时依旧将控制权保留在家族内部或内部团体(insider group)中，在公司上市向大众发行低投票权的股票或者新增股票作为给予现有股东的股利时，这种结构可能就会出现。通常，管理层会选择超级投票股，因此，管理层的投票权都会高于其现金流权。但是，通常拥有较大投票权的"超级投票股"(super-voting shares)是不能转让的(non-transferable)，但是可以转换为(convertible)拥有普通投票权的可转让股(transferable)。

这种结构的优点是保证管理层/创始人的绝对控制权，能保证管理层决策不会受到股东的干扰，在充当公共(上市)公司角色的同时保持私人公司的优点，也能防范恶意收购。当然，双层股权结构的出现也引起了诸多法律上的问题，诸如同股不同权的不平等性问题，尤其是对于上市公司而言。投票权垄断带来的堑壕效应(entrenchment effect)使得内部股东的控制权越大，越会采用牺牲外部股东利益的公司战略。而且，双层股权结构影响的不仅仅是股东，它使得非控股股东的监督权形同虚设，把监管的职责留给了政府和法院等机构，增加了社会成本，这样便与公司治理的公平、效率原则相违背了。

正如前文所言，公司治理问题可以通过增强信息的透明度、建立声誉机制、增加对小股东的法律保护等方法来缓解。但是，公司内部管理权和所有权分离的结构仍然难以避免股东和经理之间的信息不对称，股东有权将经理解雇，但是他并不知道经理人实际业绩的好坏。外部控制权市场提供了另一个重要的监管机制，这一机制就是兼并和收购。例如，PE 业务的加入便帮助黑石实现了业务所有权和经营权的集成。

这一机制在不同国家表现出较大差异：日本和欧洲国家的收购通常是和管理层谈判；盎格鲁-撒克逊国家正好相反，收购被看成是公司治理的一种原始形式，即以有效团队来取代现有不作为的经理人。

来自收购的威胁就像悬在 CEO 头上的达摩克利斯之剑，激励管理者向股东利益最大化、提高企业市值的目标努力(参见案例 1-4)。但是，这一收购机制的效率会受到政府政策的干扰。比如反垄断法对同行业的并购有一定的限制作用，可以在一定程度上防止因竞争力下降而造成的并购事件发生。

案例 1-4

并购的双刃剑：达摩克利斯之剑

公元前4世纪西西里东部的叙拉古王狄奥尼修斯（公元前430—前367年）打击了贵族势力，建立了雅典式的民主政权，但遭到了贵族的不满和反对，这使他感到权力虽大，地位却不可靠。有一次他向宠臣达摩克利斯谈了这个问题，并且用形象的办法向他表明自己的看法。他为了满足一下宠臣达摩克利斯的贪欲，把宫殿交托给他，并赋予其完全的权力来实现自己的任何欲望。这个追求虚荣、热衷势利的达摩克利斯在大庆宴会时，抬头看到在自己的座位上方天花板下，悬着一把沉甸甸又锋利的长剑，剑柄只有一根马鬃系着，眼看就要掉在头上，吓得他离席而逃。这时狄奥尼修斯王便走出来说道："这把利剑就是每分钟都在威胁国王的危险象征，至于国王的幸福和安乐，只不过是外表的现象而已。"

资料来源：西塞罗，图斯库拉谈话录。

1.3.2 公司治理的法制问题

公司治理也要关注股权和法制环境，尤其随着公司治理理论的发展，其他外界因素也在影响其外缘和内涵，公司治理有时候也会与法律、政治因素紧密相连[①]。科斯早在1937年提出"交易成本"；鉴于企业契约的不完备性，所有权显得格外重要（威廉姆斯，1974）；当契约不完备时，资产归谁所有、谁拥有对资产的支配权就变得非常关键，即剩余控制权（Hart，1995）。在资本市场中，通过附着在证券上的权利设计赋予投资者与剩余索取权相对应的投票权交易权（Grossman 和 Hart，1988）。除了分红权和投票权以外，基于基本权利选择权的衍生品具有以下权利：如类别股东权（common shares classes）、分红优先权与剩余财产分派优先权（preferred shares）、新股认购权、优先购买权、期权和股权、特别保护权、对赌协议或条款、期权激励、创始人持股锁定、可转换公司债等。La Porta（1998）认为上述权利不是证券所固有的，需要依靠法律等制度设计来保证。

中国《公司法》对公司治理提出了明确要求。

第一，公司法的基本原则作为贯穿公司法律规范的一般准则，也会影响公司的治理结构。其中，最基本的原则是责任有限原则，当公司为独立个体且股东行为规范时，股东负有限责任；当股东规避法律责任、滥用权利，严重损害公司债权人利益时，就要承担无限连带责任，即公司法明确了公司治理结构中股东承担责任的情形。

第二，股权保护原则，这保护了股东的合法权益。在这一点上，公司法的规定使有限责任公司和股份有限公司股东权益的行使方式有所不同，对于有限责任公司，原则上按出资比例行使分取红利、表决等权益，而对于股份有限公司，则按照持股比例行使权益。

第三，科学管理原则。中国《公司法》规定公司的组织机构由权力机构股东（大）会、经营机构董事会、监察机构监事会三部分组成，上市股份有限公司在这三个机构之外还要设

---

① 李直.公司政治揭秘[M].广州：广东经济出版社，2006：7.

立独立董事。公司法的这一规定明确了公司治理结构中的组织设置,公司的治理结构中要有决策、执行、监督这些管理职能,由此需要相应的机构,从而形成了股东(大)会进行决策,董事会进行经营和具体执行,监事会进行监督核查,三者之间紧密联系的治理体系。

第四,促进交易原则,从鼓励投资的角度影响公司的治理结构。例如,公司的注册资本降低;注册资本的缴付方式更加灵活,有限责任公司和发起式股份有限公司可以有限期地分期缴付资本;此外,股东除了可用货币、实物、工业产权、非专利技术或土地使用权出资外,还可以用股权等非货币财产作价出资。促进交易原则中还包含了增加一人有限责任公司的规定,这一规定使得有限责任公司的股东可以仅为一人,从而相应形成了特殊的治理结构。

公司法的基本原则还包括利益分享原则,这要求公司充分保障各方主体的利益,形成合理的利益分配治理结构。首先应该弥补亏损以维持公司正常运作,其次提取法定和任意公积金保证公司的长远发展,接下来考虑股东的利益。

公司法规定了公司的基本权利和义务,这些权利和义务也影响了公司的治理结构。公司的基本权利有:法人财产权;分公司、子公司设立权,这使得公司在治理结构中可以设立分、子公司,广泛发展,同时要为分公司承担民事责任;对外投资权,使得公司可以对外发展;对外担保权,使得公司作为企业法人,在股东(大)会决议通过的情况下可以为他人提供担保。同时,公司的义务有:承担民事、社会责任;保护职工权益、支持工会活动,这使得公司在治理结构中要为工会提供必要活动条件,通过职工代表大会等形式进行民主管理,听取工会意见;依法开展党的活动,要求公司治理结构中要设立党组织,为党的活动提供条件。

2005年10月27日对《公司法》进行重新修订,自2006年1月1日起施行,其中新增和修订了公司法人人格否认、一人有限责任公司、加强内部权力监督制约机制、加强股东与职工合法权益及社会公共利益保护机制、鼓励投资等内容。这些内容是《公司法》立法上的完善和创新,也是对公司治理结构的创新。2016年新修改的《公司法》将注册资本实缴登记制改为认缴登记制。

同时,将社会政治斗争的手段引入公司治理,把公司治理逐渐演化成公司政治,这是中国社会泛政治化的一个重要表现,现实的公司治理也要考虑公司文化的维度(参见案例1-5)。

案例 1-5

公司治理与中国公司文化

上海家化葛文耀提出,首先要尊重资本的意志。因为资本的力量可以强大到足以左右公司政治的格局,通常是大股东决定游戏规则(如新浪案中的王志东和茅道临等)。

其次,公司战略会让路于公司政治。在曲折的公司治理道路上,暂时的权威和个人安全通常会比公司发展更重要(如伊利案中的牛根生、郑俊怀、潘刚)。

公司分拆可能也只是打着战略的口号(如柳传志、倪光南的"贸工技"与"技工贸"之争,以及杨元庆和郭为分拆联想和神州数码)。

另外制度设计不能永远期望靠人们的道德品质来保证公司的整体利益,利益分配的失衡或不公,是公司内部政治斗争的源头。

最后,组织架构的调整往往是新一轮人事斗争的开始(如甲骨文案中的冯星君与庞伯华,后陆纯初借结构调整名义集权)。

总之,公司政治是企业文化的人际化反映,公司政治表面让大家感觉是人与人之间的关系,其背后有一股力量在左右,那就是企业文化,这些都与企业的创始人或最高领导有直接关系,正如王石说:"企业文化的核心一定体现的是领导者的价值观。"

整理资料来源:李直.公司政治解密[M].广州:广东经济出版社,2006:7。

1.4 中国公司治理的新模式——VIE

1.4.1 VIE的概念

VIE(variable interest entity,可变利益实体)体现了中国公司治理发展的新态势,也可以运用其杠杆作用于公司的控制权。根据美国会计准则FIN46R,可变利益(variable interests)是指实体中随着实体净资产(扣除可变利益)公允价值变化而变化的合约、所有权或其他经济利益。VIE是指借助一套复杂的法律合同(系列协议控制),将外国投资者与中国公司联系在一起的实体,其具体创建步骤一般包括以下五步。

(1) 创始股东在境外BVI/KM设立一个离岸公司A。

(2) A与外资VC/PE或其他股东,共同设立一个开曼公司A1,作为拟上市公司主体。

(3) 该主体再在BVI或HK设立全资离岸公司B。

(4) B再以外商投资的身份,在境内全资设立一个外商独资企业WFOE。

(5) WFOE与创始人在境内设立的原内资企业运营实体C签订一系列协议,达到控制境内企业实体C的目的,使得境内内资的经营实体C等同于WFOE的全资子公司。

2000年4月13日,新浪(sina.com)套用VIE模式在纳斯达克(NASDAQ)成功上市。VIE模式使得新浪避开了政策限制,保证了投资者的利益,实现了中国大陆网络公司在境外上市的破冰之旅。此后,互联网企业如盛大、空中网、百度、阿里巴巴和京东商城等也借助VIE模式在境外成功上市。同时,这一模式又逐步延伸至其他"限制"或"禁止"行业,如教育、传媒和医疗,互联网金融创新(如P2P)等,甚至一些传统行业也纷纷采用VIE模式实现境外上市的目的。

VIE模式在中国的盛行主要有以下三方面的原因。

(1) 境内上市门槛过高。早期境内企业上市门槛过高,采用VIE模式的企业(主要是互联网企业)不符合境内上市的要求。境内上市对企业在财务指标和运营年限等方面有较高要求,在企业独立性、运营规范、持续盈利能力以及募集资金投向等方面也设置了较高门槛。

(2) 境外上市门槛高。若在境外直接上市,根据中国证监会《关于企业申请境外上市有关问题的通知》(证监发行字〔1999〕83号)的规定,境外直接上市企业净资产须不少于4亿元人民币,过去一年税后利润不少于6 000万元人民币,按合理预期市盈率计算,筹资额不少于5 000万美元。这些要求对于境内很多互联网企业来说,基本难以达到。若在境外间接上市,买壳上市前找到合适的壳公司不容易,造壳上市成本也很高。

(3) VIE模式使境外资本突破行业外资准入限制。根据中国的外资准入制度,境内很多行业是限制外资进入的,比如互联网、新媒体行业。工信部就明确规定ICP牌照只能由内资企业拥有。拥有牌照的内资企业由于境内融资环境的限制,资金匮乏阻碍了发展。此时,外资通过VIE模式就可以突破境内产业政策限制,为境内这些企业提供创业资金。并且,这些企业未来可以方便地在境外上市,也是外资退出获得回报的最佳途径。

1.4.2 VIE在中国的实践

中国VIE的前身是红筹上市模式。红筹模式是指在维京群岛或者开曼注册一个境外公司,称为壳公司,再借助壳公司收购境内公司。境外公司去境外上市,将其融到的资金注入境内的公司,以实现境内公司融资的目的。在红筹模式下,主要业务、利润来源可能还是在境内,但是利润最终归属方变成了境外公司,方便引进国外私募和上市。但红筹上市受到中国法律的约束。商务部分别于2006年和2011年出台了《关于外国投资者并购境内企业的规定》《关于外商投资管理工作有关问题的通知》,主要目的是对于那些将境内资产转移到境外公司去境外上市的,必须经过证监会同意,获得商务部、外管局的审批,而这些审批很难取得,几乎没有一家企业能够达到这些文件中的要求,因此这些文件的出台几乎把之前红筹上市的模式给堵死了。

为了实现境外融资,企业想到了另外一种方式,即通过协议控制而非股权控制的方法来实现境外上市融资,这种方式就是VIE。协议是指一系列合同的方式,即债权架构的方式,而非股权架构的方式来进行利益的相互运输。因此,"VIE结构"也称为"协议控制",为企业所拥有的实际或潜在的经济来源,但是企业本身对此利益实体并无完全的控制权,此利益实体系指合法经营的公司、企业或投资者。

VIE结构是一个变通结构,是由外国投资者和中国创始股东(自然人或法人)(以下称"中国投资者")成立一个离岸公司(以下称"上市公司"),再由上市公司在中国境内设立一家外商独资企业从事外商投资不受限制的行业。例如最典型的技术咨询服务业(称"技术公司"),技术公司对境内的运营公司(称"境内牌照公司")提供实际出资、共负盈亏,并通过合同关系拥有控制权,最终实现外国投资者间接投资原本被限制或禁止的领域。

一般而言,中国企业实现VIE的典型路径如下。

(1) 资本先在中国境内找到可以信赖的中国公民,以其为股东成立一家内资企业(也可以收购),这家企业可以经营外资不被获准进入的领域,比如互联网经营领域,办理互联网出版许可证、网络文化经营许可证、网络传播视听节目许可证等。

(2) 同步地,资本在开曼或者英属维尔京群岛等地注册设立母公司,母公司在中国香港设立全资子公司,香港地区的子公司再在中国境内设立一家外商独资公司(WFOE)(香港地区公司设立这个环节主要为了税收优惠考虑)。

(3) 独资公司和内资公司及其股东签订一组协议,具体包括:《股权质押协议》《业务经营协议》《股权处置协议》《独家咨询和服务协议》《借款协议》《配偶声明》。

(4) 通过这些协议,注册在开曼或者英属维尔京群岛的母公司最终控制了中国的内资公司及其股东,使其可以按照外资母公司的意志经营内资企业、分配、转移利润,最终在完税后将经营利润转移至境外母公司(参见案例1-6)。

案例 1-6

阿里巴巴的VIE模式

1. 2010年前阿里巴巴的股权结构

阿里巴巴集团是国内电商行业采用VIE模式的先驱。在2010年前,阿里巴巴只形成了VIE架构的一部分:① 雅虎、软银、马云及管理层等在开曼群岛设立阿里巴巴离岸公司(Alibaba.com Corporation),并分别持有其39%、29.3%、31.7%的股权,开曼群岛公司即WFOE,有助于保护实际控制人的信息,同时还有避税优势;② 在维尔京群岛设立离岸公司并在境外(中国香港)上市,开曼公司是其主要控制方(73.21%股权),公众流通股,马云及管理层分别持有24.71%、2.08%的股份;③ 开曼公司(WFOE)全资控制境内的子公司:支付宝、淘宝网、阿里云、中国雅虎、中国万网,阿里巴巴集团(Alibaba Group)是实际运营主体,其和开曼公司之间形成协议控制关系(见图1-6)。

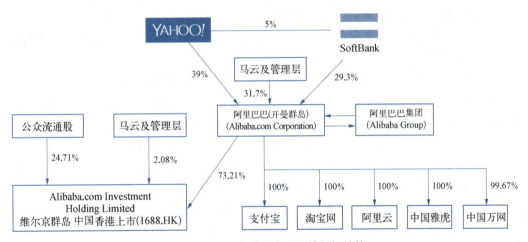

图1-6 2010年前阿里巴巴的股权结构

当时的支付宝还是一家由外资100%控股的企业。根据中央银行2010年发布的《非金融机构支付服务的管理办法》的规定,在该办法实施前已经从事支付业务的非金融机构,应当在该办法实施之日起1年内申请取得支付业务许可证。《非金融机构支付服务的管理办法》还规定,"外商投资支付机构的业务范围、境外出资人的资格条件和出资比例等,由中国人民银行另行规定,报国务院批准"。因此支付宝以外商投资身份申请牌照存在一定的不确定性,而且难以第一批获准,这为阿里VIE结构的完善做了铺垫。

2. 2010年阿里巴巴的股权结构

为了改变支付宝的身份性质,阿里巴巴集团于2009年6月和2010年8月分两次将支付宝的全部股权转移至马云控股的内资公司浙江阿里巴巴电子商务有限公司。虽然浙江阿里巴巴拥有支付宝的全部股权,但其与阿里巴巴集团存在协议控制关系,雅虎和软银依旧可以通过阿里巴巴集团间接控制支付宝,支付宝的实际控制权并未发生转移。此时,便形成了VIE结构(见图1-7)。

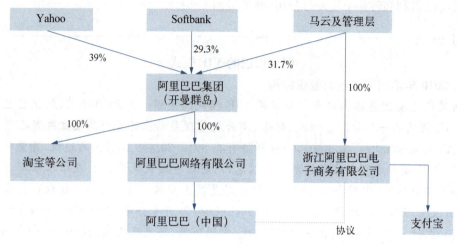

图1-7　2010年阿里巴巴的股权结构

3. 支付宝与阿里巴巴集团VIE的解除

支付宝希望央行颁发支付牌照,但问题关键是支付宝在协议控制下能否顺利拿到央行颁发的支付牌照。

2011年央行对首批申请支付牌照的企业进行资格审查,询问支付机构是否为境外资本实际控制。阿里巴巴集团的两大外资股东主张通过"表面内资、实际外资"的VIE模式取得第三方支付牌照,但其内资股东则希望使支付宝合法化、透明化。为保障支付宝顺利取得第三方支付牌照,在向央行递交声明的前一天晚上阿里巴巴管理层单方面解除了浙江阿里巴巴与阿里巴巴集团的协议控制关系,并向央行提交了"浙江阿里巴巴是支付宝唯一实际控制权人,没有境外投资人通过协议安排"的声明。这一纸声明使得浙江阿里巴巴中止了与阿里巴巴集团的协议控制关系,支付宝成为真正意义上的内资控股公司。

与此同时,协议控制关系的中止意味着雅虎和软银失去了对支付宝的实际控制权,矛盾开始激化。经过谈判,最终三方正式签署协议,支付宝的控股公司承诺在上市时予以阿里巴巴集团合理的经济回报。回报额为支付宝在上市时总市值的37.5%(以IPO价为准),回报额将不低于20亿美元且不超过60亿美元。

资料来源:根据公开资料自行整理。

此外,2015年《外国投资法草案》对VIE产生了新的管理变化。总的来说,可以归为四点,如果新的《外国投资法》真的付诸实践,那么将对四类VIE架构的企业产生巨大影响:① 外国投资者创立的VIE架构企业,将面临无法取得合法经营牌照的局面,典型如优酷,这将一定程度上限制创业者的移民倾向;② 外资公司控制的VIE架构,大部分是原来中国人创立的企业,后来卖给了外国风险投资机构,按照新的法规,也将无法再运营相关牌照;③ 对于中国人创立,在境外上市,但是经营权被外国人经营控制的企业,有可能被认定为外国投资者,丧失相关运营资质;④ 对于境内个人控制的 VIE 架构创业公司,虽然可以直接被认定为中国投资企业,破除原有的 VIE 架构对经营许可影响,但是从长远来看,也会失去获取外国风险投资机构注资的机会。

1.5 平台经济的发展模式

平台经济(platform economy)或者共享经济(sharing economy)从组织形态来说,应该是一种介于传统的企业和市场之间的一种全新的组织形式,是一种基于互联网技术平台创新的新的组织结构。基于此种自然垄断特性的组织形式,特别需要在其称霸市场之后通过进一步的资本运作,通过兼并与收购,实现其生态系统的目标。在此,我们特别讨论一下今天正在快速发展中的这一商业模式。

1.5.1 平台经济理论基础

从商业模式上来看,平台经济或者说共享经济作为互联网+创新产业与传统产业相比,具有许多不同的特点。这是由互联网这一载体的特殊性以及用户互动的多样性所决定的。由于互联网的信息传递具有无地域限制、快速、低成本的特点,因此互联网+企业开展业务的边际成本趋近于零,使得传统业态被忽略的远尾客户也被覆盖,因而形成长尾经济;同时,互联网平台以中介的形式存在,因而形成双边市场。因此,这一新产业主要包括以下四个方面的特征。

(1) 边际成本趋近于零。"零边际成本"这一概念是由美国社会思想家、趋势经济学家杰里米·里夫金在其新书《零边际成本社会》中正式提出的。他指出物联网、协同共享以及零边际成本正在共同打造全新的第三次工业革命,社会将在"零边际成本"下出现"协同共享"这一新的经济模式,即分享经济。互联网技术的发展是分享经济的核心所在,也将在未来给社会中的诸多行业带来根本性的变革。虽然目前看来,零边际成本还只是一种理念,但是现有的三个趋势为近乎零边际成本的社会创造了条件:第一,极致的生产力对传统生产模式与竞争体系的变革,长期以来被经济学家关注的两个生产要素,即资本与劳动力,只能解释 14% 左右的经济增长,剩余的 86% 归功于能源;第二,物联网,包括通信互联网、能源互联网、物流互联网等,将所有人和物连接到一个类似神经系统的网络中,实现资源共享;第三,大数据和信息等其他可再生资源的加速发展,加大可再生能源的利用率,尽可能降低太阳能、风能、地热能、水能等可再生能源价格,电力资源将近乎免费。学术界已经有部分学者利用经验数据和基于分享经济模式建立的网络平台,就零边际成本对产业的影响进行了检验。如 Zervas 等人(2014)最新的工作论文基于酒店业及该行业的 P2P 平台 Airbnb 的数据,检验了零边际成本下的分享经济所带来的影响。Airbnb 网站是酒店业中分享经济的先驱,是一个经营短期房屋出租业务的网络 P2P 平台。任何拥有闲置房屋的人可以在该平台上发布房屋出租信息,而寻求短期住宿的人们则可以从该网站上寻找地理位置以及租金符合自身标准的闲置房屋。因此,这一 P2P 平台相当于是一个酒店的提供方,因此会对原先酒店业中其他酒店的营业收入造成影响。利用 DID 方法进行实证检验后,作者发现与 Airbnb 网站不盛行的地区相比,盛行 Airbnb 网站的 Austin 地区酒店业的平均收入下降了 8%—10%,收入下降的主要原因是 Airbnb 网站提供的住宿替代了酒店中原先的低价宾馆业务。因此,作者认为零边际成本下的分享经济给行业带来的影响不容小觑,这一经济模式正在成功地获取一个成熟行业中的市场份额。

(2) 长尾理论。长尾(long tail)这一概念是由 Chris Anderson 在 2004 年 10 月的《长尾》一文中最早提出,用来描述诸如亚马逊之类网站的商业和经济模式。长尾实际上是一条帕累托分布曲线,即使在很远的尾部,市场需求也不会完全降至零。长尾理论颠覆了传统的"二八定律",即 80% 的收入来自 20% 的热门产品,强调品种的多样性。长尾理论的本质是边际成本的大幅下降,当商品储存流通展示的场地和渠道足够宽广,商品的生产与销售成本足够低时,凡是有需求的产品都应该供应,这些需求和销量不高的产品所占据的共同市场份额,可以和主流产品的市场份额相当,甚至更大。

(3) 互联网思维。虽然长尾并非互联网专有的特质,但互联网的低边际成本(趋近于零)特性必然带来长尾效应。在"互联网+"背景下,那些传统业态被忽略的远尾客户也被覆盖,这种以庞大客户基数为特性的商业模式就是互联网思维的基础。所谓互联网思维,就是在(移动)互联网、大数据、云计算等技术背景下,对市场、用户、产品、价值链乃至对整个商业生态进行重新审视的思考方式[1]。这意味着要关注一直被忽略的远尾客户,他们虽然对产品和服务主观需求很低(他们只愿意出低价),但数量巨大,厂商在远尾端仍然能够获得十分可观的利润。体验至上是由于远尾客户对产品的需求度本就不强,用户体验上的那些微小不足都会让客户放弃产品,因此提升用户体验就成为一种更为重要的竞争方式。规模制胜,即厂商必须积累起足够大的客户基数,以量补价才能盈利。

(4) 双边市场理论。平台是熊彼特创新理论中组织创新(P2P 去中心化,如比特币——bitcoin)的组织平台,市场创新(双边市场,如 C2C、C2M、B2B 等)双方的平台,是资本创新(如众筹——crowding funds、羊毛出在狗身上,猪来买单——PE)的聚众创新资本的平台,因此平台是介于"市场——看不见的手主导(亚当·斯密)"和"企业——看得见的手主导(钱德勒)"之间的一种组织状态,平台的性质决定了其边界无法用科斯定理中的边际交易成本来简单界定。介于市场和企业之间的平台,其特点是双边市场主体。传统的单边市场形态下,企业/公司的目标是利润最大化,在完备成熟的市场机制下,实现这个目标的定价手段就是按照边际成本(marginal cost, MC)原则来定价。但是,在双边市场形态下,平台是按照价格总水平进行决策的。有关平台定价,已有的三个比较健全的结论:第一,最优定价以复杂的方式取决于双边的需求价格弹性,间接网络外部性特征和强度,以及每边的 MC;第二,平台利润最大化的价格可能低于某一边的 MC,甚至为负;第三,一边 MC 的增加不一定必然导致该边价格的提高。也就是说,平台价格和成本之间的关系是复杂的,经典单边市场理论不再适用。

---

[1] 陈灿等.互联网+:跨界与融合[M].北京:机械工业出版社,2015.

1.5.2 平台经济的发展模式

从平台经济的发展过程来看,我们将其发展分为0—1和1—N两个阶段。

(1) 0—1阶段。在平台经济的发展初期,企业发掘出一个无人竞争的市场,通过产品的推广对市场进行开发,以实现赢者通吃的目标。由于处于发展初期的创业企业有来自各个方面的风险,包括财务风险、市场风险、政策风险等,再加上互联网的商业模式日新月异,尚处于不断探索的阶段,因此互联网企业最终存活率非常低。这一时期需要引入大量风险投资资金与创业企业协作,这也是为什么今天中国市场PE/VC盛行的市场基础。

(2) 1—N阶段。互联网企业逐步发展成为独角兽后,自然垄断是互联网平台市场结构演变的最终趋势,平台通过资本运作或者兼并与收购,通常会通过扩展来构建自己的生态系统,最终走向垄断平台经济,我们能够从三个角度论证这一结论。

在大数据环境下,由于平台边际成本较低(甚至为零),单个平台所能服务的客户数量相当巨大,平台在每个远尾客户身上获取的利润很小,因此必须靠积累客户数量以量补价。因此客户数量越大的平台,相对其他竞争者的竞争优势越明显。远尾处还是一个赢家通吃的战场,谁先累积起了最多的用户数量,谁就能赢得胜利,就有了自然垄断的色彩。

从定价策略的角度,在激烈竞争的技术创新市场,平台根据边际成本定价,平台累积的大数据资源的无限再生利用大幅降低了平台的边际成本,边际成本递减意味着企业若按照完全竞争市场的定价方式,在边际成本趋近于0的市场必定无法向消费者收费,则企业必定烧钱,前期亏损。因此,企业能够持续经营的唯一路径就是获取一定的垄断市场势力,将价格制定在边际成本之上才能盈利。

从网络外部性的角度,具有正外部性的平台常常呈现出寡头或垄断的市场结构(如银行卡组织、移动通信平台等)。平台一边用户数量的增加会增加另一端客户的效用,在不考虑平台承载力与边际成本的变化时,正外部性导致的最优均衡是将所有用户汇集在一个平台上,即互联网平台具有自然垄断的属性。

在产业发展成熟的过程中,企业也能够通过差异化来打破平台垄断,进入市场参与竞争。平台的差异化可以分为垂直差异化(vertical differentiation)和水平差异化(horizontal differentiation)。前者是指同一类平台提供不同质量的产品或服务,用户可根据自身需求来选择相应的产品或服务,如信用卡有金卡、银卡和普通卡之分;后者是指由于双边用户看待平台提供的产品或服务是不同的,因此平台通过一些选择机制和定价策略对用户的效用产生影响,如平台通过提供一些特色服务以及配套价位来吸引特定群组用户的参与(如电商平台中的淘宝与京东)。

当然,电商平台生态系统这种新的组织业态形式,对公司治理与公司并购的市场垄断监管都提出了新的挑战,尤其在大数据治理环境下,这将是我们需要面临的新课题(参见案例1-7)。

案例 1-7

阿里巴巴平台经济的生态系统

三马试水互联网保险:2013年11月6日,马云、马化腾、马明哲,业界"三马"共同投资的"众安在线财产保险股份有限公司"在复旦大学光华楼正式宣布成立。

2013年3月,保监会批复称:同意阿里巴巴、腾讯、中国平安等9家公司共同发起筹建众安在线,进行专业网络财产保险公司试点,公司注册资本为人民币10亿元。公司将不设任何分支机构,完全通过互联网进行销售和理赔。在产品研发上,亦将避开传统车险业务,而专攻责任险、保证险这两大非车险专业险种。

除了这种多个大佬共同参与的保险业平台经济多赢联合,阿里巴巴已经基于自身的电商平台,逐步构建了阿里电商商业链,并从其自有客户的交易记录信用评级开始,通过兼并收购、资本运作等各种方式,打造出一个跨平台混业经营的电商生态系统(见图1-8)。

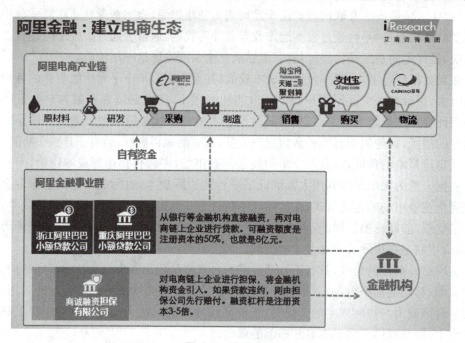

图1-8 阿里金融

资料来源:根据艾瑞咨询(2014)以及相关公开资料整理而成。

附录1-1

补充阅读资料——万科的事业合伙人制度

当前,事业合伙人制度也是对股东和管理人代理问题解决的有益尝试。股东和合伙人共享企业的收益,合伙人(企业的管理者)取代股东,成为企业的劣后受益人,也就有更强的动力去创造远超社会平均水平的卓越收益。这就真正解决了创造剩余和分配剩余两者的脱节,进而彻底解决了所有权和经营权分离的问题。但是这一制度目前只适合知识个体化、股权分散、业务可以拆分的公司(参见案例1-8)。

案例 1-8

万科的事业合伙人制度

万科集团 2015 年 6 月 2 日在天津召开了一次集团会议。为了防止一架飞机坠落的风险,管理层分乘两架航班,从深圳飞往天津,不能所有人乘坐同一架飞机出行,这是万科管理层集体出差的一个惯例。在这里,万科已经解决的问题是能够承受公司有一半管理层突然消失的风险,假如万科有一半的管理层突然消失,公司经营最多两周就能恢复正常。但是,尚未解决的问题是,万科仍然承受不了所有管理层都消失的风险。一个基业长青的企业是能够自治的,它的每个细胞应该都具备分裂的能力,就像一个海星,你把它砍得粉碎,只留下一个角,最后它仍然能长成一个完整的海星。对万科而言,解决企业自治问题的方法就是采用事业合伙人机制。

1. 什么是事业合伙制?

事业合伙人是一种类合伙人的机制。这意味着,它并非简单的合伙制。事实上,合伙制并非一个新鲜事物,它是人类历史上最久远的两种企业形态之一,除了合伙制以外,另一种企业最基本的形态就是有限公司。前者主要适用于知识型企业,如律师、会计师事务所、咨询公司等;后者则主要是资本密集型企业。

早在古罗马时期,我们就可以找到合伙制的缩影——"两人以上相约出资,经营共同事业,共享利益、共担风险"的合同。中世纪时期,这种契约比较成熟,在意大利商港形成的康曼达契约,已经形成有限合伙人的概念。在现代社会中,大量的专业知识型企业如律师、会计师事务所、咨询公司等都实行合伙制度。在基金、信托领域,大家对一般合伙人(GP)、有限合伙人(LP)这些概念都已经很熟悉。在目前的中国,领先企业如华为、阿里巴巴等,也在不同程度上尝试这种合伙人或类合伙人模式。

2014 年,万科花了整整一年的时间来思考事业合伙人制度。这是因为,万科要面对以往的合伙制所未曾涉及的三个问题:一是万科原来是一家股份有限公司,是公司制企业;二是万科是重资产企业,并非专业知识型企业;三是万科的规模已经很大,在中国民营企业中纳税额和总资产排名第一。在此基础上实行类合伙人机制具有非常大的难度,在全球范围内可能还没有特别成功的先例。那么,万科为什么还要知难而进?不妨先回到两个更基本的问题,即:企业为什么要存在?什么是一个伟大的企业?

2. 合伙制能解决哪些问题?

我们都知道,企业剩余归股东所有。只是,随着企业所有权和经营权分离,当企业的所有者与管理者不是同一个人的时候,如果剩余归股东所有,管理者还有什么动力为股东创造尽可能多的剩余?最主要的是,随着知识经济的崛起,以及互联网时代的到来,知识的价值也越来越高,知识与资本之间的天平在逐渐转移,这就使得企业股东获得所有剩余并扮演劣后角色的机制遭遇挑战。

在传统的企业分配机制中,工资是企业的成本,扣除各项成本(含工资)后的收益是企业的剩余,剩余的小部分作为股权激励分配给员工,大部分则作为企业利润分配给股东。真正决定这个公司有没有剩余、剩余多少的员工,仅能从剩余中分配到很小的部分。

在知识经济时代,企业分配机制有可能被重新设计。股东收入将被分成两部分:一部分是作为股东必须要获得的收益,即股权的机会成本;另一部分则是股东承受更高风险所要求的风险溢价。在这种模式下,企业向股东购买股权资本,股东基本收益是企业的一项成本。也就是说,在这种制度下,合伙人取代股东,成为企业的劣后受益人。由于企业的管理者站到了劣后位置,自然就有更强的动力去创造远超社会平均水平的卓越收益。这就真正解决了创造剩余和分配剩余两者的脱节,进而彻底解决了所有权和经营权分离的问题。

3. 不是所有企业都适合合伙制

合伙人制度并非对所有企业都有效。能否推行事业合伙人机制,取决于三个方面的因素。

第一,知识的个体性。企业知识是否掌握在个人手中?即知识个体性。举一个反例——富士康,富士康的绝大多数知识都浓缩在它的生产线上,工人只需按照规则进行简单重复的操作,因此,富士康的工人不仅不需要创造力,甚至不能有创造力。对于这类企业而言,他们建立合伙人机制是没有意义的,也没有必要。

第二,股权的分散性。如果一个企业的股权高度集中,老板会本能地不愿意放弃剩余索取权。企业里面最卓越的那些员工,一旦意识到这个企业的股权高度集中,就会去选择投靠一个实行合伙制的企业,或者选择自己出去创业。这些卓越员工不会选择把时间浪费在和老板谈判上面,这样做显然劳而无功,因为他们的老板可能压根就不会接受谈判。

第三,业务的封装性。所谓封装性是指,业务能否分解成一个个小的单位,每个单位都可以单独进行核算。例如,我们可以将律师事务所的业务分成一个个案子,会计师事务所的业务分成一个个项目。反过来说,另一些企业的业务,需要海量的人一起协作,这就是不具备封装性的业务。业务如果没有封装性,合伙份额就无法确定,因为每个人的贡献既无法量化评估,也无法通过内部博弈谈判来确定。

万科的这套制度,到目前为止还处于一个非常稚嫩的状态,还有太多疑问需要去面对。公司制和合伙制各行其道的历史,实际上就是整个人类商业史。如果能成功将两者合璧,这将是商业史上的重要创举。这样的重大变革,一般来说不太可能由一家公司独自完成。万科不惮于为有志同行者探路,但也期待着他山之石的启迪。

资料来源:谭华杰.万科的事业合伙人制度[J].清华管理评论,2015:10。

本 章 小 结

兼并与收购活动起源于美国铁路行业的发展。19世纪80年代美国工业化进展迅速,铁路行业是支柱产业,第一批股东和管理层分离的现代股份制公司就诞生于其中。由于缺乏有效的公司治理和法律监管,铁路行业出现恶性价格战、重复建设、运营管理混乱的状况,而银行资本家J.P.摩根通过美国资本市场推动了铁路产业的重组,将效益低下的小公司整合为运转良好的大公司,到20世纪初,美国铁路行业进入良性有序的发展阶段。

企业组织形式包括业主制、合伙制、有限责任公司、股份有限公司。公司制由于所有权和经营权分离,从而引发了公司治理问题,包括代理型和剥夺型问题。并购活动和公司治理其实是一个硬币的两面,公司治理是从内部对公司运营进行监管,中国目前的公司治理框架包括信息披露、股东大会、董事会、执行机构、管理层、公司控制权市场等。并购能够降低股东和经理人之间的信息不对称,来自收购的威胁就像悬在CEO头上的达摩克利斯之剑,激励着管理者向股东利益最大化、提高企业市值的目标努力,因此并购能有效解决公司控制权之争。除公司内部经营外,公司治理与法制环境也有紧密联系。

在中国,可变利益实体(VIE)是企业发展的新模式,企业借助一套复杂的法律合同(系列协议控制),通过VIE将外国投资者与中国公司联系在一起。新浪、阿里巴巴等相继采用了这一模式。

除四种传统的企业组织形式外,近年来出现了一种介于传统的企业和市场之间的全新组织形式——平台经济或者共享经济,这是一种互联网+创新产业的新型组织结构,如淘宝、京东等。平台经济具有自然垄断特性,特别需要在其称霸市场之后通过进一步的资本运作、兼并与收购实现其生态系统的目标。此外,平台经济对公司治理、公司并购市场的垄断监管都提出了新的挑战,尤其在大数据治理环境下,这将是我们需要面临的新课题。

重要概念

并购起源　企业组织形式　公司治理　VIE　平台经济

课后习题

1. 分析中国的合伙制起源,合伙制适用于哪些企业?
2. 如何运用杠杆原理获得终极控制权?
3. 兼并和收购对公司治理有怎样的影响?能否解决公司治理问题?
4. 简述全球化背景下,VIE公司的发展历史与公司治理特征。
5. 简述借助并购市场,共享经济与平台经济的公司战略发展趋势。
6. 事业合伙人制度在解决公司治理问题时的作用如何?

第二章

并购的概念与范畴

本章导读
- 掌握兼并与收购的基本概念,如吸收合并、新设合并和上市公司收购的含义及区别;
- 掌握横向并购、纵向并购与混合并购的含义及区别;
- 掌握协议收购与要约收购的法律界定,了解要约收购在各个国家间的差别与缘由;
- 了解杠杆收购和管理层收购的本质含义与区别;
- 了解正向三角收购与反向三角收购的原理和应用差别;
- 掌握买壳上市与借壳上市的含义、区别和过程。

"纵观美国著名大企业,几乎没有哪一家不是以某种方式、在某种程度上应用了兼并、收购而发展起来的。"

——乔治·J.斯蒂格勒(George Joseph Stigler)

2.1 并购的概念

并购(M & A),是"兼并"(merger)和"收购"(acquisition)的统称。

饭岛秀幸在《兼并与收购》中将并购分为狭义的并购和广义的并购:"狭义的 M & A,是指伴随着企业经营权的转移,除了兼并手段以外,还可以通过业务的转让、股份的转让等手段来获取对某项事业的支配权。广义的 M & A,是在狭义的 M & A 基础上,包含参入资本和业务联合这样的不涉及经营权转让的交易方式。"①

2.1.1 兼并

在中国《公司法》中,并没有明确界定"兼并"一词,而是对"合并"(consolidation)有定义。《中华人民共和国公司法》(以下简称《公司法》)对公司合并的相关规定为:公司合并

---

① 饭岛秀幸.兼并与收购[M].吕明哲译.东北:东北财经大学出版社,2005.

可以采取吸收合并或者新设合并。一个公司吸收其他公司为吸收合并,被吸收的公司解散。两个以上公司合并设立一个新的公司为新设合并,合并各方解散①。公司合并时,合并各方的债权、债务,应当由合并后存续的公司或者新设的公司承继②。吸收合并可以表示为 A+B=A,新设合并可以表示为 A+B=C。

"兼并"在不同的定义下,可对应《公司法》中的"吸收合并"或"合并"的概念。相应地,"合并"在有的定义下指公司法中的吸收合并,有时则是吸收合并与新设合并的统称。

高根在《兼并、收购和公司重组》中将兼并定义为:"兼并是指由两家公司合并为一家公司,合并后只有一家公司继续经营,而被兼并的公司不再存在。"合并(consolidation)是指"两家或多家公司合并成一个全新的实体。所有参加合并的公司被解散,只有新的实体继续运作。在合并中,原有的公司不再存在,原股东成为新公司的股东"。在高根的定义下,兼并指吸收合并,而合并指新设合并。他同时指出,两个词有时会出现交替使用的情况,通常,当结合的公司规模大体相近时,一般采用"合并"一词;当两家公司规模相差甚远时,使用"兼并"一词更合适。不过在实践中,这一差别常常被忽略。"兼并"一词被广泛用于各种合并案例中,而不论公司的规模是显著不同还是大致相近。

任淮秀在《兼并与收购》中对兼并的定义更为广泛:"通常是指一个企业吞并其他企业或者两个及两个以上企业的合并行为。通常说来,人们对兼并与合并的概念不加区分,均称为兼并。"但书中还是对兼并与合并在理论概念上的区别做了阐释:"兼并是指物体或者权利之间的融合或相互吸收。通常说来,参与融合或相互吸收的某一方在价值或重要性上要弱于另一方。在这种情况下,融合或相互吸收之后,较不重要的一方不再独立存在。……《中华人民共和国公司法》将其定义为吸收合并。""合并是指两个或两个以上的公司依照法律程序,以一定的方式重新组合,重组后原来的公司都不再继续保持各自的法人地位,而是重新组成一个新的公司。……中国《公司法》将其定义为新设合并。"③

饭岛秀幸的《兼并与收购》一书中,对兼并的定义是"若干个企业合并成一个企业形成的企业联合体。具体而言,包括两种形式:一种形式是现有企业继续保持存在,吸收其他企业的'吸收兼并';另一种形式是企业合并后成为一个新的企业,其业务内容不变的'新设兼并'"。此时,兼并与合并同义,都是吸收合并与新设合并的统称。

在中国的具体案例实践,参见案例 2-1 和案例 2-2。

案例 2-1

上海电气集团股份公司吸收合并上海输配电股份公司

2007 年 11 月 16 日,上海电气 2007 年股东特别大会作出决议,同意以换股方式吸收合并上电股份暨发行 A 股并上市。

合并方:上海电气集团股份有限公司(简称:上海电气 601727),于 2004 年 9 月,以上海电气集团有限公司净资产值按 1∶1 的比例折股整体变更为股份有限公司。2005 年 4 月在香港联交所上市,发行 H 股。公司主要从事设计、制造及销售电力设备、机电一体

---

① 参见《公司法》第一百七十二条。
② 参见《公司法》第一百七十四条。
③ 任淮秀.兼并与收购(第二版)[M].北京:中国人民大学出版社,2011.

化设备、重工设备、交通设备及环保系统产品并提供相关服务。公司为中国最大的综合型装备制造业集团之一,在百万千瓦级核电机组、特高压输变电成套设备等行业具有突出地位和显著优势。

被合并方:上海输配电股份公司(简称:上电股份 600627),于 1993 年 1 月在上海证券交易所上市,主要从事输配电设备制造和输配电工程总承包。上海电气集团股份公司是其控股股东,持有其 83.75%的股权,性质为限售流通股,其他股东持有 16.25%的股权,性质为无限售条件流通股。

上海电气以换股吸收合并方式合并上电股份,并且上海电气 A 股发行与吸收合并上电股份同时进行。上电股份总股本 51 796.55 万股,其中:上海电气持有上电股份 43 380.72 万股,为限售流通股,该部分股份不参与换股,也不行使现金选择权,合并完成后予以注销;境内法人持有 3 315.82 万股,已于 2007 年 11 月 7 日起上市流通;社会公众持有 5 100 万股,为流通股。

上海电气发行的 A 股全部用于换股吸收合并上电股份,不另向社会公开发行股票募集资金。吸收合并后,上电股份终止上市,法人资格注销,全部资产、负债及权益并入存续公司。

资料来源:上海电气集团股份有限公司关于上海电气首次公开发行 A 股招股说明书暨换股吸收合并上海输配电股份有限公司报告书摘要,Wind。

案例 2-2

优酷网与土豆网合并为优酷土豆集团

2012 年 3 月 11 日,优酷网和土豆网签订最终协议,优酷和土豆将以 100%换股的方式合并,新公司名为优酷土豆股份有限公司,土豆网将退市。

根据协议条款,自合并生效日起,土豆所有已发行和流通中的 A 类普通股和 B 类普通股将退市,每股兑换成 7.177 股优酷 A 类普通股;土豆的美国存托凭证(Tudou ADS)将退市并兑换成 1.595 股优酷美国存托凭证(Youku ADS)。每股 Tudou ADS 相当于 4 股土豆 B 类普通股,每股 Youku ADS 相当于 18 股优酷 A 类普通股。

合并后,优酷股东及美国存托凭证持有者将拥有新公司约 71.5%的股份,土豆股东及美国存托凭证持有者将拥有新公司约 28.5%的股份。合并后的新公司名为优酷土豆股份有限公司(Youku Tudou Inc.)。优酷的美国存托凭证将继续在纽约证券交易所交易,代码为 YOKU。

截至美国东部时间 3 月 9 日收盘,优酷在纳斯达克股价收报为 25.01 美元,土豆股价 15.39 美元,按土豆每股 ADS 兑换 1.595 股优酷 ADS 计算,土豆合并后的股价价值将达 39.89 美元,较目前的股价溢价 159%(见图 2-1)。

2012 年 8 月 20 日,优酷土豆股合并方案获在

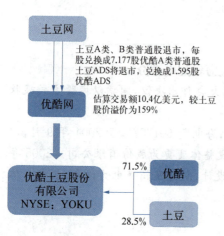

图 2-1　优酷土豆合并

中国香港召开的双方股东大会上批准通过,优酷土豆集团公司正式成立,优酷 CEO 古永锵将担任集团董事长兼 CEO,称将坚持渐变不裁员原则进行磨合。土豆 CEO 王微将进入集团董事会担任董事,并参与重大决策。

资料来源:新浪科技"优酷与土豆宣布合并"专题,http://tech.sina.com.cn/z/youkutudou/。

2.1.2 收购

收购是指一家公司主动购买其他公司的资产或股权以获取对其控制权的行为。收购不一定要对目标公司 100% 持股,但最终目的是取得目标公司的控制权。收购后双方公司都将继续存续,用数学公式来表示即为:$A+B=A+B$,但 A 公司收购 B 公司后 A、B 两家公司都由同一控制人来进行控制。

任淮秀在《兼并与收购》中指出:"收购是指一家公司(出价者或者收购方)购买另一家公司(目标公司或被收购方)的大部分资产或证券,其目的通常是重组被收购公司的经营。"饭岛秀幸《兼并与收购》中将收购定义为企业经营权利转让的企业买卖活动。梅君等编著的《上市公司并购与重组》中指出,收购"是指一家公司用现金、债券或股票购买其他公司的部分或全部资产或股权以获得对其他公司的控制权的行为,被收购公司的法人地位并不消失"。

根据周春生的《融资、并购与公司控制》,收购分为收购资产和收购股权。收购资产是指一家公司通过购买另一家公司的全部或大部分资产来达到并购的目的,被购买的公司通常被称作目标公司。一般而言,在资产收购中,收购方只需买入目标公司中符合自己需要的那部分资产即可。收购股权是指一家公司通过购买另一家公司相当部分的股票,来实现控制被兼并公司资产及经营权目的的兼并活动,即狭义上的"收购"[1]。中国市场的例子之一,参见案例 2-3。

中国《证券法》[2]对上市公司收购作出了规定,《上市公司收购管理办法》[3]规定诸如公司内部程序之类的原本属于公司法的事务。收购上市公司的目的在于对上市公司的控制权。依照《上市公司收购管理办法》第八十四条解释,收购人取得上市公司控制权的情形包括:第一,投资者为上市公司持股 50% 以上的控股股东;第二,投资者可以实际支配上市公司股份表决权超过 30%;第三,投资者通过实际支配上市公司股份表决权能够决定公司董事会半数以上成员选任;第四,投资者依其可实际支配的上市公司股份表决权足以对公司股东大会的决议产生重大影响;第五,中国证监会认定的其他情形。

案例 2-3

海信收购科龙电器

2005 年,海信以 6.8 亿元受让了格林柯尔持有的科龙电器 26.43% 的股份,成为科龙

---

[1] 周春生.融资、并购与公司控制(第二版)[M].北京:北京大学出版社,2007:93.
[2] 最新为 2014 年修订的《证券法》。
[3] 最新为 2014 年修订的《上市公司收购管理办法》。

电器第一大股东,达到了控股科龙电器的目的。海信以资产置换的方式将其现有的空调类和冰箱类优质资产注入科龙电器,同时将模具、配件、小家电等子公司及相关资产和业务从科龙电器中置出,在避免同业竞争的同时整合双方的白色家电资源,提升整体竞争力。

资料来源:中国证券监督管理委员会.中国上市公司并购重组发展报告[M].北京:中国经济出版社,2009:5。

2.2 并购的分类体系

2.2.1 根据并购对象所在行业划分

(1)横向并购(horizontal combinations)。横向并购,也称水平式并购,即并购双方或多方企业原属同一产业,生产同类产品。例如,两个食品加工企业间的合并、两个通信公司间的合并,或两个网站间的合并等,典型案例参见案例2-4。横向并购的优点是可以迅速扩大生产规模,节约共同费用,便于提高通用设备使用效率,容易形成规模经济。但由于这种并购容易破坏竞争,形成高度垄断的局面,因此,许多国家都密切关注并限制此类并购的发生。不过,随着全球竞争的日益加剧,各国对此的管制放宽很多①。

案例 2-4

宝钢集团整体上市

宝钢股份于2005年4月增发股票用于向集团公司及其有关下属子公司收购钢铁类资产,实现集团内钢铁主业的整体上市,这是首例中央企业通过横向收购完成整体上市的事件。

此次收购对价为280.2亿元,包括收购集团一钢的钢铁资产和业务、五钢和钢研所钢铁资产和业务、梅钢最多不超过92.3%的股权、宝新54%股权、宝钢国贸100%股权、马鞍山港区资产、集团持境外子公司股权、宝钢化工100%股权、宝信软件57.22%股权和宝钢梅山公司房地产。

根据国际钢铁协会的统计,宝钢整体上市案显著提升了宝钢在全球的行业地位,产能由收购前全球第17位提升至收购后全球第8位,利润规模由全球第3位升至全球第2位。此外,通过集团整体上市,宝钢不仅完成了对战略资源的控制,而且减少了关联交易和同业竞争,使得宝钢股份成为真正意义上的利润中心。

资料来源:杨华.上市公司并购重组和价值创造(第二版)[M].北京:中国金融出版社,2009:136-140。

(2)纵向并购(vertical combinations)。纵向并购是指与企业的供应厂商或客户的合并,即优势企业将同本企业生产紧密相关的生产、营销企业并购过来,以形成纵向生产一体化(参见案例2-5)。纵向并购实质上是处于产业链不同阶段的企业间的并购,企业对

---
① 上海国家会计学院.企业并购与重组(第一版)[M].北京:经济科学出版社,2011:5.

彼此的生产状况比较熟悉,有利于并购后相互融合。纵向并购有利于减少交易成本、消除市场竞争中的排他性,从而构造内部化市场。

纵向并购分为前向并购和后向并购。前向并购(向前并购)是指并购下游的企业,一般指处于销售领域的企业;后向并购(向后并购)是指并购上游的企业,一般指原材料供应方。

案例 2-5

潍柴动力吸收合并湘火炬

2007年,潍柴动力在IPO上市的同时换股吸收合并了湘火炬,收购对价为10.2亿元,包括湘火炬控股的陕西重汽、法士特、株洲火花塞和东风越野车四大核心业务。

此次吸收合并,潍柴动力的产业链由原来的重汽发动机拓展到变速箱、车桥等其他汽车零部件,形成完整的动力总成系统。两强合并后,可以打通汽车行业上下游的关键领域。此外,公司吸收合并湘火炬后,持有陕西重汽51%的股权,陕西重汽的头上戴着"15吨重卡老大"的金字招牌,同时还垄断着国内重型军用越野车95%的市场份额,此次合并形成由动力总成以及下游重卡整车的完整的产业链条。

资料来源:张小南.上市公司运作理论与实务[M].成都:四川科技出版社,2009:96;崔凯.风云并购[M].北京:机械工业出版社,2010:25。

(3) 混合并购(conglomerate combinations)。混合并购发生在既非竞争对手,又非产业链上下游关系的企业之间。通常并购双方所处的行业不相关。混合并购往往是基于企业财务的协同效应,或出于多元化经营战略考虑,减少长期经营一个行业所带来的非系统风险。有时混合并购的目的是为了给资金寻找出路——某些企业拥有大量资金,却无法在本行业中继续扩大规模,或希望寻找更有吸引力的行业进行探索(参见案例2-6)。

混合并购分为产品扩张型、地域市场扩张型和纯混合型三类。产品扩张型,兼并拓宽了企业的生产线,这种兼并是从事相关业务活动的企业间的合并,因此也被称为同心兼并,比如生产常温奶的厂家并购一家生产低温奶的厂家;地域市场扩张型兼并涉及在不重叠的地理区域内从事经营的两家企业间的兼并,比如一家主要市场在四川的酒企并购一家在山西拥有市场的酒企;纯混合型兼并,涉及几乎完全不相关的经营活动,比如一家以生产食品为主的企业并购一家房地产公司①。

案例 2-6

百丽从"女鞋之王"到"鞋业之王"

2007年5月23日,百丽在港交所上市,上市之后,百丽旋即展开了一系列收购:8月,百丽斥资3.8亿元收购FILA;10月,百丽斥资6亿元收购妙丽;11月,百丽以16亿元收购森达及其代理的品牌,通过此次产品扩张型并购,百丽大举步入男鞋市场,一举成为国内男鞋翘楚。同月20日,百丽国际控股又以5.63亿元收购江苏森达旗下的上海永旭

---

① [美]萨缪尔·韦弗,弗雷德·威斯通等.接管、重组与公司治理(第一版)[M].周绍妮,张秋生译.北京:中国财政经济出版社,2003:9.

鞋业有限公司。

在短短的半年时间内,斥资收购的金额高达30亿元,既有产品扩张型混合并购,又有市场扩张型混合并购。显然,上市后的百丽国际朝着中高端品牌、休闲运动系列以及男鞋类这三个方向发展,百丽的版图扩张已经从"加法"变成了"乘法",其愿景不仅要做女鞋之王,更要做鞋业之王。

资料来源:王方剑.中国连锁企业投融资实务[M].北京:中国时代经济出版社,2008:245-247。

2.2.2 根据并购程序划分

(1) 协议收购(acquisition based on an agreement)。协议收购指收购者在证券交易所之外,通过私下协商的形式与目标公司股东(控股股东)、管理层反复磋商,达成股权收购协议,以达到控制该公司的目的。收购人可以依照法律、行政法规的规定同被收购公司的股东以协议方式进行股权转让。

这种收购多发生在目标公司股权较为集中,尤其是目标公司存在控股股东的情况下。因为在这种情况下,收购者通过与目标公司控股股东协商受让控股股东股权即可获取对该公司的控制权。

在2005年股权分置改革之前,中国的国有股和法人股占到总市值的2/3以上,却不能上市流通,只能以协议方式转让。其价格一般低于二级市场流通股的价格,收购方可以较低成本获得上市公司的控制权。因此在股权分置时代,协议收购在中国并购活动中占有极其重要的地位,比如2003年中国重汽收购小鸭电器案例(参见案例2-7)。

案例 2-7

中国重汽协议收购"小鸭"

2002年随着减持国有股政策的叫停,2003年上市公司的股权协议转让开始明显地增多。由于在21世纪初,中国上市公司股权结构中国有股"一股独大"的特性明显,协议转让可在一次性交易中迅速、直接完成股权的变更,以便于新的控股股东在较短的时间内及更大范围内优化资源。

2003年12月30日和31日,*ST小鸭(000951)发布两则公告,宣布*ST小鸭的重组方案获股东大会通过,公司注册名称由"山东小鸭电器股份有限公司"变更为"中国重型汽车集团济南卡车股份有限公司",公司经营范围也变更为"载货汽车、专用汽车、重型专用车底盘、汽车零部件制造和销售;汽车改装、机械加工"。小鸭集团将利用向中国重汽集团转让股权的资金回购*ST小鸭全部家电类资产并承接相应的债务。小鸭集团转让所持*ST小鸭63.78%股权所得资金约为1.8亿元。

资料来源:全球并购研究中心.中国并购报告(2004)[M].北京:人民邮电出版社,2004:83。

(2) 代理权争夺(proxy fight 或 proxy contest)。在中国也称之为"委托书收购",也就是收购方以征集目标公司股东委托书的方式,在股东大会上取得表决权的优势,通过改组董事会,最终达到实际控制目标公司的目的(参见案例 2-8)。

委托书收购具有收购成本低、程序简单等优点,适用于股权相对分散的情况,在国际上已成为与股权式收购并列的一种重要收购方式。它不但可以单独使用,还可以配合股权式收购使用。这种收购方式在境外资本市场早已有之,尤其在美国和中国台湾地区曾流行一时,并已形成比较成熟的并购操作手段,而在中国大陆则是一种金融创新。

委托书收购一方面可以使股东会的召开易达到法定人数,提高公司的运作效率,使少数股东可通过集中表决权的行使实现自己的股东权利。但也应该看到的是,"委托书收购"的过度使用容易使之沦为争夺公司经营权的工具,干扰公司的正常运作,是一把双刃剑(参见案例 2-9)。因此,一些法制较为先进的国家,均对"委托书收购"进行了缜密立法,在允许其存在的同时对其进行严格的规范限制①。

案例 2-8

通百惠委托书收购胜利股份

2000 年 3 月、4 月间,中国资本市场上上演了一场引人注目的委托书收购战。此次收购是由胜利股份第一大股东持有的股份遭质押引起的,由于胜利股份的国有股由国资局授权胜利集团管理,而胜利集团却因涉及经济纠纷而落得手中持有的股份被冻结和拍卖的后果,并由此引来了通百惠。虽然最后作为收购方的通百惠未能如愿以偿成功收购胜利股份,但作为中国第一例委托书收购案,此次收购仍旧具有较强的研究意义。

资料来源:姚铮.上市公司管理经典案例(第一版)[M].北京:清华大学出版社,2006:292-293。

案例 2-9

"宝安—延中"风波

1993 年 9 月,政府宣布法人股东可以进入二级市场后,深宝安下属的三家企业宝安上海公司、宝安华阳保健用品公司和深圳龙岗宝灵电子灯饰公司受命,担任此次收购的主角。三家公司均小心谨慎,严格控制消息,调集资金,从 9 月中旬开始在二级市场上大规模收购延中股票。29 日,宝安上海公司已持有 4.56%的延中股票,宝安华阳保健用品公司和深圳龙岗宝灵电子灯饰公司已分别持有延中股票达 4.52%和 1.657%。很明显,这三家分公司中,宝安上海公司持有股票最多,但尚未突破 5%的报告线。

但是要跳过 5%的报告线,降低收购难度,必须出奇制胜。1993 年 9 月 30 日,三家公司受命开始下单扫盘。由于此前,宝安上海公司持有延中股票数为 4.56%,再吃进 15 万股即可超过 5%。宝安在集合竞价以及后来的短短几小时内便购进延中股票 342 万股,于是合计宝安持有延中股票数已达 479 万余股,其中包括宝安关联企业宝安华阳保健用品公司和深圳龙岗宝灵电子灯饰公司通过上海证交所的股票交易系统卖给宝安上海公司的 114.7 万股,至此宝安公司已实际拥有延中股票的 15.98%。直至当日中午,宝安上海公司第一次正式公告,宝安公司已持有延中普通股 5%以上。10 月 22 日,宝安公司合计

---

① 上海国家会计学院.企业并购与重组(第一版)[M].北京:经济科学出版社,2011:12.

持有延中实业的股份达到总股本的19.8%,成为延中实业第一大股东。

之后,深宝安向上市公司注入了部分房地产业务,使延中的规模与业绩都有很大的增长,但整个公司经营并未有根本变化,宝安也无力对上市公司进行更大支持,于6年后退出。

资料来源:徐洪才.中国资本运营经典案例(上册)(第一版)[M].北京:清华大学出版社,2005:154-156。

(3) 要约收购(take over bid,又称 tender offer)。要约收购,即公开市场要约收购,又称标购,是指收购者通过某种方式,公司向目标公司的全体股东发出要约(书面意思表达),按照法律公告的收购要约中所规定的收购条件、价格、期限以及其他规定事项,收购一定数量目标公司的股份,从而达到控制该公司的目的。这种收购方式主要发生在目标公司的股权较为分散、公司的控制权与股东分离的情况下。

根据《中华人民共和国证券法》第九十六条规定,采取协议收购方式的,收购人收购或者通过协议、其他安排与他人共同收购一个上市公司已发行的股份达到百分之三十时,继续进行收购的,应当向该上市公司所有股东发出收购上市公司全部或者部分股份的要约。但是,经国务院证券监督管理机构免除发出要约的除外。

中国资本市场要约收购这一方式发生较晚,2003年出现了第一个被动式要约收购案(参见案例2-10)。

案例 2-10

南钢股份和成商集团开启中国要约收购

2003年4月,随着南钢股份(600282)要约收购报告书的发布,国内证券市场第一例要约收购案例成为现实。南钢股份的大股东南钢集团在与其他股东和自然人组建南钢联合公司过程中,实质构成了南钢联合对南钢股份的收购,且收购的股份超过南钢股份已发行总股本的30%,依法已触发要约收购义务。所以南钢联合将根据有关规定履行要约收购义务。

之后,成商集团(600828)又因大股东成都市国有资产投资经营公司将其持有的超过公司总股本30%的股份转让给四川迪康产业控股集团股份有限公司而触发要约收购,迪康集团就此发布了成商集团要约收购报告书摘要。本案中由于拟协议收购的国有股占公司总股本的65.38%,不符合豁免的条件,也必须按照有关法律规定履行要约收购义务。

以往类似的上市公司股权转让大多获得证监会的豁免,或者采取使股份收购比例刚好低于30%的做法,以回避要约收购。因而,这两个连续出现的要约收购对国内投资者来说,在当时还是一个新鲜事。

资料来源:全球并购研究中心.中国并购报告(2004)[M].北京:人民邮电出版社,2004:84。

2.2.3 根据并购双方意愿划分

(1) 善意并购(friendly M&A)。指并购双方经过共同协商达成协议,目标企业接受并购协议中的条件,同意并购的行为。国内企业间的兼并收购大多数都是善意并购,双方一般通过友好谈判达成协议收购。

（2）熊抱（bear hug）。熊抱是介于善意并购和敌意并购之间的收购方式，是指并购企业在采取并购行为之前，向目标公司提出并购建议，而无论目标公司是否同意，并购企业都会按照并购方案行动的行为（参见案例2-11）。

案例 2-11

ALCOA 收购 REYNOLDS

1999年8月早期，Alcoa披露了其对Reynolds Metals进行的主动收购，要约收购包括43亿美元的股份，或每股66.44美元的股份，加上15亿美元Reynolds未偿还的债务。因为其他合理的请求收购的公司，或潜在的诸如加拿大Mean Aluminium，法国Pechiney SA和瑞士的Alusuisse Lonza Group AG等白衣骑士都已经涉及三方兼并，Reynolds看来特别容易受到伤害。

来自Alcoa首席执行官的熊抱表示它想进行善意收购，但也表示如果双方不能在一个星期之内进行协商，它可能会进行全面的敌意收购。由于Reynolds在世界范围内铝价日益下降的情况下，财务业绩不佳，以及它的防御措施软弱，同时Reynolds的唯一最大的股东——Highfields资产管理公司，拥有超过400万股票，要求董事会建立一个特殊的独立董事委员会，并指导美林投资银行公开拍卖Reynolds。

于是在8月19日，即在收到Alcoa初始请求之后不超过2个星期，Reynolds同意被Alcon收购。

资料来源：[美]唐纳德·德帕姆菲利斯.兼并、收购和重组：过程、工具、案例和解决方案综合指南（第一版）[M].黄瑞蓉，罗雨泽译.北京：机械工业出版社，2004：112。

（3）敌意并购（hostile M ＆ A）。敌意收购是指目标公司经营者拒绝、抗拒与收购者合作的收购，或收购方事先没有与其商量。敌意收购中目标公司的经营者经常采取反收购措施来阻碍收购的顺利完成。

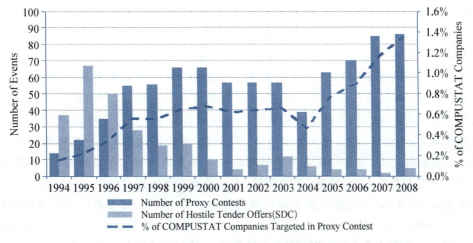

图2-2 以美国为例的1994—2008年的敌意收购与委托书收购数目

代理权争夺，或者说委托书收购（中国），是敌意收购中用到的一种方式，即收购者通过征集股东"委托书"，代理股东出席股东大会并行使表决权，控制目标公司董事会、改组董事会等方式实现对目标公司的收购，这会产生新的管理层，但不用支付收购溢价。因此，自 21 世纪以来，在美国资本市场，越来越多的投资者股东开始采用代理权争夺，而不是径直采用敌意收购，这样可以节约收购成本（参见图 2-2 的相关数据以及案例 2-12）。

案例 2-12

加拿大太平洋铁路公司案例——Canadian Pacific Railway

积极行动主义的对冲基金经理（activist hedge fund manager——bank）William A. Ackman 想要用太平洋铁路公司的前 CEO E. Hunter Harrison 来替换现任的 CEO Fred Green。此时，Ackman 管理的基金持有太平洋铁路公司大约 14.2% 的股份，但是该提议遭到了董事会的拒绝。Ackman 便威胁说要在下一年度会议上，征集委托书，并行使委托表决权的方式来替换董事会的全部 15 个席位。最终真正的委托书收购也许不会发生，但是即使不发生，这个威胁也会影响到事件的结果。

资料来源：纽约时报，2012-01-09。

当然，目标公司可以针对敌意收购采取反收购措施，例如在公司章程中添加预防性条款：遭遇恶意收购，收购者须向原有股东、债权人及企业的高管支付一笔可观的补偿金额，给收购者设置极高的附加成本，驱赶潜在的套利者；采取出售、分拆被收购者看重的优良资产；增加企业的负债额、向股东发放额外红利等财务性措施，以降低恶意收购者的收购价值。如中国 VIE 公司新浪对抗盛大的敌意收购，就采用了股权摊薄这一"毒丸（poison pill）计划"，并成功阻击了盛大的进一步入侵计划（参见案例 2-13）。

案例 2-13

新浪反收购的"毒丸计划"

2005 年 2 月 19 日，盛大宣布已经持有新浪 19.5% 的股份，成为新浪第一大股东，并表示将继续增持股票，获得对新浪的控制权。

这两家互联网公司都注册于英属开曼群岛，并均于美国纳斯达克证券交易所上市。这起收购案例是首例遵循美国法律进行并购的中国案例。

盛大先悄悄收集筹码，且突然宣布收购。2 月 22 日，新浪宣布启动"毒丸计划"反收购：对于 3 月 7 日记录在册的新浪股东，他所持有的每一股股票，都能获得一份购股权。如果盛大继续增持新浪股票致使比例超过 20% 时或有某个股东持股超过 10% 时，这个购股权将被触发，而此前，购股权依附于每股普通股票，不能单独交易。一旦购股权被触发，除盛大以外的股东们，就可以凭着手中的购股权以半价购买新浪增发的股票。按照购股权的行使额度 150 美元、总股本 5 048 万股、盛大持有 984 万股来计算，假设股价为 3 月 7 日的收盘价 32 美元，则购股权触发后新浪总股本将变为 43 148 万股（4 064 万股×150/16＋4 064 万股＋984 万股），盛大原先持有的 984 万股票占总股本 19.5%，一经稀释就降低为 2.28%。这样，"毒丸计划"稀释股权的作用就得到了充分的体现。如果盛大停止收购,新浪董事会会以极低的成本(每份购股权 0.001 美元或经调整的价格)赎回购股权,用几万美元支付这次反收购战斗的成本。

最终盛大对持有的新浪股份进行了抛售,"毒丸计划"并没有被触发,盛大收购新浪以失败告终。

资料来源:李明瑜,袁朝晖,徐蕾.盛大新浪攻防术[J].证券市场周刊,2005-03-13。

2.2.4 根据收购的标的物划分

(1) 收购股票。收购股票的兼并是指一家公司通过购买另一家公司相当部分的股票,来实现控制被兼并公司资产及经营权目的的兼并活动,即所谓的"收购"。

(2) 收购资产。购买资产的兼并是指一家公司通过购买另一家公司全部或绝大部分资产以达到并购目的[①]。

在资产收购中,收购方只需买入目标公司中符合自己需要的那部分资产即可。资产收购后,如果目标公司仍保留了大部分资产,那么这项交易只是针对目标公司的部分收购;如果目标公司的全部资产都被购买了,那么目标公司就成为一个只拥有收购中得到的现金和证券的空壳公司。在这种情况下,目标公司可以选择向股东支付清算股利,然后解散公司。当然,目标公司也可以使用这些流动资产购买其他资产或企业[②]。收购目标公司的资产时根据支付方式的不同——现金还是股票,又有不同的交易流程,具体参见图 2-3 的交易结构。

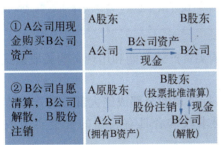
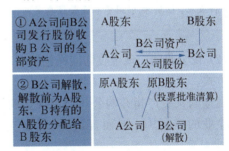

图 2-3 收购目标公司资产交易结构示意

资料来源:微信公众号——第一并购,图解金融.一图解读十种典型的并购交易结构,2014-07-26. http://mp.weixin.qq.com/s/TRWX6dsNBR7AetGMy0AWUQ。

2.2.5 根据并购支付方式划分[③]

(1) 股票收购。股票收购又可划分为纯换股式收购和股票换取资产式并购两种

---

① 周春生.融资、并购与公司控制(第二版)[M].北京:北京大学出版社,2007:93.
② 高根.兼并、收购和公司重组(第四版)[M].北京:中国人民大学出版社,2011:24.
③ 上海国家会计学院.企业并购与重组(第一版)[M].北京:经济科学出版社,2011:9-11.

方式。

以股票换取股票式并购,是指收购公司直接向目标公司股东发行收购公司的股票以交换目标公司的大部分股票。一般而言,交换的股票数量应至少达到收购公司能控制目标公司的足够表决权数。通过此项安排,目标公司就成为收购公司的子公司,或通过解散而并入收购公司中。在反向并购中,也可能安排收购公司的资产或业务并入目标公司中,在第五次并购浪潮中,国际上的大规模并购交易多数都采用换股的方式。

股票换取资产式并购,指以股票换取资产的并购,即收购公司向目标公司发行自己的股票以交换目标公司的大部分资产。站在目标方的角度,是用资产换取对方的股权,如顺丰借壳鼎泰新材上市。因此,这种并购方式有时很难准确判断出谁是收购方、谁是被收购方。可以认为,并购后联合企业的实际控制者是谁,谁就应该是收购方,如案例2-14。

案例 2-14

TCL 集团"IPO+合并"模式

2003年9月30日,TCL集团董事会与TCL通讯(SZ.000542)董事会联合公布了TCL集团吸收合并TCL通讯的预案说明书。2004年1月30日,深圳证券交易所三楼上市仪式大厅内喜气洋洋、红红火火,TCL集团(SZ.000100)的IPO在A股成功上市。

这个案例的创新之处在于采取TCL集团上市加换股合并这一组合模式,两步操作一步完成。TCL集团通过IPO上市,同时以吸收合并方式合并TCL通讯。TCL集团向TCL通讯全体流通股股东换股发行TCL集团人民币普通股,TCL通讯全体流通股股东将其所持有的TCL通讯全部流通股股份按照折股比例换取TCL集团换股发行的股份,TCL通讯的全部资产、负债及权益并入TCL集团,其法人资格注销。

资料来源:徐洪才.中国资本运营经典案例(上册)(第一版)[M].北京:清华大学出版社,2005:105。

(2)现金收购。现金收购同样包括用现金购买资产式并购和用现金购买股票式并购两种方式。

现金购买资产指并购公司使用现金购买目标公司的全部或绝大部分资产以实现对目标企业的控制。一般而言,使用现金支付要求收购者具有较强的资金实力或融资能力。

现金购买股票式指收购公司使用现金购买目标公司一部分股权,以实现对目标公司的控制。出资购买股票既可以通过一级市场进行,也可以在二级市场公开进行。中国自1993年开始出现通过二级市场出资购买目标公司股票的并购行为,如受人瞩目的"宝延之争"(案例2-9)。在二级市场收购股票由于信息披露的要求,收购成本会较高。在股权分置改革——2005年之前,大量的股权转让是通过非公开的协议收购进行,通常会支付较低的并购成本。

(3)混合支付式并购。在很多并购案中,收购方会同时使用两种或两种以上的支付手段,较为常见的是现金加股票;此外,还有承债式支付、金融衍生品支付等创新方式。各种支付方式分析,如表2-1所示。

表 2-1　上市公司并购重组支付方式举例

支付方式	上市公司	要点
股票支付	大多数上市公司通过定向增发收购公司	鞍钢新轧钢股份有限公司向鞍山钢铁集团公司新增 29.7 亿股流通 A 股,用于收购鞍钢集团所持有的鞍钢集团新钢铁有限责任公司 100% 的股权。 中国铝业和潍柴动力两家公司在换股吸收合并中都是用股权作为支付手段
现金支付	中联重科和意大利 CIFA	中联重科为取得收购意大利 CIFA 公司 60% 的控制权,支付 1.626 亿欧元现金
承债支付	ST 陈香	山东鲁锦进出口集团有限公司受让山东省临沂市人民政府国有资产监督管理委员会持有的 ST 陈香 46.09% 的股权,转让对价包括现金支付的股份转让价格和代临沂国资委相关下属企业清偿对 ST 陈香的相关债务两部分构成
金融衍生品支付	邯郸钢铁	邯郸钢铁股改发行认购权证总量为 9.257 亿份,如果收购所有的权证到期行权,则可获相对控股地位。宝钢集团大量收购邯郸钢铁流通股和邯钢 JTBI,2006 年 6 月 1 日,宝钢集团宣布举牌邯郸钢,这直接威胁到邯钢集团的控股权。为扭转局面,邯钢集团启动反收购,宣布为对冲认购权证行权需求,斥资不少于 15 亿元增持邯郸钢铁流通股,增持数量不超过 7 亿股

资料来源：中国证券监督管理委员会.中国上市公司并购重组发展报告[M].北京：中国经济出版社,2009：40-41。

(4) 杠杆收购①(leveraged buy-out, LBO)。利用杠杆收购,收购方可以收购一个规模较自身大很多的目标公司,这在 20 世纪 80 年代的美国得到广泛的运用。其中,最著名的杠杆收购是美国 1988 年发生的价值 246 亿美元的 RJR 纳贝斯克收购案,并且该收购案被拍成了电影《在门口的野蛮人》。中国较为早期的杠杆收购案例有京东方收购案(参见案例 2-15)。2015—2017 年发生在中国资本市场的宝能收购万科案例同样是因为使用了杠杆收购,被称为中国版的野蛮人收购案。

案例 2-15

京东方杠杆收购

2003 年 2 月,上市公司京东方(000725)成功地以 3.8 亿美元收购韩国现代半导体株式会社(HYNIX)属下韩国现代显示技术株式会社(HY—DIS)TFTr-LCD(薄膜晶体管液晶显示器件)业务。同年 8 月,京东方又以 10.50 亿港元收购注册于百慕大而在中国香港、新加坡两地上市的显示器生产商冠捷科技(0903,HK),最终持有冠捷科技 26.23% 的股权,加上更早在 2001 年京东方与韩国 SEC(韩国一家主营半导体和 LCD 设备业务的上市公司)合资收购现代的 STN.LCD 及 OLED 业务,京东方共花费自有资金 10.87 亿元、信贷资金 33.34 亿元,合计 44.21 亿元,完成了对 LCD 技术、销售服务体系的整合,在中国企业并购史上留下了一段通过杠杆融资实现其产业整合的并购传奇(见图 2-4)。

---

① 上海国家会计学院.企业并购与重组(第一版)[M].北京：经济科学出版社,2011：13-14。

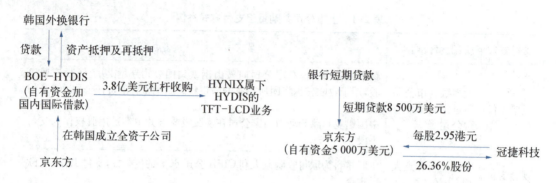

图 2-4　京东方杠杆收购

资料来源：王魏.杠杆收购与垃圾债券：中国机会[M].北京：人民邮电出版社，2007：158-166。

杠杆收购一般具有如下特征：① 收购公司用以收购的自有资金与收购总价款相比微不足道，前后者之间的比例通常在10%—15%；② 绝大部分收购资金通过借贷而来，贷款方可能是投资银行、信托基金等金融机构，甚至可能是目标公司的股东，如卖方融资；③ 用来偿付贷款的款项通常来自目标公司营运所得的资金，即目标公司将支付它自己的售价。杠杆收购通常和垃圾债券紧密结合在一起，相关的交易结构和流程安排，如图2-5所示。

杠杆收购的交易结构：LBO发起人寻找LBO机会，锁定A公司，通常A公司为价值被低估的上市公司，LBO发起人中含A公司高管人员。

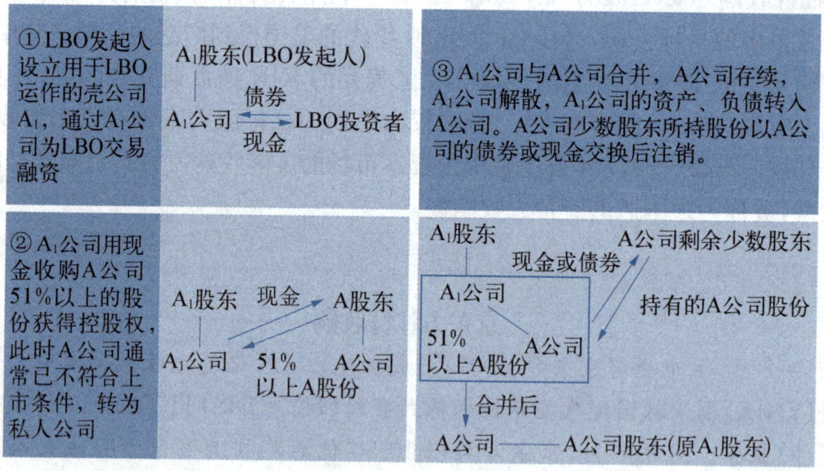

① LBO发起人设立用于LBO运作的壳公司A_1，通过A_1公司为LBO交易融资

② A_1公司用现金收购A公司51%以上的股份获得控股权，此时A公司通常已不符合上市条件，转为私人公司

③ A_1公司与A公司合并，A公司存续，A_1公司解散，A_1公司的资产、负债转入A公司。A公司少数股东所持股份以A公司的债券或现金交换后注销。

图 2-5　杠杆收购示意

资料来源：微信公众号—第一并购，图解金融。一图解读十种典型的并购交易结构，2014-07-26。

（5）管理层收购（management buy-out，MBO）。所谓管理层收购（MBO）指公司的经理层利用借贷所融资本或股权交易收购本公司的一种行为，从而引起公司所有权、控制权、剩余索取权、资产等变化，以改变公司所有制结构。通过收购使企业的经营者变成了企业的所有者。由于管理层收购在激励内部人员积极性、降低代理成本、改善企业经营状况等方面起到了积极的作用,因而它成为20世纪70—80年代流行于欧美国家的一种企业收购方式。中国较典型的MBO案例参见案例2-16。通常对管理层收购目标公司考察的条件是:企业具有比较强且稳定的现金流生产能力,企业经营管理层在企业管理岗位上工作年限较长、经验丰富,企业债务比较低,企业具有较大的成本下降、经营利润提高的空间和能力。

案例 2-16

双汇集团管理层收购

2003年6月11日,由包含双汇集团4位管理层在内的16名自然人发起成立了漯河海宇投资有限公司(下称"海宇投资"),2003年6月13日,海宇投资与双汇集团签订《股权转让协议》,经协商以每股4.7元的价格受让了双汇发展25%的股权。

2006年,双汇集团100%股权转让,双汇MBO进程迎来重大转机。随着地方政府的退出,财务投资者高盛、鼎晖的入围,双汇管理层在企业的实际控制力进一步加大。财务投资者的退出机制,也让双汇管理层找到了更好的进入途径。2007年,包括万隆在内的300余名双汇员工,通过境外公司兴泰集团,间接持有了双汇国际31.92%的股权。其中,作为兴泰第一大股东的万隆,持有双汇国际14.4%的股权。

根据2010年11月28日晚的公告,不仅是由双汇管理层控制的兴泰集团,直接持有双汇国际30.23%的股份,为最大单一股东。一家新设立的"运昌公司",还持有双汇国际6%的股权,专门用于管理层股权激励计划。一旦这6%股权最终被兴泰获得,管理层将拥有双汇国际36.23%的股份。通过一系列制度安排,双汇管理层拥有双汇国际股东会53.2%的表决权,成为双汇国际的实际控制人,并最终成为双汇发展的实际控制人。至此,双汇曲线MBO完成(见图2-6)。

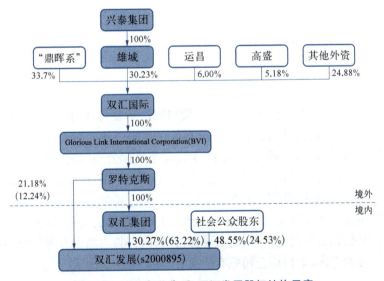

图 2-6 2010年公告后,双汇发展股权结构示意

资料来源:吴建国.高盛"偷食"双汇的"肉"[J].公司金融,2011,72(5)。

(6) 承债式收购①。承债式并购主要是指被并购目标企业在资不抵债或资产债务相等的情况下,并购方以承担被并购公司全部或部分债务为条件,取得被并购资产所有权和经营权。1997年,渝三峡兼并成都造漆厂,其所有者权益为764.82万元。渝三峡以安置职工为条件进行了承债式并购。一般来说,并购方能在承债式并购中获得一些比较现实的利益,主要就是税收优惠和被并购企业债务偿还的优惠条件。再比如,在清华同方股份有限公司并购江西无线电厂的案例中,无线电厂所欠银行债务可停息挂账、七年还本②。

2.2.6 其他类型

(1) 三角收购。三角收购划分为正向三角收购(forward triangular acquisitions)和反向三角收购(reverse triangular acquisitions)两种类型,具体根据并购目的需要采用。

正向三角收购是指,收购方(母公司)的全资(控股)子公司或新设立的全资(控股)子公司用母公司的股票去收购目标公司,从而使得目标公司不再存续。具体过程为:首先,收购方(母公司),选定或新设一个全资(控股)子公司,并且以收购方公司的股票对子公司进行注资。其次,子公司与目标公司进行交易,子公司获得目标公司的所有资产,目标公司从子公司手里获得兼并公司的股票。最后,目标公司用兼并公司的股票从目标公司股东手里换回目标公司的股票并予以注销,目标公司解散,其全部资产包括所有的债权、债务并入子公司,目标公司原股东成为收购方(母公司)的新股东(见图2-7)。

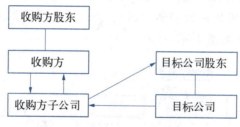

图2-7 正向三角收购示意

反向三角收购是指收购方(母公司)的全资(控股)子公司或新设立的全资(控股)子公司在收购过程中被目标公司所收购,子公司不再存续的一种并购模式。反向三角收购的前两步与正向三角收购相同,第三步不同:子公司与目标公司完成交易后,子公司并入目标公司,子公司解散,目标公司代替原子公司成为兼并公司的新子公司,目标公司的原股东成为收购方(母公司)的新股东(见图2-8)。

之所以采用反三角并购模式,主要是出于法律上对目标公司存续的要求,如法律上存在关于执照、担保、租赁等限制情形,有必要保留目标公司;当然也有兼并公司(母公司)关于公司未来发展的考虑,如目标公司原有的商号、商誉等利益因素。

---

① 姜若愚,刘奕文.旅游投资企业战略管理[M].云南:云南大学出版社,2010:635.
② 刘华南.企业并购法律实务(第一版)[M].肖太福译.北京:群众出版社,2005:14.

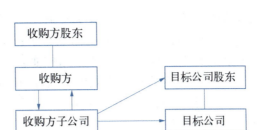

图 2-8　反向三角收购示意

资料来源：[美] 萨缪尔·韦弗,弗雷德·威斯顿.兼并与收购（第一版）[M].周绍妮,张秋生译.北京：中国财政经济出版社,2003：12-17。

（2）买壳上市、借壳上市①。买壳上市是指非上市公司按照法律规则和股票交易规则，通过协议方式或者二级市场收购方式收购上市公司，并取得控制权来实现间接上市的目的。买壳上市的特点在于控股方通常都是向"壳"公司的控股股东支付一笔资金，取得控股权（参见案例 2-17）。

案例 2-17

火箭股份买壳上市

卖壳方——武汉电缆集团股份有限公司：1986 年由武汉电线厂、武汉电线四厂、武汉长江电缆共同组建武汉电缆集团。1995 年 11 月 25 日武汉电缆集团 A 股在上交所上市。

买壳方——中国运载火箭技术研究院：中国运载火箭技术研究院创建于 1957 年，是中国最大的运载火箭设计、研制和生产实体，资产总额 80 多亿元。火箭院从 1995 年开始就考虑涉足资本市场，提出积极买壳上市。

买壳方案：第一步，1999 年 9 月 15 日，湖北万绿原实业股份将其持有的武汉电缆 2 585.64 万股（占总股本 26.6%），转让给中国运载火箭技术研究院，转让价为 2.553 元/股，总计 6 600 万元。转让后火箭院成为武汉电缆集团第一股东。第二步，1999 年 11 月 27 日武汉电缆集团将所属子公司黄石电缆集团及其控股公司评估作价合计 10 425.42 万元与武汉电缆的第一大股东中国运载火箭技术研究院所属北京遥测技术研究所净资产评估作价 10 369.63 万元，进行资产置换，差额部分由现金补齐。经过资产置换后火箭股份主营业务由原来的电线电缆转向航天高科技产业。

资料来源：根据公开资料整理。

收购方买壳上市通常由两步完成：第一步，非上市公司通过收购上市公司股份的方式，绝对或相对地控制某家上市的股份公司；第二步，资产转让，上市公司反向收购非上市公司的资产，从而将非上市公司的有关业务和资产注入上市公司中去。

借壳上市是指收购方通过资产置换的方式或优质资产拥有方将主要资产注入上市的子公司中（上市公司反向收购）来实现其上市。

---

① 上海国家会计学院.企业并购与重组（第一版）[M].北京：经济科学出版社,2011：13.

买壳上市和借壳上市的共同之处在于:它们都是一种对上市公司"壳"资源进行重新配置的活动,都是为了实现间接上市。两者的不同点在于:买壳上市的企业一般是由收购方出资收购一家上市公司的控制权,而借壳上市的企业一般都通过资产置换的方式取得对上市公司的控制权;买壳上市一般都是由收购方向股权出让方支付资金,而借壳上市一般都由"壳"公司向资产出让方支付收购款,如案例 2-18 海泰发展借壳津百股份。

借壳上市的案例如大杨创世将全部公司资产与负债出售给蛟龙集团、云锋新创,收购方以现金方式支付对价,交易作价 12.34 亿元。同时,公司以 7.72 元/股,向圆通速递全体股东非公开发行合计 22.67 亿股,作价 175 亿元收购圆通速递 100%股权。

案例 2-18

海泰发展借壳上市

卖壳方——津百股份:津百股份是一家有着 70 多年历史的企业,前身为天津百货大楼,当时是华北地区第一家国营大型百货公司。1997 年 6 月津百股份在上交所挂牌上市。由于经营战略失误,2000 年津百股份发生巨额亏损 9 205.83 万元。

借壳方——海泰集团:天津海泰成立于 1997 年,注册资本 5 亿元,主营业务为技术开发、咨询、转让及服务。海泰控股为天津新技术产业园区管委会所属的国有独资公司,是园区国有资产的经营主体和对外投资主体。

借壳方案:2001 年 11 月津百股份与海泰控股进行资产置换。海泰集团将其拥有的国际创业中心、火炬创业园等相关资产置换津百股份的全部资产和负债。置出资产净值 3.3 亿元,置入资产净值 3.2 亿元。本次资产置换的差价 980 万元将在置换协议生效后 3 个月内由海泰集团以现金形式向津百股份支付。通过本次置换,海泰集团的优质资产与业务注入上市公司,津百股份原有资产和负债退出上市公司。

资料来源:根据公开资料整理。

附录 2-1

要约收购的进一步补充阅读材料

要约收购的相关法律界定如下[①]。

(1) 全面要约与部分要约(按照要约数量划分)。收购者可以向目标公司所有股东发出收购其所持有的全部股份的要约,即全面要约。也可以向目标公司所有股东发出收购其所持有的部分股份的要约,即部分要约。全面要约与部分要约的区别与联系,如表 2-2 所示。

---

① 参见 2014 年修订的《上市公司收购管理办法》第三章。

表 2-2 全面要约与部分要约的区别与联系

	全 面 要 约	部 分 要 约
相同点	都要向目标公司的全体股东发出要约	
不同点	计划收购目标公司全部股票或收购要约中不规定数量,法律推定为全面收购(强制)。目标在于兼并目标公司	计划收购目标公司部分股票(自愿),收购者计划收购的是占目标公司股份总数一定比例(如 20%)的股份。在受要约人承诺售出的股份数量超过收购人计划购买数量时,收购者对受要约人的应约股份必须按比例接纳(超额认购问题)

资料来源:根据公开资料整理而成。

同时,根据收购目标公司的支付方式不同(现金还是股份),会导致并购完成后的股东权益结构的变化。对此,按现金、股份支付方式以及收购目标公司的全部还是部分股份会有不同的交易结构。

1. 收购目标公司全部股份

(1) A 公司收购 B 公司全部股份,现金支付,收购后 B 存续(见图 2-9)。

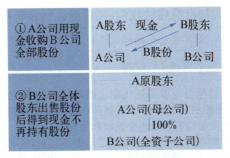

图 2-9 收购全部股份现金支付

(2) A 公司收购 B 公司全部股份,股份支付,收购后 B 存续(见图 2-10)。

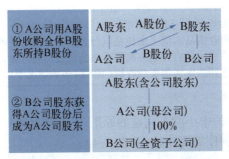

图 2-10 收购全部股份股份支付

2. 收购目标公司部分股份

A 公司用现金收购 B 公司股份,取得控股权;设立壳公司 A_1 吸收合并 B 公司,排挤小股东(见图 2-11)。

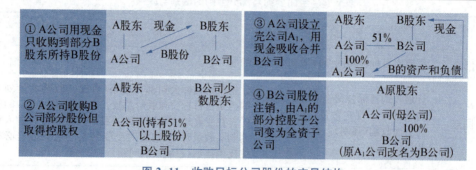

图 2-11　收购目标公司股份的交易结构

资料来源：微信公众号——第一并购，图解金融。一图解读十种典型的并购交易结构，2014-07-26。

(2) 主动要约与被动要约。根据收购方是主动地还是被动地发出收购要约，要约收购分主动要约收购和强制要约收购。主动要约收购是指收购人自主决定通过发出收购要约以增持目标公司股份而进行的收购；强制要约收购是指收购人已经持有目标公司股份达到一定比例并拟继续增持或者从一定比例以下拟增持并超过该比例股份时，必须向目标公司全体股东发出购买其持有的股份的要约，以完成收购。按收购方意愿或是否构成法律义务划分强制要约收购与自愿要约收购，两者的区别和联系，如表 2-3 所示。

表 2-3　强制要约收购与自愿要约收购的区别和联系

	强制要约收购	自愿要约收购
区别	• 指当收购者收购目标公司股份达法定比例时（中国规定为 30%，往往是法定控股比例），法律强制其在规定时间内向目标公司的剩余股份持有者发出全面收购要约。 • 目的在于防止收购者凭借其控股地位压迫中小股东，从而损害他们的合法权益。法律通过强制要约收购，将是否与新控股者合作的选择交给中小股东，他们可以选择控股股东，也可以出售自己的股份去寻找新的合作者（竞争性收购）	• 根据自己的意愿在选定的时间内进行收购 • 收购人可自主发出要约，自行确定要约比例，并不设立强制收购的义务 • 强制收购是大股东的一项法律义务
联系	自愿收购与强制收购的划分是相对的： • 实际上上市公司收购从本质上来说是以行为人的自愿为基础条件的，任何一次收购应该说是收购人依法实施的有计划的购买目标公司股份的行为。 • 即使持股比例达到法定强制要约收购的程度，多数情况下也是收购者的一种自愿选择	

资料来源：根据公开资料整理。

在这一过程中遵循保护中小股东利益的原则；不同国家的具体原则会有所不同，这里以中国、加拿大和英国为例作简要比较（见表 2-4）。

表 2-4　不同国家关于保护中小股东利益原则法律实践

中国	强制购买剩余股票：指当要约期满，要约收购人持有股份达到目标公司股份总数的绝对优势比例时（一般为 90%），目标公司的其余股东有权以同等条件向收购要约人强制出售其股票，该制度的初衷与强制收购要约制度的道理相同，目的也是在于给中小股东以最后选择的权利，以显示法律的公平。中国《证券法》第九十七条规定，收购期限届满，被收购公司

续表

中国	股权分布不符合上市条件的,该上市公司的股票应当由证券交易所依法终止上市交易;其余仍持有被收购公司股票的股东,有权向收购人以收购要约的同等条件出售其股票,收购人应当收购。 收购行为完成后,被收购公司不再具备股份有限公司条件的,应当依法变更企业形式
加拿大	强制受让:强制其余股东在收购者意愿购买时负有售出其股票的义务;《加拿大商业公司法》规定,对于收购者发出的收购要约,股东承诺的股票如已达到公司发行的总股数的90%时,收购者有权强制其余股东出售股票
英国	接管(takeover bid):要求必须针对目标公司的全体股东发出,并且以取得50%以上有表决权股份的承诺为条件。经证券监管工作小组批准的部分收购要约除外

资料来源:根据公开资料整理。

附录 2-2

补充阅读案例
——万华化学 522 亿元吸收并购匈牙利化工巨头 BC

历时十年的跨境并购即将落下帷幕,万华化学跃居世界第一大 MDI 生产商。

2018 年 8 月 16 日,并购重组委召开第 39 次工作会议,万华化学作价 522 亿元吸收合并控股股东万华化工的方案上会获得通过。此次交易实际上起源于 2009 年,万华化学的控股股东采用"秃鹫策略",以约 15 亿欧元的价格收购了匈牙利著名的宝思德化学公司(BorsodChem,简称 BC),这笔交易成为迄今为止中国在中东欧地区最大的并购项目;并通过此次金额高达 522 亿元的吸收合并方案,万华化学正式把 BC 公司注入上市公司。回顾全程,万华化学的吸收合并详细过程如下。

1. 秃鹫策略收购宝思德化学

万华化学之所以吸收合并控股股东,主要目的就是为了将控股股东持有的 BC 公司,以及其他化工相关的业务注入上市公司。

BC 公司的全称为 BorsodChemZrt.(宝思德化学),是一家匈牙利的国有化工综合体,最早可以追溯到 1954 年,其大部分生产设施都集中在匈牙利的卡辛茨巴茨卡市,化工产品主要面向欧洲市场,少量产品销往中东、非洲以及亚洲等地区。

2006 年,BC 公司被 Permira 和 Vienna Capital 以 16 亿欧元所收购。交易采用了杠杆收购(LBO)的形式,BC 公司在被收购之后承接了大约 12 亿美元的债务。然而,被杠杆收购后不久,受 2008 年全球金融危机的影响,再加上原有债务负担就很重,BC 公司陷入财务困境,估值大大降低,Permira 委托重组顾问与债权人谈判,寻求 BC 公司的重组解决方案。

在这种情况下,万华化学当时的控股股东万华实业,发起了对 BC 公司的秃鹫收购策略。

当时，BC公司资产总额为16.45亿欧元，负债总额为14.73亿欧元，净资产1.72亿欧元，净利润－1.61亿欧元。一开始，万华化学的收购意向被Permira和Vienna Capital正面拒绝；但是，万华化学通过收购BC公司夹层债务的方式，一步步实现了对BC公司的控股，具体过程如下。

（1）万华化学的控股股东万华实业，首先以25%的面值突然收购了BC发行在外的三分之二以上的夹层债务，耗资约4700万欧元，获得了对债务重组的发言权以及反对重组方案权力。

（2）随后，万华实业参与债务重组协议的制定，将夹层债转换为BC公司38.1%的股权，同时获得了买入期权，可按固定价格购买FCH的57.9%股权（FCH持有BC公司100%股权）。

（3）2011年，万华实业行使买入期权，对BC公司的持股增加至96%，交易作价达到12.63亿欧元，其中万华实业通过中国银行贷款11亿欧元，部分贷款用于替换BC公司原高息债务。这样，万华实业对BC的持股比例升至100%，实现对BC的全资控股。

实际上，万华实业采取的就是一种与困境反转策略结合的秃鹫策略：即使在一开始的收购提议被标的控股股东所拒绝，但是通过收购债权人持有的债券取得最终的控制权。

这笔交易是迄今中国在中东欧地区最大的投资并购项目。

此前，万华化学的主要竞争对手有四家，分别为巴斯夫（BASF）、科思创（Covestro）、陶氏杜邦（DowDuPont）和亨斯曼（Huntsman），万华化学和四家公司的聚氨酯合计产能约占全球总产能的80%，其中万华化学拥有年产能180万吨，仅次于巴斯夫的181万吨，居全球第二位。通过收购BC公司，万华在欧洲立即获得制造装置快速提升在全球的产品平衡能力，产能立即进入行业前三位，行业地位提升明显。

2. 为何选择此时整合BC公司

2011年，万华实业收购BC公司后，产生了万华实业与上市公司之间潜在的同业竞争问题。为此，收购完成后，万华实业与上市公司签署了《委托管理协议》，将BC公司托管给上市公司。上市公司负责对BC公司进行管理。万华实业每年向上市公司支付托管费1000万元，万华化学不承担盈亏责任。双方协商约定，在BC公司运营状况显著改善以后的18个月内，提出以适当的方式解决与万华化学业务合并的议案。

最初，BC公司在被万华实业收购后的几年内，经营业绩都不尽如人意：2011年BC公司亏损11 878万欧元；2012年亏损9665万欧元；2013年亏损4100万欧元；即使在2014年，BC公司经营利润月份之间有盈有亏，仍不具备持续性盈利的基础。同时，BC公司2011年至2014年公司资产负债率分别为90.2%、95.8%、97.6%、96.4%，负债率极高。所以，BC公司与上市公司整合的方案就被一直拖了下来。

那么，为何在此时，万华实业选择将BC公司注入上市公司呢？

主要原因在于：2016年下半年开始，受行业周期性因素和竞争对手投产不及预期的影响，BC公司的主要产品TDI和MDI的价格持续上涨，盈利状况大幅改善。BC公司在2016年度、2017年度、2018年上半年分别实现营业收入86亿元、131亿元、80.73亿元，分别实现净利润6.89亿元、30.23亿元、25.76亿元。

万华实业据此认为 BC 公司的经营能力及经营环境已经发生了根本性的变化,因此决定在 2018 年 9 月 21 日之前以吸收合并方式解决与万华化学的同业竞争问题。

3. 上市公司万华化学,MDI 产能世界第二

万华化学 2000 年在上交所上市,是一家化工新材料企业,主要从事以 MDI 产品、石化系列产品及精细化学品的研发生产和销售。下游应用领域广泛分布于生活家居、运动休闲、汽车交通、建筑工业和电子电器等行业。

目前,万华化学在全球 MDI 市场的份额已超过 20%,总产能已位居世界第二,成为全球少数几家拥有 ADI 系列产品全产业链覆盖能力的化工厂商。

2017 年度万华化学实现营业收入 531.23 亿元,实现净利润 133.09 亿元。截至 2018 年 6 月,总资产为 653.53 亿元,净资产为 281.82 亿元。目前万华化学的停牌市值为 1 364 亿元,市盈率 TTM9.81 倍,PB 4.53 倍。

截至本次交易之前,万华实业持有上市公司 47.92% 的股份,为控股股东,最终实际控制人为烟台市国资委。万华实业的股东包括国丰投资(39.49%)、合成国际(19.58%)、中诚投资(19.25%)、中凯信投资(17.59%)、德杰汇通(4.08%)。

4. 522 亿元的吸收合并方案

不同于一般的发行股份购买资产形式的资产注入,万华实业选择通过较为少见的吸收合并的方式,将 BC 公司连带其他化工相关的业务,共同注入上市公司。

在本次吸收合并之前,万华实业旗下持有的子公司股权可分为四部分。

(1) 持有上市公司万华化学 47.92% 股权。

(2) 通过新益投资、万华国际资源,持有 BC 公司 100% 股权。

(3) 持有万华宁波等化工相关子公司股权。

(4) 持有中强煤化、万华置业等煤矿、房地产等资产。

万华实业的第四部分业务,也就是煤矿、房地产等业务,是与上市公司的化工业务不相干的。因此为了便于吸收合并,控股股东万华实业首先进行了分立,将这一部分业务单独分立出去。

4.1 分立剥离非化工业务

作为吸收合并的前序步骤,万华实业在 2018 年 1 月首先实施分立,万华实业以存续分立的方式,分立为万华实业(存续企业)和万华化工(新设企业)。

煤炭开采业务、房地产开发业务等与化工不相干的业务,单独分立出去由存续"万华实业"进行承接,而准备与上市公司吸收合并的化工业务,由新设的万华化工进行承接。实施存续分立后,万华化工承继持万华化学 47.92% 的股份(见图 2-12)。

值得注意的是,原万华实业在金融机构的贷款及发行的票据、融资券等,均由新设万华化工承继。对外由存续万华实业继续承继并由存续万华实业、万华化工双方承担连带责任,对内由万华化工对该等债务承担最终偿还责任。

4.2 分立完成后推进吸收合并

在分立完成以后,新设立的万华化工成为上市公司控股股东。根据吸收合并方案,万华化学通过向控股股东万华化工的五名股东国丰投资、合成国际、中诚投资、中凯信、德杰汇通发行股份的方式对万华化工实施吸收合并(见图 2-13)。

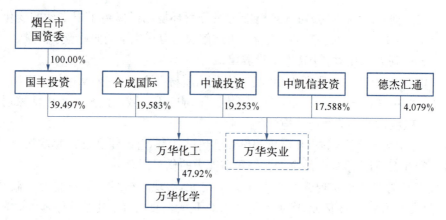

图 2-12　万华化学的控制关系

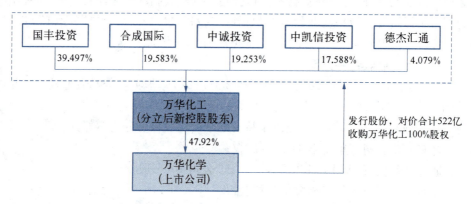

图 2-13　交易过程

交易完成后,万华化学为存续方,将承继及承接万华化工的全部资产、负债、合同及其他一切权利与义务,万华化工将注销法人资格,万华化工持有的上市公司股份将被注销,万华化工的股东将成为上市公司的股东(见图 2-14)。

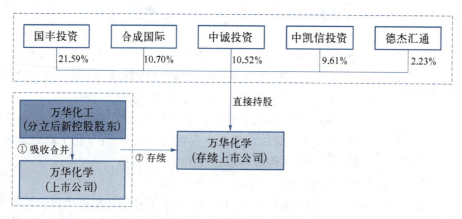

图 2-14　交易完成后的结构

吸收合并的对价初步预计为 5 221 758.20 万元,万华化学通过向交易对方合计新发行 1 715 990 206 股 A 股股份支付本次吸收合并的全部对价。交易对方就本次交易取得的万华化学股份数量情况,如表 2-5 所示。

表 2-5 基本交易信息

序号	交易对方	吸收合并对价(万元)	发行股份数量(股)
1	国丰投资	2 062 438	677 764 654
2	合成国际	1 022 577	336 042 361
3	中诚投资	1 005 345	330 379 594
4	中凯信	918 403	301 808 357
5	德杰汇通	212 996	69 995 240
合计		5 221 758	1 715 990 206

从股权结构来看,交易完成后国丰投资将持有上市公司 21.59% 股权,中诚投资将持有上市公司 10.52% 股权,中凯信将持有上市公司 9.61% 股。中诚投资、中凯信将与国丰投资保持一致行动。因此,本次交易完成后,国丰投资及其一致行动人合计将持有上市公司 41.72% 股权,上市公司的实际控制人仍为烟台市国资委。

其中,本次吸收合并的核心方案为:① 交易方有国丰投资、合成国际、中诚投资、中凯信、德杰汇通。② 交易作价为 5 221 758.20 万元,股份对价占 100%。③ 发行股份数为 1 715 990 206 股,每股发行价格为 30.43 元。④ 标的资产为万华化工 100% 股权,标的主营业务为化学原料及化学品的生产与销售。⑤ 交易完成后,股权结构变化不大,烟台市国资委仍为上市公司实际控制人。⑥ 万华化工历史业绩为 2016 年度、2017 年度分别实现营业收入 3 812 533.98 万元、6 484 388.84 万元;分别实现净利润 517 210.80 万元、1 627 619.52 万元;标的(对应 2017 年)静态 PE 为 3.21。⑦ 由此,业绩承诺为全体对手对于以收益法评估的 BC 公司 100% 股权、BC 辰丰 100% 股权、万华宁波 25.5% 股权和万华氯碱热电 8% 股权承诺业绩;业绩承诺方承诺业绩承诺资产 2018 年、2019 年、2020 年实现的净利润分别不低于 434 291.87 万元人民币、250 704.20 万元人民币、246 691.86 万元人民币(以 7.855 3 汇率折算);如本次交易于 2019 年实施完毕,则补充承诺 2021 年实现的净利润不低于 248 836.52 万元人民币;业绩覆盖率 100%,以股份补偿。⑧ 聘请的独立财务顾问为东方花旗证券有限公司;法律顾问为北京市中咨律师事务所;审计机构为北京天圆全会计师事务所(特殊普通合伙);资产评估机构为中联资产评估集团有限公司。

4.3 现金选择权,折价约 39.01%

与此同时,如果有股东反对本次吸收合并的,可以在股东大会上投反对票。万华实业将向万华化学所有符合条件的异议股东提供现金选择权。

在股东大会上投出有效反对票,并持续保留股票至现金选择权实施日,同时在现金选择权申报期内成功履行申报程序的上市公司股东,为有权行使现金选择权的异议股东。

交易现金选择权的现金对价为 30.43 元/股,不低于交易定价基准日(董事会 2018 年第六次临时会议决议公告日)前120个交易日公司股票除权除息后的交易均价的90%,现金选择权的价格与发行股份的价格一致。

目前,万华化学的停牌股价为49.89元/股,30.43元/股的现金选择权价格相较目前的停牌价折价约39.01%。比基于首次停牌时股价36.44元/股计算所得折价比例16.49%有了大幅增长,预计中小股东行权可能性极低。

资料来源:并购汪.98天过会!万华化学522亿元吸收匈牙利化工巨头BC,"秃鹫策略"登顶世界第一? https://mp.weixin.qq.com/s/EabLvrATDFCUOd9V9go29w,2018。

本 章 小 结

并购的概念涵盖了兼并与收购两个方面。兼并即合并,包括吸收合并和新设合并,合并后目标公司消失;而收购不影响目标公司存续,只是为了取得其控制权,也不一定对目标公司100%控股。

并购可以有多种分类方式。根据并购双方所属行业不同,可分为横向并购、纵向并购和混合并购;根据收购主体涉及群体与法律规定不同,可分为协议收购、要约收购、委托书收购;根据并购过程中目标公司是否有抵制行为,可分为善意并购、熊抱和敌意并购;根据收购标的物不同,可分为收购股票和收购资产;根据并购支付方式不同,可分为股票收购、现金收购、承债收购、混合支付式并购。此外,还有杠杆收购和管理层收购、三角收购、买壳上市和借壳上市等收购类型。

要约收购与协议收购在不通国家的法律界定有所不同。协议收购多发生在目标公司股权较为集中,尤其是目标公司存在控股股东的情况下,收购者通过与目标公司控股股东协商受让控股股东股权即可获取对该公司的控制权;而要约收购主要发生在目标公司的股权较为分散、公司的控制权与股东分离的情况下,公司向目标公司的全体股东发出要约(书面意思表达)进行收购。《中华人民共和国证券法》第九十六条规定,采取协议收购方式的,收购人收购或者通过协议、其他安排与他人共同收购一个上市公司已发行的股份达到百分之三十时,继续进行收购的,应当向该上市公司所有股东发出收购上市公司全部或者部分股份的要约。

重 要 概 念

合并　要约收购　协议收购　买壳上市　借壳上市

课 后 习 题

1. 阅读习题案例2-1,思考说明决定公司选择具体并购类型和方式的关键点是什么?

习题案例 2-1

万华化学吸收合并控股股东万华化工

2018年5月10日,万华化学发布交易预案,准备522亿元吸收合并控股股东万华化工,交易预案发布后,有人质疑:万华化学为什么不采用向控股股东发行股份购买资产的方式收购BC公司呢?

实际上,吸收合并一直是控股股东通过旗下上市公司实现整体上市的首选方案。吸收合并交易中,还能设置现金选择权,给予不同意交易的中小股东一个退出渠道,有利于维护中小股东权益。

涉及上市公司的吸收合并总结归纳有以下五种形式:① 上市公司吸收合并非上市公司;② 非上市公司吸收合并上市公司;③ 上市公司之间的换股吸收合并;④ 上市公司控股股东间的换股吸收合并;⑤ 上市公司吸收合并控股股东。具体例子,如表2-6所示。

表2-6 五种典型吸收合并方式

形 式	案 例	特 点
上市公司换股吸收合并非上市公司	1999年清华同方换股合并鲁颖电子,开启换股合并先河	逐步演变成上市公司产业拓展及优质非上市公司借壳上市的途径之一
非上市公司换股吸收合并上市公司	2003年,TCL集团通过发行新股换取已上市的TCL通信的流通股	换股同时,完成集团上市,但方案操作复杂,涉及较多法律问题
上市公司之间的换股吸收合并	2011年,盐湖钾肥新增股份换股吸收合并盐湖集团,交易完成后,前者作为存续公司继续留在A股	交易完成后,失去一个上市公司主体
上市公司控股股东间的换股吸收合并	2017年,神华集团更名为国家能源投资集团并吸收合并国电集团	控股股东(集团)层面的吸收合并,集团上市主体数量保持不变
上市公司吸收合并控股股东	2008年东软股份拟吸收合并东软集团,实现东软集团整体上市	控股股东资产整体上市的途径之一

万华化学对控股股东万华化工的吸收合并,就属于表2-6中的第五种形式。这样做的好处在于,子公司、母公司通过换股的形式,在吸收合并交易中,可以实现母公司原股东直接持有子公司股权,实现了某种意义上的股权"下翻",控股股东的原股东直接持有上市公司股份。

资料来源:并购汪.98天过会! 万华化学522亿吸收匈牙利化工巨头BC,"秃鹫策略"登顶世界第一? https://mp.weixin.qq.com/s/EabLvrATDFCUOd9V9go29w,2018。

2. 要约收购存在哪些成本? 请从直接成本和机会成本角度进行分析。
3. 在实际中,代理权争夺比要约收购出现的情况多,已成为国际发展方向,代理权争夺又是怎样走向敌意收购的?

4. 比较一下收购股票和收购资产的优缺点。
5. 简述买壳上市与借壳上市的区别。
6. 查阅中国最新《证券法》,分析资本市场要约收购监管的不同触发条件,并举例说明中国资本市场并购规定中对中小股东的保护要义。

第三章

并购浪潮发展史

本章导读

- 了解六次并购浪潮的全过程,结合产业背景、资本市场、技术创新及监管动态等掌握每次并购浪潮的特点和差异;
- 熟悉中国资本市场股权分置改革的缘由和过程,理解中国产业发展与资本市场、公司发展之间的联系;
- 学习并购浪潮与经济金融周期及技术产业周期之间的关系。

"以铜为鉴,可以正衣冠;以人为鉴,可以明得失;以史为鉴,可以知兴替。"

——唐太宗

2016年5月19日,美的集团宣布拟通过要约收购的方式收购库卡集团,消息公布后,库卡当天股价暴涨23.21%,收盘于104欧元。库卡集团1889年成立,1980年在德国法兰克福证券交易所挂牌上市,拥有118年历史,在德国及整个欧洲的工业中具有举足轻重的地位。此次收购对于双方而言是一个双赢的局面:对美的而言,既可以深入布局机器人产业,又能助力"双智"战略,并且促进集团物流业务发展;对库卡来说,既保持了公司独立治理结构,又可以保持集团业务的独立性,还可以打开广阔的中国市场。事实上,自第五次全球并购浪潮开始,像这样的境外收购在中国已经很常见,而当第六次并购浪潮的枪声打响的时候,属于中国的跨国并购大时代也已经到来。

3.1 全球六次并购浪潮概述

在前面两章,我们介绍了公司并购的起源、概念和分类体系。随着中国逐渐成为全球第六次并购浪潮的主战场,本章将从并购的历史和特征两个方面对并购的发展进行介绍。

图3-1展示了历史上全球六次并购浪潮的脉络图及典型案例。并购浪潮总是和技术创新、产业发展以及资本市场的管制等密切相关:如第一次并购浪潮是与美国的铁路体系还有西部大开发联系在一起的;第二次并购浪潮是与无线电技术和汽车产业的大发展

分不开的;第三次混合并购与产业管理的变革密切相关;第四次杠杆收购则是与以垃圾债券为代表的金融创新相生相依;第五次产业并购浪潮则是资本巨人之间的约会,与互联网技术的泡沫以及金融自由化的大环境息息相关;正在进行的全球第六次并购浪潮是互联网技术的应用——平台经济的产物,特点之一是遍地开花的PE模式。

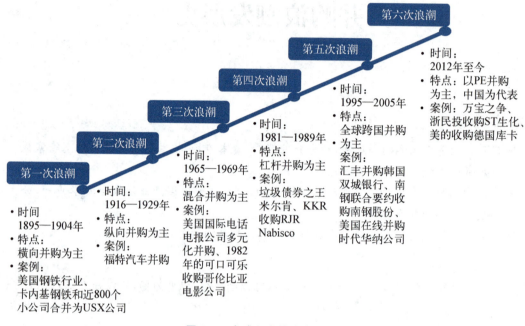

图 3-1 全球六次并购浪潮图示

3.2 以横向并购为特征的第一次并购浪潮(1895—1904 年)

第一次并购浪潮以横向并购为主。企业通过并购扩大规模、降低单位成本,以实现规模经济,提高生产效率。这些横向并购形成了接近卡特尔垄断的市场结构,行业集中度大幅提升。同时,一大批大型垄断企业在这一时期出现,如美国钢铁公司、杜邦公司、标准石油公司、通用电气公司等。

在钱德勒的《看得见的手——美国企业的管理革命》一书中,有关第一次并购浪潮背景的详细介绍,1840—1880 年,以铁路和电报公司为代表的现代工商企业开始形成。修建铁路需要大量的资金,面对成本过高、竞争激烈的市场环境,铁路公司通过合作方式控制竞争、抑制联盟合并,实现了生存。美国东西部交通的发展,主要铁路系统的建立打破了市场边界的限制,形成了统一的全国性市场,客观上为第一次并购浪潮奠定了市场基础。

19 世纪末 20 世纪初,为解决企业规模分散、盲目竞争的问题,美国的社会生产客观上要求实现资本集中和规模效益。法律方面,美国联邦反托拉斯执行不利,一些州的公司法甚至逐渐放宽了融资和持股方面的相关规定,直接导致了企业并购大量涌现。

第一次并购浪潮的狂欢最终在市场泡沫破灭后落幕。1904年美国股市崩溃,银行体系更加脆弱,使得并购资金严重不足,最终导致了1907年美国的银行倒闭风潮。同时,1904年最高法院的判决也限制了大规模竞争者间的横向并购行为,使托拉斯得到了有效遏制。

这次并购浪潮从微观上使得家族企业向现代股份制公司转变,产生了职业经理人市场,实现了资金与经营的分离,从宏观上推动了自由竞争资本主义向垄断资本主义过渡,尤其进一步完善了美国资本市场的发展。这次并购浪潮完成后,100家最大的工业企业控制了全美18%的工业资本(参见案例3-1、案例3-2)。

案例3-1

美国钢铁产业的重组

美国钢铁公司成立于1901年,由联邦公司和卡内基公司合并而成,是美国最大的钢铁垄断公司。

钢铁大王卡内基于1872年投资了35万美元在匹兹堡建立了一个现代化工厂。在同业们还处于将各种工序(如冶炼、切割等)分散在各个工厂时,卡内基的工厂已实行了"一条龙"的钢铁一体化生产,为其带来巨额利润。

1989年美西战争爆发,当时控制全美铁路的华尔街大佬——J.P.摩根立即意识到美国因战争、军火发展的需要,即将步入大钢铁时代。于是他把目光投向钢铁业,不仅运用融资手段将自己的高管安插在伊利和明尼苏达这两家钢铁公司以达到对其的控制,还合并了美国中西部的一系列中小型钢铁公司,最终成立了联邦钢铁公司,用以和卡内基抗衡。

J.P.摩根在采取了使其关联钢铁公司取消对卡内基的订单决策后,又进一步告诉卡内基美国的钢铁业必须合并,若卡内基不愿与之合作,则他将选择和位居第二市场占有率的贝斯列赫姆联合。卡内基清楚地知道,若J.P.摩根和贝斯列赫姆结合势必对自己不利,于是同意合并,并以1∶1.5的比率兑换新公司债。

此行为不仅使卡内基的资产翻倍,也使得联邦钢铁公司市占有率迅速提高。但摩根并没有因此而满足,又陆续收购了全国钢管公司、美国钢铁和金属线公司和美国马铁口公司等,最终以换股的形式收购了全美3/5的钢铁业,组建了一个新的钢铁垄断企业——美国钢铁公司,其产量巅峰达市场的95%。

案例3-2

美国"船长"和铁路大王利用华尔街并购整合铁路经营控制权

1877年以前,美国"船长"范德比尔特又成为美国的铁路大王,拥有90%美国纽约中央铁路的普通股。他通过淘金潮、南北战争而发家致富。在1862年他开始染指铁路投机业务,购进人们抛售的哈莱姆铁路股票,然后游说议会修复铁路延长到市区,并合并了哈莱姆、哈德逊、纽约中央三条铁路,从纽约到五大湖畔,这条铁路可经过石油、钢铁和煤炭的产地,实现了美国铁路的大贯通。

那么,作为实业资本家的"船长"范德比尔特又是怎样通过华尔街这一资本市场运作,借助并购活动整合美国铁路控制权,成为铁路大王的呢？这里,我们不妨学习一下范德比尔特的资本运作手法。

最初,"船长"涉足华尔街的这趟浑水,他并不对自己所做之事保密,他只是平静地把看空哈莱姆的人抛出的大量股票收入囊中,1863年他成为该公司的董事会成员,且是最大的股东之一。

（1）在哈莱姆卖空战中,他首先买断"seller's option"（卖空）——卖方决定交割时间,让人们认为他在逼空这只股票。

（2）在人们认为他资金不足时,让经纪人帮忙倒这只股票（turn the stock）,进一步加深人们的误解,于是投机者立刻将该股票卖掉（逼空失败）。

（3）结果是到7月合同到期时,卖空的投机商们去买回哈莱姆,却发现市场上根本没有卖家,所有股票都在"船长"手中,股票价格一间之间从112美元飙升至180美元。

第二年,"船长"又开始了与金融玩家德鲁之间的逼空战。

德鲁想利用"船长"资产的流动性有限这一可能,煽动议员们兼投机客卖空哈莱姆,然后宣布铁路经营权作废,这样就可以大赚一笔。

作为实业资本家出身的"船长"是这样应对的:他筹集500万美元悄然买进所有股票,并在这一年4月拥有13.7万股（共发行11.1万,差额为多卖空股票）,使得股票价格从109涨到224;当最后交割时间到来时,当时华尔街的500个强人深陷于"船长"一人的陷阱之中,当被问下一步该怎么做时,"船长"怒吼道:"让股价升到1 000美元！"

当然,结果是鉴于一半金融机构几乎面临倒闭,造成市场恐慌一片,最后"船长"同意投机者以285美元购回股票,完成市场的交割。

在第三次"船长"与德鲁的华尔街博弈之战中,当时的背景是有三条重要铁路:纽约中央铁路、伊利铁路和宾夕法尼亚铁路(由托马斯·斯科特控制),"船长"希望在这三条铁路之间寻求妥协,以达成价格联盟,但只有德鲁控制的伊利铁路的价格变化无常。于是"船长"下定决心,不惜一切代价控制伊利铁路,如果不能通过董事会来达到目的,则采取另一办法:收购！

当时伊利正式流通股共251 050股。1866年德鲁带给伊利公司384万美元(2.8万股未公开发行的股票继而300万可转债约3万股),此外德鲁是公司财务主管,利用职务之便还可以制造更多的掺水股票(water-stock)。

在1868年1月26日,"船长"未雨绸缪,先控制了巴纳德法官,禁止任何伊利公司的债转股及德鲁本人持有股票。

当然,德鲁也命令纽约法官颁布:只要有需求,伊利公司就可以债转股。所以当"船长"的经纪人对所有伊利股票下买单时,5万张崭新的伊利股票在办公室里沙沙地响成一片……当天交易结束的时候,"船长"已拥有20万股伊利股票,但这些股票足够控制伊利了吗？

德鲁担心交易所可能裁决新发行的股票不能交割,这样新股票将一文不值,他们以最快的速度将股票变成现金,700万美元几乎吸干了整个纽约的资金供应。

"船长"控制了纽约,德鲁他们以最快速度逃离纽约法律管辖范围,在新泽西岸边的泰勒酒店建立临时办公室,古尔德采用公共关系手段炮轰"船长",使他不能垄断。

最后,"船长"听取了公众意见,股票原价脱手,代理人得到补偿,德鲁退位。

借助这一控制权并购事件,美国华尔街监管当局也建议实施法律:第一,只有经过2/3股东同意,董事会才有权发行新股;第二,现有股东对发行的新股具有优先认购权,新股必须公开发行,且必须给予足够长的预告期;第三,所有上市公司都必须在信誉良好的金融机构保存其所有流通股票的总量记录,并随时接受任何股东或者以该公司股票为质押向该公司提供贷款的主体的检查。

资料来源:[美]约翰·S.戈登.伟大的博弈[M].祁斌译.北京:中信出版社,2006:65-100。

3.3 以纵向并购为特征的第二次并购浪潮(1916—1929年)

20世纪20年代,美国工业高速发展,经济过热,大量资金涌入股市,为证券市场提供了大量资本。良好的经济环境和充足的资本使得企业并购活动蓬勃发展。

在这一时期的并购浪潮中,企业致力于将上游供应环节和下游销售环节整合到产业链中,纵向并购因此成为主题。同时期无线通信和汽车工业的发展也大大促进了纵向并购的发展——无线通信的进步使得企业可以在全国进行广告宣传,而汽车的普及也令跨地域销售与设立分支机构更为有效。此外,由于更加严格的反托拉斯法案,第二次并购浪潮期间垄断现象也得到了遏制,取而代之的是寡头的形成。因此,斯蒂格勒将这次浪潮称为"为了实现寡头垄断的并购"。

1929年的股市危机结束了第二次并购浪潮,并将商业银行与投资银行分隔,以保障不同来源资金的安全。在这次危机后,企业不再关注扩张,而只是力求在总需求急剧下降时仍能保持足够的偿债能力,并购的数量因此大幅减少。

下面本书将以案例3-3美国福特公司的三次改革为例说明市场内部化与专业化分工的重要性。

案例 3-3

美国福特公司的三次改革

美国福特汽车公司成立于1903年,是世界上最大的汽车企业之一。福特在一百年间能够取得如此大的成就,成为如今世界四大集团之一,与其三次重大的改革密不可分,这三次改革以市场内部化与专业化分工为核心,最后被安东尼奥·葛兰西定义为"福特主义"。

第一次改革是1913年年末,一跃而起的福特集团尽管在建立后的短短七年产量就已经是全美汽车总产量的一半,但是仍然供不应求,福特之父亨利·福特随即进行了巨大的改革:一是发明了流水线生产方式以实现科学化的管理;二是大幅度提高工资以减少员工的流动性。此项改革的进行,改变了整个社会生产方式,机器时代就此揭开帷幕,生产线成为时代的主流。

第二次改革源于老福特失败的"家长式"管理,"一言堂"和"独任制"让福特迅速被通用汽车赶超,并且开始大幅度亏损。福特二世继任后,开始重视人性要素,全新的劳工契约关系应运而生,公司制打破了原本集团内部员工消极怠工的局面,福特的面貌焕然一新,改革第一年就扭亏为盈,保住了美国第二大汽车公司的地位。

第三次改革的兴起是来自竞争对手丰田的压力,为了确保在交通领域的领袖地位,时任董事长比尔·福特推行了"团队管理"(TVM)流程系统,把最终目标放在终端消费者上,以客户价值为导向,这种主动拥抱消费者的方式又开启了新一轮的福特狂潮。

资料来源:杨澍.百年福特:失落的光荣与梦想[J].商学院,2010:7.

3.4 以混合并购为特征的第三次并购浪潮(1965—1969 年)

20 世纪 60 年代,美国作为战后世界霸主,经济发展速度达到顶峰,全球市场空前扩张,大公司实力也到了充分拓展。在科技进步和经济危机频繁发生的背景下,第三次并购浪潮也开始了。

第三次并购浪潮的主要有以下两个特征。

(1) 以混合并购为主要实现形式,出现了企业多元化发展的趋势,涌现出一批综合性企业。综合性企业在不同的甚至完全无关的行业内都拥有大量业务,且发展步伐因为管理科学的进步而大大加快。以美国国际电话电报公司(ITT)为例,该公司在 20 世纪 60 年代收购了安飞士汽车租赁公司、喜来登酒店、大陆银行等一系列相关性不大的企业。据统计,1966—1968 年,混合并购占全部并购次数的 81.6%,而横向并购只占 7.7%。

(2) 跨国并购产生了大量跨国公司,出现了产业国际化的趋势。企业的全球化发展主要依靠品牌效应,而跨国公司更是在广阔的全球市场上进行全方位的品牌竞争。具体参见案例 3-4。

案例 3-4

可口可乐收购哥伦比亚电影公司

1982 年可口可乐公司以 6.92 亿美元的价格收购了当时处于困境中的、著名的哥伦比亚电影公司并迅速推出了电影《甘地传》而喜捧奥斯卡大奖。之后哥伦比亚电影公司很快成为索尼的目标,因为它是美国主要电影厂中唯一一家对全部 2 700 部库存影片都拥有版权的公司。索尼起初希望通过购买可口可乐拥有的 49% 或略多一点的股份从而获得哥伦比亚电影公司的控股权,但谈判的发展使索尼最终决定采取公开收购股票的形式。最后结果是 1989 年可口可乐公司以 15.5 亿美元将哥伦比亚电影公司出售给索尼公司,由此获得了丰厚的利润。

1. 可口可乐公司

可口可乐公司(Coca-Cola Company)成立于 1892 年,目前总部设在美国佐治亚州亚特兰大,是全球最大的饮料公司,拥有全球 48% 的市场占有率。其 2001 年营业收入达

20 092百万美元，普通股股东权益则为11 351百万美元。可口可乐在200个国家拥有160种饮料品牌，包括汽水、运动饮料、乳类饮品、果汁、茶和咖啡，亦是全球最大的果汁饮料经销商。

可口可乐是1886年由美国约翰·彭伯顿(Dr.John S.Pemberton)在佐治亚州亚特兰大的家中后院中将碳酸水和糖以及其他原料混合在一个三脚壶中而发明的。1888年5月1日阿沙·康德勒共花了2 300美元把可口可乐的所有权全部买下。康德勒并没做多少广告，可口可乐却快速成长，1889年总销售量达到2 171加仑。1891年12月29日康德勒申请成立可口可乐公司。翌年可口可乐获颁公司章程，正式组成公司。1919年即康德勒退休几年之后，他的家族将可口可乐公司出售，价格高达2 500万美元，比他当年的投资总额多2 200万美元，买方是银行家伍德鲁夫，他在德拉瓦州注册，并且让股份公开上市。每股以40美元挂牌。如今可口可乐的单日销售量便超过9亿瓶，是全世界首屈一指的知名品牌。

2. 哥伦比亚电影公司

1920年，原来在环球电影公司工作的科恩两兄弟和布兰特在好莱坞成立了一家摄制喜剧短片、名叫CBC的电影销售公司。1924年改名为哥伦比亚电影公司，并于20世纪30年代发展成为美国电影业的8家大公司之一。科恩的精明强干和导演卡普拉的创作为公司的发展起到了巨大的促进作用。

卡普拉在公司工作10年，拍摄了不少颇受欢迎的喜剧。其中包括《一夜风流》(1934)、《迪兹先生进城》(1936)、《史密斯先生上华盛顿》(1939)等。20世纪50年代，哥伦比亚公司开始采用对独立制片人和导演资助的办法拍摄影片。公司先后资助一些颇有名气的导演人拍片，如施皮格尔、里恩、普雷明格、卡善、罗森和齐纳曼，拍出了不少质量高、影响大的片子，如《生于昨天》(1950)、《永垂不朽》(1953)、《在江边》(1954)、《猜猜谁来吃晚餐》(1967)等。50—60年代的美国电影危机年代，哥伦比亚公司通过它的子公司银幕珍品公司向电视台出售公司以前的旧片并为电视台摄制电视片，成为好莱坞最早与电视结合的大公司之一。1968年公司改组，改名为哥伦比亚影片工业公司，下属的两个主要分支机构哥伦比亚电影公司和银幕珍品公司，则继续从事对独立制片的投资电视片摄制和新兴的录像带工业。

3. 并购动因——交叉营销

1982年导演斯皮尔伯格(Steven Spielberg)虽不像今天这样大红大紫，但在好莱坞已经颇有名气，在接拍电影《外星人E.T.》(*The Extra Terrestrial*)时，出于拉点赞助、压缩成本的目的，他首先找到了M&Ms公司，并问公司领导，如果他不仅安排"外星人"在电影中吃M&Ms食品，还给一定的镜头，公司愿意出多少钱？"吃我的，还要我倒给钱？"M&Ms公司领导一口回绝了斯皮尔伯格的方案，甚至还觉得很受侮辱。离开M&Ms，斯皮尔伯格掉头就去找赫尔希食品公司(Hershey Food)，除了食品名称由M&Ms换成赫尔希食品的Reese's Pieces之外，方案未做任何变动。与M&Ms公司领导的愤怒截然相反，赫尔希食品公司领导欣然应允。结果随着电影的放映。Reese's Pieces的销售量直线上升，此事至今仍被传为美谈，被列为广告商与电影人合作的经典案例。

时至今日，虽然生产商与电影厂商之间的"赞助"式合作仍很流行，但这种方式仍然有些低级,尤其是与可口可乐等营销大师相比。M&Ms就更不用说了,它的营销水平比可口可乐落后不止50年。如果翻看可口可乐的广告史,你会发现早在20世纪30年代,可口可乐就已经看好电影的影响力,经常把一箱箱可口可乐运到电影片场,希望导演在电影中为可口可乐安排镜头。作为交换的条件,可口可乐不仅免费供应一部分可乐,还会通过自己的海报、广告与分销商等协助宣传影片。如此一来,电影公司为可口可乐宣传饮料,而可口可乐反过来又为电影公司宣传电影,这就是后来所谓交叉营销的萌芽。所谓交叉营销,就是双方面向共同的客户群体,利用同一个载体在宣传自有产品的同时,也使对方的产品得到宣传从而达到事半功倍的效果。Labatt① 公司营销主任布伦达说,如果一个产品在电影中出现,再稍微配合一点情节,其产品在目标客户群中,公信度会大大提高,宣传力度也远非普通的电视广告所能比。

从20世纪30年开始,可口可乐与电影公司的关系越来越密切。可口可乐不仅出现在无数影片中,还与很多电影公司发展成"生死之交"。1982年可口可乐收购了当时处于困境中的著名电影公司哥伦比亚(Columbia)。不仅如此,可口可乐后来还新成立三星电影公司(Tri-Star Pictures),直到1989年将哥伦比亚出售给日本索尼公司,可口可乐直接经营电影公司长达8年之久。在此期间电影与可口可乐同为一家公司的两个部门,交叉营销起来自然得心应手。

4. 并购过程

在哥伦比亚电影公司制作的一系列影片中,只要有可能可口可乐都会获得奇高的上镜率。可口可乐公司的董事长戈兹达认为,哥伦比亚电影公司是世界最大的电影公司,它是传播文化的理想场所。他要让每一位观众,在哥伦比亚看电影的同时也喝着可口可乐,从而充分利用哥伦比亚电影公司作为文化包装的媒介进行可口可乐的促销活动。1989年的著名喜剧片《谁被踩蹭》(Who's Harry Crumb)中,遍地都是可口可乐,差点成为可口可乐的广告宣传片。可口可乐公司为了对付百事可乐,更是经常利用哥伦比亚电影公司,最典型的就是《迷失》(Missing),讲述一个美国学生被谋杀的故事,通过可口可乐的刻意安排,片中独裁的皮诺切特政权士兵以及所有坏蛋都喝百事可乐,而代表正义的美国人都喝可口可乐。当然不少影片已经超越交叉营销的范畴,非常接近于专业广告片。

至于1982年可口可乐以6.92亿美元的价格收购当时处于困境中的著名电影公司哥伦比亚,则更是进一步充分利用电影促销的大手笔,而且并购实现双赢。当可口可乐新任首席执行官提出收购的时候,对哥伦比亚电影公司来说一切条件也都再好不过了。哥伦比亚电影公司正是可口可乐公司借以推动利润增长所需的工具。不仅如此,利用好莱坞制造声势,还为解决可口可乐公司的问题赢得时间。因此可口可乐公司为哥伦比亚电影公司开出了优厚的条件,并让拥有哥伦比亚电影公司7%股份的艾伦公司董事长艾伦进入可口可乐公司的董事会。此外,艾伦公司还成了可口可乐事实上的投资顾问,这就为该公司开辟了财源滚滚的新业务渠道。从1982年到1989年,艾伦公司每年从可口可乐公司赚到的钱从100万美元到3 000万美元不等。

---

① 拉巴特酿酒有限公司(法文:La Brasserie LabattLimitée)是比利时拥有的加拿大啤酒公司,由John Kinder Labatt 于1847年在安大略省伦敦成立。Labatt是加拿大最大的酿酒商。

此后,可口可乐公司成功地投资了电视节目,尤其是游戏节目。这一次收购行动将可口可乐公司的经营范围从制造饮料扩展到制作电影。

5. 并购结果及后续

可口可乐公司前任董事长伍德沃夫的经营原则是"可口可乐永不借钱",公司的一位财务主管就因向他提议贷款经营被撤职。按伍德鲁夫"永不借贷"的原则行事可口可乐公司减少了许多风险。但也导致了该公司长期得不到发展,因而不能跻身于美国特大公司之列。古斯担任公司董事长后,一改前任战略,不仅敢于向银行借钱,而且善于利用借贷资金。他一方面把大批借贷资金用于改建公司的瓶装设备,同时花了当时市价两倍的价格,以6.92亿美元买下了闻名于世的哥伦比亚电影公司,产生了巨大的轰动效应。可口可乐公司很快从急需资金改造设备,宣传力度薄弱等困境中解脱出来,利润年增长20%,股票价格也开始攀升。

然而当可口可乐公司拥有哥伦比亚电影公司49%的股票后,在经过早期的一段高产期之后,哥伦比亚电影公司陷入了低谷。质量不高的影片泛滥成灾,比如《完美》《十字路口》《懒汉之妻》等。一部令人难忘的影片《向前冲》造价1700万,而票房净利才50万。接连几年电影公司出片乏力,可口可乐公司试图将股票转手。当时适逢日元大幅度升值,日本经济飞速发展,日元对美元汇率前所未有地攀升使大量日本企业把并购拓展到美国。一直试图实现国际化梦想的索尼也把手伸向了美国。在收购哥伦比亚电影公司前一年,1988年索尼花费20亿美元收购了哥伦比亚广播公司唱片部门——哥伦比亚唱片公司,这次成功的并购让索尼信心百倍,试图吞进整个哥伦比亚电影公司。可口可乐公司的格杰特与索尼的盛田昭夫又是旧相识,因此双方的谈判进展相当顺利。1989年9月27日哥伦比亚电影公司的董事会顺利通过了出售公司的决议,经过20天的投标,索尼成功完成了收购的过程,所有这些费用按当时的汇率折算将近7000亿日元,相当于索尼本部年度销售金额的2/3,是经营利润的7倍,有着65年历史的哥伦比亚电影公司挣脱可口可乐公司的束缚,转而投入索尼怀抱。收购哥伦比亚唱片公司和哥伦比亚电影公司前后不到两年,前者是美国音乐的旗舰,而对后者的收购则标志着索尼正式进军好莱坞。

6. 并购启示

除了"赞助"式营销,可口可乐公司还将营销手法提升为交叉营销,甚至全球独家交叉营销。可口可乐公司的交叉营销伙伴也早已不再局限于电影公司,还包括与餐厅、音乐、体育等领域的合作。

仅2001年,可口可乐公司就参与6部电影,进行赞助或交叉营销。它们分别是《重建人生》《迈克斯》《基伯的壮举》《缘分天注定》《玻璃屋》《亡命夺宝》和《泡泡男孩》等。在这些影片中,有些是可口可乐出现在演员们出入的消费场所,有些是带有一些简单的情节设计。而且这些场景与情节对年轻人今后选择可口可乐有很好的引导作用。当然,作为交叉营销的回报,可口可乐公司会向电影公司支付一定费用,可能还会利用自己的广告渠道为对方宣传。

除了金融业务往来之外,对于一般的饮料生产厂家,很难想象如何与银行在营销方面开展合作。但对于非同一般的可口可乐公司来说,此事并不难。可口可乐公司早在1998年就曾与万事达卡进行过规模更大的交叉营销。1998年4月,可口可乐公司在美国曾推出可口可乐卡活动。在全美国发售5 500万张打折卡,包括可口可乐公司经典饮料打折卡,以及一系列活动与产品打折卡,累计能让消费者节省120亿美元。在活动进行过程中,可口可乐与万事达卡达成交叉营销协议,在原有打折卡的基础上,再向消费者提供可口可乐-万事达自动取款机现金卡。为此,可口可乐生产了16亿瓶特殊包装的可口可乐。获奖者可以用可口可乐、万事达自动取款机现金卡到任何一个万事达Cirru自动提款机上,立即提取相应面值的现金。这一活动持续近10个月,取得巨大成功。2002年4月,可口可乐公司与全球知名的汇丰银行达成协议,两家联手进行交叉营销。如果消费者选择可口可乐饮料,就有机会赢得价值10万美元的汇丰银行在线存款账户。

对于可口可乐公司来说,美国上百个主题公园,也都是它志在必得的重要市场。如果营销活动做得成功,这些市场的消费潜力不亚于看似遍地的餐馆。除了早在1955年就成为迪士尼主题公园的软饮料独家供应商之外,可口可乐公司一直在不断培养新的合作伙伴。如六旗主题公园(Six Flags)。在美国十几岁的孩子中,六旗称得上主题公园第一品牌。2002年8月六旗与可口可乐公司签署为期10年的协议,建立全球独家营销伙伴协议,在28个六旗主题公园中,从2003年1月1日起可口可乐公司将成为唯一软饮料供应商。六旗CEO说:"我们与可口可乐已经有41年合作经验,全球交叉营销协议将使双方的关系进一步升级。"

资料来源:干春晖.大并购:30个世界著名企业并购经典案例[M].上海:上海人民出版社,2006。

在综合性企业日益庞大之时也带来了一系列问题:一方面政府加强了反托拉斯力度,以抑制这种趋势的蔓延;另一方面企业规模的庞大对管理提出了更高的要求。有研究表明,混合并购并不能显著提升企业的经营效率,许多公司在跨行业并购后财务表现不佳,甚至失去了其核心竞争力,这可能与企业的专业化程度被稀释有关。专业化程度较高时,企业的生产力也可以得到提高,而当并购其他行业的企业后,企业的专业化程度就受到了影响,其生产经营水平也会受到一定程度的波及。在此背景下,职业经理人市场应势而生。

钱德勒《看得见的手》一书中对职业经理人市场的形成进行了深度的剖析。具体而言,他认为在所有权与管理权分离的公司管理革命过程中,出现了职业经理人并替代传统的业主发挥企业管理职能。从本质上来看,这种现象首先是技术上的革新,铁路、无烟煤和电报等技术革命使得我们的交通运输、通信和工业生产更加高效,为后续一系列并购活动创造了必要条件。其次,传统的业主制企业在向公司制企业过渡的过程中,本身的组织架构和员工体系变得越来越复杂,因此需要配备专门的职业经理人和完善的管理制度,以保证企业决策高效,资源通畅,运作平稳。同时,由于单个业主的资本有限,因此在扩张并购的过程中,就需要通过一些资本运作,借助股权或债权的方式促成并购交易。当然,这样一来,就进一步稀释了所有者的股权比例,这也使得美国资本市场的股权逐渐分散,而投资者搭便车行为的存在最终导致职业经理人掌握了企业的实际控制权,管理层和股东之间的利益和职责划分更加清晰,从而逐渐替代家族世袭管理模式,并发展成为成熟的公司治理制度。

3.5 以杠杆并购为特征的第四次并购浪潮（1981—1989年）

20世纪80年代，杠杆并购兴起，由此引发了第四次并购浪潮。1973年石油危机后，美国的经济发展受到了较为严重的影响，持续一段时间的低迷后逐渐进入复苏阶段。与此同时，新科技革命却正在推动新型技术产业化，国际竞争逐渐加剧，制造业萧条，最终导致贸易赤字慢慢扩大。为摆脱发展困境，美国兴起了第四次并购浪潮，同期金融市场的发展和金融工具的创新也推动了第四次并购浪潮的发展。

这次并购浪潮规模空前，由于金融创新中垃圾债券的大量发行，可以实现小企业收购大公司的敌意收购，许多大型知名企业也成为并购目标。一方面，并购交易总金额快速增长；另一方面，并购交易的平均交易额也迅速提高。与20世纪60年代以中小型企业为收购目标的混合并购不同，20世纪80年代，规模在10亿美元以上的并购交易频频发生。1988年，KKR公司以275亿美元的价格收购RJR纳贝斯克公司，创造了美国并购史上的最大规模交易纪录。

第四次并购浪潮主要有以下三个特征。

（1）混合并购所占的比重急剧下降，并购的对象主要转向与本行业相关的行业，由于第三次并购中的多元化经营公司遭遇经营危机，不得不将非主导产业剥离出售，以提高主导产业的资产质量。

（2）杠杆收购（leverage buy-out，LBO）大量涌现。随着资本市场的发展和金融工具的创新，大量债务资金得到运用，小企业得以收购大企业，即所谓的"小鱼吃大鱼"。其中，垃圾债券（junk bonds）对并购市场的成长与发展发挥了重要作用，这些投机级别的债券成为许多并购中的重要融资工具。

（3）敌意收购占很大比例。由于一些收购公司直接针对目标公司的股东提出收购要约，并不一定获得目标公司管理层的同意，这就带来了目标公司采用各种手段展开接管防御的斗争，使得这些要约收购成为敌意收购。

到20世纪80年代末，经济扩张周期结束，经济进入短暂萧条，第四次并购浪潮也随之结束，许多高杠杆交易因经济下滑而被迫中断。此外，接管防御措施的发展、垃圾债券市场的崩溃也加速了此次浪潮的结束。虽然这次并购浪潮伴随着大量的金融投机，但与并购重组相关的金融工具在这一时期内创新发展、不断完善。

此次浪潮的创始人就是迈克尔·米尔肯，他不仅发现了LBO这一金融工具，并创造了杠杆收购市场：他身体力行，通过发行垃圾债券，高杠杆筹措资金收购目标公司，此外作为行业标杆引起了市场巨大的示范效应，带来资本市场中机构的广泛参与。当1989年美国资本市场发生股灾时，金融机构的连锁反应对公司运营也带来了灾难，以至于迈克尔·米尔肯作为始作俑者也被管制（参见案例3-5、案例3-6）。

案例 3-5

垃圾债券之王：迈克尔·米尔肯的投资传奇

"垃圾债券"之王——米尔肯，在中国的知名度可能不够高，因此在他事业辉煌的20

世纪 80 年代,我们对垃圾债券还一无所知,了解甚浅;而在今天我们刚刚开始有所领悟的时候,米尔肯早已结束他的资本游戏。因为,1990 年 4 月 20 日米尔肯被美国司法部判决终生禁入证券业,那一年,他 44 岁。

1974 年,美国通胀与失业率攀升,信用紧缩,基金公司的投资组合中的高回报债券都被评级机构降低了等级沦为"垃圾债券",在基金公司都急于出手的时候,米尔肯却发现了投资机会。由于当时美国为了保护投资者的利益,出台了监管措施,确保投资者不会因为企业破产或拖欠债务而遭到损失。在此种背景下,米尔肯将这种债券形象地定义为值得拥有的"所有权债券"并认为这些债券在利率风险很大时反倒能保持稳定,因为其回报率是与公司发展前景相连,而非利率。随后,拥有大量垃圾债券的"第一投资基金"接受米尔肯的建议,坚定持有"垃圾债券",从而使得该公司成为 1974—1976 年业绩最佳基金。

同时,米尔肯也在自己的公司成立专门经营低等级债券的交易部门,并游说一些投资者购买,这样原来没有流通市场的次级债券有了流动性,该部门也变成一个次级债券的交易市场。1977—1987 年,米尔肯共筹集 930 亿美元,他通过积累大量客户的做法解决筹资问题,建立"空气基金"为各行业恶意收购提供收购资金。

迈克尔·米尔肯之所以改写了美国证券金融业发展的历史,其秘诀就在于找到了一个无人竞争的资本市场,并抢先进入继而成为垄断者。

案例 3-6

三角工业兼并国民制罐公司案

1985 年 3 月,三角工业公司宣布以每股 41 美元的价格收购国民制罐公司全部流通在外的股票。然而双方实力相差大,作为收购方的三角工业公司 1984 年的总收入才 2.91 亿美元,被兼并方国民制罐公司的总收入为 19 亿美元。

双方谈判时,三角工业公司总裁佩尔兹将收购价格提到 42 美元每股,使整个交易成本增加了 900 万美元。之后人们发现这起交易的幕后策划者为米尔肯。

1985 年 4 月 4 日,双方达成协议,以每股 42 美元的价格完成收购。耗资 4.65 亿美元。其中三角公司仅拿出 7 000 万美元作股本,又通过出售优先股得到 3 000 万美元,其余 3.65 亿美元来自债务融资,由米尔肯的德雷塞尔公司通过发行垃圾债券筹集。交易完成后,德雷塞尔公司又通过垃圾债券筹集 2 亿美元,用以清偿国民制罐公司的银行债务。这样一来,兼并国民制罐公司所带来的全部债务达到 5.65 亿美元。三角公司的净资产只有 5 000 万美元,融资比例高达 1∶11。

通过这种方式建立企业的风险太大,佩尔兹要全力以赴地搞好经营。1985 年公司创下了经营记录,利润总额达到 1.62 亿美元,而前一年的利润仅为 68 775 美元。股价涨了三倍。趁市场利率下降,佩尔兹及时借入低利率的新债,还掉了公司兼并时所欠的高利率的旧债,降低了公司的经营风险和经营成本。

资料来源:孙健,盖丽丽.每天读点金融史[M].北京:新世界出版社,2008:103-119.

其中,在这一疯狂的资本市场运作背景下 KKR 收购 RJR Nabisco 的案例被写成《在门口的野蛮人》(*Barbarian at the Gate*),并以 RJR 的 CEO 罗斯为原型改编成电影,成为第四次并购史上的一个极其典型的史例(参见案例 3-7)。

案例 3-7

20 世纪最大杠杆收购案——KKR 收购 RJR Nabisco

KKR 集团(Kohlberg Kravis Roberts & Co. L.P.)建立于 1976 年,是以收购、重整企业为主营业务的股权投资公司,尤其擅长管理层收购。

RJR Nabisco 发源于 1875 年建立的 RJ Reynolds 烟草公司。20 世纪六七十年代 RJR 开始多元化经营战略。1982 年它并购 Heublin 公司后,又以 50 亿美元收购 Nabisco 公司,从此在食品业界有举足轻重的地位。

1988 年 10 月,公司 CEO 罗斯等公司高层在希尔森、所罗门等投资银行支持下,以 75 美元/股的价格发出管理层收购要约,比其股价 56 美元/股高出 34%,总购买价达到 170 亿美元。随后,KKR 宣布参与竞标,提出收购价格 90 美元/股,高出股价 61%,高出管理层出价 20%,总购买价 207 亿美元。另外两家竞标者第一波士顿和福斯特曼-利特尔公司中途退出。

收购方于 1988 年 11 月 30 日形成最后竞标方案。经过财务顾问评估和特别委员会的推荐,最终 KKR 以 109 美元/股的报价完成收购,总价达 248 亿美元,交易金额占当年 LBO 交易总额的 1/3,是华尔街有史以来最大的杠杆收购。除了银团贷款的 145 亿美元外,德银和美林还提供 50 亿美元的过渡性贷款,等待发行债券来偿还。KKR 本身提供了 20 亿美元(含 15 亿美元股本),另外提供 41 亿美元作优先股、18 亿美元作可转债券以及接收 RJR 所欠的 48 亿美元外债。

被 KKR 收购之后,RJR Nabisco 的营业利润迅速增长。

资料来源:根据公开资料自行整理。

时隔 27 年之后,在以中国资本市场为主导的第六次并购浪潮中,鉴于中国地产业之王的万科股权较为分散,宝能系借助杠杆资金突袭万科,上演了一出中国版的"在门口的野蛮人",中国的"万宝之争"成为"杠杆并购"为特征的典型案例。2015 年 12 月 17 日,一份王石内部讲话公开挑战宝能系,由此拉开了中国 A 股市场历史上规模最大的一场公司并购与反并购攻防战的序幕。

3.6 以全球性跨国并购为主的第五次并购浪潮(1995—2005 年)

20 世纪 90 年代末,美国迎来了持续时间最长的经济扩张期。1995 年 Internet 技术的商业化与应用限制放开,相比于内部增长,借助资本运作的并购被认为是互联网技术创新企业最快捷有效的扩张方式,而股票市场日益繁荣、公司市值逐步上升也在一定程度上促进了并购的发生。此外,管制放松、通信技术的变革、贸易的全球化带来的激烈竞争等也是重要的推动因素。

第五次并购浪潮以大型的全球性跨国并购为主,与第四次并购浪潮不同的是,敌意并购减少,而经协商谈判后的善意并购居多,发生更多的是战略并购,不以迅速获得财务收益为目的。这一时期,美国市场开始盛行被称为连环并购的互补型行业并购,大规模地收购互补型企业。

值得注意的是,第五次并购浪潮不再以美国为主要阵地,而是扩展到欧洲、亚洲等多个地区。这一时期,欧洲发生的并购交易价值几乎与美国相当,亚洲以日本为主的并购交易价值和数量显著增长。实证研究表明,企业的垄断优势和国内、国际市场的不完全性是企业对外直接投资的决定性因素。对于跨国公司而言,如果拥有某种垄断优势(如技术、先进管理经验、规模经济、信息、国际声望、销售等)足以抵消对外直接投资时遇到的障碍(如语言、法律、文化、经济制度等),可以在对外直接投资中获取利润。

第五次并购浪潮的典型特征包括以下五点。

(1)以战略并购为主导。与第四次浪潮中出现的短期的以财务为导向的并购交易不同,第五次并购浪潮中,公司管理者更关注长期战略性目标,为进行市场扩张或利用潜在的协同效应而进行战略性并购,而且并购额度大,被称为资本巨人之间的约会,如2000年1月1日美国在线与时代华纳之间的战略性合并,并购交易额高达1830亿美元。中国一些夕阳产业在做大的同时,也开始尝试多元化并购战略发展,如中国红塔集团的"归核化"战略,也说明了中国产业在此次并购浪潮中的作为(具体参见案例3-8)。

案例 3-8

红塔集团的"归核化"战略

红塔烟草(集团)有限责任公司创业于1956年,目前是位于世界前列的现代化跨国烟草企业集团。虽然自创立起红塔集团在国内事业一直蒸蒸日上,但是其命运的转折还是源于2002年起实施"归核化"战略。归核化战略的指导思想就是"突出主业,提质创新,以消费者为导向,增强企业核心竞争力"。具体而言该战略分为三个主要的板块:强调大市场,做好大品牌,做成大企业。

在"强调大市场"的指导下,红塔集团成立了香港红塔责任有限公司,致力于开拓国际市场,目前有很多品牌在非洲、中东、东欧等境外市场占据了主导地位。为集团迈向国际化走出了重要的一步。

"做好大品牌"则以"国宾""美登""阿诗玛""恭贺新禧"为护卫型品牌,做精"玉溪"、做强"红塔山"、做大"红梅"。

而"做成大企业"则让红塔集团把目光放得更加长远,集团除了致力于做精、做强、做大烟草主业之外,还涉足能源交通、金融保险、医药以及轻化工行业,独资、控股、参股71家企业,多元化发展实现了跨地区、跨行业、跨国、跨所有制经营。

资料来源:根据公开资料自行整理。

(2)盛行被称为"滚动收购"的合并交易。通过将小型企业合并成全国性企业,在取得全国性市场的同时,获得规模效应,如中国青岛啤酒的全国扩张案。

(3)以换股交易为主要支付形式。债务性融资比重下降,公司更多地通过股权进行融资,这使得收购公司在未来的发展中债务偿还的压力大大缓解,保证了长期战略的实施。

(4) 新兴市场发展迅速。自1998年起,随着一些亚洲国家的计划经济改革,大量的公司出售和公司并购活动得以发生,中南美洲的并购市场也有了一定程度的发展。此外,来自新兴市场的收购方在全球市场中表现突出,例如印度的米尔塔公司通过在各国大量收购私营钢铁企业,成为全球最大的钢铁公司。

(5) 银行业主导。如美国旅行者和花旗银行的合并,合并后,花旗银行的总资产接近7 000亿美元,规模庞大,也开创了全能型金融服务的先例。让人惊喜的是,除了美国,中国在此次以换股收购为主的并购浪潮中,开始崭露头角(参见案例3-9)。

案例 3-9

中国在第五次并购浪潮中的表现

2003年11月4日,TCL集团与著名跨国企业法国汤姆森公司(Thomson)宣布,将联手打造全球彩电业巨无霸——"TCL-汤姆森电子公司",合资公司估计将以年总销量1 800万台成为全球规模最大的彩电企业,而TCL国际控股将占合资公司的67%股份。

2004年9月份,上海汽车工业总公司宣布,将购买韩国卡车生产商Ssangyong公司48.9%的股份,交易额接近5亿美元。

2004年11月,盛大以9 170万美元现金夺得韩国Actoz公司28.96%的股份。

2004年12月7日,中国最大的计算机生产商联想集团成功收购了IBM全球PC业务的绝大部分股份,交易总金额达17.5亿美元。12月16日冠捷科技以3.58亿美元收购了飞利浦的全部显示器业务与低端平板电视的外包业务。12月17日,TOM在线收购印度Indiagames公司80.6%的股权。

2005年1月21日中国网通收购香港电讯盈科终于有了结果。网通通过收购电盈20%的股权,开始全力拓展境外业务。

不仅仅是企业,中国银行也紧锣密鼓地加入此次浪潮中。

2001年,汇丰银行参股上海银行,以6 260万美元购买上海银行8%的股份;2004年8月汇丰银行以17.5亿美元收购交通银行19.9%的股份。

2003年,花旗银行境外投资公司持有浦发银行总股本的4.62%。

2005年6月17日,美洲银行投资25亿美元购买建行9.1%股份。

2005年7月,建行与新加坡"淡马锡控股有限公司"签署投资入股协议,"淡马锡"将投资14亿美元从汇金公司购入建行5.1%股权,"淡马锡"同时承诺在建行IPO时将投资不少于10亿美元购入建行股权。

2005年8月18日,中行与苏格兰皇家银行合作(10%,31亿美元);美国银行以30亿美元的价格收购建行的9%股份。

2005年8月,中行和淡马锡签订协议,淡马锡计划投资31亿美元入股中行10%股份;同时,工行与高盛集团旗下"高盛"资本伙伴第五基金、德国安联集团和美国运通达成了30亿美元收购10%股权的收购协议,成为董事会股东。

资料来源:根据公开资料整理。

总体而言,第五次并购浪潮中中国不俗的表现,奠定了其在第六次并购浪潮主战场的地位。

3.7 以中国为主战场的第六次并购浪潮

和以美国为核心阵地的前几次并购浪潮相比,中国企业的并购历史较短。在 20 世纪 80 年代初,中国的企业现代化治理才刚刚开始,并购活动也才开始自己的发展历程。2005 年的股权分置改革是中国资本市场并购发展的分水岭。2005 年以前,中国的并购主要是以协议收购、无偿划拨为主,股权分置改革为中国资本市场的资源优化配置奠定了坚实的基础,此后并购市场开始蓬勃发展。

从图 3-2 中国资本市场的图谱也可以看出,自 2005 年股权改革后,中国资本市场更加活跃,这与公司之间频繁的举牌、兼并收购活动是密不可分的。

图 3-2　1990—2017 年中国资本市场图谱

数据来源：Wind 数据库。

3.7.1　中国并购史的探索与发展阶段(1984—2005 年)

在 2005 年以前,中国的并购发展主要经历了三个阶段。

第一阶段是 1984 年开始出现以中国现代企业为主要组织形式的并购活动,这一阶段主要是国有股权之间的划拨,也有部分为提高管理效率的外资企业收购国内企业、法人股协议转让等形式的并购活动,但总体而言并购规模较小,并购动因主要是获取珍贵的壳资源打通直接融资渠道,收购方公司和标的公司也大都是国有企业,并购范围也是同一城市相关行业的横向并购。此阶段的并购活动往往是政府主导下的盈利企业并购亏损企业或者大并小。

第二阶段是 1997 年以后,此时中国证券市场逐步走向规范,上市公司数量日渐增长,国有企业开始退出竞争性行业。在此期间,中国企业的并购重组专业技能不断提高,并购重组的规模越来越大,数量越来越多,模式也日渐丰富,尽管国有企业仍是公司并购活动绝对的主力军,但是并购的地区和行业限制逐步突破,呈现出多元化趋势,民营企业开始参与并购重组。此时协议受让法人股和国有股仍为主要并购交易形式。

第三阶段是 2002 年以后,发起并购的收购方公司中非国有企业日渐增多,外资企业和民营企业越来越多地参与并购重组活动,但国有企业依然扮演主角。此时为规范发展阶段,为并购重组的市场化发展奠定了法律法规基础。此外,除了前一阶段盛行的协议收购,要约收购也开始出现,2003 年出现了首例"被动式"要约收购——即南钢联合要约收购南钢股份考验上交所的事件(参见案例 3-10)。

案例 3-10

南钢联合要约收购南钢股份

2003 年 4 月 9 日,上市公司南钢股份(600282)的一则公告让沪深股市有史以来首例要约收购浮出水面,南钢股份的公告显示,2003 年 3 月 12 日,南钢股份控股股东南钢集团公司,与复星集团、复星产业投资有限公司和上海广信科技发展有限公司联合组建南京钢铁联合有限公司。《合资经营合同》约定:南钢联合公司注册资本为 27.5 亿元。其中,南钢集团以其持有的南钢股份国有股 35 760 万股(占总股本的 70.95%)及其他部分资产、负债合计 11 亿元出资,占注册资本的 40%;复星集团公司以现金 8.25 亿元出资,占南钢联合公司注册资本的 30%;复星产业投资以现金 5.5 亿元出资,占南钢联合公司注册资本的 20%;广信科技以现金 2.75 亿元出资,占南钢联合公司注册资本的 10%。由于南钢集团公司以所持南钢股份的股权出资尚须取得财政部、中国证监会等有关部门的批准,合资各方在《合资经营合同》中约定对南钢联合采取"先设立,后增资"的方案:即先行按前述出资比例设立注册资本为人民币 10 亿元的南京钢铁联合有限公司,其中南钢集团以需取得财政部、证监会等有关部门批准方可投入的资产以外的其他经营性资产合计净值人民币 4 亿元出资,而复星集团等另三方仍以现金出资;待南钢联合成立且有关各方履行完相关审批手续后再行由合营各方对南钢联合进行同比例增资,南钢集团以其持有的南钢股份国有股权及其他经营性资产(包括负债)出资,复星集团、复星产业投资、广信科技仍按前述出资比例以现金出资,以使南钢联合的注册资本达到 27.5 亿元。后三者的实际控制人是以郭广昌为首的四个自然人。3 月 27 日,财政部批准了南钢集团公司以其持有的南钢国有股份出资成立南钢联合。这实质上构成了上市公司收购行为,且收购的股份超过南钢股份已发行总股本的 30%,依法已触发要约收购义务。根据《上市公司收购管理办法》中要约收购义务豁免的申请条件,南钢股份此次要约收购不符合此条件,所以南钢联合将根据有关规定履行要约收购义务,向南钢股份法人股和流通股股东发出全面收购要约。

根据《上市公司收购管理办法》的规定有四种可以豁免的情形:一是上市公司实际控制人未变的,如国有主体之间的转让可以视同实际控制人未变,南钢股份的实际控制人已经从南钢集团转变复星控制的公司,显然不属于此类豁免的情形;二是上市公司面临严重财务危机,而从目标公司南钢股份 2002 年年报来看,业绩良好;三是发新股;四是法院裁决。虽然,《上市公司收购管理办法》中也做了弹性规定,即监管部门可根据市场的发展作出其他豁免情形的认定,但显然南钢联合没有尝试做其他豁免情形的认定。在法律没有明示理由可以豁免的情形下,采取直接发起要约的方式来履行自己的义务。这实际上是反映了收购方对自身实力和重组前景的充分信心。

此次要约收购涉及南钢股份的 240 万法人股,要约价格为每股 3.81 元,14 400 万股流通股,要约价格为每股 5.86 元。

该消息披露后,证券市场一片哗然,南钢成为首个"吃要约收购螃蟹"的上市公司。整个证券市场受此消息刺激,大盘连续上扬,钢铁板块股价全线暴涨,南钢在停牌三天后,连拉三个涨停板,一时间,"要约收购"成为市场追捧的热点。

资料来源:李俊.首例要约收购考验上证所[N].国际金融报,2003-04-14.

3.7.2 中国并购史的市场化阶段(2005—2008 年)

自 2005 年 4 月底股权分置改革开始后,中国资本市场中股权分置、利益分置的问题开始得到解决。这一改革是中国资本市场发展和成熟的分水岭,进一步完善了中国资本市场的资源配置功能,也为并购市场化创造了良好的法律规范和市场基础。

股权分置改革是由中国证监会主导的,将以前不可以上市流通的国有股(还包括其他各种形式不能流通的股票)拿到市场上流通。2004 年 1 月 31 日,国务院发布《国务院关于推进资本市场改革开放和稳定发展的若干意见》,明确提出"积极稳妥解决股权分置问题",这一制度性变革被正式提上日程,类比故事参见案例 3-11。

案例 3-11

村主任股权分置故事

网上曾有一则有关中国内地资本市场国有股减持的故事。有一个山村,叫郭家湾,村主任姓郭,叫郭法人。有一年初春,村主任决定由村民入股成立一个养殖场。他首先将自己家里 100 只土鸡蛋孵化出 100 只小鸡,作为 100 股发起养殖场,并吹嘘他的鸡是乌鸡,今后还会变凤凰,之后向村民两次筹集股份。第一次要求村民以一头猪作为一股,共有 60 户入股,入 60 头猪。第二次增发要求村民以一头牛作为一股,共有 40 户入股,入 40 头牛。

养殖场很快发展起来,鸡鸣、猪肥、牛壮。年末,养殖场制定分配方案,将全年鸡生的共 200 只蛋分红,每股分 1 只蛋。这样村长分得 100 只鸡蛋,其他每户分得 1 只鸡蛋。由于村主任入股的本钱也就是 100 只鸡蛋加点孵化费,而且村主任一年吃喝都在养殖场里面,所以他的本钱基本收回。第二年,村主任要求减持他的股份 50 股,他将 40 头牛和 10 头猪牵走,村民眼看着这么大的养殖场只剩下 100 只老母鸡和 50 头猪,而且村主任在里面还有 50 股,只要他愿意,他还可以随时带走 50 头猪。

中国香港地区的人可能会觉得上面的事情是笑话,而在内地,上市公司的国有股股东就是这样做的。虽然公司每一股的权利和义务相同,但其持股成本却完全不同。

我们可以把这个笑话续下去,看看什么叫股权分置改革:又过了一年,养殖场又有 150 只鸡蛋的利润。现在村主任想牵走 50 头猪到市场上卖掉,于是对村民说:"上级决定养殖场要作为股权分置改革的试点,方案是这样的,我们再分一次红,每股 1 只鸡蛋,我分到的那 50 只鸡蛋,送给你们 10 只,但我要把我的 50 股减持了,这样我要拿走 50 头猪加上 40 只鸡蛋。我的话已经说出来了,开弓没有回头箭,你们同意也好不同意也罢,反正我要卖股份了。"村民们虽然对村主任的方案不满意,但又无可奈何。村民们这次乱成一团,有的村民和村主任商量能不能多补点鸡蛋,有的村民赶快卖掉自己手里的猪和鸡蛋,因为村主任的猪和鸡蛋都是零成本,猪和鸡蛋的价格会崩盘的。

资料来源:中国股权分置改革网,http://www.cs.com.cn/gqfz/。

中国证券市场在设立之初,对国有股采用非流通机制,在事实上形成了股权分置的格局。到了1998年,开始通过国有股减持的方法解决股权分置问题,若国有股获得流通,沪深两个交易所可流通的股票数量就会翻番,造成股价下跌。同时考虑到持股成本,国有股基本是一元一股获得,而流通股大都是在几倍、十几倍的溢价下购得的,那流通股股东在国有股减持中将面临巨大损失。但股权分置和国有股减持的概念不同,国有股减持是通过证券市场变现和国有资本退出,而股权分置问题是一个改革的概念,本质是把不可流通股份变成可流通股份,真正实现同股同权,是资本市场基本制度建设的重要内容。股权分置后,可流通的股份不一定就要实际进入流通,和市场扩容没有必然联系。

股权分置改革使得流通股股东的利益得到了保护,不仅熔化了股权分置问题这一证券市场上的"达摩克斯之剑",而且有利于上市公司引进市场化的激励和约束机制,形成良好的自我约束机制和有效的外部监督机制,同时,完善了上市公司治理机制。

从2005年开始,中国经济开始进入新的发展阶段,城市化进程也相对加快,在这样的经济背景下,政府加大了对战略性企业的结构调整。在后股权分置时代下,并购交易呈现出新的特征,并购形式越来越丰富,二级市场竞购、定向增发、换股合并等新的并购形式登上舞台,资本市场在创新发展的同时,监管难度也逐渐加大,为此政府出台了一系列的法律法规,对并购活动进行监督和约束。

2005—2006年,证监会重新修订了《上市企业收购管理办法》,不断完善监管方式和监管措施;2007年,证监会同时颁布了六项涉及非公开发行和并购重组的行政法规,打击虚假信息披露和内幕交易行为,对保护投资者合法权益、完善市场机制起到了重要作用。2008年12月,银监会颁布《商业银行并购贷款风险管理指引》,这意味着企业并购融资有了新的融资渠道,同时也表明了政府支持战略性并购,推动企业并购重组的态度。在此期间,上市公司并购手段不断创新,证券市场效率不断提升,市场化并购重组逐渐代替了政府主导的并购重组成为市场主流。属于中国的并购时代由此开始。

3.7.3 中国并购活动掀起第六次浪潮(2012—)

随着中国经济转型和产业升级发展,产业整合、结构化调整加快,并购重组活动大大增加。尤其是电子商务技术在中国市场的广泛应用,为中国市场成为第六次并购浪潮的主角提供了条件。

(1)并购数量屡创新高,并购总额逐渐下降。随着主要发达国家的经济复苏,消费者对市场的信心大增。与此同时,中国国内经济开始转型,货币政策开始从宽松转向中性,IPO变化明显,加之一系列兼并重组政策的助推鼓励,使得中国企业纷纷选择通过兼并重组的方式,来优化资产配置、扩大企业规模,实现战略转型和产能结构调整的双重目的。在此背景下,中国并购市场的案例数量大幅增加,据Wind数据库提供的数据,中国企并购数量从 2008 年的 2 423 起增长至 2016 年的 5 195 起,2017 年前三季度的并购案例数更高达 6 594 起。但值得注意的是,近年来并购总额呈下降趋势,2008 年并购总额高达 96 564.03 亿元,而 2012 年后这一规模大幅下降,到 2016 年并购总额为 32 044.21 亿元,具体如图 3-3 所示。

图 3-3　2008—2017 年中国并购市场发展趋势

数据来源:Wind 数据库。

(2) 国内并购逐渐占据主导地位,跨国并购比重大幅下降。受 2013 年境内资本市场关闸的影响,此后国内并购出现大幅增长,A 股企业纷纷选择"借壳"和重组,国内并购市场在交易额和并购数量上屡创新高。2013 年前,中国企业国内并购规模一直保持在 7 000 亿—10 000 亿元,从 2014 年开始,国内并购额大幅增长至 2 万亿元以上,2014 年同比增长 93%,2015 年达到峰值 25 292.12 亿元。从案例数量来看,2013 年及此前,国内并购数量一直维持在 2 000 起/年,而 2015 年高达 6 017 起。中国企业的国内并购爆发式增长,尤其是近 5 年在并购市场上逐渐占据了主导地位。具体如图 3-4 所示。

图 3-4　2008—2017 年中国企业国内并购趋势

数据来源:Wind 数据库。

从中国企业并购结构来看,近年来国内并购和跨境并购的地位发生了反转。对比 2008 年和 2016 年中国企业的并购结构,可以看出国内并购规模在 2008 年占并购总规模的比例仅为8.03%,2016年的比例为69.42%,而跨国并购规模在2008年占并购总规模的比例高达91.97%,2016年的比例降至30.58%,国内并购逐渐占据主导地位(见表3-1)。以跨国战略并购为主的第五次并购浪潮从现实中淡去,国内PE并购兴起,推动了第六次并购浪潮。

表3-1 2008年和2016年中国企业并购结构对比

时间(年)	并购类型	数量	比例(%)	并购总额(亿元)	比例(%)	平均并购金额(亿元)
2008	境内并购	1 911	78.87	7 758.24	8.03	4.06
	跨境并购	512	21.13	88 805.80	91.97	173.45
	合 计	2 423	100.00	96 564.04	100.00	39.85
2016	境内并购	4 833	93.03	22 245.11	69.42	4.60
	跨境并购	362	6.97	9 799.09	30.58	27.07
	合 计	5 195	100.00	32 044.20	100.00	6.17

数据来源:Wind数据库。

(3) 以传统行业为主,新兴行业并购前景大好。中国并购市场在2008年只集中在少数几个行业,到2013年逐渐分布于各大行业,涉及能源及矿产、房地产、机械制造、生物技术/医疗健康、清洁技术等二十三个一级行业。其中处于第一位的制造业占比下降,而能源与矿业、金融、IT等行业占比快速增长。新兴行业并购前景广阔,随着"互联网+"、平台经济和分享经济的发展,更多的企业可以通过并购重组来实现与互联网产业的结合。对于传统的制造业公司来说,可以通过与数字营销公司进行并购重组,进入互联网营销的领域;而拥有新发明、新技术的新兴产业公司,也可以通过并购重组进入资本市场,获得进一步发展所需要的资金。

2013年,相比传统行业,生物技术/医疗健康、清洁技术和互联网等新兴行业的并购活动表现抢眼,使得手握重金的买家竞相追逐新兴产业公司。就2013年表现来看,生物技术/医疗健康行业共完成交易103起,涉及金额21.64亿美元,同比分别上涨53.7%和27.6%;清洁技术行业2013年交易量为69起,交易金额为19.01亿美元,同比提升50.0%和344.2%;互联网行业一跃成为黑马,移动互联网的崛起打响了巨头们的"争夺战",企业纷纷通过并购达到整合上下游产业链的目的,以期在市场上拥有更大比例的用户群。2013年,互联网行业共完成并购案例44起,同比上涨37.5%,涉及并购金额27.51亿美元,相比2012年的2.69亿美元暴涨922.7%。这一系列并购活动是由百度、阿里巴巴和腾讯三大互联网巨头主导的。

(4) 跨国并购、民营企业和中小企业全面活跃。从并购主体上看,中国并购市场的参与主体日益丰富,主要并购方从大型企业、国有企业为主到现在中小企业、民营企业日趋活跃。

2005年前,中国并购市场上的典型案例主要集中在大企业和国有企业,如中国电信收购六省市电信资产、花旗收购中国银行不良资产、中海油收购里海油田股权,TCL与法国汤姆逊合并重组、京东方收购韩国现代 TFT-LCD 业务、上海东方控股收购高速公路经营权、南钢联合要约收购南钢股份等。2012 年后,中国并购市场上涌现了一系列民营企业的身影,如阿里巴巴回购雅虎所持其 21% 股份、万达集团收购美国 AMC 娱乐。同时,跨国资本运作活跃,如中海油收购英国石油企业图洛、光明食品收购英国 Weetabix 60% 股份、康佳收购韩国熊津豪威、海尔集团收购新西兰斐雪派克、国家电网收购葡萄牙国家能源网 RENE、三一重工收购德国普茨迈斯特等。尤其是百度收购去哪儿网、滴滴与快的合并、美团网与大众点评合并、58 同城并购赶集网、美的收购德国库卡(参见案例 3-12)等,这些民营企业在中国并购市场上扮演了重要的角色。

案例 3-12

美的鲸吞德国库卡的背后

美的集团成立于 2000 年 4 月 7 日,2013 年 9 月 18 日在深交所上市,是一家以家电制造业为主的大型综合性企业集团,旗下拥有小天鹅、威灵控股两家子上市公司。2016 年 7 月 20 日,美的集团首次进入《财富》世界 500 强名单。

库卡集团是德国法兰克福证券交易所上市公司,1980 年挂牌,库卡拥有 118 年历史,在德国及整个欧洲的工业中,都有举足轻重的地位。

2016 年 5 月 19 日,美的集团发布公告,宣布拟通过要约收购的方式收购库卡集团,美的计划以每股 115 欧元的价格向库卡股东发起要约,这一价格较库卡前一日股价溢价约 36%。收购消息公布之后,库卡当天股价暴涨 23.21%,收盘于 104 欧元。

按 115 欧元的收购报价,库卡的市盈率(PE)为 48 倍,而机器人四大家族中的另外三家 5 月 18 日的 PE 分别为:ABB 15.44 倍、发那科 19.92 倍、安川电机 15.09 倍。拿下库卡,美的可谓不惜代价。

8 月 4 日,要约期结束,接受要约收购的股份数量占库卡发行股份的 81.04%,而在收购库卡之前美的已经持有其 13.51% 的股份,若最终交割完成,美的将持有库卡 94.55% 的股份。截至 2017 年 1 月,美的顺利收购德国机器人公司库卡 94.55% 的股权。

美的集团的官方发言人声称美的因为转型升级需要库卡,库卡因为全球化战略需要美的,美的收购库卡将成为中德制造业企业合作的样板间。

事实上,此次收购对于双方而言确实是一个双赢的局面:对美的而言,既可以深入布局机器人产业又能助力"双智"战略,并且促进集团物流业务发展,完成公司在物流领域的布局;对于库卡来说,既保持了公司独立治理结构——本次收购,美的并没有意图取得库卡集团的控制权,只表示可能寻求监事席位,如此一来,既可以维护库卡集团管理层及核心技术人员的稳定,又可以保持集团业务的独立性,并且打开中国广阔的市场。随着英国脱欧,欧洲的共同市场进一步萎缩,越来越多的中高端制造业生存的市场空间被压缩,而德国提出的工业 4.0 革命,无不需要全球化的大市场,尤其是中国。

资料来源:搜狐财经.复盘美的智能转型之路千亿掌门如何运筹帷幄.2016-05-23。

(5) VC/PE 在并购活动中参与度提升。2013 年,中国资本市场因受 IPO 停滞的影响,VC/PE 机构迫于压力,只能通过并购实现退出。与此同时,并购市场的快速发展和股权投资退出的多元化也导致了VC/PE相关并购的活跃度大幅提升。清科研究中心的数据显示，2013年，VC/PE相关并购共计发生446起，较2012年的208起大幅上涨114.4%，其中披露金额的交易为413起，涉及的金额共计346.60亿美元，同比涨幅高达542.5%。2013年的这446起VC/PE相关并购交易分布于生物技术/医疗健康、能源及矿产、机械制造、清洁技术、电信及增值业务等二十个一级行业。中国并购市场VC/PE相关并购发展趋势，如图3-5所示。

图3-5　中国并购市场VC/PE相关并购发展趋势

资料来源：私募通，2014-01。

后来备受关注的，便是ofo与摩拜单车的融资大战，在这场共享单车的资本局中局中，腾讯和滴滴分别站队摩拜和ofo，截至2017年4月，两家公司共计融资总额超过10亿美元，各自估值也都超过了10亿美元，在刚刚完成的一轮融资中，ofo估值已经超过了16亿美元。其中，ofo背后站着17位投资方，摩拜背后有22位投资方。这两家公司聚拢了当前中国市场上最顶尖的财务投资者和实力最雄厚的战略同盟者。经过多轮融资，ofo和摩拜的规模不断扩张，但彼此难分高下。直至摩拜被美团收购，以及ofo与金主阿里巴巴合作不畅致资金面收紧，两者的融资大战才告一段落。但从这个过程可以看出，在企业发展过程中，始终是资本为王，这对处在天使期和成长期的企业而言更为关键。

3.8　并购浪潮总结分析

以上六次并购浪潮的主要特点，如表3-2所示。

表3-2　六次并购浪潮的背景及特点

	时间	背景	并购类型	发生行业	主 要 特 征
第一次并购浪潮	1895—1904	反垄断执行不力 铁路系统建立	横向并购	铁路、电力、煤炭、钢铁	(1) 横向并购为主 (2) 行业集中度提升，产生垄断

续表

时间		背景	并购类型	发生行业	主要特征
第二次并购浪潮	1916—1929	经济过热;无线电发展、汽车普及	纵向并购	石油、食品、化工、交通	(1) 纵向并购为主,整合上下游产业链 (2) 产生寡头垄断
第三次并购浪潮	1965—1969	第二次世界大战后经济发展,市场扩张;科技进步	混合并购	航空、百货、自然资源	(1) 混合并购为主,企业多元化 (2) 跨国并购,产业国际化
第四次并购浪潮	1981—1989	石油危机,新科技革命;金融工具创新	杠杆并购	石油、天然气、医疗、航空、银行	(1) 规模空前 (2) 敌意收购、杠杆收购频繁,大量运用债务融资
第五次并购浪潮	1995—2005	经济扩张,管制放松,技术变革,全球化竞争	全球跨国并购	金融、医疗、汽车、电信	(1) 战略并购为主 (2) 换股为主要交易方式 (3) 新兴市场发展
第六次并购浪潮	2012—	2008年后美国次贷危机,私人股权收购和杠杆收购潮,股票市场为私募股权投资者提供良好的退出机会	PE并购	电子、金融、航空、电信、保险、银行	(1) 跨国并购与跨国资本运作突出 (2) 以传统行业为主,新兴行业并购前景大好 (3) VC/PE 在并购活动中参与度提升

资料来源:根据公开资料自行整理。

回顾全球经济史,共出现过六次大的并购浪潮:第一次并购浪潮发生在 1895—1904 年的美国,以横向并购为主,100 家最大的公司规模增长 400%,控制全美工业资本的 40%,推动了美国工业化发展;第二次并购浪潮发生在 20 世纪 20 年代末,以纵向并购为主,提升了企业管理水平的协同效应;第三次浪潮发生于 20 世纪 60 年代,股票市场的热浪推动了混合并购热潮;第四次浪潮发生于 20 世纪 80 年代,以"垃圾债券"为代表的新型融资工具推动了战略驱动型资产重组;第五次全球并购浪潮发生在 1995—2005 年,全球化、信息技术、金融创新及产业整合要求企业作出迅速调整,并购重组活动在 2000 年左右的互联网繁荣期达到高峰;第六次并购浪潮从 2012 年延伸至今,跨国资本运作突出,PE、VC 的参与度提升。

进入 21 世纪以来,全球并购的新发展和出现的新动向,实质上是全球一体化程度加深、国际竞争加剧、技术进步加快而带来的一次跨国重组和结构调整浪潮,并且又反过来促进了全球一体化、国际竞争和技术进步。总体来看,从第五次并购浪潮走向第六次并购浪潮中呈现出以下特点。

(1) 发达国家跨国并购总量仍占绝大部分,发展中国家跨国并购发展迅速。克鲁格曼认为,1998 年以前的企业并购浪潮严格地说只能称为美国企业的并购浪潮。但到了 20 世纪末,亚洲和拉丁美洲的发展中国家也加入全球性并购的浪潮中,发展中国家,尤其以中国为代表的跨国并购发展迅速,其所占并购总量的比例也开始逐渐增加。

（2）并购范围广泛，热点突出。前几次并购浪潮大多发生在能源、汽车、钢铁等传统产业，但近年来全球并购浪潮更多地集中于金融、电信、传媒、信息等第三产业或高科技产业。在2009年至2011年全球市值最高的十大跨国并购案中，以通信、信息和生物制药领域为代表的高新技术企业分别占到当年十大并购总额的32.2%、38.3%和40.0%。由此可见，新时期的跨国并购在范围继续扩大的同时，在产业集中和深度方面亦有新的突破。

（3）以横向并购为主，并购目标发生变化。21世纪，横向并购仍然占据着主导地位。从并购交易额的角度看，横向并购占70%以上，其比重增加也体现出行业内部竞争更加激烈，要想改变行业竞争格局更难。跨国并购为企业创造了快速拓展市场份额，提升了行业内话语权的路径。通过与竞争对手的联合，跨国公司也可以有效地减少竞争压力，从对利润的竞争走向对垄断利润的共享。

（4）跨国并购和资本市场的互动性加强。目前大多数跨国并购都是通过股权互换来实现的，这不仅节约了交易成本，同时也进行了合理的避税。在2007年欧洲银行财团以711亿美元的天价并购荷兰银行时，具体的收购方案中就有相当高比例的股权互换。此外，通过股权互换方式实现的跨国并购在节约了交易成本的同时，也降低了对东道国国际收支的影响。

可以看出，前五次大的并购浪潮有一个很重要的共同特点，就是强强联手，或以强并弱，并且一直是英美市场为主。第六次并购浪潮将以中国为主导，成为第一次以新兴市场去并购发达市场，第一次以相对落后的产业去并购相对先进的产业——即"以弱并强"的跨国资本运作——正是这些独特的现象，使我们可以将这一次称为学术意义上的"第六次"并购浪潮。这说明信中国财富积累与经济发展已达到一个量级，成为全球并购一个主导者的经济基础已基本具备；中国15亿人口的巨大市场空间，已成为我们在全球并购中的优势；此外，中国目前处于经济转型期，在产业结构调整过程中，需要借鉴国际上的技术和先进的管理经验来推动产业发展。第六次并购浪潮体现出中国在整合资源、快速成长过程中潜力十足，从而主导这次并购浪潮，并使其融入中国市场成长的血液中。

本 章 小 结

本章从并购的历史和阶段特征方面介绍了并购的发展过程。从19世纪末至今共发生了6次并购浪潮，每一次并购浪潮都和大的技术创新、产业发展以及金融资本市场的管制等密切相关。

1895—1904年的第一次并购浪潮以横向并购为主，以美国钢铁行业并购案例为代表，这一时期美国的铁路体系和西部大开发发展迅速；1925—1929年的第二次并购浪潮以纵向并购为主，以福特汽车案例为代表，这一时期的并购基于无线电技术与汽车产业的发展；1965—1969年的第三次并购浪潮以混合并购为主，以可口可乐收购哥伦比亚电影公司为代表，这一时期，不同产业进行整合，企业的规模效应不断增强，同时职业经理人制度快速发展，基于多元化发展的企业管理模式也发生了创新变革；1981—1989年第四次并购浪潮以杠杆收购为主，以KKR收购RJR Nabisco的案例为代表，同时垃圾债券大王米尔肯凭借杠杆收购中的高超手法创造了许多创新性金融工具,以垃圾债券为代表的金融创新推动了这一时期的并购活动;1995—2005 年第五次并购浪潮是以全球跨国并购为主,以汇丰并购韩国双城银行、美国在线与时代华纳公司并购案、南钢联合要约收购南钢股份等为代表,这一时期互联网技术泡沫破裂、换股收购等金融自由化活动扩大;2012 年至今的第 6 次并购浪潮以 PE 并购为主导,以中国为主战场,以美的集团并购德国库卡、中国市场典型的敌意收购案例万宝之争等为代表,这一时期的并购活动与互联网技术的应用——平台经济的产业特点密切相关。

第六次并购浪潮以中国为主战场,中国资本市场自 2005 年股权分置改革后开始了频繁的并购活动。这一改革是中国资本市场发展和不断成熟的分水岭,为中国资本市场的资源优化配置奠定了市场化并购的基础,也为中国成为第六次并购浪潮的主角创造了条件。

重要概念

六次并购浪潮　股权分置改革　杠杆并购　PE 并购

课后习题

1. 推动并购浪潮的总体环境因素有哪些?
2. 平台经济与分享经济的发展对第六次并购浪潮有怎样的影响?
3. 中国并购市场上存在哪些待解决的问题?尤其在面对跨国并购时,中国资本市场、外汇市场管理机制对这一产业活动的影响何在?

第二部分
并 购 流 程

本部分用来帮助本书的使用者了解并购活动的全部流程：公司发展战略为何要进行并购？如何制定并执行并购战略？如何协助公司完成目标公司估值并获得并购活动所需的资金？最后，如何完成目标公司财务报表的合并工作？这些是并购工作的重点和核心内容。

这一部分是并购咨询业务的基础，共分为五章。第四章概要介绍关于并购动因的十大基础理论、并购动因归类的实证支持和典型行业分析；第五章将并购战略纳入公司发展战略，就并购战略、流程、并购目标的寻找方法，如波特竞争力分析、杜邦分析法等，以及并购尽职调查的清单与重要性进行了阐述；第六章重点关注并购的各种价值评估方法，如市场法、可比公司法、现金流量贴现法（DCF）、经济附加值法以及APV、CCF等并购估值模型；第七章介绍了并购活动中的各种资金来源（如内源性、外源性融资）和过程；第八章阐述了成功完成并购活动的不同利益主体下的合并财务报表的会计处理方法。

第四章

并购的动因

本章导读

➢ 掌握关于并购动因的十大基础理论;
➢ 熟悉如何通过事件研究法这一实证方法研究并购活动市场冲击效应;
➢ 结合案例理解不同行业背景下并购实务的动因和目的;
➢ 了解并购可能面临的反垄断审查及其背后的根本原因。

"知彼知己,百战不殆。"

——《孙子·谋攻》

4.1 并购理论的发展

经典微观经济学一直隐含着一个基本假定:市场交易是没有成本的。1937年,科斯在《企业的性质》一文中对此产生了质疑,首次提出"交易费用"概念,企业的诸多决策和行为都是为了节约交易费用。

根据科斯的"交易费用"理论,企业通过并购节约交易费用,主要体现在以下五点。

(1) 节约"知识"交易的谈判成本和监督成本。企业通过研发投入获得产品——知识。由于市场存在信息不对称,知识的价值难以实现。即使实现,也要付出高昂的谈判成本和监督成本;而并购活动使专门的知识收纳进同一企业,从而实现交易费用的节约。

(2) 减少商誉损失。商誉作为企业的无形资产,在实际运用过程中面临外部性问题。以商标为例,商标使用者可以通过降低产品质量增厚收益,然而此举对商标造成的负面影响最后要由所有者共同承担。解决这一问题有两个措施:一是加强监督,保证产品达到合同规定的最低质量;二是通过并购等途径将商标使用者内部化,此时机会主义带来的损益都由企业一家承受,从而可消除不良动机,防止商誉受损。

(3) 消除固定交易条件损失。生产过程往往伴随大量中间产品的投入,而这些中间产品的供给、质量等又存在不确定性。通常企业是通过签订固定交易条件的合约来解决这些问题，但这种合约会约束企业的灵活性。并购的存在，使上述风险内部化成为可能，从而降低潜在损失。

（4）减少违约风险的谈判成本和监督成本。一些生产企业为开拓市场，需要大量用于促销的投资。这种投资由于专用于某一企业的某一产品，具有很强的资产专用性。此时如若对手方出现违约，会给企业带来巨大损失。并购活动的内部化效应可以较好地解决这一问题，同时无须支付高昂的谈判和监督成本。

（5）节约市场运作的交易成本。通常认为用企业内的统一指令来协调内部组织活动所需要的管理成本要低于市场运作成本。借助企业并购形成规模庞大的组织可以使企业内部的职能分离，形成一个以管理为基础的内部市场，从而节约交易成本。

可见，"交易费用理论"其实就是科斯对并购动机的解释。科斯认为企业和市场都是资源配置的基本手段，相互之间存在替代关系。企业的产生是为了节约交易成本，内部的行政管理手段较之价格机制费用更低。企业的扩张与收缩即企业和市场的分水岭取决于内部管理费用和市场交易成本的比较。这样，企业通过纵向并购可以将原有在要素或商品市场上的买卖关系转变为同一企业内部的行政调配关系，从而降低市场交易成本。

虽然交易费用理论解释了企业并购的目的，但由于其概念及分析方法比较抽象，难以检验，因此，学术界对并购动因的分析，还存在其他的理论学说，具体而言还有以下几大类。

一是如图 4-1 中企业的契约理论，这一理论将企业的并购活动分为交易费用学说（支持者如 Willianmson、张五常和杨小凯等）和代理理论学说（支持者如 Jensen & Meckling、Fama、Stiglitz，以及 Grossman & Hurt 等）两大流派。并且，认为以科斯为代表的交易费用理论又在现实并购活动成分为间接定价理论派和资产专用性理论派。

企业的契约理论
- 交易费用经济学（外部关系：企业与市场的关系与选择，它是节约市场交易费用的一种交易形式）
  - 间接定价理论：企业能够节约市场直接定价成本
  - 资产专用性理论：纵向一体化能够减少专用性产生的机会主义所造成的损失
- 代理理论（内部结构：企业内部不同成员之间激励和风险分配的问题）
  - 团队生产理论：企业是一种团队生产方式，由于不能精确的分解和度量团队成员的贡献，就产生了监督和激励问题。
  - 委托—代理理论：通过激励合约，控制代理人的道德风险和逆向选择，从而增大代理效果和减少代理费用。

图 4-1　企业契约并购理论的两大流派示意

其他还有企业家理论与企业管理者理论流派，如 Knight 支持的权力的分配论，以及 Willianmson 支持的控制权与所有权分离论等；Lippman 也从企业能力理论与资源理论来分析并购活动中持续的竞争优势；系统论则从企业的自组织理论来说明并购活动可以实现组织管理活动从无序到有序的安排。

具体在现实活动中，并购理论动因有以下多种观点。

4.1.1　协同理论

协同效应（synergy）原指化学上两种物质相互作用后，会出现比两者单独作用更好的效果。在并购上反映为,两家企业通过并购结合后,其获利能力高于两家企业单独运营时效益的总和,即 1+1>2。协同效应的存在,使企业有动机支付并购交易费用和标的公司的股权溢价,反映在会计上即为正的净收购价值(net acquisition value,NAV):

$$NAV = VAB - [VA + VB] - P - E$$

式中:VAB 为合并后的企业价值;VA/VB 分别为 A/B 公司的市场价值;P 代表支付的溢价;E 代表并购成本与费用。

并购的协同效应又分可为财务协同、业务协同、管理协同、市场力量协同和营销协同。

(1) 财务协同。财务协同效应是指并购给企业在财务方面带来的各项收益,主要来源于以下三方面。

① 降低融资成本。一般而言,从优序融资理论来看,内部融资成本低于外部资本市场,而且不稳定风险相对较低。Williamson(1975)认为内部融资比外部融资更好主要基于三种理由:其一,外部资本市场在获取企业内部信息时存在障碍或成本过高,难以根据市场状况对经营进行调整,而内部资本市场占有优势;其二,内部资本市场中企业转移或配置资源的效率更高;其三,内部资本市场增强了企业避开法规限制及合理避税等方面的能力,提高了灵活性。因此,除了市场内部化,企业还可以对内部原材料或者产品进行定价;同时,企业通过并购可以创造一个更大的内部资本市场,低成本地促使内部现金流之间跨部门流动,或由低回报项目流向高回报项目,增加公司的整体价值①。

② 增强负债能力。Higgins 和 Schall(1975)认为通过并购,偿付能力较好的企业会使资金紧张的一方得以缓冲。若两个收入来源相关性较低的企业进行并购,可以减少经营风险,降低破产概率,尤其,债权人的风险会由于债务共同担保效应而减少,也就是兼并→债务共同担保效应上升→兼并企业的融资能力提高②。

③ 合理避税。当一个累积税收损失或税收减免的公司与另一个需要支付税收的公司合并,或低税收的一方收购高税收的一方,尤其是采用杠杆收购时,则可产生合理避税或者税盾的效果,公司的股东价值增加。

(2) 业务协同。业务协同又称为经营协同效应,它是指由于经营上的互补性,并购可以促使企业生产经营活动效率提高,收益增加或成本减少。这种协同效应包括两个方面:降低成本与增加收入。

① 降低成本。成本降低一般是由于实现了规模经济,如削减人员或者生产线,这是经营协同效应的主要来源;一般情况下,企业通过并购扩大生产经营规模、节约交易费用、取得规模效益,从而降低单位产品成本。规模经济效益可以在两个层次上取得:第一个层次是在工厂,通过并购优化企业资源配置,通过规模经济,解决由专业化引起的生产流程的分离,降低生产成本;第二个层次是在企业,通过并购,集中研究开发费用,节省管理费用与营销费用,增强企业抵御风险的能力。追求规模经济在横向兼并中体现得最为充分。

---

① 毛雅娟,米运生.公司并购的动因理论:一个基于价值视角的述评[J].金融理论与实践,2010,(6):21.
② 曾凡荣.企业并购动因研究的最新发展[J].特区经济,2006,(1):349-350.

② 增加收入。营收的提高主要来源于并购双方产品的交叉营销和产品线的扩张上，例如并购双方中一家公司拥有知名品牌，另一家公司的产品线就可以利用它的品牌效用扩展市场；或者并购双方中一家公司拥有强大的分销网络，而另一家公司拥有市场潜力强大的产品，并购活动使得他们抢在竞争对手扩展之前将产品推向市场。如某一家日用品公司收购全家的话，就可以利用全家的分销渠道销售其所有的家用日用品，增加其市场销售份额。与降低成本相比，提高收入的经营协同效应一般更难以实现。[①]

(3) 管理协同。管理的协同通常是指管理效率的提高，这主要表现在企业内部在利用信息技术进行业务流程再造（business process reengineering，BPR）之后，通过内部管理的扁平化或者将传统烟囱式的管理结构模式改造成按照产品线的计划、财务和市场人员重新整合的矩阵式管理模式，以降低管理成本，提高信息传递效率和市场反馈速度，实现管理的协同作用，是提高利润率的一种方式。

一家好的公司通过收购一家管理低效的公司，可以实现管理协同战略。如青岛啤酒在收购贵州一家当地管理效率较低的啤酒公司后，将自己的 KPI（key performance indicator）管理理念以及 ERP（enterprise resource processing）系统整合进这家本土啤酒公司，就有可能实现管理协同效应。

(4) 市场力量协同效应。市场力量协同效应（market power synergy），是通过扩大交易规模或提高市场集中度，实现买方垄断或卖方垄断，从而从供应商处获得更低的买价或从顾客处获得更高的卖价。借此增强在整个市场的议价能力，对上下游行业有更强势的谈判能力，从而实现两家公司并购后的市场力量整合。实际并购中，市场力量整合的目标是美好的，但整合的效果却不都是完美的。供应链最能反映一家公司在上下游行业的市场力量，我们以横向并购企业供应链的整合为例，具体表述一下如何整合并购企业以实现市场力量的协同效应。

并购后的供应链并不会随着并购的完成而自动的实现整合。由于并购前的两家企业的供应链系统分别建立在完全不同的结构之上。并购初期企业并没有统一的业务数据、组织结构与销售方式等，很容易导致在新企业中存在两条各自为战的供应链。同一产品不同的供应链，容易导致成本核算不清、销售不畅、管理混乱等问题，严重阻碍协同效应的实现。同时也要注意内部的整合，如果不能尽快实现原来两家公司产品的统一调动，那并购整合就失去其意义。因此，企业的横向并购并不会自动带来效益的提升，并购方必须对新企业内部供应链进行整合，合二为一，转变前期供应链各自为战的情况。

并购后供应链的整合对于实现协同效应是十分关键的。通过供应链整合，使并购双方的上下游企业纳入统一的供应链，减少之前两家公司在采购和销售方面的相互竞争，从而实现卖方、买方垄断或部分垄断，同时实现企业内部的整合，增强企业市场力量，增强企业竞争力，实现并购企业协同效应最大化。

(5) 营销协同效应。营销协同效应（marketing synergy）就是指企业并购后，对其营销战略和营销文化的整合，主要表现在跨行业并购中。并购成败往往取决于营销战略整

---

① 帕特里克·A.高根.兼并、收购和公司重组[M].顾苏秦，李朝晖译.北京：中国人民大学出版社，2010：127.

合的成败。

针对具体的并购案,其协同效应表现的方面不尽相同,但通常可以将其分为两大类:一种为"有形协同效应",即那些比较容易用货币计量和评估其具体价值的协同效应;另一种则恰恰相反,我们把那些具有不确定性或战略性、全局性,或影响不易短期内显现,从而不可能被精确计量的协同效应,称为"质量型协同效应"(qualitative synergies),在大多数并购中,它往往是并购的有力动机,并最终显示出其对于并购后整个企业业绩的强大影响力[①]。

4.1.2 多样化经营理论

多样化经营理论认为,公司通过持有并经营收益相关程度较低的资产,可以分散经营风险,稳定收入来源。该理论为混合兼并提供了理论解释,这其实是范围经济在现实中的一种运用。

一般来说,多样化经营的价值主要体现在以下三个方面[②]。

(1) 管理者和其他雇员分散风险的需求。与投资者在资本市场上通过资产组合分散风险不同,公司雇员分散其劳动收入来源的机会非常有限。通常,大部分知识都是在工作过程中获得和积累起来的。这些知识只对本公司有价值,对其他公司而言并无价值。因此他们更看重工作的稳定以及更多的获取专业知识的机会,而公司的多样化经营可以给管理者和雇员更多的工作安全感和提升的机会。

(2) 组织资本的保护作用。在现代企业理论中,公司雇员的资源随着时间的推移逐渐积累。这些资源在某种程度上是公司专属的,很难转移,所以需要将雇员与工作岗位进行有效的匹配,在公司形成有效的管理者组合和雇员组合。当公司被破产清偿时,这些组合就会被破坏,其价值随之而失去。如果公司多样化经营的话,这些队伍可以从没有利润的部门转移到正在发展和盈利的部门中去,从而保证业务活动的平稳过渡和公司团队的连续性。

(3) 声誉的维护和保护。公司通过对广告、研发、固定资产、人员培训、机构投资的长期投资形成声誉资本,消费者和供应商将利用这一资本与公司建立联系。多样化经营有助于维护公司的声誉,从而保持与消费者和供应商关系的稳定。

企业可以通过内生增长和外延并购实现多样化经营。并购活动非常迅速,当公司面临环境变化而必须调整战略时,并购可以在较短时间内进入被并购公司的行业,可以快速保持被并购公司的市场份额及各种资源。

4.1.3 自大理论

自大理论是经济学家 Roll(1986)针对要约收购提出的一个理论,又称之为管理者自大假说,后来演变为"帝国缔造者"观点。他认为管理层在寻找并购标的时,驱动力往往来自个人欲望和自大情绪,而非对经济利益的理性权衡。尤其,并购方管理者在评估目标公

---

① 肖振红.基于协同效应的并购目标企业选择研究[D].哈尔滨工业大学,2007.
② 黄中文.八大并购理论述评[J].生产力研究,2004,(5):187-188.

司价值时,往往会过于乐观,或者过度自信,作出高于目前市场的估价,并且自信其判断是正确的。由于这种情境下的管理者盲目乐观的非理性动机,使得自大的管理者常常将自己的诉求凌驾于公司实际发展之上,忽略了股东的利益,使得收购公司为达成并购交易支付了过高的溢价,这是导致收购公司股价下跌而目标公司股价上升的一个重要原因,也是要约收购溢价的来源之一。

延续这一研究思路,Hayward 和 Hambrick(1997)的实证结果表明,CEO 的过度自信的确导致收购公司支付过高的溢价,这一关系在弱势董事会存在的公司中更显著,并且 CEO 过度自信水平与收购公司的股东财富损失正相关。Shefrin(2007)指出:"过度自信和过度乐观的管理者热衷于发起公司并购事件,即使市场并不看好这些并购。"①

也有一些观点认为,鉴于企业运营环境变化莫测,公司运营者不去寻求激进的并购策略,让公司的规模越来越大,就会成为企业运营路上的淘汰者;而且"帝国缔造者"观点认为,高管的薪酬通常是与公司的规模相关的,而非仅仅是单位利润的函数,因为管理大规模的公司也是管理者才能的一种简要测度。

当然,自大假说要求假设资本市场强式有效,但实际经济活动中,市场一般存在摩擦与失灵,这为一些并购活动找到了合理理由。因此,自大假说只能解释部分的并购现象。

4.1.4 市场势力理论②

市场势力理论的核心观点是:企业通过并购扩张规模,以追求、维持和加强其在市场上的垄断地位。垄断性主要来源于以下两方面:其一,通过并购减少竞争对手的数量,增强对经营环境的控制,提高市场份额,从而获得长期的垄断利润;其二,通过并购扩大生产规模,从而在与供应商或顾客的议价中处于有利地位。

企业通过并购以增强市场势力一般发生在以下三种情形。

第一,在需求下降、生产过剩的恶性竞争市场中,通过企业并购扩大市场份额,取得更有利的市场地位。

第二,在本土市场遭受国际竞争冲击的时候,通过企业并购,形成规模大、实力强的联合企业,增强自身竞争力,对抗外来市场竞争。

第三,在法制日益健全的情况下,企业间的合谋等联系成为非法。通过企业并购,可以将企业之间的非法合谋转变成为企业内部的合法联系,实现继续控制市场的目的。

市场势力一般采用产业集中度进行判断,如产业中前4或前8家企业的市场占有率之和超过30%为高度集中,15%—30%为中度集中,低于15%为低度集中。自1984年后,美国一般采用赫芬达尔系数——HHI(市场占有率的平方之和)表示产业集中度。该理论成为美国政府规制并购、反对垄断、促进竞争的依据。当兼并后的 HHI 值小于 1 000 时,行业集中度不高,政府不反对兼并;HHI 值介于 1 000—1 800 时,要看 HHI 的增加值,超过 100 以上时政府要进行调查;当 HHI 值高于 1 800 时,若 HHI 增加值超过 50,政府就会反对这项兼并。

---

① 毛雅娟,米运生.公司并购的动因理论:一个基于价值视角的述评[J].金融理论与实践,2010,(6):22.
② 周东林.论企业并购[D].武汉理工大学,2001:17-18.

在平台经济盛行的时代,边际成本会降低到趋近于零,在一个竞争的市场,多家公司是不能按照价格等于边际成本收费的,否则是自取灭亡;当只有这一平台成为独角兽实施自然垄断才可能按照边际成本定价获取投资收益时,若监管当局依然按照传统的反垄断法禁止其兼并与收购,那么势必会带来这一产业的停止。如就滴滴、快的和中国 uber 合并的管制与美国 uber 的不同观点,导致了这一产业发展势头的不同结局。

4.1.5 效率理论

微观经济学的核心问题是如何使有限资源实现最佳配置,而效率理论正是基于这一问题对企业并购活动展开阐述。效率理论认为,并购产生的潜在效益往往体现为企业业绩的改善和运营效率的提升。效率理论可分为差别效率理论、无效率的管理者理论、多样化理论和价值低估理论等。

(1)差别效率理论[①]。差别效率理论又称为管理协同效应理论,如果收购方的管理效率高于目标公司的管理效率,则通过企业并购能够将目标公司的管理效率提高到收购方的管理效率水平。也就是说,如果某公司的管理队伍运维能力超过日常需要,就可以通过收购一家管理绩效较低的公司,促进管理资源的充分运用。通过并购,整个经济的效率水平都将得到提高。

该理论有两个基本假设:一是收购方有剩余管理资源且不能通过解聘释出,其管理队伍为不可分的整体,必须通过并购才能充分加以利用;二是目标公司的非效率管理可由外部管理者介入而得以改善。在上述情况下,通过将目标公司的非管理型组织资本与收购公司过剩的管理资本结合在一起,将产生协同效应。

(2)无效率的管理者理论。无效率的管理者理论是差别效率理论的一个特例。无效率的管理者指不称职的管理者,几乎任何其他管理团队都可以比他们做得更好。在差别效率理论中,试图弥补被收购公司的管理缺位问题,并且在被收购公司的特定业务活动方面具有经验,因而该理论一定程度上构成了横向并购的理论基础。与其相对,无效率的管理理论为混合兼并,为从事不相关业务公司间的并购活动提供了理论基础。

4.1.6 价值低估理论

价值低估理论认为,收购动机在于目标公司价值存在低估。造成价值低估的原因主要有以下三点。

(1)现有管理层没有使公司的经营潜力得以充分发挥,需要新的管理者或者实施新的管理激励机制,提高公司价值。

(2)收购者掌握外部市场所没有的目标公司内部消息,根据该消息,目标公司真实价格应高于当前公司市场股价,出手收购是一个好的时机。

(3)由于通货膨胀等原因,使得当前重置成本过高,资产市场价值远远低于重置成本。

---

① 相雯.企业并购理论及其在中国的应用[D].北京交通大学,2003:6-7.

当然也可能是由于资本市场是提前释放了某一产业周期的信号或者某一阶段经济周期的过度反应,造成了公司价值的严重低估。

托宾 q 值等于企业市场价值与其实物资产重置价格的比率,常用于衡量兼并收购相较绿地投资的合理性。若该比值小于 1,则企业价值被低估;考虑到并购活动的交易成本,通常当托宾 q 小于 0.6 时被认为是好的并购标的。当某行业 q 值较低时,那么公司可通过兼并收购实现产能扩张,而不必从头做起。

当然,在今天的全球资本市场中,有些企业因为上市公司在原来的资本市场中表现不佳,认为公司价值被低估了,就会私有化,寻求在另一高市盈率市场再次上市,也是一种借助并购活动完成公司价值重估的一个支撑,如 2016 年万达集团认为其价值被严重低估,就将其在 H 股的公司私有化,准备在 A 股市场谋求上市,这一理论又常常与下面的信号理论相关联。

4.1.7 信息信号理论

Bradley 等(1983)提出了并购的信息与信号理论,他们认为并购活动会散布关于目标企业股票被低估的信号并促使市场对这些股票进行重新估价。

这一理论包含两个假设:其一,并购传递了目标公司股权被低估的信息,就目标公司而言,并不需要采取任何行动就会产生市值重估,即"坐在金矿上"或"待价而沽";其二,并购要约的公告或关于并购的谈判将向目标公司管理层传达某种信息,激励管理者从事更有效率的管理活动,也称为"鞭策效应"。这一理论有助于解释无论并购最后是否成功,目标公司的价值在要约收购中总会被明显提高的现象。

借助并购市场的这一信息信号理论,一些有前瞻性或者对市场有掌控力的公司高管会通过公司股利政策,缓解自身被收购或者解聘的威胁。如公司可以通过向银行举债回购公司股份,而管理层并不出售手中的股份,达到让公司股价提升的目的;或者公司管理层通过混业经营公司的某类业务,如房地产业务,达到公司吸引资本市场注意力的效果。还有一些公司为了偿还并购债务,会剥离某项业务,通过市场信号作用传达公司现金流的信息。

4.1.8 代理成本理论[①]

Jensen 和 Meckling(1976)在两权分离命题基础上提出了代理理论。该理论认为,现代企业的所有者与经营者之间存在委托—代理关系,由于委托人与代理人之间存在信息不对称,具有机会主义动机的管理者会进行不当的在职消费或工作懈怠等,以牺牲股东的利益为代价最大化自身的利益,由此产生了代理成本。

代理问题可以通过组织机制或市场机制解决。当这些机制都不足以控制代理问题时,并购市场提供了最后的外部接管控制手段。通过对企业的收购,可以使外部接管者替换现有的管理者和董事会,从而取得对目标企业的决策控制权。因此,来自并购的威胁可以迫使当前的管理层尽心尽职完成本职工作,从而有效减少代理成本。

---

① 上海国家会计学院.企业并购与重组[M].北京:经济科学出版社,2011.

当然，作为代理成本理论的另一个层面，就是管理层会通过在位优势，尽量设置对自己有利的并购条款，如设立雇员持股计划，减少外发股份；在收到外部接管威胁时，利用信息不对称性，一次性大范围发放现金股利；或者在董事会条款中设置对管理层有利的政策，如金降落伞计划等，都会提高公司兼并收购的成本。

4.1.9 管理主义理论

1969 年，穆勒（Mueller）提出了管理主义理论，认为在企业所有权和经营权分离后，企业将不再遵循利润最大化原则。该理论假设，管理者的报酬是企业规模的函数，因此管理层有动机将企业规模做大，并因此接受较低的投资利润率。

与并购可以解决代理问题的观点相对，管理主义者认为收购活动与其说是解决代理问题的一种办法，倒不如说是代理问题的一种表现形式，正是公司管理者的无能引来了并购之狼。当然，也有研究表明，代理人的报酬与企业的报酬率相关，而与企业的规模或其销售规模无关，使得管理主义的基本前提受到了挑战。

管理主义与管理自大主义相关联，也是在公司治理中管理霸权主义的体现。在这一时期，由于股权分散，中小股东搭便车的行为使得股东代表大会成为虚设，此时，强势的管理层成为公司的实际控制人，行使公司战略发展的决策权，这使得公司治理出现严重的内部人控制问题，导致公司市场价值被严重低估，如万科在 2015 年就出现了这种情形。外部市场敏锐的观察者察觉到这一现象后，会通过资本市场敌意收购，或者董事会代理权争夺的方式，进驻公司董事会，替换现有管理层并实施接管计划。在 2015—2017 年中国资本市场上演的"宝万之争"可以说是典型的管理霸权主义招致的外部市场突袭事件。

4.1.10 自由现金流量理论[①]

自由现金流量（FFCF）是指在公司内部资金扣除净现值为正的投资项目所需资金量后，剩余的现金流量。詹森（1986）认为，为使得股东价值最大化及公司有效率，就必须把自由现金流支付给股东。然而，由于管理者是自私自利的理性经济人，为了自己利益最大化，他们并不希望这部分现金流量流出企业。那么，这些拥有大量自由现金流和较大借款能力的企业管理者，常常倾向于实施一些低效率的投资或破坏价值的并购活动，从而导致更高的代理成本。詹森以 20 世纪 70 年代石油行业的并购活动为例，指出当一个行业中存在大量的自由现金流量时，会产生导致价值损失的多样化经营决策。

由此，我们在给并购标的公司估值，或者公司重组估值时，一般会采用自由现金流量法取代公司收入指标或者简单的息税前收益，如 EBITDA 等，作为公司价值的贴现现金流进行分析。这也是一个专业并购专家所需要掌握的技术；因为此时公司的价值与公司管理层真正的资源掌控能力关联起来，可以很好地测度一家公司价值是否被低估或者这家公司的管理层是否勤勉尽职地实施了有效管理经营工作。

---

① J.弗雷德·威斯通等.接管、重组与公司治理[M].北京：北京大学出版社，2006.

4.2 并购动因的实证分析

4.2.1 并购动因的基础理论

综上所述,可以将并购动因的理论支撑总结,如表 4-1 所示。

表 4-1 并购动因相关理论

理论名称		提出时间	代表人物	核 心 内 容
交易费用理论		1937 年	科斯	企业通过纵向并购可以将原有在要素市场或商品市场上的买卖关系转变为同一集团内部的行政调拨关系,从而降低了市场交易成本
协同理论	财务协同	1971 年由德国物理学家赫尔曼·哈肯首次提出	Williamson、Higgins、Schall	企业兼并发生后通过将收购企业的低资本成本的内部资金投资于被收购企业的高效益项目上从而使兼并后的企业资金使用效益更高
	业务协同		安德鲁·坎贝尔、蒂姆·欣德尔、伊戈尔·安索夫	由于经营上的互补性,并购可以促使企业生产经营活动效率提高,造成收益增加或成本减少
经营多样化理论			赫尔雷格尔、斯洛克姆	通过并购实现企业经营业务的多样化,减少企业经营的不确定性和避免破产风险,为企业管理者和雇员分散风险,保护企业的组织资本和声誉资本
自大理论		1968 年	Roll、Hayward、Hambrick、Shefrin	管理层在寻求并购其他企业时,常常是受个人自大欲望的驱动,并非纯粹经济利益权衡
市场势力理论		1967 年	Comanor	企业通过并购扩张规模,以追求、维持和加强其在市场上的垄断地位
效率理论	差别效率理论			并购活动产生的原因在于交易双方的管理效率是不一致的
	无效率的管理者理论			差别效率理论的一个特例,为混合兼并——即从事不相关业务公司间的并购活动提供了理论基础
价值低估理论		1969 年	詹姆斯·托宾	收购动机在于目标公司价值被低估
信息信号理论		1983 年	Bradley	并购活动会散布关于目标企业股票被低估的信息并且促使市场对这些股票进行重新估价
管理霸权主义		1969 年	穆勒等	企业所有权和经营权分离后,企业将不再遵循利润最大化原则
自由现金流量说		1986 年	詹森等	由于管理者是理性人,为了自己的利益,不希望这部分现金流流出企业。那些拥有大量自由现金流的企业管理者,倾向于实施一些低效率的投资或并购活动,导致更高的代理成本

一般来说,要通过并购结果或者现象活动分析其原因,需要先对不同的理论假设进行归类,然后采用事件研究法或者并购公司的长期业绩表现来测度并购到底是协同效应、管理者自大还是价值低估等原因。

4.2.2 并购动因的实证方法

关于并购动因的实证方法,主要有事件研究法、调查问卷法和非调查问卷法等几种。

(1) 并购动机——事件研究法。事件研究法是测试并购活动的重要实证工具之一,其原理是根据研究目的选择某一特定事件,研究事件发生前后样本公司股票收益率的变化,进而解释特定事件对样本股票价格变化与收益率的影响,主要用于检验事件发生前后价格对披露信息的反应程度。

James Dolley 在 1933 年发表的关于股票拆分对股价影响的论文是最早运用事件研究法的学术实践。后来,事件分析法也被广泛用于会计盈余报告的市场有用性,或者股利政策中股票分割、股份回购等的市场反应。这些广发的研究突出了事件研究法的重要性,使其成为金融经济学领域规范和成熟的工具而被广泛使用。

事件研究法的特点在于其研究过程逻辑明确,即某事件的发生是否对时序性价格数据产生影响,其通常用超常收益率来度量。

有关并购活动的动因分析,通常的步骤包括以下五步。

第一,确定一个事件发生期,通常事件期以宣布日为中心,确定事件期的目的是为了获得该事件对股票价格的影响;

第二,计算同一类型企业在事件期内每一天中的预期(正常或者不发生该事件的)收益。目前有三种方法计算预期收益:均值调整收益法、市场模型法和市场调整收益法;

第三,计算所有样本企业每天的超常剩余值,超常剩余值是每家企业当天的实际收益减去预期收益;

第四,计算所有样本公司在事件期内的累积超常平均剩余收益;

第五,测算所有样本超常收益的市场价值,并给出其统计意义显著性。

其中,在第二步中如何测算预期收益率是关键点,国际上的三种方法简单介绍如下。

① 基于均值调整的预期收益计算法。该方法首先要确认一个清洁期,即排除事件期后的时间段,一般假定事件期前的 200 天作为一个清洁期时间窗口;这样可以计算目标公司股票 j 的清洁期内日收益的平均收益率为 R_j,股票 j 在事件发生期间的实际收益率变为 R_{jt},那么这种情境下,计算超常收益率即等于事件期收益率 R_{jt} 与清洁期平均收益率 R_j 之间的差额,即为目标公司 j 的基于均值调整法的超常收益率。

② 市场模型法。这是一种考虑了相对于市场风险的企业预期收益。这个过程包括一个相对于某个市场指数企业收益的回归分析,计算过程同样包括一个不包括事件期的清洁期间的确定。

市场模型一般采用资本资产定价模型方式,如:

$$R_{jt} = \alpha_j + \beta_j R_{mt} + \varepsilon_{jt} \tag{4-1}$$

式中:R_{mt} 为清洁期内第 t 天的市场指数(如沪深 300),衡量的是目标公司 j 对市场风险的敏感度;通过清洁期的历史数据,我们可以模拟出系数 α 和 β。

然后,一家企业在事件期内每一天的预期收益率就是把上式得到的这些估算值代入市场模型中,并采用事件期中每天的市场指数 R_{mt},则得到事件期中当天预期收益值,即:

$$\widehat{R_{jt}} = \widehat{\alpha_j} + \widehat{\beta_j} R_{mt} \tag{4-2}$$

式中:R_{mt} 是指事件期内一天中市场指数的实际收益率。

然后,用实际市场收益率减去估算出来的预期收益率,就得到每天的超常收益率。

③ 市场调整的收益计算法。这是一种最简单的方法,就是将目标公司的股票预期收益被假设为就是那一天市场的收益率。这种方法与市场模型法不同的是,其将 $\alpha = 0$ 和 $\beta = 1$,假定所有的目标公司股票与事件发生期的市场指数收益率相等,则超常收益为事件发生后某只公司股票的收益率与市场指数的收益率之差。这一计算方法存在一定误差,因为不同公司所处的行业不同,机构规模大小也存在差异,需按照特定股票的行业和规模对收益进行调整,方可解决这一问题。

总之,通过这种事件研究法,可以发现某一并购类型公司的总体均值市场反应对目标公司为正或是负的收益;以及对收购方公司为正或者负的收益,分析两者并购市场给出的动因是协同效应还是管理者霸权主义等。

(2) 并购动机——市场调查问卷法。调查问卷法的特点是简单直观,方便揭示普遍的并购动机,且被调查的企业不局限于上市公司,适用范围广。当然难点是调查费用高,尤其是难以获得满足需要的大样本数据,使得统计研究显著性失效,同时获得的调查信息和研究设计带有较强的主观性和偏见。

Brouthers(1998)等采用调查问卷法研究并购动机,发现样本公司中最重要的一类兼并动机是"经济动机",其次是"战略动机"和"个人动机"。

还有一种可能就是通过典型案例分析,深度调研获得单一并购案例的动机,这样可以作为分析大样本案例或者实证研究的逻辑出发点,提供正确的研究方向。

周瑞凌(2005)等采取调查问卷法对中国企业并购的动机详细分析,他设计了 2 套问卷:中介类问卷和企业类问卷,分别针对国内参与并购的中介公司和涉及并购的上市公司发放。得出的结论为中国 1998—2004 年企业兼并最重要的 3 种动机是:取得上市公司壳资源、管理层动机和购买价值低估的目标企业;最不重要的 3 种动机是合理避税、强壮民族工业和破产替代。从所有制来看,国企并购和民企并购的主导动机非常类似,与三资企业相比,都反映了明显的短期性并体现了管理者的经济利益。其差异在于民企经理有更为强烈的通过兼并提高社会地位的愿望。

(3) 并购动机——非调查问卷法。其优点是可分析隐藏于并购表面的深层动机,缺点是一般只能研究上市公司并购,且只能在特定时期部分解释某些兼并动机。用非调查问卷法研究兼并动机,关键是找到"可验证指标"——由单个或多个可直接加以统计检验的经济变量组成,同时能逻辑地反映并购者的主观动机。如顾勇(2002)等对非上市公司收购上市公司的两种动机进行检验,他们发现那一阶段中国买壳上市行为主要有两种动机:获得融资配股资格和以收购重组为题材炒作二级市场获利。此外,当目标公司流通股数量较大时,以获得融资窗口为主要动机的并购者愿意付出更高收购溢价;而当目标公司流通股数量较小时,以炒作为主要动机的并购者愿意付出更高收购溢价。

国外多数兼并动机实证研究采取非调查问卷法。Rovenpor(1993)研究 CEO 的个人特点与企业并购的关系,发现当 CEO 具有"企业越大越好","相信协同效应","需要权利","自信"这四个特征时,均对企业并购有影响。Shleifer(2003)等认为市场低估理论可以解释 20 世纪 80 年代早期和 90 年代后期的多数兼并行为。Arnold 和 David Parker(2009)通过事件分析法,研究了英国股票市场中竞争市场规制对于并购动机的影响,得出结论:管理者被协同作用和贪婪所影响,而相应的规制可以减轻管理霸权主义的影响。蔡宁(2002)等采用大样本案例研究来分析企业兼并动机,他选取 113 例中国企业兼并案和 116 例美国企业兼并案,条件是任何一起兼并都有一个占主导地位的动机;同时还把兼并动机归为 6 大类,并认为样本中任何一起兼并都出于其中一类动机。他通过比较研究来寻找中美企业兼并动机之间的差异。

4.3 并购动因案例分析

4.3.1 国际医药行业的并购动因

(1) 背景介绍。医药行业是一个集约化程度极高的产业。自 20 世纪 90 年代初以来,全球医药行业掀起了并购重组浪潮,通过资产集中、经营统一、产业整合等方式,提高企业核心竞争力。在 1998 年进入世界 500 强的 13 家国际最大制药公司中,有 9 家公司曾有过或试图进行并购活动。

伴随着并购的持续升温,国际上医药行业的集中度也加速提高。世界排名前 10 名的制药公司的销售收入占全球的比重,1993 年为 25%,2000 年跃升为 47.14%。通过并购,2000 年的世界制药 50 强已经合并为 2001 年的世界制药 40 强。

2000 年药品销售额名列全球第一的美国辉瑞公司实现药品销售 240.3 亿美元,接近 2001 年中国医药行业销售总收入(2 204.83 亿元人民币,约合 267 亿美元)。考虑到国内的统计口径中包括三资企业,而三资企业在国内医药市场份额中约占 25%,因此简单推算,仅辉瑞一家公司的药品销售收入便超过了所有中资制药企业的总和。

(2) 动因分析。制药行业具有典型的高技术、高投入、高附加值、高风险的特征,市场竞争归根结底体现为产品(药品)的竞争。新药研发的昂贵投入和漫长周期对企业的资本实力及风险承受力提出了很高的要求。国外制药企业的并购行为表征鲜明——横向并购、强强联合。其动机也比较明确——增加产品线的深度和广度,减少研发的重复投入,弥补专利药到期造成的缺口;扩大市场份额,最终取得某一个或几个分支领域的垄断竞争地位。如 Samina 和 Will(2000)在对 1978—1995 年的美国 3 000 多家制药公司实证研究发现:在制药公司业务重塑、充分发挥公司现有资源价值和获取公司不曾拥有的有价值的资源等方面,并购扮演了主要角色。如 98 家实施了收购的公司平均每家拥有 0.82 条新的生产线,而 1 019 家未实施收购的公司平均每家仅拥有 0.02 条新的生产线,这说明并购为技术创新提供了动力。

考察国际医药企业的大宗并购事件,始终围绕摄取和整合关键资源或能力、提升核心竞争力的战略导向主线进行。为了全人类的福祉,其他有关医药方面的国际并购参见案例 4-1 和案例 4-2,这些研发能力的提高增强了企业间的并购动机。

案例 4-1

瑞士山道士与汽巴嘉基合并

　　这一并购是以研发协同为主要动机的典型案例。合并前,汽巴嘉基公司是瑞士最大的制药企业,山道士公司是具有百年历史的化学公司,双方在研发领域具有广泛的互补性。1996 年双方合并后成立的诺华公司在生物技术和遗传工程的科研与开发方面具备了核心竞争力,在心血管、器官移植、抗肿瘤、中枢神经系统和眼科等专利药的领域居国际领先地位。

　　资料来源:根据公开资料整理。

案例 4-2

葛兰素与史克必成合并

　　2000 年英国两家大型制药企业葛兰素和史克必成的合并则是同时以研发规模效应和市场整合为主要动机的典型案例。葛兰素和史克必成在合并时宣称,合并后三年内它们将节省 16.3 亿美元的成本,并将构成医药行业历来最大的药物研究组合。同时,新公司以美国为业务营运中心,在世界 41 个国家拥有 108 个生产基地,产品供应 140 个国家和地区,2000 年药品销售额达到 234.5 亿美元,全球市场占有率 6.6%,首次超过默克公司,排在当年也完成并购的辉瑞公司之后居全球第二。除了成本、规模、技术协同效应以外,组织行为学关于组织行为模式在环境影响下呈现同质性的理论在这次合并(也包括大多数医药企业的合并)中得以验证。促成葛兰素和史克必成合并的因素之一是当时美国的沃纳兰伯特公司宣称其正同辉瑞公司谈判合并的可能性,如果合并成功将成为全球最大的药厂。

　　资料来源:根据公开资料整理。

4.3.2　中国医药行业的并购动因

　　(1) 背景介绍。由于早期产权制度改革的滞后和地方保护主义的现实存在,中国医药企业存在"多、小、散、乱"的问题。大多数企业不仅规模小、生产条件差、工艺落后、装备陈旧、管理水平低,而且布局分散,企业的生产集中度远远低于先进国家的水平。2000 年,中国医药工业销售额 CR60(最大的 60 家企业的生产集中度)为 35.7%,而当年世界 CR20(前 20 家制药企业的销售额在全球市场占有率)达到 65.14%。但硬币的另一面是:这一现状也为中国医药行业的并购重组提供了广阔的舞台。

　　(2) 动因分析。早期国内医药行业出于追求产业链后端环节协同效应的动机较多,而出于研发和技术协同动机的较少。中国医药行业产、研脱节的积弊较深,企业以制造、销售为经营重心,医药技术创新则以科研院校为主体,导致医药科技投入严重不足、企业自主研发能力低下。中国医药工业用于新药研究与开发的投入只占销售额的 1%—2%,

而发达国家高达10%—15%。中国开发的获得国际承认的创新药物只有两个：青蒿素和二羟基丁二酸钠，超过97%的化学药是仿制药物。加之中国长期以来缺乏完善的专利药知识产权保护体系，"仿制＋低制造成本＋强化营销"成为中国制药企业，特别是化学制药企业延续至今的主要经营模式。因此，除了目标公司现成产品目录的吸引力以外，医药企业间的并购主要是为了获取目标公司的制造能力或营销资源，而中国医药行业的两个政策因素强化了这一动机。

首先，GMP(good manufacturing practice，世界卫生组织将GMP定义为指导食物、药品、医疗产品生产和质量管理的法规)认证加快了医药企业间制造资源的并购整合。根据国家药品监督管理局(SDA)2001年《关于全面加快监督实施药品GMP工作进程的通知》，在血液制品、粉针剂、大容量注射剂的GMP认证分别于1998年底和2000年底完成之后，小容量注射剂于2002年底、其他剂型和原料药生产企业于2004年7月之前完成药品GMP认证工作。这给已通过了GMP认证的大型药企，特别是上市公司提供了机遇，后者可以通过并购中小药企对其进行制造资源的整合。

其次，中国加入WTO对医药流通市场放开的承诺和GSP认证加快了对医药商业企业的并购。中国在2003年1月1日开放药品的分销服务业务，外商可在中国从事采购、仓储、运输、配送、批发、零售及售后服务。全国最大的医药商业企业上海医药和大型制药企业同仁堂、三九集团、复星实业、双鹤药业先后宣布了通过并购组建全国性连锁药房的资本运作方案，三九集团甚至将并购触角延伸到以医院为主体的医疗行业。

在组织整合方式上，与国际医药企业并购后通常采取合并方式不同，中国医药企业之间的并购大多采取收购目标公司控股权的方式，目标公司的法人资格存续并且实行分权管理。产生"购而不并"这一现象的直接原因有：承担有限责任以规避或有风险，保留药品经营许可证，保留融资渠道(如果目标公司是上市公司)，纾解目标公司员工的抵触心理等。而深层次的原因是国有资产背景下的利益主体复杂，对并购的行政干预和地方保护主义色彩浓厚。具体案例总结，如表4-2所示。

表4-2　国内医药行业并购重组案例

收购方	目标公司	并购涉及金额	并购动因
华源集团(国有)	上药集团	12.64亿	扩充医药市场份额
复星集团(民营)	国药集团、羚瑞集团、天药股份、重庆药友等	超过10亿	成为医药控股公司，弥补以往单一经营医疗诊断仪器的业务结构
双鹤药业(国有)	上海、西安、武汉、昆明等全国各地大输液企业	超过7亿	整合大输液制造资源，实现生产规模效应
太太药业(民营)	丽珠集团	4.65亿	进入化学制药领域
太极集团(国有)	桐君阁、西南药业	4.36亿元	扩充中药品种、掌握化学药制造资源
东盛科技(民营)	盖天力、潜江制药、青海制药	约3亿元	增加产品品种(感冒药、眼药、麻醉药剂产品)
三九集团(国有)	宜春工程、胶带股份	2.45亿元	增加上市公司壳资源

资料来源：根据上市公司公告、《中国资本药局》等文章综合整理而成。

4.3.3 中国电子行业的并购动因

具体通过清华同方并购鲁颖电子这一典型案例说明中国电子行业整合的动因(参见案例 4-3)。

案例 4-3

清华同方并购鲁颖电子

清华同方是一家以信息产业和人工环境产业为主营业务的上市公司。电子元器件产业作为电子信息产业链条中的重要一环,直接制约着整个电子信息产业的发展。国家在制定电子工业发展目标时,把新型电子元器件产业列为重点发展对象。在计算机网络和人工环境工程中,敏感元件和传感器都是非常关键的部件,对整个系统的可靠性、稳定性、安全性起着不可替代的作用。清华同方本身就生产具有自主知识产权的 RH 型智能控制器和 RH 型智能传感器并已达到年产 20 万台的规模,但与公司的长远发展目标相比还相差甚远。公司迫切需要一个自己的电子元器件生产基地。

鲁颖电子是目前中国最大的陶瓷电容器生产厂家,也是唯一一家掌握瓷粉研制技术的公司。其所生产的陶瓷电容器可用于清华同方的 RH 型智能温度传感器、RH 型智能控制器、短波通信设备、计算机等产品上。鲁颖电子主营电子元器件,是国内最大的高压瓷介电容器和交流瓷介电容器的生产基地,其主导产品交流高压瓷介电容器已先后取得了国内"长城"及美国 UL、加拿大 CA、德国 DV 等八家国际安全认证,产品广泛应用于家用电器、计算机终端、通信设备、节能灯具、开关电源和供电电源及其他电子仪器设备中,1997 年国内市场占有率达 40%,拥有长虹、康佳、熊猫、TCL 王牌、海信等广大用户,部分产品已打入国际市场。鲁颖电子报告期(1998.6.30)的总股本为 2 731.019 2 万股,其中国家股(尚未流通)和社会个人股(境内上柜交易流通)分别为 1 008.8 万股和 1 722.219 2 万股,其持股比例分别为 36.94% 和 63.06%。每股收益 0.04 元,每股净资产 2.49 元。

该公司于 1994 年 6 月完成改制,由于资产质量较好在山东省公司产权交易所上柜交易。柜台交易,是在一些地方政府默许下,受地方证券管理部监管而成立的地方性股票交易场所,由于一些公司急需筹集资金,又受额度的限制无法在国内公开发行上市,这些公司的股票就在柜台交易。早在 1997 年全国金融工作会议上,就确定要对各地开办的场外交易市场进行清理整顿,1997 年底国家证管部门对柜台交易采取限制性政策,1998 年 5 月国务院专门为场外交易下了文件,即对上柜交易的关停下了最后的"通牒"。根据"国务院办公厅转发证监会关于清理整顿场外非法股票交易方案的通知",鼓励上市公司与行业相同或相近的、资产质量较好、有发展前景的、在非法设立的证券交易场所挂牌的公司实施吸收合并。

清华同方吸收合并鲁颖电子适逢国务院清理整顿场外非法股票交易的方案出台。清华同方对鲁颖电子的吸收合并开创了上市公司兼并地方上柜交易的公司的先河,因此这次合并的方法和原则对以后的上市公司资产重组,尤其是对解决因清理非法场外交易而遗留下的大量的上柜交易的公司的出路问题有很好的借鉴作用。

资料来源:根据公开资料整理。

4.3.4 中国银行业并购动因

第五次并购浪潮中,中国银行业为改善治理和提高管理效率,曾经大范围引入战略投资者,这里,我们以新桥投资并购深发展为例具体说明金融行业相关并购动因(参见案例4-4)。

当时,随着中国金融市场的逐步开放,外资参股中国银行业的热潮拉开序幕。当时国内银行业资本金不足,资产质量普遍不佳,不良贷款比例较高,经营管理水平远落后于国际水平,借助外资并购一方面可以充实国内银行的资本实力,引进先进管理和技术,改善国内整个金融环境;同时,国内银行业巨大的发展潜力也吸引了全球所有金融巨鳄的眼球。早在2001年,国际金融公司就以2 700万美元收购了南京市商业银行15%的股权,而新桥投资成功并购深发展,则是外资对国内银行业并购向纵深发展的里程碑,具有典型意义。

案例 4-4

新桥投资并购深发展

1. 并购双方介绍

新桥投资方:该机构成立于1994年,由美国股权投资公司得克萨斯太平洋集团和Blum Capital Partners共同发起,其实质为一家族公司,是在美国较有影响力的资本运作和投资管理公司。其中得克萨斯太平洋集团是一家合伙制的全球性投资公司,属于收购型基金,主要通过对财务困难但有发展潜力的公司进行投资,取得控制权后改进管理、运营,达到提高公司价值再获利退出,为套利性并购基金。

新桥的投资重点集中在那些对竞争者有长期、可持续优势或是那些期望寻找可以提供金融资本以对自身业务发展有益并提升公司价值的合作者的公司。著名的案例包括收购韩国第一银行、高级互联技术(印尼、中国香港地区)等亚洲公司。新桥的一条明确主线是金融机构,特别是银行业,新桥在这一领域已经积累了成功经验。

中国深发展方:即深圳发展银行,前身为深圳特区6家城市信用社,1987年5月向社会公开发行股票,12月28日正式开业。1988年4月"深发展"股票在特区证券公司挂牌,1991年4月3日"深发展A"在深圳证券交易所上市交易。

2. 并购过程概述

2002年9月11日,深发展公告该行正与外资就业务合作及引进战略投资者进行接触和洽谈,有关部门原则同意本行引进国外战略投资者。

9月27日,深发展公告,经政府有关主管部门批准同意美国新桥投资集团公司作为国外战略投资者进入本行。

10月10日,深发展公告该行董事会于2002年9月29日作出决议,设立收购过渡期管理委员会,由新桥投资集团公司的专家共8人组成。

10月17日,深发展披露了大股东深圳市投资管理公司、深圳国际信托投资公司、深圳市社会劳动保险局和深圳市城市建设开发公司拟将其持有的本行国有及法人股转让给新桥投资集团公司。

2003年5月12日,董事会决议公告撤销收购过渡期管理委员会。

3. 并购动因分析

第一，有关新桥投资的并购动因：利用其对银行业精湛的专业知识和技术，发现深发展经营中的困境，意欲低价收购后整合，获得财务收益然后退出。

第二，对于深发展的管理者：他们意欲在出售后的深发展中仍能担任重要岗位或获取必要的补偿，这样引入一家友好的掌管方成为重点。新桥在并购中没有考虑到如何解决深发展原来管理层的利益安排问题，导致深发展的中高级管理员工对新桥充满疑虑和抵触，也是此次并购遭受重大挫折的重大原因之一。

第三，深圳市政府及有关主管部门：希望引进境外战略投资者，提高资本充足率，提高管理和技术水平，并提高深发展的市场竞争力。当然，该交易需要保证国有资产的安全退出，也就是说其交易价格绝对不能以简单的财务报表作为定价的基础。

资料来源：根据公开资料整理。

4.3.5 中国饮料业的并购动因分析

这里，我们通过对国际饮料业巨头可口可乐并购中国汇源果汁这一跨国并购案例说明掌握不同行业的并购动因对并购活动的成败影响较大（参见案例4-5）。

案例 4-5

可口可乐收购汇源果汁失败之反垄断案

2008年9月3日，注册于美国特拉华州的可口可乐公司宣布以24亿美元（合179.2亿港币）全资收购在香港上市的汇源果汁集团有限公司（以下简称汇源果汁），创中国饮料界最大"民企被外资全额收购案"。这次收购拟由荷银融资亚洲有限公司代表可口可乐公司旗下的全资附属公司有条件现金收购汇源果汁股本中全部已发行股份及全部未行使可转债，同时注销汇源果汁全部未行使购股权。可口可乐公司提出要约收购，每股收购价12.2港币，较汇源果汁停牌前的收盘价4.14港币溢价1.95倍，要约收购设定的最后期限是2009年3月23日。2009年3月18日，中国商务部宣布，根据中国反垄断法禁止可口可乐公司收购汇源，这是2008年8月1日《反垄断法》实施后首个未经商务部审核通过的经营者集中申报案例。

1. 并购背景

并购前，汇源果汁是中国果汁领域的领军企业，并形成了成熟的产业链，其在果汁方面的市场份额仅次于统一。可口可乐是碳酸饮料领域的第一品牌，从2000年开始可口可乐公司开始布局果汁领域，2004年，可口可乐公司推出了果汁饮料"美汁源"果粒橙。据北京东方艾格农业咨询公司提供的数据，汇源果汁2007年在中国果汁饮料市场的份额为13.95%，统一和可口可乐的市场份额分别为18.69%、15.04%，若可口可乐公司成功收购汇源果汁，其将超越统一成为中国果汁市场第一。此外，汇源果汁在全国的数十个生产基地、上千条营销渠道都将归属于可口可乐公司。

2. 并购动因

首先分析国际巨头可口可乐公司方面并购的动机。

第一，可口可乐公司欲在中国果汁饮料市场占据更高的市场份额。可口可乐公司虽然是碳酸饮料的龙头，但在中国市场上面临着百事可乐的竞争，其茶饮料难敌统一和康师傅，果汁领域有统一和汇源果汁两大竞争对手。另外，和碳酸饮料相比，果汁饮料逐渐受消费者欢迎，可口可乐公司欲加大在果汁领域的布局。

第二，汇源果汁无论是市场份额还是品牌都有很大优势。汇源果汁2007年的销售量达79万吨，营收26.56亿元，可口可乐公司若能成功收购汇源果汁，就可以利用其强大的品牌优势，通过其已有分生产基地、营销网络加速本土化布局。汇源在纯果汁和中浓度果汁这两个细分市场上占据40%左右的份额，而可口可乐公司的"美汁源"等产品在低浓度果汁市场上具有优势，两者将实现协同效应。

在目标公司汇源果汁方面的并购动机如下。

第一，汇源果汁面临资金和经营压力。汇源果汁2007年年报显示，生产成本上升22.8%，营销成本上升50.3%，2008年上半年的毛利润下降22.2%，存货同比增长33.42%。另外，到了2008年，汇源果汁在高浓度果汁市场的占有率从40%左右下降至31.83%，说明汇源果汁在盈利能力和市场销售方面都出现问题。早在2001年，朱新礼（汇源果汁董事长）就开始寻找合作伙伴，"汇源的摊子越大，战线越长，风险也越大。品牌小的时候拎在手上，大了就得背在肩上"。朱新礼曾先后与德隆系唐万新合作成立"北京汇源"，唐出资5.1亿元现金持股51%，汇源果汁以设备和技术入股占49%。合作初期，汇源果汁大举扩张，全国14条PET生产线，汇源果汁占11条，到了2002年底，唐为了"护盘"，从汇源果汁借款3.8亿元，朱新礼不愿当"奶牛"提款机，于是和唐万新"摊牌对赌"：谁在一周之内先拿出8亿元，就能购买对方的股份。而唐在2001年持股51%的5.1亿元股本只支付了3亿，还有2.1亿未到账，考虑其从汇源果汁借款3.8亿，因此朱新礼只需筹资2.1亿元即可完成8亿回购，汇源果汁是唯一从德隆系全身而退的公司。2005年，汇源果汁分拆果汁产品业务，统一入股5%；2006年7月，汇源果汁引入达能、美国华平基金、荷兰发展银行和香港惠理基金作为战略投资者，筹资2.2亿美元；2007年，汇源果汁在港交所上市，以24亿港币成为当时港交所最大规模的IPO。现在又找到可口可乐公司这样的大树，汇源果汁才不会被撼动，不会被刮倒。

第二，可口可乐能给汇源足够高的资本溢价。可口可乐公司给出的179.2亿港币收购价对朱新礼、达能集团、华平基金等大股东而言收益颇丰，其中朱新礼将以41.53%的股权套现74亿港币。朱新礼和另外两大股东达能集团、Gourmet Grace还针对并购签订了不可撤销承诺，这一约定形成了束缚，也推动了三大股东一致接受收购。

3. 并购过程

2008年9月3日，可口可乐公司宣布欲以24亿美元（合179.2亿港币）全资收购在香港上市的汇源果汁，消息公布后汇源果汁当日股价飙升，收盘价10.94港币。

汇源果汁的董事长朱新礼提出"经营企业要像儿子养，像猪卖"，"品牌是无国界的，卖掉汇源与民族情感无关"。汇源果汁被并购后，会考虑员工未来发展，将中层管理者的期权、股权一次性兑现，普通员工还可以继续在这里发展。汇源果汁的三大股东汇源控股、达能集团及Gourmet Grace各自向Atlantic Industries作出不可撤回承诺，同意接受可口可乐公司的收购。可口可乐公司的CEO穆泰康表示："汇源在中国是一个发展已久及成功的果汁品牌,对可口可乐在中国的业务有相辅相成的作用。中国的果汁市场在蓬勃快速地增长,这次并购将为我们的股东带来价值,并为可口可乐提供一个独特的机会以增强在中国的业务。此举进一步表明我们对中国市场的承诺:为中国消费者提供饮料选择以迎合他们的需求。我们承诺在汇源品牌和现在业务模式的基础上继续发展,提升其固定资产的利用,为汇源的员工提供更佳的机会。"

但这一消息公布后,却引起了媒体和网友关于"民族品牌保护"的激烈讨论。2008年9月4日,民调显示,在参与投票的四万余人中,对可口可乐公司收购汇源果汁持不赞同意见的比例高达82.3%。

2008年9月18日,可口可乐公司向商务部提交了收购汇源果汁的经营者集中反垄断申报材料。从2008年9月25日至11月19日,商务部认为可口可乐公司申报材料不合格,可口可乐公司先后四次对申报材料进行了补充。

2008年12月4日,商务部首次公开表态,已对可口可乐公司并购汇源果汁申请进行立案受理。

2009年3月5日,汇源果汁董事长朱新礼表示,可口可乐公司董事会内部反对并购汇源果汁的声音越来越多。但随后,香港上市的汇源果汁连夜发布澄清公告。

2009年3月10日,商务部部长陈德铭表示,商务部正在根据反垄断法依法审核可口可乐公司收购汇源果汁案,不会受任何外部因素的影响。

2009年3月18日,商务部依据《反垄断法》就"可口可乐公司收购汇源果汁案"的反垄断审查作出裁决:基于该项集中对竞争将产生不利影响,因此禁止此项集中。

4. 并购失败的反垄断法依据

"可口可乐收购汇源果汁案"是中国2008年8月1日《反垄断法》生效后第一个由商务部受理并作出裁决的案例。

可口可乐公司若收购汇源果汁,不利于果汁市场上的竞争。可口可乐公司作为碳酸饮料的巨擘,营销网络成熟,在中国有近千个销售点,近万个销售代表,超过3万个分销商及100多万个零售商。若此次收购成功,可口可乐公司便可利用其在碳酸饮料市场上的绝对地位及汇源果汁在果汁市场的领导地位,可能通过低价倾销等方式排挤同行业竞争对手,限制市场竞争,一些中小饮料企业也将面临亏损、停产、倒闭的风险。

反垄断的核心不在于限制外资并购,也不在于保护民族品牌,而在于保护市场竞争,反对单一企业对于某类产品和服务的绝对定价权,这也是对消费者的利益负责。

资料来源:新浪网,可口可乐并购汇源果汁的台前幕后,http://news.sina.com.cn/o/2008-09-17/070014458553s.shtml. 李丹."可口可乐收购汇源果汁案"之评析[D].西南政法大学,2010:5-16。

本 章 小 结

关于并购的理论研究成果主要有契约理论、企业家理论与企业管理者理论等。其中契约理论起源较早,分为交易费用理论和代理理论两大流派。科斯最早于1937年提出交易费用理论来解释并购动因。交易费用理论在现实中又分为间接定价理论和资产专用性理论,代理理论有团队生产理论和委托—代理理论两大分支。

具体地,关于现实活动中的并购动因有多种观点。协同理论认为企业并购后的获利能力将高于原各企业的总和,企业在财务、业务、管理和营销等方面产生协同效应,从而获得正的净收购价值。多样化经营理论认为,公司通过持有并经营收益相关程度较低的资产,可以分散经营风险,稳定收入来源,该理论为混合兼并提供了理论解释,也是范围经济在现实中的一种运用。自大理论认为管理层在寻求并购其他企业时,常常是受个人自大欲望的驱动,而非纯粹经济利益的权衡,收购方最终可能支付过高溢价。市场势力理论认为企业通过并购提高市场份额,扩大生产规模,以追求、维持和加强其在市场上的垄断地位。效率理论认为并购存在潜在的效益,通常表现为企业业绩的改善或获得某种形式的协同效应,这实质上是对协同理论、多样化经营理论等的重新整合。价值低估理论是指收购方的动机在于目标公司价值的低估。信息与信号理论认为并购活动会散布关于目标企业股票被低估的信息并且促使市场对这些股票进行重新估价。代理理论认为公司制存在委托—代理问题,而并购可以通过外部接管者替换现有的管理者和董事会,从而取得对目标企业的决策控制权,来自并购的威胁迫使当前管理层尽职工作。管理主义理论认为管理者的报酬是企业规模的函数,因此管理层有动机通过并购将企业规模做大。自由现金流量理论也与代理问题有关,管理层倾向于将自由现金流用于并购活动等而非交给股东。

在实证方面,有事件研究法、调查问卷法和非调查问卷法等可用来研究并购动因。

重要概念

并购动因　交易费用理论　协同理论　多样化经营理论　代理成本

课后习题

1. 并购能够有效降低代理成本吗?
2. 并购可以提高市场占有率,但同时面临怎样的市场力量和监管?
3. 对于平台经济和分享经济,分析并购的动因。

第五章

并购的战略

本章导读

- 掌握并购战略的基本含义与流程;
- 了解企业为什么选择并购的战略;
- 掌握并购目标的寻找方法,了解如何评估自身实力并开展并购活动;
- 了解制定并购战略的 SWOT 分析、BCG 矩阵、GE 矩阵、DPM 定向政策矩阵等方法;
- 掌握并购战略中的波特竞争力分析模型与杜邦分析法;
- 掌握并购战略中的尽职调查的清单与重要性。

"当红色蔷薇花含苞欲放之时,只有剪除其周围的别枝繁叶,才可以在日后一枝独秀,绽放出娇媚艳丽的花朵"

——约翰·戴维森·洛克菲勒(John D.Rockefeller,1839—1937 年)

洛克菲勒的"蔷薇花开"战略建议企业经营者要时时审视自己的公司,未雨绸缪地制定出公司发展战略,而并购战略活动与并购目标的选择是公司审视自己,对比市场的必要法则,本章将按照图 5-1 的框架——展开介绍。

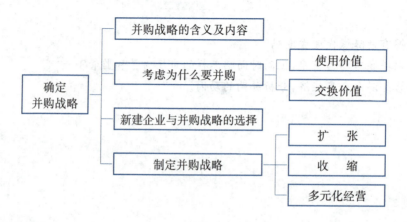

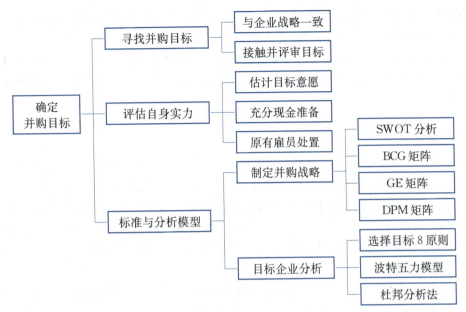

图 5-1　并购的战略分析框架

5.1　制定并购战略

5.1.1　并购战略的范畴

并购战略是指通过兼并、收购或者重组等手段来实现企业发展目标的一种战略方式。一般而言，并购战略内容与流程应当包括以下七点。

（1）并购战略的目标：这是企业开展并购行为的根本依据和目的，企业应该在自身发展战略框架下，开展并购活动，并在选择并购目标企业时，主要以并购战略目标为宗旨。

（2）目标企业的选择和聚焦：根据企业并购目标，明确企业的选择标准，这是实现并购战略的起点。

（3）目标企业搜寻方式：根据目标企业的选择标准，广泛搜寻符合标准的并购目标群。

（4）目标企业筛选模型：通过层次分析法的决策模型，分类筛选出最优并购目标企业。

（5）目标企业尽职调查：对选定的并购目标企业做进一步的尽职调查，包括业务尽调、财务尽调和法律尽调等，以确保并购活动的顺利完成。

（6）并购谈判策略：好的谈判策略应当有利于并购更好地实施和执行，包括在并购融资安排、支付方式、公司控制权转移、目标公司估值与出价甚至目标公司员工的安排等方面作出妥善处理，从而更好地达成并购战略目标。

（7）并购整合：并购交易完成后，主并方和目标方的整合才刚刚开始，重组过程也同样关键,只有有效削减成本、扩大营收、默契企业文化,才有可能通过并购整合产生协同效应,使得并购战略目标实现,并产生更大的企业效益。

可见,公司在执行并购战略时需要考虑众多因素:如根据公司战略确立并购目标、选择并购融资与支付方式、通过并购监管机构的审查、市场公告,甚至包括接管后的并购整合计划等。

一般来说,根据目标公司是不是公众公司,可以划分为上市公司并购流程与非上市公司并购流程两种。

(1) 上市公司并购程序。上市公司交易方就重大资产重组事宜等进行初步磋商时,首先应该采取必要且充分的信息保密措施,尤其是涉及公开要约收购时,限定相关敏感信息的知悉范围非常重要,这对目标公司股价市场的反应以及可能涉及的信息披露政策有重要影响。而且,若交易双方有聘请与并购相关的服务机构,如上市公司聘请独立的财务顾问、律师事务所以及会计师事务所等证券服务机构就重大资产重组出具意见时,一般会立即签署保密协议。

若上市公司在发布有关重大资产重组的公告前,相关信息已在媒体上泄露或者出现股价异常波动,公司应当将方案或者相关事项进展情况、风险点等进行公告,并按照证监会信息披露规则与要求办理。

此外,独立财务顾问、律师事务所还需就重大资产重组是否构成关联交易、消息是否提前泄露、本次重组对上市公司非关联股东的影响等进行核查,发表明确意见书。

一般一家上市公司的并购程序通常涉及以下十三个方面。

① 聘请并购金融顾问,如券商服务机构、律师事务所或者会计师事务所等进行并购前的可行性研究,并确定目标公司;

② 获得一定份额的股份,如在公开市场按照市场价格收购一定份额的股份,通常低于5%,被称为桥头堡战略(bridgehead strategy);

③ 在金融服务顾问的指导下确定市场报价时间并向目标公司董事会出价;

④ 设法进入目标公司董事会告知目标公司管理层,提出并购条件:如合并的条款中把公司股份转换为存续公司的股份、债券或其他证券,全部或部分转换为现款或其他财产的方式等;

⑤ 目标公司董事会将兼并事宜通告股东;

⑥ 监管机构的反托拉斯检查;

⑦ 并购事宜通告市场和股东;

⑧ 市场出价期间的交易;

⑨ 发送出价文件;

⑩ 目标公司对出价的反应和防御,如管理层抵制会采取毒丸计划等进行反击;

⑪ 若有多方竞标,则延长并购时间并修改出价;

⑫ 若不满足要约收购条件,则撤回接收的股份,或者无条件接受出价并召开股东大会;

⑬ 根据要约支付方式或者冻结资金完成收购的支付活动。对于剩余股份,在美国是强制收购剩余股票,在中国是强制接收剩余股份。

具体而言，在 A 股市场，上市公司在股东大会作出重大资产重组决议并公告后，按照《上市公司重大资产重组管理办法》第 23 条、《公开发行证券的公司信息披露内容与格式准则第 26 号——上市公司重大资产重组申请文件》的要求编制申请文件，并委托独立财务顾问在 3 个工作日内向中国证监会申报，同时抄报派出机构[①]。

中国香港联交所与 A 股市场具体管理流程会有差异，但是保护股东利益、维护市场公正、公平、公开的基本通则是一致的。具体的香港联交所上市公司并购程序，如图 5-2 所示。

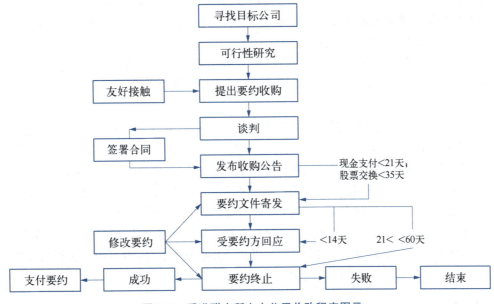

图 5-2　香港联交所上市公司收购程序图示

（2）非上市公司并购程序。一般来说，非上市公司的并购程序相对比较简单，是两家公司之间的一种友好意思表达，尤其对今天众多的私募机构对 Pro-IPO 的公司进行收购时，一般属于协议收购的范畴，会涉及两家公司董事和管理层反复协商后最终确认交易活动。

国际上一般性的程序包括：① 对目标公司表达意向；② 尽职调查活动，通常是买方派注册会计师展开调查；③ 双方就公司收购方式、金额等各种条件进行谈判，达成一致意见；④ 申报主管部门，获得监管部门的同意；⑤ 同时取得董事会的同意；⑥ 双方交换合同并开展公告；⑦ 进行产权核实；⑧ 召开特别股东大会，并完成并购后的正式手续；⑨ 继续收购后的整合和管理。

中国非上市企业的并购活动一般均在中介机构的参与下进行，如产权交易事务所、产权交易市场、产权交易中心等，在这些中介机构的帮助下，并购活动的成功率大大提高。这里的程序一般包括以下四步。

---

① 所有涉及《上市公司重大资产重组管理办法》条例均引自证监会 2016 最新版文件，详见网址 http://www.csrc.gov.cn/pub/newsite/flb/flfg/bmgz/ssl/201701/P020170110533785469537.pdf。

① 首先是并购前的准备工作,并购双方派出代表进行洽谈,如果并购双方中有国有企业,兼并前需要经过职工代表大会讨论通过,并报国有资产管理机构批准;如果并购双方中有集体所有制企业,并购前需经职工代表会议同意,报有关部门备案。

② 目标企业在依法获准转让产权后,应到产权交易市场登记、挂牌,交易所备有《买方登记表》和《卖方登记表》供客户参考。

③ 买方在登记挂牌时,除填写《买方登记表》外,还应提供营业执照复印件、法定代表人资格证明书或受托人的授权委托书、法定代表人或受托人的身份证复印件。卖方登记挂牌时,应填写《卖方通知书》,同时,还应提供转让方及被转让方的营业执照复印件、转让方法人代表资格证明书或受托人的授权委托书以及法定代表人或受托人的身份证复印件、转让方和转让企业董事会的决议。

④ 如有可能,还应提供被转让企业的资产评估报告。对于有特殊委托要求的客户,如客户要求做广告、公告,以招标或拍卖方式进行交易,则客户应与交易所订立专门的委托出售或购买企业的协议。

并购双方还需报请政府授权部门审批并到工商行政管理部门核准登记,目标公司中存在国有资产的,报国有资产管理部门办理产权注销登记,并购企业报国有资产管理部门办理产权变更登记,并到工商管理部门办理法人变更登记;目标公司有存在集体企业的,报有关部门办理产权注销登记并办理产权变更登记。其次是并购双方进行产权交接,按照协议办理移交手续,经过验收、造册,双方签证后,会计据此入账。目标企业未了的债券、债务,按协议进行清理,并据此调整账户,办理更换合同等手续。最后并购企业发布并购公告,将兼并与收购的事实公诸社会,可以在公开报刊上刊登,也可由有关机构发布,告知社会各方面并购事实,并调整与之相关的业务。

5.1.2 并购战略的意义

理论上说,采取并购战略的原因可以从并购企业的使用价值与交换价值两方面考虑。

(1) 使用价值。企业基于自身不同的发展诉求而选择不同的并购战略。企业选择并购来进行外部扩张主要是为了快速获取使用价值,即企业获得一定营收的能力。因此,一般而言,目标公司应当已经具备了一定的市场地位与市场份额,由于收购成本可以预先确定,企业在审慎价值评估后,可以在成本相对较节约条件下,借由并购来提高收入、经营效率甚至是管理水平(参见案例 5-1)。

案例 5-1

中国移动全资收购巴克泰尔公司

2007 年 4 月 28 日,中国移动通信集团宣布,继同年 2 月份耗资约 21.3 亿人民币(2.84 亿美元)成功收购米雷康姆(Millicom)公司持有的巴基斯坦巴科泰尔(Paktel)公司 88.86% 股权之后,又签署了收购其剩余 11.14% 股权的相关协议。在此之前,中国移动就曾公开表示要制定中国移动的"走出去"战略,其目标是亚洲、非洲、拉丁美洲等新兴市场的国家。巴科泰尔有限公司是巴基斯坦第五大移动运营商,占有一定的市场份额,中国移动便是借此收购来获取其使用价值。另外,此举不仅是中国移动实施的首个具有战略意义的境外收购,亦是中国电信运营商实施跨国战略的重大突破。

资料来源:根据公开资料整理。

(2) 交换价值。此处的交换价值是指收购方买入目前被低估,或将来资产能得到很快提升的目标企业,并通过对其进行重组或改革,在一定时间内使其市场价值提高或到达应有的水平,最后在未来将目标企业卖出以获取利润的策略(参见案例5-2)。

案例 5-2

联想收购国企

联想控股旗下的弘毅投资公司,以650万元收购宿迁市国有资产经营公司(此公司为苏州当地许多企业的控股股东,亦为苏华达的最终控制人),来达到掌控苏华达的目的。收购后,弘毅投资后再将这些国有资产卖给联想境外公司,由境外子公司将这些国有资产在香港上市,而该上市公司上市后又继续收购其他国企将蛋糕做大,6年之后,联想套现退出,从中获取了庞大的交换价值。

资料来源:联想猎食国资,网易财经,2005-10-08,money.163.com/05/1008/14/1VI1PNRM00251GU7.html。

当然,在实际并购活动中,为什么企业不通过自身的内部发展寻求发展,而是通过并购这一方式实现快速扩展,原因应该是多种多样的,除了在5.1.3我们较为详尽地论述了几种并购战略选择外,同时在表5-1中给出了较为全面的因素。

表5-1 并购动因归类细目

数 目	动 因	实 务 类 型
A	战 略	1. 开拓新的战略视野 2. 实现长期战略目标 3. 获得立足新行业的能力 4. 获得快速进入行业的能力 5. 提高能力以增强在技术先进行业中的地位 6. 迅速进入新产品、新市场(SFNB) 7. 在新的领域增强能力和管理技巧
B	规模经济	1. 大批量生产而削减生产成本 2. 联合研发 3. 在风险一定的情况下加强研发 4. 增强销售力量(青啤) 5. 削减日常开支 6. 加强分配系统
C	范围经济	1. 拓宽产品生产线(混业经营,招商银行的科技部) 2. 所有的服务都做到一步到位 3. 获得辅助性产品

续表

数目	动因	实务类型
D		差异产品的优势拓展
E	规模优势	1. 规模大的公司有能力提供高技术设备 2. 将资金投放到更多单位共用的昂贵设备上 3. 有能力获得数量折扣 4. 在交易中获得有利的谈判条款
F	最好的操作实务	1. 经营效率(加强对应账款、存货和固定资产等的管理) 2. 较快的战略整合 3. 对员工的激励——奖金 4. 对资源的较好利用
G	市场扩张	1. 增大市场份额 2. 进入新的市场(跨国并购)
H	新的能力和管理技巧	1. 在新的领域运用较广泛的能力和管理技巧 2. 获得与新行业相关的能力 3. 获得与迅速变化行业有关的能力
I	竞争	1. 在竞争对手之前获得重要的大宗订货 2. 抢先在竞争者之前进行兼并 3. 为提高企业价值,在息税前收益增长方面进行竞争
J	顾客	1. 发展新的主要顾客关系 2. 跟踪顾客服务 3. 合并后的公司能在更大的范围内满足顾客需要(美国在线与时代华纳)
K	技术	1. 进入技术不断变化的行业 2. 抓住在技术开发行业中的机会 3. 开发技术优势 4. 增加新的研发能力 5. 增加关键的辅助技术能力 6. 增加关键的技术能力 7. 获得关键的新专利或新技术 8. 为落后领域获得新技术
L	行业组织的转换	1. 根据管制的放松进行调整——政府减少对地理或产品市场的限制 2. 战略科学行业部分的改变
M	根据行业合并活动进行调整	1. 消除行业过剩能力(钢铁业的整合) 2. 需要削减成本
N	产品战略的改变	1. 从能力过剩的领域向有更多销售容量的领域转变 2. 退出商品化的产品市场,转向专业化产品市场
O	行业积累	因为通信和交通的改善,并购小的公司,将许多小公司合并成一个大公司,可以获得由强大的、有经验的管理队伍管理许多小企业的好处

续 表

数目	动因	实 务 类 型

P	全球化	1. 国际竞争——建立国外市场并增强其在国内市场的地位
		2. 有效全球竞争所需要的企业大小和经济规模
		3. 在国内市场之外的增长机会
		4. 多元化
		  a) 产品线
		  b) 地理上——扩大市场
		  c) 降低系统风险
		  d) 降低对出口的信赖
		5. 受欢迎的产品的输入
		  e) 获得有保障的供应来源——原料的来源
		  f) 劳动力(便宜、受过良好培训等)
		  g) 本地区生产的需要
		6. 改善在其他国家的分销系统
		7. 政治/管制政策
		  h) 规避保护性关税等
		  i) 政治/经济稳定性
		  j) 政府政策
		  k) 投资于安全、可预测的环境
		  l) 充分利用公共市场

Q	投资	收购公司,提高公司价值,出售公司
R		阻止竞争对手收购目标公司
S		利用反垄断方法来阻止本公司的潜在收购者

资料来源:[美]萨缪尔·韦弗,弗雷德·威斯顿.兼并与收购[M].周绍妮,张秋生译.北京:中国财政经济出版社,2003:72。

5.1.3 并购战略的选择

(1) 公开估值公司的托宾 $q<1$。托宾 q 指的是企业市场价值与重置成本的比值,企业的市场价值有可能小于重置成本的价值,那么如果发现这样的目标企业,又符合公司自身的发展战略,就可以用相对便宜的价格购买到高价值的资产,进而从并购中获利。

格雷厄姆在 1934 年出版的《证券分析》一书中首先提出了价值投资策略,其基本思想是:首先,股票市场的价格波动带有很强的投机色彩,但是长期看来必将回归"基本价值",谨慎的投资者不应该追随短期价格波动,而应该集中精力寻找价格低于基本价值的股票;其次,为了保证投资安全,最值得青睐的股票是那些被严重低估的股票,即市场价格明显低于基本价值的股票,用托宾 q 理论来看 $q<1$ 的股票很少有再次下跌的空间,反弹一般只是时间问题,投资者可以集中持有这些股票就能以较小的风险牟取收益。将这一投资逻辑套用在公司的兼并收购中,对 $q<1$ 的企业实施并购策略,对比新建厂房设备会获利更大,成本效益更突出。

(2) 难以复制的资源。有些能源如石油、矿产,不仅存量有限,且通常聚集在某些特定地区,如中国的煤矿和阿拉伯(中东)地区的石油,澳大利亚和巴西的铁矿石等;且有关产业存在着较高的进入壁垒,比如电信业或者国家、地区的电力公司。这些难以复制或取得的资源,使想要跨入该行业并新建的企业面临很高的挑战。因此,借由兼并或收购原本行业内的目标企业,成为新加入者最优的选择。

(3) 品牌或者客户关系资源。品牌、声誉和客户关系可视为一企业的无形资产。这些是人们对一个企业及其产品、售后服务、文化价值的一种评价和认知。通常公司的品牌文化在被市场认可并接受后,通过一定的口碑和客户资源,才会产生市场价值。因此,若企业要进入另一市场,通过收购或并购其目标市场内具有一定品牌知名度的企业,可以借助该目标企业品牌表现出的客户忠诚度,加速这一新企业进入市场的进程,降低进入新市场而遭遇失败的风险。因此,品牌或客户因素亦为企业实施战略收购的动因。当然,专利技术或者知识产权更是公司开展并购活动的最重要因素之一,如联想收购摩托罗拉智能手机业务就是例子之一(案例5-3)。

案例 5-3

联想收购摩托罗拉智能手机业务

2014年联想宣布以29亿美元从谷歌手中收购摩托罗拉的智能手机业务,这是自2005年收购IBM个人电脑后联想的又一笔重大收购。从账面来讲联想收购仍在亏损的摩托罗拉是一个不智的行为,但考虑到联想能借由摩托罗拉的品牌快速打入北美、拉丁美洲市场,加上联想能获得摩托罗拉珍贵的知识产权更有利于实现创新等因素后对于联想来说收购摩托罗拉将是性价比相当高的交易。

资料来源:联想29亿美元收购摩托罗拉智能手机业务,人民网,2014-10-31,http://world.people.com.cn/n/2014/0130/c157278-24268024.html。

(4) 营销网络和市场分销渠道。当企业进入新的市场或者新的行业时,市场、行业内部成熟企业的营销网络或者分销渠道已经构建完毕,特别是对于零售业,营销网络的构建是企业价值链集成成功的必要因素。因此通过并购拥有覆盖率高的营销网络对于企业成功跨入新市场与新行业,就会达到事半功倍的效果,如案例5-4的国美电器收购永乐电器案。

案例 5-4

国美电器收购永乐电器

2006年7月25日国美宣布以现金加换股的方式以约52.68亿港元收购永乐。两间家电零售巨头的并购案完成后将使国美的门店数量达到600多家,销售规模可望达到650亿元。在并购完成后由于市占率的扩大,国美对供应商的议价能力将大幅提升,实现集约化管理。此外中国家电零售业除了主营业务外还仰赖"租金"类收入,透过向供应商议价降低成本外也通过低价格吸引顾客,营造人气,接着向租户索取进场费。因此国美收购永乐不仅完善了营销网络,也带来了利润的增长。

资料来源:根据公开资料整理。

(5) 优秀的管理技术。具有远见且善于配置资源的优秀管理层和职业经理人,总是能在同一条件下,使企业展现出较同行业更杰出的表现。这些优秀的管理能力可能被同行业,或跨行业具有竞争力的企业所觊觎,而成为其目标公司。对收购企业来说,通过横向并购或者混合并购,可以将这一高效的管理制度或方法引进自身的企业当中,从而提高整体绩效。

(6) 市场切入速度。当企业进入与自身不相关的行业,兼并收购行业内的目标公司是一个相对快速且节省成本的手段。选择并购可以节省部分搜集信息以及自行研究开发新产品的时间。尤其在当今市场环境瞬息万变的情境下,研发产品很难跟得上消费者变化的速度,那么,此时的并购活动就可以帮助企业获得相对较快的发展速度。

(7) 消除竞争对手。为了保护和加强在行业内的地位,企业可能采取直接消除竞争对手的手段来达成自己的目的。以此为目标的企业,就会借由收购来消灭竞争对手,接管原竞争对手的市场份额和销售渠道。若它为产业内的领头企业,并购竞争对手可以降低它在产业内遭受威胁的可能性;若它为一较新或者成长中的企业,兼并其他竞争对手则可以使他扩张自己的版图,进而与领头企业竞争抗衡。在国际航运业中,为了消除竞争对手,波音公司收购美国麦道公司就是很好的例子之一(参见案例5-5)。

案例 5-5

波音公司收购美国麦道公司

空中巨头波音公司在1996年收购当时世界排行第三的美国麦道公司,当时市场份额波音占了60%,麦道则是15%,在收购进行过程中因为违反了反垄断法使得美国政府介入,但最后仍然放行。隔年在欧盟坚持否决并购案的情况下,波音最后妥协并作出让步,同意放弃未来20年三家美国航空公司购买波音飞机的合同;接受麦道军用项目开发出的技术、专利可以出售给竞争者的原则;同意麦道公司民用部分成为波音公司的一个单独核算单位,并公布财务报表。

资料来源:波音案例分析,五星文库,http://www.wxphp.com/wxd_23gc138hzx7l7tx2asfr_1.html。

5.1.4 并购战略的类型

一般来说,并购战略包括扩展战略、收缩战略和多元化经营战略。作为一家企业的管理层通常是很难将企业的收缩(如剥离或者分立),也看作是企业的发展战略的,但有时在特定的产业政策管制下,也是企业发展的一种权宜之策。

(1) 扩张。扩张的并购战略是企业高管主动、高调发展的战略目标,即通过外部扩张如兼并和收购等手段来吸纳外部资源,通过整合,实现企业资本规模和市场的扩大。通常资本或市场扩张可分为以下两类。

① 横向型资本或市场扩张。横向型资本或市场扩张是指交易双方属于同一产业或部门,生产类似或相同的产品,为了实现规模经营而进行的产权移转兼并。这不仅减少了竞争者的数量,减低了成本;同时提高了企业的市场占有率、增加企业的市场支配能力。

② 纵向型资本或价值链扩张。处于不同经营或生产阶段的企业,或者具有投入产出

关系的企业,他们彼此之间发生的交易行为称为纵向资本或者价值链扩张。

(2) 收缩。一般来说,当企业某一部门长期处于亏损状态时,企业会倾向使用资产剥离、公司分立和拆分等收缩型资本或市场运营模式来使其亏损的部门和公司主体产生分割,以避免持续性的总体营运表现不佳。除此之外,企业亦有可能为了改变公司形象、提高股票市值、满足公司的现金流需求或因应经营环境改变等因素,而采取收缩型的营运战略。也有的企业是因为市场垄断招致的强制分拆,如 AT&T 被要求拆分。总的来说,只要公司的战略目标改变,那些不合适的部门、生产线、市场份额就会因此而遭受剥离、分立或是被迫关闭出清。

(3) 多元化经营。多元化经营是许多成功企业采取的发展战略。当然,混合并购后国内外一些企业或集团多元化经营的失败,也给这种战略蒙上了一层阴影。虽然有人认为多元化经营并不能实现管理层的高效管理战略,企业应该在单一经营中谋求相对优势和发展。但是,在今天的平台经济出现天然垄断的市场背景下,对新的技术或者新的市场的快速形成抱有戒心的企业家们,认为通过并购战略形成有依托平台资源的生态系统,才是企业长期生存的不二法门,如马云就宣称阿里巴巴不仅仅是电商,还是依托电商实行多元化战略的电商生态系统!

一般来说,生态系统的多元化优势如下。

① 降低企业经营风险。企业能否通过多元化经营降低风险主要取决于面对的风险类型和其多元化的资产组合方案。多元化经营战略带来的生态系统可以有效地分散系统风险,尤其在进行混合并购战略时,选择非完全相关的业务组合有利于降低经营系统性风险。

② 寻求新的经济增长点,对冲产业经济周期。产业、技术和经济都有一定的发展周期。进入一个新行业有资金壁垒、技术壁垒等,降低企业进入新行业壁垒的有效办法就是通过混合并购实现多元化战略。这样也帮助国家实现产业结构的转型和进步,淘汰一些产能过剩的企业,增强国家的产业竞争和创新能力。

③ 发掘企业内部优势,实现集团资源共享。多元化经营的企业相当于将原来多个专业化的经营活动组合在一个大的集团公司里。在这种生态系统下,企业的技术资源、市场资源、管理资源等资源优势可以实现共享,将资源更快地转变为企业的竞争力。如阿里巴巴收购天弘基金后,将支付宝的沉淀资金转入余额宝,实现货币型基金的运营模式。

④ 发挥品牌优势。品牌的建立和维护需要花费较长的时间和资金。企业通过多元化战略可以扩大已有品牌优势,增加市场影响力,从整体上减少宣传维护费用,增加利润。如蚂蚁金服借助支付宝和余额宝这一品牌集聚效应,很快发展了蚂蚁花呗小额信贷业务。

自然,多元化也有一些短板:① 分散企业经济实力。实行多元化经营,会使企业在经营对象上难以像专业化经营的企业那样专注于某一项新技术、研制新产品、开拓新市场,因此在竞争中处于不利地位,案例5-6说明了这一原因。② 形成垄断带来恶性竞争。多元化的经营容易实现集团的版图扩张,这样其控制能力会更强,而网络正外部性又会使得行业内部容易形成垄断,造成定价扭曲,使得中小企业的发展停滞,尤其在这一赢者通吃的互联网经济时代,容易固化,对就业率造成不利影响。③ 降低适应市场的灵活性。多元化经营的企业或者说生态体系,虽然在网络正效应影响下,相互可以借助平台优势迅速成长,但是同时使得各个经营活动相互牵制,带来系统性风险;不仅会出现"黑天鹅事件",也会遭遇潜在的"灰犀牛"风险。

案例 5-6

浙江海宁鼎盛多元化经营失败

浙江省海宁市鼎盛实业有限公司是一家先进的国有企业,其主营业务水泥有着30年的经营历史,并且在行业中取得优异的成绩。为了扩张企业领域,该公司开始向多元化进军,先后投资近2 000万元(占其注册资本的160%)于化工、皮革和灯具等不同行业,然而,许多项目占用的资金不仅没有产生利润,反而连本金都没有收回。浙江省海宁市鼎盛实业有限公司的做法过于冒险,在陌生的行业和领域投入了超出注册资本的资金,是该企业多元化道路失败的根本原因。

资料来源:企业战略管理,百度文库,https://wenku.baidu.com/view/8749eb6c783e0912a2162a6d.html。

5.1.5 并购战略的制定

企业在决定并购战略时,首先需要分析自身的战略发展方向、资源禀赋、竞争优势与劣势等方面,通常采用的分析模型与标准参考如下。

(1) SWOT 分析。SWOT 是 strength——优势,weakness——劣势,opportunities——机遇和 threats——挑战四个词的缩写,这种让人印象深刻的分析方式是由麦肯锡咨询公司首创。实务中常是用来分析企业的战略发展方向,具体分析企业的并购战略采取如下的方式:

第一,确认企业实行的战略;

第二,确认企业外部环境中关键因素和可能出现的机遇和挑战;

第三,根据企业的资源组合状况确认企业的优势和劣势;

第四,将会影响的因素逐项打分(优势取正数、劣势取负数;机遇取正数、挑战取负数),然后按因素的重要程度确定权数后求代数总和(优势与劣势相加求出横坐标,机遇与挑战相加求出纵坐标,如图 5-3 所示)。

这种分析模型看似公正客观(因为有打分系统),但实际上通过打分和权重的设定,结果完全可以体现出不同的战略。这种方法比较符合咨询行业的要求,对企业并购分析的用处反而不如这个分析框架本身作用大。

(2) BCG 矩阵。由波士顿咨询公司(Boston Consulting Group)在 20 世纪 70 年代最先发明并使用而得名。该方法的基本思路是从公司成长性和相对市场份额两个维度来考虑企业的战略位置。在基本的

图 5-3 SWOT 分析示意

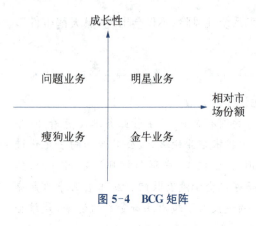

图 5-4　BCG 矩阵

设定中,如果成长性大于 10% 即为高成长,如果相对市场份额(企业市场份额与最大的竞争对手市场份额的比值)大于 1 则为市场领先。

企业具体的战略模式就是发展明星业务,稳定金牛业务,促使问题业务成为明星业务,最后剥离或关闭瘦狗业务(见图 5-4)。

到了 20 世纪 80 年代后,BCG 又提出了新的 BCG 矩阵,由此,BCG 得出以下并购原则。

第一,尽可能并购相同或相关产业的企业。

第二,尽可能并入增长快的企业。

第三,绝不并购市场占有率太小的企业。

BCG 矩阵模型得出的结论是有价值的,但是模型本身在应用上过于简化,难以根据模型得到恰当的结论。

(3) GE 矩阵。这种分析方法由 GE(美国通用电气)公司最先创立,又称为行业吸引力矩阵。这个方法与 BCG 矩阵相似,但试图弥补 BCG 矩阵过于简单的不足。

此方法中,如果企业处于平均和较弱的组合(左上角三个),则应该采取撤退战略;如果企业处于平均和较强的组合(右下角三个),则应该采取发展战略;如果企业是较强—较弱组合或者平均组合(从左下到右上的对角线),则应该采取稳定性战略(见图 5-5)。

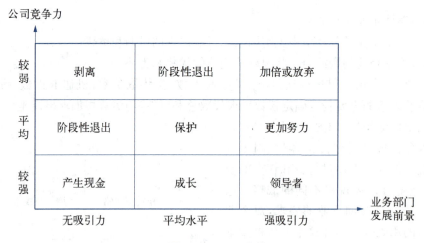

图 5-5　GE 矩阵

(4) DPM 定向政策矩阵。这是由荷兰皇家壳牌集团开发的一个分析工具,该分析思路也受到 BCG 矩阵的影响,不过在分析的维度上,DPM 采取了和 GE 矩阵所不同的分析方式,它更直接细化了业务组合,并采取星级评定的方式(尽可能地量化指标),以达到业务分区的真实性(见图 5-6)。

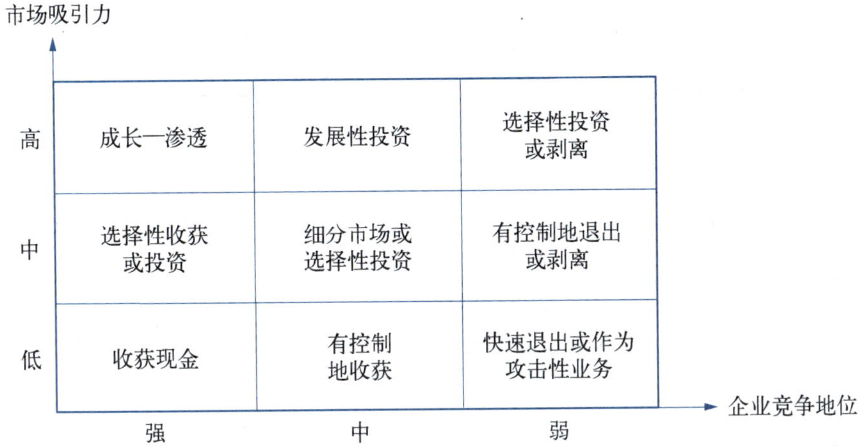

市场吸引力

	强	中	弱
高	成长—渗透	发展性投资	选择性投资或剥离
中	选择性收获或投资	细分市场或选择性投资	有控制地退出或剥离
低	收获现金	有控制地收获	快速退出或作为攻击性业务

企业竞争地位

图 5-6　DPM 矩阵

（5）产业环境波特竞争力模型。该方法是由迈克尔·波特从产业组织理论出发创建的一种分析模型。在此基础上，业界在并购战略活动中将其拓展为波特竞争力模型，如图 5-7 所示。

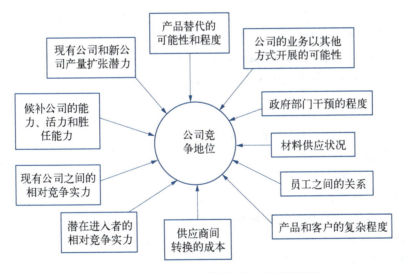

图 5-7　基于波特五力模型的竞争力分析图示

资料来源：[美]萨缪尔·韦弗,弗雷德·威斯顿.兼并与收购[M].周绍妮,张秋生译.北京：中国财政经济出版社,2003：37。

在以往的分析方法中，企业往往过分关注对自身的审查而忽视企业所处的大环境。基于波特五力模型的竞争力扩展模型进一步考虑了监管环境和产业环境。

（6）杜邦财务分析法。此分析体系是美国杜邦公司最早运用的一种财务分析指标体系，是对企业经营状况的一种微观分析体系。通过把净资产收益率这个投资者或者股东最为看重的指标加以拆解，分解为多个与经营相关的指标，能够在很大程度上看出企业的经营状况与问题所在（见图 5-8）。

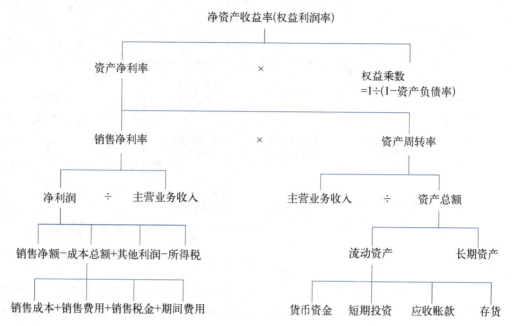

图 5-8 杜邦分析体系图示

杜邦财务分析体系立足于财务报表,因此反映的信息真实可靠,在运作中有着很强的实用性。当然,这种分析体系就如医院的体检指标一样,它反映出企业存在什么问题,却很难理清企业为什么会出现这些问题,该如何治理。由此,财务上的杜邦分析通常要与企业具体业务运营流程和管理流程等分析方法联合使用。

案例 5-7

青岛啤酒并购战略分析

1. 行业背景

中国的啤酒行业已近饱和状态,燕京啤酒、华润雪花与青岛啤酒是中国啤酒行业的三大巨头。华润雪花发展时间虽然较短,但发展迅猛,多次居于第一位,青岛啤酒位居第二,虽享有较高知名度,但市场份额却不如华润雪花。另外随着国外一些知名啤酒进入中国市场,啤酒行业竞争会加剧。

2. SWOT 分析

优势:青岛啤酒是中国啤酒第一品牌,品牌知名度和品牌价值都很高。百年来,青岛啤酒坚持创新,迎合新的需求,在网络经济时代,青啤也积极利用网络开辟新的销售渠道,并吸取国外企业先进的管理流程与经营理念,给自身的发展注入新鲜血液。

劣势:青岛啤酒在并购一些地区啤酒品牌的时候,由于这些品牌已在当地具有较深影响力,稍不注意品牌过渡,很容易遭到当地消费者排斥。

机会:国家鼓励低度酒和发酵酒的发展,这从政策上为青岛啤酒的发展提供了保证。啤酒在国外有广阔的消费市场,而青岛属于海滨城市,港口发达,全球化进程日益加快,开发国外市场是青岛啤酒的重要机遇。

威胁:近年来优质麦芽的价格持续上涨,增加了企业的生产成本,而且市场随时变化,青啤需实时制定营销策略以适应市场发展,对企业能力是一个考验。青啤虽然实力较强,但也面临着被国际大企业并购的危险。另外,青啤以啤酒销售作为最主要业务,产品宽度深度不足,一旦消费趋势急转,很容易失去消费者。此外,从行业层面看,啤酒行业的进入壁垒高,潜在进入者的威胁性不强。进入壁垒主要体现在以下四点。① 产品差异化:青岛啤酒通过长期的产品差异化努力,已经建立起了一定的产品知名度和美誉度,但对新进入者而言,在短期内打造良好信誉以争夺顾客是很难的。② 资本需求:啤酒一般采用大规模的生产方式,因而对资本的要求较高;没有强大资金的支持,企业很难长期运营下去。③ 分销渠道:目前啤酒的销售模式主要以经销商代理为主,虽然电商模式异军突起,但要重新开辟一个新的销售渠道无论对现有企业还是新进入者来说都是一个挑战。④ 绝对成本优势:啤酒制造的技术相对来说壁垒不大,但在原料供应方面,现有企业可以获得更优惠的价格或优先获得一些稀缺资源,取得绝对成本有优势,而新进入者则相对处于劣势。

3. 以横向并购为主的并购战略

青啤以横向并购为主。

其并购策略强调充分利用自身品牌等无形资产,希望在以青岛牌啤酒巩固中高档市场的同时,通过并购,地方品牌开拓潜力巨大的大众消费市场,因此其偏好的目标公司是有生产设备但缺乏品牌力量,甚至已经破产的中小型地方啤酒厂,绝大多数都不是上市公司。至2004年底,青岛啤酒从集团外一共收购了44家子公司,并购活动最频繁的1999年和2000年就收购了29家;从2001年起,青岛啤酒开始放缓并购步伐,经营重心逐步转移到内部整合。青岛啤酒突出的特色是破产收购占其并购总次数接近一半,这样一方面可以整合资源、减少管理成本和员工的培训成本,另一方面可以吞并原有企业的消费市场,提高市场占有率,扩大本品牌的影响力。

并购过后,青啤已建立起几乎遍布全国的生产基地,构建销售网络自然也随之其后。以"抓市场建网络,促进新鲜度管理"为原则,青啤斥巨资在全国建立销售公司和办事处,营销网络覆盖了全国市场。青啤不满足于此,积极推进全球的营销网络,力图打开青啤的国际市场。但是,并购也让青啤付出了一定代价。青啤并购之初并没有雄厚的资金,所以并购的多是一些小品牌,这给青岛啤酒带来了不小的负担。2001年青啤的市场占有率升至11%,但其低档的大众市场却亏损了7 000多万元,与此同时,青啤在后期发展中出现了高成本、入不敷出等问题,还需要承担原品牌的债务风险。青啤并购后虽然市场占有率有所提升,幅度却不大,尽管青岛啤酒的品牌价值很高,但它的生产销售却不及燕京、雪花,而相较于百威、喜力等国际品牌,规模上仍有差距。

青岛啤酒从20世纪开始开展并购活动,一路发展为百年大企业,并购给青啤带来了很多挑战,但也并存着机遇。在当时的局面下,青啤想要强大,并购似乎是唯一的选择,事实证明,青啤成功了,但为此付出的代价并不小。并购中青啤的很多做法都值得学习,目前,青岛啤酒在国际也已有了一定知名度,下一步就是扩大市场,提高国际影响力,增强核心竞争力,使青岛啤酒成为一个名副其实的大公司。

资料来源:冯鑫.青岛啤酒并购战略分析[J].企业改革与管理,2017,(7)。

5.2 确定并购目标

5.2.1 寻找并购目标

企业战略的决定主要包含战略的定位和选择。在寻找目标公司时,企业都会选择和它具有相似组织目的,或是类似的政治、社会、体制背景的公司,以避免额外的摩擦成本,即选取相同战略定位的并购目标。当然,也可能出于避税或者资本管制的原因,选择优势互补的目标公司。战略选择方面,目标公司发展的层面(如业务层面、产业层面或公司层次的战略)及发展方法,应与收购公司契合。

同时,还要评估并购后市场的反应,否则对市场开拓不利,福特收购捷豹就是一个经典的例子(参见案例5-8)。

案例 5-8

福特收购欧洲豪车品牌捷豹

1989年福特公司斥资25亿美元收购欧洲豪车品牌——捷豹,当时的美国企业致力于全球化的道路,当然福特也不例外,收购捷豹的品牌确实让福特摆了一下欧洲豪华车的派头,当时的捷豹虽然以优雅的造型、精致的手工与独特的大排量引擎技术闻名,但其故障率偏高,因此销售不佳。在福特收购后虽然提高了质量、产量及推出新产品,但其传统的高端买主则认为广泛引入电子设备虽然稳定了质量但也使充满英国"绅士风度"的汽车有所变味,出现了叫好不叫座的现象。

资料来源:根据公开资料整理。

当企业确定其发展方向,并决定以收购为战略目标后,下一步就是开始着手寻找适合且可行的目标公司。企业需要通过各种渠道搜集大量的信息,与可能符合它需求的目标企业进行接触,进而评审其除了战略相同之外,资金大小规模是否与之匹配,是否具有投资价值等问题。

一般来说,寻找目标公司的流程,如图5-9所示。

5.2.2 分析目标企业

企业一直处于不断发展的动态之中,所选择目标企业的标准也会不断演变。因此,在选择目标企业时,建议遵从八个原则。

(1)需要原则:选择适合企业战略要求的

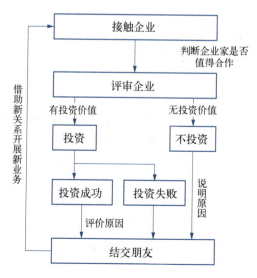

图 5-9 投资目标发掘的流程

目标企业,注重企业长远利益,以战略性并购为主,尽量减少投机性并购(财务性并购)。

(2) 约束原则:选择和企业经济实力和管理能力相当的目标企业,不要盲目扩张而造成本身消化不良。此为目标企业的约束条件。

(3) 信息原则:认真分析和调查目标企业,查看有无阻碍并购的相关因素,如果有则放弃并购,避免陷入目标企业设置的并购圈套中。

(4) 顺序原则:目标企业性质不同,要考察的关键因素的重要顺序也不同。如常规企业并购都非常重视被并购企业的财务指标,但是在创业投资基金(VC)投资企业时,更看重的是目标企业的成长性。

(5) 天时原则:并购时要特别注重目标企业所在的经济周期,处于衰退期的企业通常不会是良好的投资目标。

(6) 经济原则:综合考虑并购的成本和收益问题,深入发掘目标企业价值。在谈判中控制目标企业的溢价,并且把并购成本和风险限定在可控的范围内。

(7) 标准原则:综合考虑并购的急迫性和目标企业存在的可能性,制定相应的选择标准。例如分为理性的、满意的与可接受的三种标准。如果企业并购要求迫切,则把选择标准扩大到可接受的标准,以扩大候选对象的数量。

(8) 方式原则:尽量选择那些愿意通过增资扩股出让控股权或愿意托管的目标企业。

若将上述的八个原则做审慎的考核,就并购的基本哲学而言,已经相当完备了。

5.2.3 评估自身实力

(1) 评估被并购者出售的意愿。如前所述,并购类型按照态度划分为善意并购、熊抱和敌意并购,采取不同的并购方式需要企业具备不同的实力。

① 善意收购:善意收购是在双方自愿、合作的前提下进行的,一般都能获得成功。这样的目标企业经营者同意此项收购,双方可以共同磋商购买条件、购买价格、支付方式和收购后企业人员的安排等,并就上述内容签订收购要约,因此收购公司的信息获取相对充分,并购成本相对较低。

② 对于态度不明朗的熊抱式收购:收购人在发动收购前与目标公司董事会接触,表达收购意愿,若是获得目标公司同意会走向善意收购;如果遭到拒绝,就会在市场上强行发动并购,通过桥头堡战略袭击目标公司。如果目标公司管理层顽强抵抗,那么企业需要做好敌意收购的准备,并购成本也会大大提高。

③ 走向敌意收购:若收购公司在未经目标公司董事会允许,不管对方是否同意强行进行的收购活动。尤其当这种并购演变为控制权争夺战时,目标公司可能会采取各种毒丸等抵制收购公司,这就要求收购方做好自身资源的充分准备。

(2) 充分的现金准备。是否具有充足的"弹药"是企业在评估战略收购行为时的一大重点。尤其,并购的资金来源及支付方式的选择均为其能否成功收购的重要因素。若财务状况不允许其使用自有资金支付,则该企业需考虑运用其他手段,如增资、举债或者杠杆收购、管理层收购等方式来完成支付。如美国著名的 KKR 对 RJR 烟草的收购案。

(3) 原有雇员的安排。收购完成后,企业应表明对原有雇员人才的态度。一般来说,并购企业对目标企业实现最有效率且最直接的控制方式,就是从并购企业内选派适合的中高阶管理人员,前往目标公司担任管理层职务。对于经过评估而留住的目标公司原有雇员,并购企业应避免其因奉献精神下降或存在自卑感,而导致目标企业的生产力降低,甚至造成并购企业总的价值不如预期。尤其对原有公司的员工,适当的激励措施及奖励制度有时会是不可或缺的手段。如联想并购 IBM 的便携式电脑部门时,是全员接受,这样对稳定军心有利于企业的后续发展;然而上海贝尔被阿尔卡特收购案中,由于有近 800 名中高管离职,造成公司管理混乱,最后导致公司一蹶不振。

5.3 尽职调查

"尽职调查"(due diligence),原意是"适当的或应有的勤勉"。最早的"尽职"概念指的是做事时应有的谨慎态度;"尽职调查"一词起源于美国证券市场,在美国 1933 年《证券法》中规定,若证券发行人或证券承销商可以证明自己已对发行证券的公司展开了"谨慎性"调查,且在调查过程后对所发现的问题向广大股民或投资者进行了披露,则他们就可以不对未发现或者无法披露的信息承担更多的责任。

一般来说,尽职调查是由中介机构在企业的配合下,对企业的历史数据和文档、管理人员的背景、市场风险、管理风险、技术风险和资金风险做全面深入的审核,以保障并购战略的顺利实施。

5.3.1 尽职调查的原则

为有效预防上述尽职调查的风险,要求专业人员遵守以下原则[①]。

(1) 全面性原则:尽职调查必须对所有可能影响投资决定的目标公司的所有情况进行认真调查,任何一方面的遗漏,特别是细节都可能会给并购过程带来风险。

(2) 独立性原则:律师、会计师等行业专家进行调查需要独立于投资人和目标公司的意志,这保证了主体依据自我意志进行独立判断,摆脱了外部意志的控制。

(3) 合理审慎原则:它要求律师在进行尽职调查时,应当以事实为依据,根据相关的法律规定作出调查和判断。

(4) 区别对待原则:针对目标公司的不同特点区别进行尽职调查。行业不同决定了尽职调查的不同,在高科技领域,知识产权是决定企业发展的核心问题。

(5) 成本收益原则:公司需要选择成本收益相匹配的尽职调查方法。如果目标企业拥有经过审计的财务报表、前后一致的收益、较为简单的组织结构或者有经验的管理团队,这些条件可以适当降低尽职调查的风险。

(6) 保密性原则:尽调过程中,目标公司向收购方提供的资料有很多都涉及公司的商业秘密。参与尽职调查的机构和人员需要向被收购方承诺对其获得的信息保密,尤其是尽调中知晓秘密信息的人员,这些商业秘密一旦泄露,将会给企业造成重大经济损失。

---

① 肖金泉等.并购重组操作指引[M].北京:法律出版社,2011:32.

（7）专业性原则：律师通过对目标公司法律状况的调查，从法律角度作出专业判断，判断其是否存在相关法律风险；会计师在对公司财务状况进行调查了解后作出财务方面的专业性意见。

5.3.2 尽职调查的内容

一般来说，尽职调查包括律师的法律尽调、会计师的财务尽调和咨询机构的行业专家业务尽调三大部分。

（1）律师尽职调查。

委托律师尽职调查的目的在于通过其专业化调查工作，使并购双方明晰可能涉及的权利、义务、风险等法律问题，尽量规避风险，促使并购活动的成功，使得双方作出适当决策。一般说来，委托律师尽职调查所要达到的目的包括：协助起草目标方的调查清单、协助卖方按照清单的要求按项予以明确答复、收集相应的文件或者资料，包括对涉及所有权、使用权、经营权、抵押权和其他物权，专利、商标、著作权等知识产权等的调查等。

如前面所知，法律风险是并购中面临的一个重大风险，一般来说收购方难以独立承担如此专业性的任务，特别是涉及证券业务的要由持有证券职业律师资格的律师进行尽职调查。尤其在并购重组、股票发行上市中，律师等专业人士是必不可少的，这有效避免收购公司承担不必要的风险。

律师尽职调查的主要内容如下。

① 审查目标公司合法的主体资格：这是为了确保交易的合法有效，即交易方是合法存在的，具有进行本次交易的行为能力。主要包括两个方面：一是其资格，即目标公司是否依法成立并合法存续，包括其成立、注册登记、股东情况、注册资本交纳情况、年审、公司变更、有无吊销或注销等；二是其是否具备从事营业执照所确立的特定行业或经营项目的特定资质，如建筑资质、房地产资质等。

② 审查目标公司的资产及财务情况：主要是核实目标公司的各项财产的权利是否有瑕疵，是否设定了各种担保，权利的行使、转让是否受限等。其次是审查目标公司的各项债权是否有保障，是否会变成不良债权等，以确保收购方取得的目标公司的财产关系清楚明白，权利无瑕疵，无法律上的障碍。

③ 审查目标公司的债权债务情况：各种负债会增大收购方的责任，因为这些债务在收购后还是由目标公司承担的；当然，债务剥离式的收购除外。还有一些因权利义务不清楚而发生争议，将来会提起诉讼或被起诉的情况将为收购方的责任增加不确定性。这时，律师就要对目标公司是否有责任、责任的大小等进行分析，为收购方进行谈判提供合理的依据。

④ 重要交易合同：对于公司的存续与发展相当重要的交易合同，是收购方律师仔细审查的重要对象，这些合同通常包括长期购买或供应合同、技术许可合同、大额贷款合同、公司担保合同、代理合同、特许使用合同、关联交易合同等。

律师对这些合同进行审查，目的是：第一，确定收购完成后收购方并不会丧失合同中规定的预期利益。这是因为，有些公司能够签订的一些重要的合同是利用了其公司大股东的关系；所以，这种合同中往往规定，当目标公司出现控制权变化时，该合同将需提前履行支付义务，或终止使用权。第二，确定这些合同中权利义务是否平衡，目标公司是否处于重大不利的情形中。

⑤ 知识产权：知识产权等无形资产具有重要的价值。律师应审查知识产权的权属情况，有效期限情况，有无许可、是否存在有关侵权诉讼等。

⑥ 审查目标公司的管理层与员工的安排：目标公司雇佣人员的数额，对重要人员进行相应的激励措施，是否存在对此次并购造成障碍的劳动合同，这些都需要在尽职调查时充分审核，并提出可行的解决方案或规避措施。

⑦ 对目标公司治理结构、规章制度的调查：对目标公司治理的调查主要是审查公司股东会、董事会的权力，公司重大事项的表决、通过程序等相关信息以确定本次收购是否存在程序上的障碍，是否获得了合法的授权等，以确保收购交易的合法、有效，避免可能争议的发生。

⑧ 对目标公司是否存在重大诉讼或仲裁的调查：公司的诉讼或仲裁活动直接关系到公司的责任和损失的可能。律师的审查将注重于这些诉讼或仲裁胜诉的可能性，以及由此可能产生的法律费用和赔偿责任的开支。

⑨ 对目标企业发展过程历史沿革的调查：通过调查目标公司附属企业名单、组织架构，及与目标公司的关系（例如公司供货商等）、目标公司的重大事项（例如增资、改变经营范围、转换股东），可以了解目标公司的发展历史和管理架构。

(2) 财务尽职调查[①]。

财务尽职调查主要是指由财务专业人员针对目标企业的财务状况进行审查和分析的过程，包括了解企业资产负债的真实情况、分析企业盈利能力和现金流、预测企业发展前景等。目的是充分揭示目标企业的财务风险或危机，是投资及整合方案设计、交易谈判、投资决策不可或缺的基础。

财务尽职调查中需要充分分析考虑影响其未来盈利的因素，这些因素之间的互动关系就是为了实现财务尽职调查的重要目标——估值，这是项目实施过程最重要的一个环节，也是一项非常复杂的工作。

其中主要内容包括以下五个方面。

① 会计主体：包括目标企业的营业执照、验资报告、公司章程、组织结构；了解会计主体的全称、成立时间、注册资本、股东、投入资本的形式、公司性质、主营业务等；了解目标企业及所有具有控制权的公司，对关联方作适当了解。

② 财务组织：包括财务组织（含子公司、联营公司等），财务管理（子公司财务负责人的任免、奖惩，子公司财务报告体制），财务人员（年龄、职称、学历），会计信息管理系统。

③ 薪酬、税费及会计政策：包括薪资的计算方法，特别关注变动工资的计算依据和方法；缴纳"五险一金"政策及情况；福利政策等。

④ 会计报表：包括损益表、资产负债表及现金流量表，包括分析未来的盈利趋势预测等；包括企业现行的会计政策；近3年会计政策的重大变化；接受外部审计的政策及近3年会计师事务所名单；近3年审计报告的披露；税费政策，包括税费种类、税费率、计算基数、收缴部门；税收优惠政策；税收减免/负担；关联交易的税收政策；集团公司中管理费、

---

① 豆瓣.关于尽职调查[EB/OL].https://www.douban.com/group/topic/38525367/.

资金占用费的税收政策;税收汇算清缴情况;并购后税费政策的变化情况。

⑤ 表外项目:包括对外担保、已抵押资产、合作意向、未执行完毕的合同、银行授信额度、诉讼等。

(3) 行业专家业务尽职调查。

行业专家业务尽职调查又称行业专家独立技术审查,指的是某些行业在做尽职调查时因为涉及一些该行业独立技术而无法由一般审查人员做尽职调查,需要另外雇用了解该行业独立技术的行业专家主导尽职调查的进行。独立技术通常包含知识产权、特有资产(如矿产、药物)等一般人员往往不熟悉的技术。

并购中卖方的独立技术并非如预想的随并购而当然的转移给并购方,而且并购中的独立技术保证或陈述也并非能够解决所有并购中的独立技术问题。并购尽职调查中不做详细的行业专家尽职调查,将导致严重的后果和交易价值非预期的显著变化,甚至终止并购交易。尤其,在今天技术创新争夺战中,独特技术很容易构成并购的陷阱:如专利留置权的迟延披露、不使用导致的商标撤销、独立技术的协议限制及可能面临技术侵权诉讼危险等。

行业专家的尽调根据所处行业差异较大,下面以知识产权为例进行说明①。

第一,要确认知识产权的所有权:如调查获取专利申请等政府文件;明确发明人是否已经转让其权利以及开发协议中发明创造的共同所有权问题。

第二,要确认知识产权有没有转让给第三方使用:要确定标的商业价值是否足以抵消该项独占许可,如涉许可或被许可协议、独占或非独占许可、许可的技术及领域的定义条款等;尤其要注意协议中的再许可限制条款、保密条款、非竞争条款、反垄断限制条款等。

案例 5-9

华立收购飞利浦 CDMA

2001 年华立收购飞利浦 CDMA,华立并购知识产权尽职调查未能发现飞利浦与高通在 CDMA 芯片技术交叉许可协议中双方承诺不对第三方公开。虽然华立购得了飞利浦,但华立未能如愿因此次并购获得 CDMA 关键技术,结果是只要华立开发和销售 CDMA 芯片和终端设备,就要向高通公司缴纳技术许可费。

资料来源:南方网,2001-10-29,http://www.southcn.com/it/ittout/200110290902.htm。

案例 5-10

"昂贵的域名"

37 游戏成立于 2011 年,通过仅仅 3 年的时间,便达到了注册用户 3 亿人次、网页游戏行业巨鳄的水平。但随着手游市场的爆发,页游市场也结束了多年来的高速增长,因此页游公司纷纷将目光转向了境外,而 wan 字在外语语境中难以被理解。因此,2014 年 3 月,37 游戏斥资 1 200 万,购买了 37.com 的天价域名,并且将公司名称由 37wan 改成了 37

---

① 胡宏雁.刍议并购中的知识产权尽职调查[J].特区经济,2014,(3).

游戏。

小米手机官方域名已由 xiaomi.com 改为 mi.com,而且收购新域名的费用高达 360 万美元(折合约 2 244 万人民币)。看到这条新闻,也许很多人不能理解小米的这一举措,但是不可否认,一个简单形象易记的域名对于一个企业的形象和宣传有着举足轻重的影响。酒仙网董事长郝鸿峰曾经说过,一个好的域名可以省下 90% 的广告费。这对于电商企业来说尤为明显,因此促使了多家电商企业在域名选择和收购方面加大投入。

资料来源:阿里云资讯,2014-12-09,https://www.aliyun.com/zixun/content/2_6_275449.html。

第三,确认目标方有无知识产权侵权涉诉威胁:并购尽职调查中的警告函、律师意见书等要引起足够的重视、给予充分的评估和分析,确定潜在的赔偿问题及金额等。

第四,确认标的方的知识产权与并购战略有无冲突:提前了解这些协议,可以尽早采取补救措施;如高乐氏(Clorox)作为一个清洁产品的大型生产商,在收购派素(Pine-Sol)时,试图将派素的品牌运用到液体清洁剂领域之外,但却发现其受限于一个为期 30 年的协议,该协议禁止派素商标的扩大使用。高乐氏并购了派素的一切市场要素,但却没有获得商标使用这一关键权利以实现其并购时的扩张目标。

第五,了解标的物有无重大的开发技术障碍或者关键技术是否已经失效或过期:并购交易前,审慎判断即将进入的技术开发前景、技术难度至关重要,这涉及标的资产的估值和预期协同效应能否实现。尤其对有些核心技术的有效期问题要引起关注,如目标方的域名是否已经过期或失效等。

第六,确认标的方知识产权是否已经设定了抵押权专利、版权、商标等。如"留置权,优先权"是债权人在债务人特定财产上设定的一种担保权益,将知识产权担保作为融资渠道越来越受到高科技企业的重视,只要不违约,企业可以无须征得担保权人同意,而继续进行知识产权研发、运用其进行商业经营、扩大其投资组合。因此,有必要评估在专利商标局登记的抵押担保,并确保其在并购交易时公布。

5.3.3 尽职调查的风险

尽职调查是为了帮助买方最大限度地获知其所要购买的股份或资产的具体情况,预判潜在的风险并判断风险的性质、程度以及对并购活动的影响或后果。对买方和它们的融资者来说,并购本身存在各种各样的风险,如政治风险、报表风险、资产风险,或有负债风险等。而卖方通常对现存的这些风险是十分了解的,这样就导致了买卖双方在信息获取上的不对等,此时买方就需要通过尽职调查来弥补这一点。然后,双方可以就相关风险进行谈判,帮助并购的顺利进行(参见案例 5-11)。

案例 5-11

从一个医药企业并购案例看尽职调查工作的重要性

甲公司是一家集研发、生产和销售为一体的医药集团公司,为了配合企业战略扩张、增加产品种类,甲公司向乙公司发出收购要约,表示愿意以合并吸收的方式收购乙公司 100% 股权,最终取得乙公司的 A、B、C 三个药品所有权,双方协商一致并签订《合作意向书》。

特别注明两点：① 鉴于药品 B 和 C 没有取得新药证书，而中国法律规定"未取得新药证书的品种，转让方与受让方应当均为符合法定条件的药品生产企业，其中一方持有另一方 50% 以上股权或股份，或者双方均为同一药品生产企业控股 50% 以上的子公司"，因此甲公司拟收购乙公司 100% 股权；② 甲乙双方在当地银行开设共管账户，作为履行《合作意向书》的担保。

甲公司没有外聘会计人员和资产评估人员，只安排公司财务人员和项目经理配合外聘律师完成法律尽职调查工作。一周后，律师签发法律尽职调查报告，认为：① 乙公司不具备并购交易的合法资质；② 乙公司不是药品生产企业，不拥有三种药品所有权，三种药品的所有者是丙公司；③ 药品 B 存在专利权争议；④ 药品 C 的专利权正在被丁公司侵犯，但暂无直接证据证明侵权行为的存在。一个月后，因上述四个问题迟迟无法解决，并购项目被迫终止，甲乙双方按照《合作意向书》的约定解除共管账户，甲公司支付乙公司因"排他性协商和保密条款"而设定的经济补偿。

甲公司之所以会与乙公司签订《合作意向书》，是因为项目负责人没有安排专业的可行性研究和法律、业务和财务等尽职调查工作，只是根据乙公司的陈述和主张及其出具的有关材料，包括药品注册批件和药品再注册批件的复印件，相信乙公司就是理想的目标企业。

资料来源：李洪奇，和讯专栏，http://opinion.hexun.com/2012-11-15/147984328.html。

通常，尽职调查审视的风险包括以下四种。

(1) 法律风险。法律风险是尽职调查的一个重要组成部分。鉴于并购过程中，买卖双方存在严重的信息不对称问题，因此，在尽职调查过程中首先要关注可能存在的法律风险，如目标企业是否依法成立、公司治理是否完备、是否拥有某项专利权等。

(2) 财务风险。尽职调查涉及众多财务风险问题，主要是对目标企业所承担的一系列重大债权债务的详尽调查，如企业的报表风险，即采取隐瞒损失报表信息、夸大收益信息等手段提高并购价格；财产权属风险，即财产所有权是否是合法的；对外担保风险，即是否存在连带责任的担保会影响其未来财务状况等。

(3) 经营风险。经营风险涉及产品、税务及环保等多方面，如并购可能导致重要客户或合作伙伴流失，原材料不符合相关地区的质量标准，目标企业存在潜在环保问题等。另外，尽职调查还应关注可能存在的税务风险，如新法人不再享有目标企业目前所享有的税收优惠、目标企业存在严重的偷税漏税情况、当地政府出于保证税源的考虑可能对并购加以阻挠等，如中海油输掉的并购战（参见案例 5-12）。

(4) 人员风险。并购之前，企业需要对目标企业的人力资源进行调查，包括目标企业的人力资源结构、学历与知识结构、并购可能引起的大量裁员等。在此，企业需要重点关注职工安置及潜在人力成本问题（参见案例 5-13）。

案例 5-12

中海油输掉了并购战

2005 年 7 月 1 日，美国众议院以 333 赞成、92 票反对的压倒多数禁止布什政府批准

兼并、收购与公司控制

中海油并购优尼科石油公司,更以398票赞成、15票反对通过无约束力法案,要求布什政府立即全面调查这起并购案,提案宣称中海油并购优尼科石油公司威胁美国国家安全。在各方压力下,中海油最终放弃了收购计划。有舆论认为,中海油竞购失败,其意义已经超越了一宗简单的并购交易,所揭示的东西涵盖经济、政治、战略、国际关系等方方面面。

资料来源:青年时讯,2005-08-11,http://www.sina.com.cn。

案例 5-13

TCL、"新中基"兼并案

中国 TCL 兼并法国汤姆逊以后,盈利下降,市值缩水,同时与阿尔卡特共同成立的 T&A 也遭遇困境。2007 年 TCL 宣布其欧洲彩电业务破产。据业内人士介绍,TCL 收购的失败,首先就表现在文化整合上的失败。由于双方的思维相差较大,境外收购的合资公司成立后很长一段时期,双方仍存在沟通协调的障碍,运作不够顺畅。TCL 仍然按照在国内的惯例行事,导致法国方面的原有员工不配合 TCL 的管理指令,显得非常混乱。一部分法国方面的原有员工离职,剩余员工的不配合导致 TCL 对合资公司基本失控,生产无法转移到成本低廉的中国大陆生产,TCL 也对生产成本和销售运营成本失去控制,高昂的人力成本和管理、生产、营销方面的冲突,为 TCL 带来了沉重的负担。"新中基"也一样,在并购法国番茄巨头普罗旺斯之后仅 8 个月就转让了股权,主要原因在于并购后双方在文化、管理等方面发生冲突而难以产生并购协同效应。"新中基"选择了一个缺乏可融性的并购目标,并购当然不会成功。

所以,在选择目标企业时,也要事先考虑并购后的整合问题,特别应注意如何解决由于文化的冲突而导致的管理冲突、由于人事的变动而导致的企业员工与人才的流失等问题,否则,并购将会失败。

资料来源:中国石油企业跨国并购分析,http://3y.uu456.com/bp-fcf71d23sq0102020740qc30-3.html。

本 章 小 结

并购战略是企业通过兼并、收购或者重组等手段来实现企业发展目标的一种战略方式,其范畴涵盖了并购战略的目标、目标公司的寻找和筛选、尽职调查、谈判策略、并购整合等。在考虑并购前,企业会根据托宾 q 估值、稀缺资源、品牌声誉、营销网络等因素在新建企业与并购战略之间作出选择,然后基于目标公司的使用价值和交换价值,制定并购战略。并购战略一般包括扩张战略、收缩战略和多元化经营战略。

并购目标的确定涉及寻找并购目标、评估自身实力、设立并购标准与模型三个方面。首先,企业会选择与自身发展战略一致的并购目标,彼此在组织目的、业务定位、政治、社会、法制背景方面类似,从而避免额外的摩擦成本。在确定方向后,企业需要接触目标公司,评审其除了战略相同外是否具有投资价值。其次,企业需要评估自身实力,根据目标公司出售意愿不同,收购方可采取善意并购、熊抱甚至敌意收购,同时要有充分的现金准备以支付并购费用,还要对目标公司原有雇员进行安排。最后,企业要运用一些分析模型与标准,制定并购战略,包括 SWOT 分析、BCG 矩阵、GE 矩阵、DPM 矩阵等,此外还可用波特五力模型和杜邦分析法等对对标企业展开分析。

尽职调查主要包括律师的法律尽调、会计师的财务尽调和咨询机构的行业专家业务尽调三大部分。一般来说,财务尽调是并购的重点,由于尽职调查会面临法律风险、财务风险、经营风险和人员风险,因此要求专业人员在并购尽职调查时严格遵守相应的原则。

重要概念

并购战略　并购目标　SWOT 分析　波特五力模型　尽职调查

课后习题

1. 跨国并购和国内并购在制定并购战略时有哪些不同?
2. 通过并购实现多元化经营有哪些利与弊?请从行业角度进行分析。
3. 如果企业在国内的竞争对手向正处于成长阶段但仅提供正常利润的大型境外市场扩张,那么企业该如何反应?

第六章 并购的价值评估

本章导读

- 掌握主要并购估值方法,如市场法、现金流量贴现法(DCF)、实物期权法等;
- 了解采用成本法、经济附加值法的适用情形和基本原理;
- 掌握市场法中,可比公司、可比交易分析的前提,以及筛选可比公司/交易的依据;
- 掌握现金流量贴现法的假设前提和基于不同融资成本的估值方法,如WACC、APV等模型的调整关键点;
- 掌握实物期权法的估值步骤及其与现金流量贴现法的区别;
- 了解并购后协同效应的获取和实际测算。

2014年8月18日,深圳翰宇药业以发行股份以及支付部分现金的方式收购甘肃成纪药业100%的股权,整个交易对价为13.2亿元。本次交易标的资产成纪药业100%股权的账面价值为25 739.56万元,收益法评估值为132 683.00万元,评估增值106 943.44万元,增值率415.48%,增值率较高。2013年成纪药业实现销售收入24 155.36万元,实现净利润10 175.60万元,此次交易对应市销率和市盈率分别为5.5倍和13.0倍。然而此次收购后,成纪药业连续几年业绩不达预期,并于2016年年末计提商誉减值3 983.67万元。收购公司翰宇药业的股价也一路下跌,较2015年年底的峰值跌去50%以上。

在整个并购过程中,对并购资产的价值评估即定价是并购双方十分关心的一个问题。并购价格过高,并购方将面临巨大的资金压力,即使并购成功,也可能给并购方未来的发展埋下隐患;相反并购价格过低,被并购企业将拒绝交易导致并购失败。因此,能否确定一个让双方都满意的交易价格对并购能否顺利进行下去起着关键性的作用。下面对企业并购中的资产评估和定价问题做一个具体论述。

6.1 并购价值评估综述

实际中,企业估值分析应用领域非常广泛,例如:① 非上市企业想获得VC/PE资金的投入时,需要确定投前或投后价格;② 上市企业获得融资公开发行时,要确定发行价及募集资金规模;③收购方购买其他企业或部分股权时,应当出价多少来购买合适;④股东想出售企业或部分股权时,以多少价格出售才合理;⑤评估公司在执行并购估值评价时,需要从财务的观点评价双方出价是否公平;⑥一个企业在投资一个新领域、新业务时,这笔战略投资对于公司投资回报以及未来企业价值的影响等。《资产评估执业准则——企业价值》第28条:"执行企业价值评估业务可以根据评估对象特点选择收益法的不同具体方法进行评估。资产评估专业人员应当根据被评估单位的具体情况选择恰当的预期收益口径,并确信贴现率与预期收益的口径保持一致。"因此,并购业务中具体采用何种估值方法,是需要根据并购估值主体、目的或用途选择的。

并购企业价值评估的方法众多,从持续经营理论上进行分类,一般可分为以下两类。

(1) 内在价值法,又称绝对价值法:即对企业未来现金流回报按照一定资金成本或者风险因子——贴现率贴现后得到的所有未来现金流量的现值之和,它是目前市场中一些成熟行业普遍使用的主流方法。尤其是以巴菲特等投资大师为代表的价值投资者在确认股权投资标的企业时多采用此种评估思路。

(2) 相对价值法,也称市场法:通过市场上可比公司的价值定位,确定一个相应的"交易性"乘数指标(市盈率、市净率、市销率等)来对公司进行估值。但是这一方法的基本前提是要能找到可以类比的公司,该类方法在新兴市场比较流行和实用。

在实践中,按并购企业战略和目的是否持续经营为基本假设前提可分为两大类,即内在价值法和清算价值法(见图6-1)。

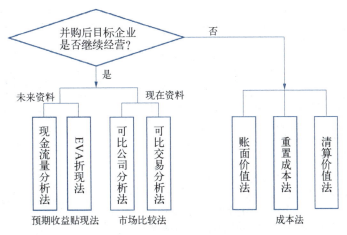

图6-1 价值评估方法图示

资料来源:上海国家会计学院.企业并购与重组[M].北京:经济科学出版社,2011:145。

其中,内在价值法又细分为:基本成本法,如历史账面价值法、现行公允市价法和重置成本法等;收益法,一般包括现金流量贴现法、剩余利润贴现法、红利贴现法和考虑资金成本的经济增加值法(economic value added,EVA)等。虽然清算价值法类似于成本法,但一般要低于重置成本法的估值。当然有时候并购企业收购目标方就是为了短期的获利套现,并非为了持续经营,这时采用可比公司法或者可比交易法等市场交易方法对目标公司进行估值更加稳妥。

现实中,没有一种估值方法是绝对正确的,每种方法都有其优缺点,具体各种方法在实践中的应用特点简单总结,如表 6-1 所示,应该根据实际情况选择合适的估值方法。国际国内专家建议,并购估值不能只给一个值,而是两种以上方法相互印证的一个区间;尤其涉及并购交易活动的复杂度,需要考虑采用实物期权的方式给予并购估值一定的弹性。因此,实际中通常会使用多种估值方法来相互验证,并最终确定一个价值区间。

表 6-1 主要价值评估方法对比

方 法	优 点	缺 点
可比公司法	从统计角度总结出类似公司的财务特征,结论具有参照性;数据获取方便,不用计算较为烦琐的现金流量和资金成本;从可比公司的交易和营运统计数据得到该公司在公开的资本市场的隐含价值;一些非公开目标企业可以借用可比公司的估值倍数和被估值企业的营运指标计算估值	难以找到和目标企业完全类似的公司对并购产生的协同;估值结果不包括控制权溢价;尤其,可靠性依赖于其他公开公司的可比程度,包括行业、产品类别、收入规模、地理位置、收益率、发展阶段
可比交易法	以真实发生的交易为参考,贴近市场实际情况,且持续经营的溢价已经包括在公司收购的成交价格中;在控制权发生变化的情况下提供市场化的估值基准;用可比的历史交易中的估值指标和被估值企业的指标计算估值;估值结果包括控制权溢价	难以找出在目标企业的特点和并购动机方面都一致的并购交易;协同效应有不同的预期,因此不同并购个案中的控制权溢价不具有可比性。同时,可靠性依赖于历史交易的数量、可比程度以及对于某种资产在每个交易时刻的供求关系;市场周期和变动程度也会影响到估值结果
现金流量贴现法（DCF,如 WACC 和 APV）	理论上最完善的估值方法,能够比较全面地反映企业的基本情况和获利能力。有坚实的企业历史信息作为支撑(如若干年的经营现金流),并用恰当的贴现率(加权平均资本成本 WACC)和终值计算方法,或者 APV 法计算这些现金流和终值,以此计算企业价值和股权价值	这种方法主要依赖于对于被估值企业的现金流和发展速度的预测,以及对资本成本和终值的假设,而未来长期的经营业绩很难估计。预测结果对评估目标的期末值十分敏感,尤其在当今经济环境剧烈多变时期,企业存续期、增长率都很难确定,从而使得期末价值难以估计准确
EVA 贴现法	易于理解,通过投资资本回报率增长率等价值驱动因素对公司价值进行动态分析,便于了解各要素对公司价值的影响程度,从而更好地把握公司价值	评估结果对价值驱动因素十分敏感,确定价值驱动因素难度较大,尤其在信息资料不充分时,难以保证评估结果的可靠性;通常需要对 EVA 值进行调整,且计算比较烦琐
基本成本法	根据企业历史账面财务信息估算其价值,计算简便,直观易懂,现实基础可靠	不能反映企业未来的盈利能力;尤其忽略了并购中企业人力资本、品牌、信誉等无形资产的价值及协同促进作用
实物期权估值法	具有一定的数学建模基础;对一些新业务、新领域未来投资规模、时间不确定的战略投资评估带来了灵活性	个体性特征极强,很难找到可参照的相关定价参数;评估区间变动较大

资料来源:上海国家会计学院.企业并购与重组[M].北京:经济科学出版社,2011:145;根据公开资料整理。

当然，在评估行业，考虑到业务的广泛性，通常划分为成本法、市场法和收益法三种主要类别。下面，我们从财务咨询角度对并购估值方法中的市场法（如可比公司法、可比交易法）、收益法（如现金流量贴现法，DCF），以及其他方法（如成本法、EVA 法以及期权定价法）展开论述。

6.2 市　场　法

市场法是利用参照企业的价值参数来评估目标企业的相应参数，从而进一步计算目标企业价值的一种方法，也称为相对比率估价法。在运用此方法时，首先选出一组在业务和财务方面与目标企业相似的公司，通过对这些公司的经营历史、财务情况、股票行情及其发展前景的分析，确定估价指标和比率系数，再用它们来估计目标企业的价值。如果目标企业是综合性公司，则可针对它的几个主要业务，分别挑选出相应的几组相似的公司，分别确定估价指标和比率系数，得出各业务部门的价值，再将它们汇总，得出该综合性企业的价值。

一般而言，市场法的基本步骤包括以下五步。

第一步：选择可比参照公司或者参照交易系列。为目标选择可比公司或交易系列是开展市场法的基础，识别不同行业的业务和财务特征相似的公司需要扎实的调研工作，这是一个长期业务累积的结果。

第二步：找出必要的可比目标的财务信息。从各个渠道，如证监会的申报材料、新闻公告或者行业研究报告等获取可比系列的必要财务信息。

第三步：制定表格计算关键数据、比率数或者交易乘数。确认是企业价值还是股本价值，衡量盈利能力、增长率、收益和信用级别等各种比率。在这一阶段需要根据过去 12 个月（LTM）的财务数据计算出来，并进行适度调整。

第四步：进行可比参照公司的基准比较。深入审视可比公司与交易，确认与目标公司最接近的参照公司或者交易指标、交易溢价等。

第五步：确定估值。可比参照公司或者交易乘数起到推算目标公司估值范围的基础作用。

这类方法建立在有效市场理论的基础之上。该方法假设：① 市场较为完善，效率良好，信息披露相对充分；② 并购后企业一般持续经营，具有很好的发展战略目标；③ 所用的资料都是基于过去的历史资料，认为市场会延续这一规律。鉴于资本市场较为完善，则股票价格也基本上反映了投资人对目标企业未来现金流量与风险的正常预期。

根据比较标准的不同，可将市场法分为可比公司分析法和可比交易分析法。

6.2.1　可比公司分析法

可比公司分析法（comparable company analysis，CCA）就是通过对资本市场上与被评估企业的规模、产品、市场环境、发展趋势以及行业类似的上市公司的经营和财务数据进行分析,计算其相关的价值比率或经济指标,在与被评估企业比较分析的基础上,得出评估目标公司价值的方法[①]。

可比公司分析法是用来评估给定目标公司、分部、企业或是资产组合的主要方法之一,这种方法能提供一个市场基准,主要目的是要通过对当时的市场形势和情绪的反映,确定当前时点的市场估值,通过借助市场上类似公司具有相同的关键性业务和财务特征、绩效驱动因素和风险,可以快速确定目标在同行中的相对定位,并获得其估值,因此广泛用于各种并购、公司重组和PE投资决策等领域。

一般来说,运用不同乘数得出的多个估值结果是存在差异的,为保证评估结果的客观性,需要对各个公司价值评估指标赋以不同的权重,权重的分配根据实践中乘数对公司市场价值的影响大小决定;最后使用加权平均法算出被评估公司的价值。为了正确运用可比公司分析法评估企业的价值,需要注意样本公司的选择、财务指标的选取、估计结果的合理性、所选乘数的恰当性等问题,否则可能高估或低估目标企业价值,导致并购谈判失败;因此,目标公司样本的选取以及赋予不同指标的权重就显得尤为重要,这里体现了价值评估专家的经验与思考。

通常,样本系列公司的选取需要考虑两方面的信息:一是企业经营环境,如企业产品/服务、地理位置、客户群体、销售渠道等的类似性;二是参照公司的财务指标,如规模、销售额、净利润、投资收益、资本结构等的相似性。这些可比公司信息来源包括:① 财经资讯软件(如路透社、彭博、Factset等);② 投资银行的研究报告(如中金报告、摩根报告、Thomson Research);③ 各行业公司的年报或者季报等。

一般而言,可比公司分析法的关键步骤如下。

第一步:选取合适的可比公司,根据经营和财务两方面的标准。

第二步:选取关键财务指标,并计算出其参数和倍数,根据不同行业、不同公司的特征,比如:P/S,P/E,$EV/EBITDA$,P/B 等。

第三步:用现在的企业价值(enterprise value)或股权价值(equity value)分别计算相关倍数比率。

第四步:筛选可比系列,主要通过分析可比乘数倍率,甄选出最佳可比公司的乘数。

第五步:将倍数区间应用到标的公司,获得一个估值区间,并分析结果的合理性。

具体而言,可比公司分析法包括市盈率法(P/E)、价格销售法(P/S)、企业价值/$EBITDA$、企业价值/销售额、企业价值/$EBIT$、托宾q法等多种方法。

计算目标企业预期收益指标如收入、EBITDA和自由现金流时,在目标企业近期税后收益的基础上,需要考虑并购可能产生的协同效应、规模经济、市场势力增强、节约税负和降低交易费用等对收益指标各因素的重要影响。根据前面章节并购动因中的价值低估定理和信号理论等市场景气假说,并购行为会使得资本市场对目标公司重新评估,提高市场对目标公司未来预期的判断,从而使各种市场指标诸如市盈率提高。该方法的关键是选择预期收益指标(参见案例6-1)。

---

① 上海国家会计学院.企业并购与重组[M].北京:经济科学出版社,2011:140.

案例 6-1

可比公司法的应用

1. 市盈率评估法

市场上广泛应用的市盈率法是一种借助同行业内相似企业的市盈率,用目标企业的预期收益估计其价值的方法。其公式为:

$$市盈率 = 市价 / 收益 = 每股市价 / 每股收益$$

$$企业价值 = 预期收益 \times 参照市盈率$$

下面用表 6-2 举例说明如何运用市盈率法评估目标企业价值。考虑到时间越近,对目标公司的影响力越强,所以该例中对不同期间(2015—2017 年)的 P/E 指标赋予了不同的权重。

表 6-2 市盈率评估法

可比公司	2015 年			2016 年			2017 年		
	股价(元)	EPS(元)	P/E	股价(元)	EPS(元)	P/E	股价(元)	EPS(元)	P/E
AK	10.50	1.25	8.40	9.50	1.30	7.31	10.00	1.50	6.67
BK	17.00	2.77	6.14	16.00	2.60	6.15	16.50	2.70	6.11
CK	8.00	0.91	8.79	7.50	1.00	7.50	7.00	1.40	5.00
DK	10.88	2.70	4.03	10.50	2.60	4.04	11.00	2.50	4.40
EK	9.75	2.26	4.31	9.80	2.50	3.92	9.40	2.30	4.09
指标平均数			6.33			5.78			5.25
各年所赋权重			0.1			0.3			0.6
加权平均数	5.517								
目标公司盈余	666(百万元)								
评估价值	3 676.32(百万元)								

资料来源:上海国家会计学院.企业并购与重组[M].北京:经济科学出版社,2011。

2. 多收益指标比率法

多收益指标比率法,如表 6-3 所示。

表 6-3 企业价值与多收益指标比率法

表 A 可比公司比率(WK 公司与 TA、TB 和 TC 公司比较)

比 率	TA 公司	TB 公司	TC 公司	平均值
公司价值/收入	1.4	1.2	1.0	1.2
公司价值/EBITDA	15.0	14.0	22.0	17.0
公司价值/自由现金流量	25.0	20.0	27.0	24.0

续表

表B 将价值比率应用于对WK公司的价值评估

WK公司的最近实际数据	平均比率	所表示的公司市场价值
收入=10亿元	1.2	12亿元
EBITDA=7 000万元	17	11.9亿元
自由现金流=5 000万元	24	12亿元
		平均值=12亿元

市盈率法是当前市场所有比率估价法中使用最广泛的,因为它在评估并购企业价值时有许多优点。实际上,简单明了是其最大的优点:首先,它能够将股票价格与当前公司盈利状况联系在一起,是一个直观的统计数据;第二,对大多数股票来说,市盈率易于计算并很容易得到,这使得公司股价之间的比较变得十分简单;第三,它可作为公司一些其他特征,如风险性与成长性等的代表。

当然,该模型的缺点主要表现为:① 每股盈利的计算可能存在人为操纵的因素。如公司的管理层可能迫于市场的压力而粉饰经营业绩,从而影响到股价的确定。② 市盈率通常采用行业平均市盈率,或者静态市盈率,常常是同行业股票过去若干年的平均市盈率,与某公司特定的市盈率水平存在差异。③ 公司收益的波动常会引起市盈率在不同时期出现戏剧性的变动;尤其对于周期性公司而言,随着宏观经济的变动,导致市盈率变化,使得评估出的公司价值缺乏可信度。

由此,我们在确定非上市公司的价值或预测将上市公司的股票价格时,通常会采用多比率可比公司分析法。

可见,除了为非上市公司提供比照来源,简单易行、可操作性强是可比公司法最大的优势。此外,它允许对经营状况进行比较和分析,通过对每种业务建立估值基准来分析一个跨行业综合性企业的拆分价值,为未上市公司建立了估值基准。因此,其明显的作用在于:① 它基于市场对于公开交易公司的估值,既然是基于公开信息,为并购交易中的法律诉讼提供了参照可能;② 有效市场的假设意味着交易价格应该反映包括趋势、业务风险、发展速度等全部可以获得的信息;③ 对于仅占少数股权的投资,价值的获得可以作为公司价值可靠的标志(即不包括控制权溢价)。

其缺点在于:① 很难找到大量的可比公司:很难或不可能对可比公司业务上的差异进行准确的调整;② 尽管有关于"有效市场"的假设,但有时很难解释明显类似的公司具有不同的估值水平,交易活跃程度也存在较大差异;③ 有的可比公司的估值可能受到市值较小、缺乏研究跟踪、公众持股量小、交易不活跃等的影响,而且股票价格还会受到行业内并购、监管等外部因素的影响。

6.2.2 可比交易分析法

可比交易分析法(comparable transaction analysis,CTA)是从类似的收购事件中获

取有用的财务数据来求出一些相应的收购价格乘数,据此评估目标企业。它不对市场价值进行分析,而只是统计同类企业在并购时收购方支付价格的平均溢价水平,再用这个溢价水平计算出目标企业的价值。市场溢价水平,是指并购方在标购中公开上市公司的收购价格,超出收购要约发出前目标企业股票市场价值的部分。其理论基础是:并购所带来的所有后果,如协同效应、现金流量的增加、成本的降低以及并购的风险,都由市场通过这个溢价水平完全表现出来。

采用可比交易分析法,通常是在控制权发生变化的情况下对企业价值进行评估,这样在作为讨论的基础时,可以提供可比交易的详细信息作为基础,显示行业参与者在历史年份购买可比资产及支付对价的意愿,最终确定市场对不同类型资产的需求(例如,交易频率及支付的溢价)。

其基本步骤如下。

(1) 选择可比交易。使用可比交易分析法首先需要找出与目标企业经营业绩相似的公司的近期平均实际交易价格,将其作为估算目标并购企业价值的参照物。要求交易数据必须是与评估目标类似公司的数据。

(2) 选择和计算乘数——支付价格收益比、账面价值倍数、市场价值倍数等相对比率。可比交易分析与可比公司分析类似,是从类似目标企业的可比公司的被并购交易中获取有用的财务数据,确定可比交易的市场平均溢价水平,然后计算收购价格乘数。

① 支付价格收益比:

$$支付价格/收益比 = \frac{并购者支付的价格}{税后利润} \tag{6.1}$$

支付价格是指并购方为交易标的支付的实际购买价格;税后利润是参照公司并购前的平均税后利润。借助实际中完成交易的参照公司的支付价格/收益比,乘以拟评估目标企业的当前税后利润,可估算出目标企业的交易价值。

② 账面价值倍数:

$$账面价值倍数 = \frac{并购者支付的价格}{净资产价值} \tag{6.2}$$

账面价值指目标公司并购前的账面价值,即会计报表中所记录的净资产价值(资产-负债),也称为历史记录的股东权益。计算出参照公司的账面价值倍数,乘以目标权益的净资产价值(股东权益),即获得目标公司的估值。

③ 市场价值倍数:

$$市场价值倍数 = \frac{并购者支付的价格}{股票的市场价值} \tag{6.3}$$

市场价值通常指公开交易公司并购前的股票价值,即其股票的每股价格与发行在外的流通股股数的乘积。计算出可比交易中参照公司的市场价值倍数,乘以目标企业当前股价,就获得了目标公司的价值。

(3) 运用甄选出的众多乘数比率来计算被评估公司的价值乘数。核定收购价格乘数后,将该乘数与被评估公司经调整后对应的财务数据相乘后就可得出被评估公司价值估计数。若多个乘数分别计算得到的各估值越接近,则论证评估结果的准确性越高。

(4) 对公司价值的各个估计数进行平均或者不同加权。运用不同乘数得出的多个公司价值是有差异的,为保证评估结果尽可能的客观,专家会对不同公司价值估计数赋予不同的权重,而且权重的分配一般与乘数对公司市场价值的影响大小有关;最后,使用加权平均法或者结构方法估算出目标公司的价值。

可比交易法的一个简单例子:假设目标企业为一家水泥生产企业,2017 年中期进入这一市场,在充分了解和调查水泥行业发展状况的条件下,评估者从公开渠道收集了如表 6-4 的交易数据。依据可比交易提供的平均交易价格乘数和目标公司相应的财务数据,即可计算出目标公司的价值。

表 6-4　不同权重的目标可比公司交易法计算　　　　　　　　　　单位:元

交易日期公布日	交易双方名称		支付方式	(1) 支付价格/收益	(2) 账面价值倍数
	并购方名称	被购方名称			
2016-11-06	亚特兰大特斯拉公司	法兰克福汽车公司	现金	7	2.51
2016-09-05	红利公司	红星工业公司	现金	8	2.45
2015-05-30	北斗七星公司	卡斯斯公司	股权	9	2.68
2017-05-28	P2P 公司	现金贷 L 公司	现金	15(放弃)	6.65(放弃)
平均				8	2.55
(3) 目标公司的税后利润				3 360 000	
(4) 目标公司的账面价值					10 120 000
(5) 目标公司的评估价值 1 (5)=(3)×(1)				26 880 000	
(6) 目标公司的评估价值 2 (6)=(4)×(2)					25 806 000
(7) 目标公司的加权平均评估价值,其中(5)和(6)的权重分别为 40% 和 60%				26 235 600	

在股权收购的情况下,可比交易分析法被公认为合适的选择,因为它具有下述用途。

(1) 利用市场上收购公司自愿支付的真实价格。

(2) 持续经营的溢价倍数与清算折旧均已包括在公司的成交价格中。

(3) 通过上市公司与非上市公司收购前后的差额,可计算清算折价比率。

(4) 可以使用多种资料评估类似的收购业务。

该方法需要找出与目标企业经营业绩相似的公司的最近平均实际交易价格,将其作为估算企业价值的参照物。由此,可比交易法的优点非常明显:① 基于公开信息,由于历史交易已经成功地完成,因此关于溢价的分析具有可操作性;② 显示出收购的趋势,如行业整合、国外收购者、财务收购者等;③ 提供可能的购买方以及其出价的意愿和能力的参考信息。

同时,其缺点也非常突出:① 历史交易的公开数据可能有限或有误导性,历史交易很少能直接或完全可比,历史交易当时的市场情况可能对估值影响很大(如行业周期、竞争环境、交易时资产的稀缺性);② 非上市公司间的交易信息收集起来通常很困难,不是交易各个方面都能反映在估值倍数中,如商业谈判、政府监管等因素;③ 选择合适的历史交易对于历史交易法的估值结果至关重要,历史交易规模应该与目标交易估值规模相当,所取得的价值范围可能很大,因此用途有限。

我们采用美的收购库卡的一个跨国并购案例说明可比公司法与可比交易法的综合应用(参见案例6-2)。

案例 6-2

美的收购德国公司库卡(Kuka)

2017年1月,美的集团发布公告称,公司完成要约收购德国库卡机器人公司的交割工作,并已全部支付完毕本次要约收购涉及的款项。收购交割完成后,公司通过境外全资子公司 MECCA 合计持有库卡集团 3 760.57 万股股份,约占库卡集团已发行股本的 94.55%。这也是近年中国公司规模最大的境外收购交易之一。在本次收购中,美的集团要约收购 32 235 418 股,收购单价为 115 欧元/股,收购资金来源为银团借款和自有资金。

从交易双方来看,收购方美的集团是一家以家电制造业为主的大型综合性企业集团,旗下拥有小天鹅、威灵控股两家子上市公司。2016年7月20日,美的集团首次进入《财富》世界500强名单。被收购方库卡集团是全球领先的机器人及自动化生产设备和解决方案的供应商。库卡机器人板块处于市场领先地位,在汽车工业机器人行业位列全球市场前三、欧洲第一。库卡的业务主要包括机器人板块、系统板块和瑞仕格板块。

本次要约价格为 115 欧元/股,较美的集团召开董事会通过发出要约议案的前一天(2016年5月17日)的股票收盘价溢价 36.24%,对应股权价值为 45.7 亿欧元。截至 2016年3月31日,库卡集团净负债为 5 500 万欧元,少数股东权益为 −70 万欧元,因此对应的企业价值为 45.2 亿欧元。

库卡集团以 2016年3月31日为基准日的前 12 个月的 EBITDA 为 2.5 亿欧元,收入为 28.8 亿欧元。因此本次交易的企业价值/EBITDA 倍数为 18.2x,企业价值/销售额倍数为 1.6x。

所以,这笔交易到底是否划算? 我们分别从可比公司法和可比交易法来进行分析。

从可比公司法来看,库卡集团为世界范围内四大机器人公司之一,其余三家大型机器人公司为 ABB、发那科、安川电机。其他三家的平均企业价值/EBITDA 为 9.6 倍,而企业价值/销售额为 2.1 倍(见表 6-5)。

1. 可比公司法

表 6-5 可比公司法的估值

序号	同行业上市公司	企业价值/EBITDA（过去 12 个月）	企业价值/销售额（过去 12 个月）
1	ABB	10.8x	1.4x
2	发那科	10.3x	3.9x
3	安川电机	7.6x	0.9x
	平均值	9.6x	2.1x

从国内主要的机器人行业公司来看，估值远远超过国际巨头的水平，其平均企业价值/EBITDA 为 70.1 倍，而企业价值/销售额为 10.8 倍。

综合来看，从境外可比公司来看，ABB、发那科、安川电机的企业价值/EBITDA 平均倍数较本次收购价格对应的倍数低，企业价值/销售额倍数平均值与本次收购价格对应的倍数相当；但从境内可比公司来看，本次收购的企业价值/EBITDA 和企业价值/销售额指标均远低于可比公司相应估值指标。

根据可比交易法，机器人领域的并购交易不多，但从已发生过的来看(欧姆龙收购 Adept、泰瑞达收购优傲、亚马逊收购 Kiva、软银收购 Aldebaran)，企业价值/EBITDA 均值 23.5x、企业价值/销售额 8.7x，也高于本案的估值水平(见表 6-6)。

整体上，虽然从国际上的可比公司来看，美的集团收购库卡的价格偏高，但是与国内的可比公司以及机器人领域已发生的交易相比，估值水平很低(见表 6-7)。

2. 可比交易法

表 6-6 国外机器人可比交易法估值

交 易 描 述	交易金额（百万美元）	企业价值/EBITDA（过去 12 个月）	企业价值/销售额（过去 12 个月）
欧姆龙 2015 年收购美国工业机器人厂商 Adept Technology	198	EBITDA<0	3.6x
泰瑞达公司 2015 年收购生产协作机器人的优傲机器人公司	350	23.5x	8.9x
亚马逊 2012 年收购生产仓储物流服务机器人及控制软件的 Kiva 公司	775	—	7.8x
软银 2012 年收购生产人形机器人的 Aldebaran Robotics	100	—	14.4x
平均值		23.5x	8.7x

表 6-7 国内机器人市场可比公司法估值

序号	同行业上市公司	企业价值/EBITDA（过去 12 个月）	企业价值/销售额（过去 12 个月）
1	机器人	71.2x	21.4x
2	博实股份	54.1x	16.7x
3	三丰智能	201.7x	18.7x
4	亚威股份	43.0x	5.3x
5	佳士科技	40.8x	5.1x
6	瑞凌股份	44.9x	5.2x
7	软控股份	61.8x	7.0x

资料来源：292 亿！美的鲸吞德国库卡的背后[EB/OL].搜狐科技,2017-01-10。

6.2.3 对市场法的评价

总体来看,采用市场估值方法有不少优点。首先,利用市场价值标准估算目标企业,计算过程简单且资料相对容易获取。其次,与现金流量贴现法相比,比率估价法的技术性要求较低,实践性强;尤其当有法律诉讼事件时,容易找到对标公司。当然,这种方法面临的主要困难是选择可比目标企业样本群。如在分析两个不同公司是否可比时,尽管表面上两个公司看起来可能十分相似,行业也差不多;但实际上也许会有很大的差别,两者的历史来源不同,会使这些差别在会计领域进一步放大;如存货的计价方法、折旧方法、无形资产的摊销方法、销售折扣、养老金计划和研究开发费等可能存在很大差异。通常的解决方法是选择一组同业的企业,计算它们的平均比率,作为估计目标企业价值的乘数。

6.3 现金流量贴现法(DCF)

6.3.1 DCF 法估值思路

现金流量贴现法(discounted cash flow, DCF),是将企业未来预期现金流量按照一定的资本率贴现,贴现为并购交易时点的现值以评估并购企业的价值的方法。

DCF 方法建立在以下四个假设之上：① 目前一定数量现金的价值大于未来等额现金的价值；② 对于未来产生的现金流量可以较为合理地评估；③ 企业的可用资本或资金的边际成本与其投资成本的可转换收益是相似的,而且容易预测；④ 企业未来持续经营,而且经营期很长。

现金流量贴现法认为：企业的价值等于未来现金流量的现值;它从现金和风险角度

考察企业的价值,即在一定风险情况下,企业未来产生的现金流量越多,企业的价值就会越高,企业内在价值与现金流成正比。

现金流量贴现法充分体现了现金流的重要性,这一估值思路认为自由现金流比净利润更重要,因为它可以通过考虑企业营运资本需求、货币的时间价值、折旧等因素而得到更准确的价值;另外,自由现金流可以一定程度地避免每个企业由于会计准则不同而产生的差异。从理论上讲,现金流量贴现法是较为科学和成熟的价值评估方法,并在国际上得到广泛的应用。现金流量贴现法不仅被企业用于评价为实现内部增长的投资项目,如增加现有的生产能力,还被用于评价为实现外部增长的投资项目,如兼并收购其他企业。根据被评估企业的预期收益来评估其价值,容易被交易双方接受。

6.3.2 DCF 法估值模型

目前,投行运用 DCF 法通常先预测评估目标公司未来各年的自由现金流量,然后计算出经风险调整后的资本成本,并以此为贴现率计算出未来现金流的现值,求和得出公司的价值。该方法的使用有两个难点,即未来自由现金流量的预测及资本成本的估算。

在经济环境稳定的发达完善的证券市场一般借助戈登股利模型的 2 阶段模型,并运用现金流量贴现法评估企业价值,通用的计算公式为:

$$企业价值 = \sum_{t=1}^{n} \frac{FCF_t}{(1+R_t)^t} + \frac{TV}{(1+R_n)^n} \tag{6.4}$$

式中:FCF_t 为被评估企业第 t 年的自由现金流量的预测值,R_t 为第 t 年的贴现率,TV 为目标企业的终值(连续价值),n 为预测期间。

DCF 模型中,企业价值由两部分构成:第一部分为预测期内现金流量的现值;第二部分为终值(terminal value,TV)或者残值(residual value),即预测期后现金流量的现值,在并购估值中可以将其看成持续经营后将目标企业售卖获得现金流的现值。

6.3.3 DCF 法估值步骤

(1) 预测持有目标公司的期间(n 为预测期间)。

根据不同的行业背景、管理部门政策和收购的具体环境等确定不同的预测持有目标企业的期间,比如新兴产业的预测期间可能相对短一些,而钢铁、煤炭等比较稳定、成熟的行业预测期则相对长一些。一般行业研究人员预测时的基本原则如下。

① 通过行业整体调研,预测市场情况、被评估公司的增长率和竞争强度等。
② 调查被评估公司的市场份额和为竞争而拟定的战略和投资方案。
③ 分两阶段估计公司将经历快速增长或不均衡增长的年数。
④ 估计公司将经历收入提高(或下降)的年份数;并合理估算出资本支出的年份。
⑤ 从统计意义上,对被评估公司未来各年财务和业绩表现所做的预测的置信度。

韦弗和威斯通(Weaver-Weston)公式法模型通常将预测分为两个时期:① 明确的持

续经营预测期,一般采用5年期进行计算,需要对这一时期涉及自由现金流和资金成本计算的各项财务指标进行详细预测,明确预测期应保证企业投入的资本可以取得稳定的收益率,并且每年能将营业利润的一定比例用于业务的再投资,扩大投资规模或市场占有率,以保证公司保持稳定的增长率。② 企业持续预测期以后的年限,一般从第6年开始计算,对第二个较远时期的现金流量,则采用终值计算公式确定。

当然,现在平台经济发展的趋势之一就是企业被替换的速度越来越快,经营环境变化也越来越难预测,那么一个现实的问题是如何调整预测时间长短。

(2) 预测自由现金流(FCF_t)。

① 自由现金流的定义:自由现金流是已扣除需要追加的营运资金及固定资产投资,可以由企业自由支配的现金流。简单地说,业界常使用"自由现金流(FCF)=税后收入+折旧+递延税−净运营资本的变化−资本支出"这一思路计算。

这里,我们采用的是企业无杠杆自由现金流(unlevered free cash flow, UFCF),无杠杆作用的含义是不考虑融资来源对现金流的影响,具体体现为计算无杠杆作用的现金流时,加回了利息费用,即是企业主体通过持续经营业务产生的并满足企业再投资需要之后的现金流,扣除了流动资本和固定资本投资之后的经营活动所带来的现金流量,是企业可自由支配的现金流量,可支付给债权人及所有者的现金流。

实际操作中,企业无杠杆自由现金流的公式为:

$$
\begin{aligned}
\text{无杠杆自由现金流} &= \text{税后净运营收入 NOPAT} + \text{折旧和摊销(或其他非现金调整)D\&A} \\
&\quad - \text{营运资本的变化 Changes in Net Working Capital} \\
&\quad - \text{资本性支出 Capital Expenditures}
\end{aligned}
$$

$$\text{税后净运营收入 NOPAT} = \text{运营利润 EBIT} - \text{税金}$$

$$
\begin{aligned}
\text{运营利润 EBIT} &= \text{营业收入 Revenue} - \text{销货成本 COGS} \\
&\quad - \text{运营费用 Operating Expense}
\end{aligned}
\tag{6.5}
$$

其中没有考虑的因素包含:利息收入/支出、其他收入/支出(非主业)、一次性项目等。加回大多数非现金项目(如D&A),无杠杆自由现金流不反映融资活动的影响,因此计算无须加入或减去如股利、新增股本、偿还贷款本息等现金流。

② 营业额预测方法:采用拉巴波特关键参数价值驱动模型。对目标公司运营的准确预测是并购财务模型的基础,其关键在于尽可能细化盈利与支出项目,每个明细项目的预测都基于一个或多个驱动变量。美国教授拉巴波特认为,对上市公司来说,并购的目的在于获取未来收益。拉巴波特用于企业战略发展的模型揭示了各估价参数与企业价值之间的关系,企业价值增量清楚地表达了销售增长率、营业利润率、所得税率、营运资金投资、固定资本投资、资本成本、价值增长持续期等"价值动力"与企业目标之间的关系,这些估价参数被拉巴波特教授形象地称为"价值驱动器"(value driver)(见图6-2)。

根据该模型,自由现金流量的预测是否合理很大程度上取决于对销售收入的预测,三种最基本的预测方法如下。

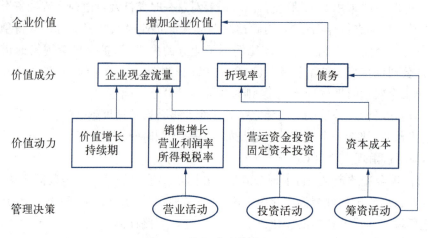

图 6-2 拉巴波特模型图示

资料来源:(1)[美]阿尔弗洛德·拉帕波特.创造股东价值[M].北京天则经济研究所等选译.云南:云南人民出版社,2002。
(2)上海国家会计学院.企业并购与重组[M].北京:经济科学出版社,2011。

a. 根据经营状况估计。收购方公司采用自由现金流量贴现法评估目标公司时,一般会先估算目标公司以后的经营状况并预测其未来可能的自由现金流量。

b. 依据销售额的历史增长率预测。这种方法通常是计算历史上的销售收入增长率,并以此为基础,推算出未来的销售收入增长率。这里的增长率通常指年复利增长率,而不是将不同年份的增长率进行简单平均。简单的营业额预测方法涉及简单的增长率法(如假设年营业额增长率为20%)。

c. 加权平均法预测。越接近评估时点的年份的数据影响力越大,一般用结构化的加权平均法计算销售收入。加权平均法适用于处于成熟期的、增长率低的企业,而对新建的、高速增长的平台企业的预测存在较大的局限性。

另外,还可用线性分析、回归分析等统计技术对企业经营状况的发展趋势进行预测。

当然,如果没有足够的数据或信息支持对有关明细项的预测,则细化太多项目进行预测也是没有太多意义的,尤其在今天大数据和人工智能时代。通常,日常运营预期资料来源包括:① 公司历史和预期的数据;② 同一行业公司的相关研究报告和财务数据;③ 其他同一行业的投行估值模型。这里,重要的是模型是否已经从商业模式上反映了全部的关键驱动变量和关键的业务逻辑关系。

(3)预测资本成本或者贴现率(R_t)。

所谓贴现率(R_t),就是将预测的未来现金流量折算为现值的比率,可以理解为资本提供者要求的回报率,并与被评估企业特定风险有关;也可以理解为并购融资资金所需的结构化成本(WACC)。和其他投资决策一样,资本成本是包含债务成本和权益成本的加权平均资本成本。其中,债务成本是指税后长期债务的成本,权益成本可以利用资本资产定价模型(CAPM)确定。计算贴现率 R_t 为加权平均资本成本(WACC)的公式如下:

$$R_t = WACC = \sum_{i=1}^{n} w_i r_i \tag{6.6}$$

式中：w_i 代表各类资金来源在全部资金来源中所占的比重，r_i 代表各单项资本成本。

(4) 测算公司的终期价值(TV)。

现金流量贴现法对企业进行估值是假设该企业会持续经营下去。实际操作中，只能对企业未来有限期限内每年的现金流进行预测(即所谓的"预测期")。对预测期每年的现金流逐年进行贴现得到其现值，而对预测期以后直至永远的现金流的总价值，通常基于一定的假设简化计算，采用公司法得到。

测算公司未来的自由现金流不可能无限预测下去，因此要对未来某一时点的公司价值进行评估，即预测期结束后开始的永续现金流量，计算企业的终值或者残值，也可以想象成最后将公司卖掉获得的价值。这些预测期以后直到永远的现金流的总价值称为终值(TV)。

计算 TV 常用的方法有两种：永续增长法和退出倍数法。这两种方法有一定对应关系，常用来相互检验。

① 永续增长法。通常，我们借助戈登股利贴现模型的思想采用永久增长模型，即固定增长模型计算企业终值，这就是永续增长法。与前期的 DCF 方法一致，假定从计算终值的那一年起，自由现金流量是以固定的增长率增长的。

公司终值(TV)的计算公式为：

$$TV = \frac{FCF_t}{R_n - g} \tag{6.7}$$

式中：FCF_t 为计算终值那一年的自由现金流量；R_n 为资本成本或贴现率，即投资决策中资金使用的机会成本，可按企业债券和各类股票成本的加权平均数来计算；g 为计算终值那年以后(如第 6 年)的自由现金流量年复利增长率。

TV 的计算结果对 g 的取值十分敏感，合理预测 g 的取值也是比较困难的事情。永续增长模型的前提在现实中成立的可能性极小，因而其结果的实用性就受到一定限制。

② 退出倍数法。用一个适当的市盈率与预计的终值那年的净收入的乘积作为被评估企业的期末价值。假设被估值的并购企业在预测期期末出售所可能卖得的价格，通常该价格按照一定的估值倍数估算。例如，可以按照预测期最后一年的 EBITDA 和一定的企业价值/EBITDA 倍数估算。这种方法的局限性在于只能根据当前时点的交易估值倍数，而实际需要估计未来若干年后的估值倍数。

$$TV = \frac{最后一年预测期 EBITDA_n * EBITDA_n 倍数}{(1+R_n)^n} \tag{6.8}$$

(5) 利用 DCF 公式计算并购企业的价值。

实际当中，我们经常结合财务报表和相关数据，采用韦弗和威斯通 DCF 估值模型测算并购企业价值。实践中常采用 4 阶段评估法，而且会同时采用表格法(参见案例 6-3，表 6-8)与公式法(参见案例 6-4，表 6-9)进行对比评估。

案例 6-3

4 阶段 DCF 表格法

表 6-8　表格法的 DCF

Part 1：基本参数

输入：

基期收入(元)	6 926
收入增长率,首期(%)	15.5
贴现率,首期(%)	10.0
终期增长率(%)	0.0
终期折旧(%)	5.0
终期资本性支出(%)	5.0
终期营运资金变化(%)	0.0
税率(%)	40.0

时间关系：

基　　　期	2010 年
项目首期	2011 年
项目终期	2015 年

Part 2：最初增长期间　　　　　　　　　　　　　　　　　　　　　　　　　　　　　　单位：元

	收入关系(%)	2011 年	2012 年	2013 年	2014 年	2015 年	2016 年
1. 收入		8 000	9 240	10 672	12 326	14 237	14 237
2. EBITDA	20.0	1 600	1 848	2 134	2 465	2 847	2 847
3. 折旧	5.0	400	462	534	616	712	712
4. EBIT=NOI	15.0	1 200	1 386	1 601	1 849	2 136	2 136
5. 减：利息费用	3.0	240	277	320	370	427	427
6. EBIT=(4)−(5)		960	1 109	1 281	1 479	1 708	1 708
7. 减：税		384	444	512	592	683	683
8. 净利=(6)−(7)		576	665	768	888	1 025	1 025
9. 加：利息费用 * (1−T) =(5) * (1−T)		144	166	192	222	256	256
10. NOPAT=(4) * (1−T) =(8)+(9)		720	832	960	1 109	1 281	1 281
10a. 加：折旧	5.0	400	462	534	616	712	712
10b. 减：资本支出	9.0	720	832	960	1 109	1 281	712
10c. 减：营运资本的变化	4.0	320	370	427	493	569	—
11. 自由现金流=(10)+(10a)−(10b)−(10c)		80	92	107	123	142	1 281
12. 现值系数		0.909	0.826	0.751	0.683	0.621	
13. 自由现金流现值		73	76	80	84	88	
14. 初期现值总和		402					

Part 3：后期	单位：元
1. 2016 年的 EBITDA	2 847
2. 2016 年的自由现金流	1 281
3. 后期贴现率(%)	12.0
4. 在 2016 年的价值	10 678
5. 现值系数	0.621
6. 后期的现值	6 630

Part 4：权益价值的计算	单位：元
1. 初期现值和	402
2. 终期现值	6 630
3. 企业 DCF 价值	7 032
4. 加：超额现金	—
5. 减：债务	(4 000)
6. 权益价值	3 032
7. 流通在外的股票数量	100
8. 每股价值	30

案例 6-4

4 阶段 DCF 公式法

表 6-9 收入增长公式法

Part 1：价值驱动器

R_0 = 首年的收入(元)	6 926
n = 超常增长的年数(年)	5
m = 净营业利润毛利率(%)	15.0
T = 税率(%)	40.0
g_s = 超常增长时期的增长率(%)	15.5
d_s = 超常增长时期的折旧率(%)	5.0
l_{fgs} = 超常增长时期的资本支出(总额)(%)	9.0
l_{ws} = 超常增长时期的营运资本支出(%)	4.0
k_s = 超常增长时期的资本成本(%)	10.0
g_c = 终期增长率(%)	0.0
dc = 终期折旧(%)	5.0
l_{fgc} = 终期资本支出(%)	5.0
l_{wc} = 终期营运资本支出(%)	0.0
kc = 终期资本成本(%)	12.0
$1+h$ = 计算关系 = $(1+g_s)/(1+k_s)$	1.05

Part 2：公式

$$V_0 = R_0[m(1-T)+d_s-l_{fgs}-l_{ws}]\sum_{t=1}^{n}\frac{(1+g_s)^t}{(1+k_s)^t}+\frac{R_0(1+g_s)^n[m(1-T)+d_c-l_{fgc}]}{k_c(1+k_s)^n}$$

$$V_0 = \frac{R_1[m(1-T)+d_s-l_{fgs}-l_{ws}]}{1+k_s}\left[\frac{(1+h)^n-1}{h}\right]+\frac{R_0(1+g_s)^n[m(1-T)+d_c-l_{fgc}]}{k_c(1+k_s)^n}$$

Part 3：数字计算 V_0

$$= 8\,000 \times [0.15 \times (1-0.4) + 0.05 - 0.09 - 0.04] \times \left[\frac{1}{(1+0.1)}\right] \times \frac{(1.05^5 - 1)}{0.05} + 6\,926$$

$$\times [(1+0.155)^5] \times \frac{0.15 \times (1-0.4) + 0.05 - 0.05}{[0.12 \times (1+0.1)^5]}$$

$$= 8\,000 \times (0.01) \times (0.909\,1) \times (5.525\,6) \text{ 超常现金流量的现值}$$

$$+ 6\,926 \times (2.055\,5) \times (0.09) \times [(8.333\,3) \times (0.620\,9)] \text{ 终值的现值}$$

$$= 401.9 + 6\,629.5$$

$$= 7\,031$$

Part 4：计算公司价值 单位：元

超常现金流量的现值	402
终值的现值	6 630
未来现金流量的现值之和	7 032
加上：有价证券	0
公司总价值	7 032
减去：总的带息债务	(4 000)
权益价值	3 032
股份数	100
每股价值	30

韦弗和威斯通模型通常将自由现金流贴现法 2 阶段模型根据企业商业增长模式划分为四种方式：① 无增长型；② 固定增长型；③ 暂时超常增长，后期无增长型；④ 暂时超常增长，后期固定增长（具体见表 6-10，相关变量含义与案例 6-4 中一致）。因此，建议每个估值企业应当根据自己的商业模式选择合适的计算公式进行评估。

表 6-10 DCF 2 阶段韦弗和威斯通模型公式

无增长：

$$V_0 = \frac{R_0[m(1-T) + d - l_{fg}]}{k}$$

固定增长：

$$V_0 = \frac{R_0[m(1-T) + d_s - l_{fgs} - l_{ws}](1+g_s)}{k_s - g_s} = \frac{R_1[m(1-T) + d_s - l_{fgs} - l_{ws}]}{k_s - g_s}$$

暂时超常增长，后期无增长：$h = (1+g_s)/(1+k_s)$

$$V_0 = R_0[m(1-T) + d_s - l_{fgs} - l_{ws}]\sum_{t=1}^{n}\frac{(1+g_s)^t}{(1+k_s)^t} + \frac{R_0(1+g_s)^n[m(1-T) + d_c - l_{fgc}]}{k_c(1+k_s)^n}$$

$$= \frac{R_1[m(1-T) + d_s - l_{fgs} - l_{ws}]}{1+k_s}\left[\frac{(1+h)^n - 1}{h}\right] + \frac{R_0(1+g_s)^n[m(1-T) + d_c - l_{fgc}]}{k_c(1+k_s)^n}$$

暂时超常增长，后期固定增长：

$$V_0 = R_0[m(1-T)+d_s-l_{fgs}-l_{ws}]\sum_{t=1}^{n}\frac{(1+g_s)^t}{(1+k_s)^t}+\frac{R_0(1+g_s)^n(1+g_c)[m(1-T)+d_c-l_{fgc}-l_{wc}]}{(k_c-g_c)(1+k_s)^n}$$

$$=\frac{R_1[m(1-T)+d_s-l_{fgs}-l_{ws}]}{1+k_s}\left[\frac{(1+h)^n-1}{h}\right]+\frac{R_0(1+g_s)^n(1+g_c)[m(1-T)+d_c-l_{fgc}-l_{wc}]}{(k_c-g_c)(1+k_s)^n}$$

(6) 进行敏感性分析。

由于预测过程中存在不确定性,并购企业还应检查目标企业的估价对各变量预测值的敏感性,尤其是对于增长率 g 的单位变动所带来的企业价值的变动需要进行测试。这种分析可能会揭示出现金流量预测中存在的缺陷以及一些需要并购企业关注的重大问题。

从上述步骤可以看到,利用贴现未来现金流量的原理计算目标企业的价值,不仅可以评价未来并购对象,而且对重新评价上市公司的总体战略计划也起到了良好的促进作用。许多企业不但利用该模型来评估难以判断的并购对象,还用它来对潜在的并购对象进行初步筛选,使管理部门能以论据充分、令人信服的方式向决策者提出并购建议。该模型为并购者提供了一个建立在现代财务理论基础上的实用并购分析工具,它考虑了目标企业被并购后对并购方现金流量的贡献,并逐期预测现金流量(一般为5—10年,直到难以进一步预测为止),使用企业加权资金成本进行折算。

当然,现实情况往往不像模型的假设那样容易确定。例如,处于财务拮据状态的企业、收益呈周期性的企业、拥有未被利用资产的企业、有专利或产品选择权的企业、正在进行重组的企业、未上市企业等,它们的未来价值都充满了不确定性。当这样的情况出现时,无疑会令模型的结果大打折扣。

另外,这一模型还面临两个棘手的问题:一是并购的协同效应对企业现金流的影响;二是企业管理层的变动对企业现金流和风险的影响如何计量。有时,可以考虑实物期权估值模型以及其他模型估值方法的联合运用。

敏感性分析还要注重对资金使用成本变动的分析,有关资本成本、现金流量贴现法(DCF)实际应用中主要包括两大类:加权平均资本成本法(WACC)和调整现值法(APV),下面分别讲解。

6.3.4　加权平均资本成本法(WACC)

WACC 现金流量贴现法的原理,是一个利用加权平均资本成本(weighted average cost of capital,WACC),计算无杠杆作用的自由现金流(UFCF)或流向全部资本提供者的资金的现值来进行估值的工具,现实中被广泛采用,基本公式如下:

$$\text{企业估值} = \sum_t^x \frac{FCF}{(1+WACC)^t} + \text{终值} \tag{6.9}$$

通过计算 WACC 估算贴现率,若包括债权、优先股和股权成本,则计算公式为:

$$WACC = \text{股权成本} \times \% \text{ 股权} + \text{债权成本} \times (1-\text{Tax Rate})$$
$$\times \% \text{ 债权} + \text{优先股成本} \times \% \text{ 优先股} \tag{6.10}$$

其中,股权成本指公司普通股的贴现率,从股价增值和股息中获得的回报;债权成本指公司债权的贴现率,随利息和债权的市场价值发生变化;优先股成本,类似债权成本,但是股息不能税前抵扣,相对更高的利率,成本相对更高。

现实中若仅考虑股权和债权的加权平均资本成本(WACC)的计算公式为:

$$WACC = \frac{E}{D+E}K_e + \frac{D}{D+E}(1-t)K_d \tag{6.11}$$

其中,各项参数的含义与一般获得途径,如表 6-11 所示。

表 6-11 计算加权平均资本成本(WACC)的相关变量

参数	含义	获得途径
E	权益市场价值	通过考察目标公司
D	付息债务市场值	通过考察目标公司
K_e	权益资本成本	通过 CAPM 模型获得
K_d	债务资本成本	通过考察市场债务融资成本获得
t	所得税税率	被评企业一般情况下适用的税率

① 权益资本成本 K_e。一般通过资本资产定价模型(capital asset pricing model,CAPM)计算得到:

$$K_e = 无风险收益率 + \beta * 风险溢价 \tag{6.12}$$

式中:无风险收益率是指国债收益率,如美国常用 10 年期国债利率;风险溢价是指股票市场长期平均回报率高出无风险收益率的部分,它反映投资者投资于股票市场作为补偿整体市场风险所要求的溢价。股权风险溢价没有官方计算方式,取决于咨询公司传统上用的数字,一般发达国家用 7%—9%。β 是特定企业相对于股票市场的波动性,它反映了特定企业自身的风险,用于计算投资者投资该企业股票时所要求的风险溢价。

为计算被估值企业的 β,首先要分析可比公司的 β 值。由于可比公司的资本结构可能与被估值企业差异很大,因此要将可比公司的 β 值折算成无杠杆的 β。

可比公司无杠杆的 β 的平均值/中间值用作被估值企业近似的风险系数。为反映财务风险,需要重新考虑被估值公司的资本结构,计算有杠杆的 β。Bloomberg 中对每个公司用回归性模型,基于公司股价和市场基准指数都已经计算了杠杆 β。这里,特别需要注意的是无杠杆的 β 与杠杆的 β 关系:

$$无杠杆的 \beta = 杠杆 \beta / [1 + D/E * (1-t) + 优先股/E] \tag{6.13}$$

② 确定税前债务融资成本 K_d。一般通过考察市场债务融资成本获得,如查阅投资手册确定公司公开发行的债券评级或利率,或者对公开交易的债券进行加权,计算平均到期收益率。

如假设无风险利率为 1.55%(10 年美国国债利率),所得税率=40%,则债务成本的计算方法有以下多种。

第一种是加权平均各层级债券的票面利率(coupon rate):比如公司拥有 2 000 美元的债券,1 500 美元有 5%的利息,另外 500 美元有 7%的利息,加权平均债务成本=5.5%,税后 5.5% * (1-40%)=3.3%。

第二种是用损益表中的利息支出除以平均负债方式。

第三种类似方式一,但是使用每个层级债券的到期利率方式。

第四种类似方式二,但是用各层级债券和票面利率算出利息支出,除以负债的市场公允价值。

第五种风险溢价方式:K_d=无风险利率+违约利差,违约利差取决于公司信用评级核心,这可参考可比上市公司的年报并分析它们的债务成本,同时债务的账簿价值不等于其市场公允价值。

WACC 等于所有投资者(包括债权人、优先股股东和普通股股东)要求的回报:每年公司的资本结构都可能变化,这取决于公司的成长周期。预测期开始一般负债比率比较高,资本支出大并且利润率低。理想情况下,应该每年使用不同的 WACC 来反映变化的资本结构和企业价值。但是,这会是一个循环过程,我们需要 WACC 计算股权价值,同时又要股权价值来计算 WACC。实际操作中,应当设定一个目标负债比率,一般是 5—10 年后应达到的负债比率或者同行业的平均负债率水平。

一个简单的例子是:目标公司资本结构包含 80%股权和 20%债权,并且有 40%的税率;即按比例投资 1 000 百万元的企业,其中其资本结构 800 百万元为股权,200 百万元为债权;其中股权方面,和标的公司可比公司股价长期平均每年涨 8%,股息年平均 2%;债权方面,实际年收益 6%,并且可比公司的可比债权同样年收益为 6%,则其 WACC＝10%×80%＋20%×6%×(1−40%)＝8.7%。WACC 法评估模型参见案例 6-5 和表 6-12。

在 WACC 法中,韦弗和威斯通模型是典型的代表。

案例 6-5

WACC 法评估模型

表 6-12　WACC 法

Part 1:预测现金流量表　　　　　　　　　　　　　　　　　　　　　　　　　　　　　　单位:元

	历史	年度预测,每年至 12 月 31 日				
	2016A	2017E	2018E	2019E	2020E	2021E
经营活动产生的现金流						
净利润		6 947	9 586	8 894	9 744	10 491
折旧		10 775	12 132	14 238	15 286	16 295
递延税款		403	331	281	302	322
短期资产的减少(增加)		(2 768)	(3 404)	(4 028)	(4 351)	(4 401)
短期负债(除债券)的增加(减少)		1 439	1 498	1 907	2 064	2 087
净营运资本的减少(增加)		(1 329)	(1 906)	(2 121)	(2 287)	(2 314)
经营活动产生的现金流		16 796	20 143	21 292	23 045	24 794
投资活动产生的现金流						
资本支出		11 380	17 771	19 437	22 046	22 807

续表

	历史	年度预测,每年至12月31日				
	2016A	2017E	2018E	2019E	2020E	2021E
投融资活动产生的现金流						
债券的减少(增加)		(4 638)	(6 262)	(5 939)	(8 824)	(8 078)
股息红利		9 939	8 337	7 486	9 490	9 728
融资总现金流		5 301	2 075	1 547	666	1 650
现金的增加(减少)		115	298	308	332	336
年末现金和可交易证券	3 417	3 532	3 830	4 138	4 470	4 806

Part 2:2016年12月31日的企业估值   单位:元

年 末	2016A	2017E	2018E	2019E	2020E	2021E
净利润		6 947	9 586	8 894	9 744	10 491
税后净利息		4 121	4 357	4 671	4 969	5 414
无杠杆净利润		11 068	13 943	13 565	14 713	15 905
递延税款的变化		403	331	281	302	322
税后净经营利润(NOPAT)		11 471	14 274	13 846	15 015	16 227
折旧		10 775	12 132	14 238	15 286	16 295
净营运资本变化		(1 329)	(1 906)	(2 121)	(2 287)	(2 314)
资本支出		(11 380)	(17 771)	(19 437)	(22 046)	(22 807)
自由现金流		9 537	6 729	6 526	5 968	7 401
估值						
WACC(%)	10.03					
FCF的现值	27 786					
持续增长率(%)	7.52					
持续增长价值						316 370
持续增长价值的现值	196 173					
EV	223 959					

我们注意到,WACC和无杠杆自由现金流理念的不同在于:WACC认为一个公司的资本结构会影响公司估值。因为一开始,由于利息可以税前列支,债更便宜;但当超过一定的量,越多的债代表破产的风险越高,提升了所有投资人的风险,反而提高了WACC。

无杠杆作用的自由现金流贴现得到的是企业价值,全部资本提供者包括普通股股东、优先股股东和债权人,因此,企业价值在减去债务并加回现金后得到股权价值。为什么贴现流向债权人和股东的全部现金流,但是不直接流向股东的现金流,在财务管理领域关于企业融资的方式是否影响企业价值存在争论。财务管理理论也指出股利分配政策不应该影响价值,而仅是起到向市场传递信号的作用,避免在对某一个具体业务估值时,需要将整个企业的融资成本依据某种假设分配到此业务。这样就出现了调整现值法(adjust present value,APV)估值模型的应用。

6.3.5 调整现值法(APV)

前面所述现金流贴现模型是基于加权平均资本成本的现金流量贴现法,而调整现值法(APV)则是针对它的一些固有缺陷提出的一种改进的现金流量贴现法。这种方法的理论依据是价值具有可加性,因此可按照产生现金流量的不同事项把企业的行为(经营行为或投资行为等)划分为几部分,分别计算每部分的价值,然后加总求得企业的总价值。

国际投行在实际应用中,通常会采用经调整的现值方法(APV),具体应用流程如下。

假设 J 公司未来 5 年将处于高速发展阶段,年均增长率达到 12%;5 年后保持稳定持续的增长,年均增长率为 6%。假定根据 CAPM 模型,股权资本成本为 10.7%,债务资本成本为 8%。其相关预测财务数据如表 6-13 所示。

表 6-13 预测的 J 公司财务数据表格

	第 0 年	第 1 年	第 2 年	第 3 年	第 4 年	第 5=n 年	第 n+1 年
净收入(万元)	10 000	11 000	12 100	13 310	14 641	16 105	16 910
收入增长率(%)		10	10	10	10	10	5
净营业收入(万元)	1 000	1 100	1 210	1 331	1 464	1 611	1 353
现金税率(%)	40	40	40	40	40	40	40
所得税(万元)	400	440	484	532	586	644	541
税后净营业利润(万元)	600	660	726	799	878	966	812
+折旧(万元)	500	550	605	666	732	805	592
-流动资本的变动(万元)	100	110	121	133	146	161	85
-资本支出(万元)	200	220	242	266	293	322	169
-其他资产的净变动(万元)	100	110	121	133	146	161	169
自由现金流量(万元)	700	770	847	932	1 025	1 127	981
贴现率(%)		10.70	10.70	10.70	10.70	10.70	10.70
贴现系数		0.903 34	0.816 03	0.737 15	0.665 90	0.601 54	
FCF 现值(万元)		696	691	687	682	678	

续 表

	第0年	第1年	第2年	第3年	第4年	第5=n年	第n+1年
利息费用(万元)		400	380	300	200	150	100
利息的税收抵免(万元)		160	152	120	80	60	40
贴现率(%)		8.00	8.00	8.00	8.00	8.00	8.00
贴现系数		0.925 93	0.857 34	0.793 83	0.735 03	0.680 58	
现值(万元)		148	130	95	59	41	

对自由现金流的现值和利息税收抵免的现值加总,得到公司价值。将债务的初始账面价值排除后,便可以得到股权价值,参见表6-14。

表6-14 根据资本结构计算股权价值　　　　　　　　　　　　单位:万元

现金流的现值	3 908
价值终值的现值	11 258
经营价值	15 166
+可交易的证券	—
总价值	15 166
−债务的初始账面价值	2 000
权益的价值	13 166
发行在外的股份	100
每股价格	131.66

计算目标企业价值的步骤如下。

(1) 估计预测期内每年的现金流量。APV法和WACC法都需要估计预测期内每年的现金流量,包括目标交易所产生的增量经营现金流和增量投资现金流,以及预测期的确定,但不包括融资行为所产生的现金流。

(2) 确定合适的贴现率,计算每年的现金流量和预测期末终值的贴现值。这一步骤是APV法与WACC法的区别所在。APV法将债务融资方式对现金流量的影响单列入第三步中,在该步骤中仅考虑资金全部来源于权益资本时的情况。对现金流量的贴现率以股东权益的投资机会成本为基准,它等于股东投资于风险程度相同的全股权公司时的投资收益率。对终值的估算与拉巴波特模型中对终值的处理一致。这一计算可得出内部收益率(IRR),即现金流入量现值等于现金流出量现值时所得到的内涵贴现率。

(3) 考虑融资方式的影响。在并购活动中,企业往往会通过银行贷款、发行债券等方式来进行融资。负债融资给企业带来多种财务影响,如利息的抵税作用、债券发行费用、财务危机成本等。在这里,只考虑债务利息的抵税作用对目标企业价值的影响。利息抵税额等于利息支付与税率的乘积,因此随着负债率的降低,利息抵税额同时下降。利息抵税额的贴现也需要终值和贴现率。

需要注意的是,这里所用的贴现率不再是风险调整的贴现率,而是债务融资成本,根据谨慎性原则,当负债融资由几种利率不同的债务构成时,贴现率应取接近最高利率的债务成本。在终值确定上,以预测期末的债务规模和债务成本为基础,假定预测期以后资本结构基本不变,负债和基本业绩以相同增长率增长,根据永续现金流量公式计算利息抵税额的终值。将预测期内的利息抵税额及期末终值进行贴现,求得全部利息抵税额的现值。

(4)加总现金流量现值和利息抵税额现值,得出调整现值。由于不考虑其他财务效应的影响,因此调整现值等于基本现金流量现值和利息抵税额现值的加总,即为目标企业的评估价值。

一个较为完整的 APV 表格评估法参见案例 6-6 和表 6-15。

案例 6-6

APV 方法的一个实际应用

表 6-15 税收抵免以折现率为 k_b 的 APV 方法   单位:元

	第 0 年	第 1 年	第 2 年	第 3 年	第 4 年	第 5=n 年	第 n+1 年
1. 净收入	5 000	5 400	5 832	6 299	6 802	7 347	7 567
2. 收入增长率(%)		8.0	8.0	8.0	8.0	8.0	3.0
3. 净营业收入=息税前收益	500	540	583	630	680	735	605
4. 现金税率(%)	40.0	40.0	40.0	40.0	40.0	40.0	40.0
5. 所得税	200	216	233	252	272	294	242
6. 税后净营业利润	300	324	350	378	408	441	363
7. +折旧	250	270	292	315	340	367	265
8. −流动资本的变化	50	54	58	63	68	73	38
9. −资本支出	100	108	117	126	136	147	76
10. −其他资产的净变化	50	54	58	63	68	73	76
11. 自由现金流	350	378	409	441	476	514	438
12. 折现率(k_a)%		10.7	10.7	10.7	10.7	10.7	10.7
13. 折现系数		0.903 3	0.816 0	0.737 2	0.665 9	0.601 5	
14. FCF 的现值		341	333	325	317	309	
15. 利息费用		400	380	300	200	150	100
16. 利息的税收抵免(TS)		160	152	120	80	60	40

续　表

	第 0 年	第 1 年	第 2 年	第 3 年	第 4 年	第 5=n 年	第 n+1 年
17. 折现率(k_b)(%)		8.0	8.0	8.0	8.0	8.0	8.0
18. 折现系数		0.925 9	0.857 3	0.793 8	0.735 0	0.680 6	
19. 税收抵免的现值		148	130	95	59	41	

6.3.6　现金流量贴现法(DCF)的评价

　　DCF 是资本投资和资本预算的基本模型,是目前国际上通用的评估企业整体内在价值的方法,是较成熟的一种并购企业内在价值评估方法。它是通过权衡为收购而投入的现金量和这一投资在未来能产生的净现金量和时间(扣除折旧、营运需要等)来计算的。这一计算可得出内部收益率(IRR),即现金流入量现值等于现金流出量现值时所得到的内涵贴现率,未来现金流量也能折算成现值并与原始投资比较。这一计算得出的是净现值(NPV),即在现值条件下支出和预期收益之间的差额。

　　该方法理论性较强,以现金流量预测为基础,充分考虑了目标企业未来创造现金流量的能力对其价值的影响,对企业并购决策具有现实的指导意义。当然,该模型对使用者的专业性和实务经验要求较高,因为涉及多个参数的估计和预测。其中需要运用其他理论测算贴现率,而这种测算在某些特殊情况下不准确。尤其是当企业为亏损企业,其现金流量可能为负,该模型的实际运用受到限制。

　　一般来说,对于公开的并购交易,DCF 法容易估算其预期产生的现金流,而对于不确定性环境下的各种尚未利用的无形资产,现金流难以估计,DCF 法的应用就会受到限制。

　　运用 DCF 法评估企业价值的时候,关键要解决三个问题:① 公允市价和投资价值,包括对计算公允市值选用的企业回报率予以确定,投资价值应考虑并购的协同效应;② 对企业的收益进行合理的预测,如评估达到预期经营业绩的可能性、确定对非经营性利润和费用项目的标准化调整;③ 选择合理的贴现率,如资本结构的变动、股权贴现率的确定等。

　　总的来说,该模型在并购投资项目评估、证券估价等方面应用广泛。它不仅适用于企业内部增长的投资,如增加现有的生产能力,也适用于外部增长的投资,尤其是当今第六次并购浪潮中的兼并与收购目标公司估值。DCF 法虽然不适用于非上市的企业,因为非上市企业很难通过资本资产定价模型计算出企业自身的股利贴现率,但依然可以借助相似行业或企业的历史数据作为评判标准。

6.4　实物期权估值法

　　长期以来,对实物投资的基本评价方法是现金流量贴现法(DCF)。当然,这一应用的前提条件是企业经营持续稳定、未来现金流可预期,但这往往隐含两个不切实际的假设:

① 企业决策不能延迟而且只能选择投资或不投资;② 同时项目在未来不会做任何调整。实际上,很多并购项目不仅可以决定投资或不投资,还可能推迟投资或分步投资,即便是决定投资的项目在未来也还是有一定调整空间的看涨或看跌期权的方式,甚至直接在收购活动中采用如荷兰式拍卖、看涨期权的股票回购策略等。这些假设使 DCF 法在评价实物投资中忽略了许多重要的现实影响因素,如投资未来的不确定性、信息不对称等,因而在评价具有经营灵活性或战略成长性的项目投资决策时,就会导致这些项目价值被低估,甚至导致错误的决策。

实物期权估值法考虑了 DCF 忽略的这些问题,丰富和完善了企业价值评估理论。因此,在一些并购估值中,需要以"企业 DCF 估值+期权估值"拓展估值区间,期权定价理论的发展给以现金流量贴现为基本方法的财务估价提供了一种新的思路。并购活动中,实物期权估值法就是用期权定价模型来估计有期权特性的公司或者资产的价值。这类方法认为,适应性和灵活性对于一个企业来说有巨大的战略价值。

6.4.1 期权估值基础:B-S 模型

1973 年,费希尔·布莱克(Fischer Black)和迈伦·斯科尔斯(Myron Scholes)在美国《政治经济学》杂志上发表了一篇开创性论文"期权和公司债务的定价",给出了欧式看涨期权的定价公式,即 Black-Scholes 期权定价模型,简称 B-S 模型,对标的资产的价格服从对数正态分布的期权进行定价。随后,罗斯开始研究标的资产的价格服从非正态分布的期权定价理论。1976 年,罗斯和约翰·考科斯(John Cox)在《金融经济学杂志》上发表论文"基于另类随机过程的期权定价",提出了风险中性定价理论。

多年来,这一模型为规范期权市场的定价机制发挥了重大的作用。通过运用无风险套利技术的期权定价模型,投资者可以通过同时买进一定数额的股票与卖出一定数额的以此股票为基础资产的看涨期权来构建一个无风险组合,该组合所获得的报酬率为无风险报酬率,即投资组合的收益完全独立于股票价格的变化。

B-S 模型的假设如下。
① 期权期内,买方期权标的股票不发放股利,也不做其他分配。
② 股票或期权的买卖无交易成本。
③ 短期的无风险利率是已知的,并且在期权寿命期内保持不变。
④ 任何证券购买者能以短期的无风险利率借得任何数量的资金。
⑤ 允许卖空,卖空者将立即得到按卖空现时价格计算的资金。
⑥ 看涨期权只能在到期日执行。
⑦ 所有证券交易都是连续发生的,股票价格服从随机游走。
该模型公式如下:

$$C_0 = S_0[N(d_1)] - X e^{-r_e t}[N(d_2)] \text{ 或 } C_0 = S_0[N(d_1)] - PV(X)[N(d_2)]$$

$$d_1 = \frac{\ln(S_0/X) + [r_e + (\sigma^2/2)]t}{\sigma\sqrt{t}} \text{ 或 } d_1 = \frac{\ln(S_0/PV(X))}{\sigma\sqrt{t}} + \frac{\sigma\sqrt{t}}{2} \tag{6.14}$$

$$d_2 = d_1 - \sigma\sqrt{t}$$

式中：C_0 为看涨期权的价值；S_0 为标的资产的当前价值；$N(d)$ 为标准正态分布中离差小于 d 的概率；X 为期权的执行价格；r 为无风险利率；t 为距期权到期日的时间（年）；σ^2 为标的资产（股票）收益率的方差，波动率方差。

在 B-S 定价公式中有五个变量影响期权价格，即股票价格、执行价格、无风险利率、到期时间及收益率方差，其中收益率方差是唯一不可直接观测的变量。2015 年，上证 50ETF 期权作为国内首只场内期权品种在上海证券交易所上市，这不仅宣告了中国期权时代的到来，也意味着中国已拥有全套主流金融衍生品。

B-S 模型的优点在于针对连续欧式期权，有精确的定价公式；同样，其缺点也十分明显，就是对可提前行权的美式期权，难以求出确切的表达式，而且数学推导和求解过程在金融界较难接受和掌握，尤其在具有灵活执行度的并购活动市场难以运用。

6.4.2 二项式期权定价模型

1979 年，罗斯、考科斯和马克·鲁宾斯坦（Mark Rubinstein）在《金融经济学杂志》上发表论文"期权定价：一种简化的方法"，该文提出了一种简单的对离散时间的期权的定价方法，被称为 Cox-Ross-Rubinstein 二项式期权定价模型，又简称为二叉树期权模型。

二项式期权定价模型建立在一个基本假设基础上，即在给定的时间间隔内，证券的价格运动有两个可能的方向：上涨或者下跌。虽然这一假设非常简单，但由于可以把一个给定的时间段细分为更小的时间单位，因而二项式期权模型适用于处理更为复杂的期权。

二项式期权定价模型和 B-S 期权定价模型，本质上是两种相互补充的方法。随着要考虑的价格变动数目的增加，二项式期权定价模型的分布函数就越来越趋向于正态分布，逐渐向 B-S 模型逼近。实际运用中，二项式期权定价模型推导比较简单，是简化了期权定价的计算并增加了直观性，更适合说明期权定价的基本概念，因此现在已成为全世界各大证券交易所的主要定价标准之一。

一般来说，二项期权定价模型的基本假设是在每一时期股价的变动方向只有两个，即上升或下降。其定价依据是在期权在第一次买进时，能建立起一个零风险套头交易，或者说可以使用一个证券组合来模拟期权的价值，该证券组合在没有套利机会时应等于买权的价格；反之，如果存在套利机会，投资者则可以买两种产品中价格便宜者，卖出价格较高者，从而获得无风险收益，当然这种套利机会只会在极短的时间里存在。这一证券组合的主要功能是给出了买权的定价方法，期权的套头交易不断调整，直至期权到期。

由此，二项式期权定价模型的基本思想原理：假定到期且只有两种可能，而且涨跌幅均为 10% 的假设都很粗略。修改为：把 T 分为很多小的时间间隔 Δt，而在每一个 Δt，股票价格变化由 S 到 Su 或 Sd。如果价格上扬概率为 p，那么下跌的概率为 $1-p$。那么现实如何确定上涨率、下跌率以及可能的发生概率呢？

B-S 模型告诉我们可以假定市场为风险中性，即股票预期收益率 μ 等于无风险利率 r，故有：

$$E(S_{t+\Delta t}) = Se^{r\Delta t} = p \cdot Su + (1-p) \cdot Sd \quad (6.15)$$

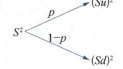

(1) 又因股票价格变化符合布朗运动,从而:
$$\Delta S \sim N(rS\Delta t, \sigma^2 S^2 \Delta t) \tag{6.16}$$

(2) 利用:
$$V(S_{t+\Delta t}) = E(S_{t+\Delta t}^2) - E(S_{t+\Delta t})^2 \tag{6.17}$$

得到:
$$\sigma^2 S^2 \Delta t = p(Su)^2 + (1-p)(Sd)^2 - [pSu + (1-p)Sd]^2 \tag{6.18}$$

(3) 为保证不同的路线的节点价格能够重合,股价的上扬和下跌应满足:
$$ud = 1$$

(4) 由此,可解得:
$$u = e^{\sigma\sqrt{\Delta t}};$$
$$d = e^{-\sigma\sqrt{\Delta t}};$$
$$p = \frac{a-d}{u-d};$$

式中: $a = e^{r\Delta t}$。

结论:在相等的充分小的 Δt 时段内,无论开始时股票价格如何,(1)—(4)所确定的 u,d 和 p 都是常数,即与 S 无关,仅与 $\Delta t, \sigma, r$ 有关联。

6.4.3 实物期权

期权是公司控制风险、锁定成本的一种重要的避险衍生工具。自从布莱克与斯科尔斯(1973)提出著名的B-S模型,为股票、债券、货币、商品等新兴衍生金融市场的合理定价奠定了基础,从而被金融机构和企业广泛使用。现实中,很多个股的期权都是美式,美式期权更为灵活,拥有很大的市场;同时,随着金融市场以及新技术的发展,涌现出了一些新的期权产品,解决新的实际问题。也就是说,期权产品发展到今天,除了传统的股票期权、股指期权、利率期权、商品期权、外汇期权等金融期权,还出现了诸如二元期权、打包期权、远期开始期权、复合期权、任选期权、比特币期权、非标准美式期权等各种形式的创新实物期权。

(1) 实物期权的基本概念和特征。

麦尔斯(Myers)在1977年首先提出"实物期权"(real options)这一概念,他指出一个投资方案产生的现金流量所创造的利润,来自所拥有资产的使用,再加上一个对未来投资机会的选择,企业可以取得一个权利,在未来以一定价格取得或出售一项实物资产或投资计划,即"企业完全价值=企业现金流价值+企业选择权价值"的思想,所以实物资产的并购投资评估类似评估一般期权,又因标的物为实物资产,故称之为实物期权。

实物期权是在金融期权理论的基础上发展起来的,布莱克和斯科尔斯的研究指出,金融期权是处理金融市场上交易金融资产的一类金融衍生工具,而实物期权是处理一些具有不确定性投资结果的非金融资产的一种投资决策工具。因此,实物期权是相对金融期权来说的,与金融期权相似但并非相同。从本质上看,实物期权有着与金融期权相类似的特征,即它赋予期权的购买者在未来某一特定时刻或者该时刻之前,以约定价格买进或卖出一定数量的标的资产的权利。但是两者的标的资产是不同的,实物期权的标的资产不是股票、债券、期货或货币等金融资产,而是某个具体投资项目,它们可以被理解为该项目所对应的设备、土地等实物资产(见表6-16)。绝大多数实物期权更像是美式期权,它可以在期权有效期内的任何时刻执行。

表 6-16 实物期权与金融期权对比

变量	金融期权	实物期权
S	当前股票价格	预期未来某项资产的价格
X	执行价格	将来获得该资产的成本
R	无风险利率	无风险利率
σ	股票波动率	该项资产的波动率
D	股票分红率	同期维护该资产的费用
T	期权的时效	期权的时效

因此,实物期权一般具有如下特征。

① 非交易性。实物期权标的物的实物资产一般不存在广泛的交易市场,因此,实物期权本身也就不大可能进行市场交易,难以获得公允定价。

② 非独占性。许多实物期权不具备所有权的独占性,即它可能被多个竞争者共同拥有,因而是可以共享的。但是,对于共享实物期权来说,其价值不仅取决于影响期权价值的一般参数,而且还与参与竞争者可能的策略选择有关,这种非独占性可能会导致控制权溢价。

③ 先占性。先占性是由实物期权前面的非独占性特征所导致的,这是指抢先执行实物期权可获得先发制人的效应,结果表现为取得战略主动权对实物期权展开定价,从而实现实物期权的最大价值。

④ 复合性。各种实物期权存在着一定的相关性,这不仅表现在同一项目内部各子项目之间的前后流程的相关性,尤其表现在多个投资项目之间的相互关联与嵌套。因此,实物期权也是关于并购价值评估和并购战略性决策的重要思想和评估方法,是一种并购战略决策和金融估值分析相结合的战略框架模型。

(2) 实物期权类型。

实物期权法认为,在投资项目的周期内,企业拥有灵活选择权,这些选择权就是"实物"期权。因此,实物期权法在存在大量不确定性、竞争情况变化多端的情况下非常适用于评价将来的投资收益的价值。依据实物期权的特性,企业拥有的灵活选择权包括推迟投资期权、扩张(收缩)投资期权、放弃期权、转换期权以及增长期权等。

① 推迟投资期权。指项目的持有者有权推迟对项目的投资。投资者通常在投资项

目面临较高的不确定性时行使推迟投资期权,如相关信息随后可以获得、市场前景等待一段时间会更加明了等。如房地产开发商要投资于土地,经常是建立土地储备,以后根据市场状况决定新项目的规模;再如,医药公司要控制药品专利,不一定马上投产,而是根据市场需求推出新药。由于推迟投资期权能够控制投资项目的损失,含有推迟投资期权项目的价值,要比用传统工具估计的价值大。

② 扩张投资期权。指投资者有权增加项目的投资规模。在未来的时间内,如果项目的投资效益好,投资者会行使此期权。扩大投资期权能够使投资者抓住未来的增长机会,因而具有战略性的意义。公司的扩张期权包括许多种具体类型,例如:采矿公司投资于采矿权以获得开发或者不开发的选择权,尽管目前它还不值得开采,但是产品价格升高后它却可以大量盈利;制造业小规模推出新产品,抢先占领市场,以后视市场的反应再决定扩充规模。如果他们今天不投资,就会失去未来扩张的选择权。

③ 收缩投资期权。指投资者有权减少项目的投资规模,是一种与扩大投资期权相对的实物期权。如果投资者发现其承担的项目超过自身的承担能力时,会行使此期权。

④ 放弃期权。指投资者有权放弃对项目的继续投资。如果市场环境突然变坏或者项目的收益不能弥补投入的成本,那么投资者会行使此期权以避免更大的损失。当投资者发现项目对自身不利时,果断中止显然比继续做下去更有意义。并购活动中放弃期权包括三类:第一,缩小规模期权,是指如果新信息改变了期望的效益,则部分收缩或关闭项目;第二,转向期权,是指当获得新的信息时,放弃原来项目而转向效益更好的投资领域;第三,范围收缩期权,是指当一个项目没有进一步发展的潜力时,缩小其运作范围或放弃项目运作。

⑤ 转换期权。指在未来的时间内,项目的持有者有权在多种决策之间进行转换。例如,投资者在从事技术创新时,可设计能够使用多种方式,如利用AI、大数据、云计算等进行的方案,根据变化选择合适的方式,以降低成本。

⑥ 增长期权。指投资者有权获得新的投资机会。由于增长期权能够给投资者提供将来的一些投资机会,因而对投资者来说意义十分重大。一般分为三种情况:第一,扩大规模增长期权,如项目运作后,如果市场情况比起初期望的要好,投资者可以进一步扩大投资或加速对资源的利用;第二,转换增长期权,第一代产品或技术的介入为新一代产品或技术提供了条件,是看涨期权和看跌期权的组合,企业一方面可以放弃、收缩现有的投资活动,另一方面可以通过其他方式实施扩张;第三,范围拓展增长期权,即在一个行业或一种商业模式上的投资,可以使公司方便地进入新的行业或商业模式。

⑦ 复合期权(compound option)。复合期权是期权的期权,分阶段投资就是一个很好的例子。采用阶段实物期权修建企业时,每个阶段以上一个阶段的期权为依托。项目在每个阶段投入资金(即执行价格),使之继续下去,也可以放弃而获得变卖可得的收入。

研发项目、新产品上市、油田和天然气田的勘探与开发,都是复合期权的例子。

⑧ 彩虹期权(rainbow option)。彩虹期权因多种不确定性来源而产生,如技术的不确定性和产品市场的不确定性,使得价格变得越来越不稳定。彩虹期权的另一个例子,是对石油这样的自然资源的勘探与开发。

实物期权估值法提供了一种全新的估值理念,除了单个事物期权的估价上,并购项目的管理灵活性一般以实物期权组合形式出现,而实物期权组合的价值并不等于组合中单个实物期权的和,即期权的不可加性是评估并购实物期权组合价值的一个难点。

(3) 高新技术中的实物期权和复杂性。

随着今天新技术应用的不断涌现和创新,高新技术企业的经营前景不确定性更大,因而在决策上拥有较多的选择权。尤其,一些 VC 或者 PE 机构,在收购一些创新企业时,如何合理评估一些创新企业,是获得投资成功、降低投资风险的关键点。郑征和朱武祥(2017)将复合实物期权定价引入初创企业价值的评估,勾画出生命周期不同阶段,企业价值、NPV 与实物期权三个变量之间的互动变化曲线,揭示复合实物期权在初创企业价值评估中起着决定性的作用,并建议用敏感性方法分析不确定性影响因素,才会使得投资项目估值相对可靠[①]。

根据高科技企业实物期权的来源,可以将其分为以下三类。

① 专利权中的实物期权。指资产包括了未来可能给投资者带来超额利润的专有技术和专利权等无形资产,其潜在价值大,评估难度也很大。专利权可看作看涨期权;专利权允许公司有开发和制造某种产品的权利,只有当预期产品销售的现金流超过开发成本时,公司才会采用此项专利。

② 研发中的实物期权。高新技术企业的研发费用占销售收入的比例较高,而研究与开发过程中含有的实物期权决定着企业未来的发展。高科技产品的开发具有增强企业竞争和扩张能力的期权特征,这些期权的执行将影响竞争格局,导致市场结构和产品价格的变化。

③ 高新技术产业的特点所产生的实物期权。由于高科技企业的高风险性,这种类型的企业包含多种类型的实物期权。例如,高科技企业包含着增长期权。增长期权的初始投资可以减少未来的生产成本,相对于没有增长期权的竞争对手来说,它能以更低的价格进行扩张,这种战略优势的获得扩大了市场份额,增强了企业的竞争能力。长期来看,企业现在投入的资本就是为了占有更大的市场份额。因此,企业价值可以表述为现有资产现金流量的贴现值与企业所有增长期权的价值之和。

(4) 对于实物期权定价法的评价。

考虑投资决策的灵活性,实物期权定价法为公司估值提供了一个全新的角度,是对传统方法的有力补充;传统的定价模型反映的是投资开始时已知的环境和事实,不能反映时间和情况变化后投资者的变化;但是传统的价值评估方法没有考虑并评估机会的价值,而实物期权估价法在传统方法的基础上考虑并计算了机会本身的价值,将投资机会的价值量化,拓宽了投资决策的思路,使估价更为合理。

尤其是运用实物期权定价理论来对收购的初创公司进行价值评估,比较符合实际的公司运营及价值评估,对公司的定价更具个性化,也是对这些公司成功收购的关键。实践中,创业公司为了激励员工和留住人才,往往会给高管们分配一些期权,员工持有公司期权,什么时候到期执行取决于各种现实情况,如员工的职业生涯选择、考虑公司当前及未

---

① 郑征,朱武祥.运用复合实物期权方法研究初创企业的估值[J].投资研究,2017,36(04):118-135.

来的效益和发展等;还有公司发行可转换债券,而这些受国家监管和宏观经济环境的影响,会有很大的不确定性。

并购投资的环境时刻发生变化,如目标公司的变化、竞争对手方面的变化、市场方面的变化等。在不断变化的环境中,投资者就可以通过实物期权定价方法将企业战略作为不同的期权选择和一系列决策的结果,如投资者可以根据具体的情况作出以下选择:是进一步投资、拓展经营或市场,还是投资于一个新兴市场、通过收入或费用的变化改变投资回报、延长期权时间、退出投资,或是什么都不做。实物期权定价方法有效地联结了投资价值的计算和将来的管理方法,不断评估变化的投资价值,并指导未来的决策过程。

但是实物期权定价模型在实际的应用中还存在以下一些难处。

① 期权必须立即执行,而标的资产价格的运动应该是一个连续的过程;方差是已知的,并且在有效期内不会发生变化等,这些在很大程度上限制了期权模型的应用。

② 企业的决策者对实物期权的概念难以理解消化,用实物期权估算出的价值也让他们难以接受。

③ 期权定价本身用到了一些高深的数学知识,难以理解,计算十分复杂。尤其用实物期权估价,在适用性和合理性上也存在问题,可信度必然大打折扣。

应该说,实物期权的引入大大提高了财务管理的灵活性,成为目前公司财务领域的一个很热门的研究方向,但它的前景如何不仅取决于理论界的研究进展,还取决于经济模式的变化、市场观念的变化等。期权定价模型在并购活动中的应用,参见案例6-7。

案例 6-7

期权定价模型在并购活动中的应用

1. 二项式估值模型在并购金融创新中的应用

2000年3月,EM.TV(互联网媒体公司)以18.8亿欧元收购SLEC 50%的股权。同时,EM.TV宣告与SLEC签订在2001年2月28日前以11.6亿欧元购买SLEC 25%股权的看涨期权,而未宣告的期权是EM.TV授予出售方Bernie Ecclestone一个强制出售权——看跌期权,即拥有强迫EM.TV在2001年5月前以11.6亿欧元购买SLEC 25%股权的权利。

2000年5月,EM.TV盈利跌至一年前的1/4;11月,看跌期权消息泄露,这导致公司股价从115欧元跌至7欧元,8个月下跌94%。

有两个事件与EM.TV的股价下跌有关:第一个是2000年3月并购宣告时,EM.TV的股价下跌12%,损失了20亿欧元;第二个是在2000年11月隐藏的看跌期权泄露,EM.TV股价下跌了43%,损失了22亿欧元。

那么,EM.TV在SLEC的看涨期权多头和看跌期权空头价值是否与股价下跌价值一致?

关键分析步骤如下。

(1) 所有权结构与公司治理。

EM.TV & Merchandising AG(现称Constantin Medien AG)是一家位于德国慕尼黑的媒体公司,2000年2月以6.8亿美元的价格收购了吉姆亨森公司(The Jim Henson

Company)的所有资产。2003年5月,EM.TV以8 400万美元的价格将公司卖回了亨森家族。

SLEC Holdings:1996年,为了集团顺利在1997年上市,伯尼·埃克莱斯顿(Bernie Ecclestone)将一号方程(Formula One)的业务所有权转让给妻子斯拉维卡·埃克莱斯顿(Slavica Ecclestone),同时成立了SLEC集团作为控股公司。

伯尼·埃克莱斯顿是SLEC的前任所有者。他曾将SLEC 12.5%的股份出售给了风险投资公司摩根格伦菲尔私募公司(Morgan Grenfell Private Equity),作价3.25亿美元。同时,他曾将SLEC 37.5%的股份以7.255亿美元出售给美国投资公司Hellman & Friedman。随后,Morgan Grenfell Private Equity和Hellman & Friedman将各自持有的股份合并,形成了Speed Investments,然后以现金和股权收购方式出售给德国媒体公司EM.TV的托马斯·哈法(Thomas Haffa),作价16.5亿美元。

说明此次并购当中,公司的治理情况糟糕,此次并购期权交易后的公司所有权结构,如图6-3所示。

图6-3 交易后的股权结构

(2)并购解析。

相关交易结果如下。

- EM.TV与SLEC的交易中包含了看涨和看跌期权,但是没有对外公布看跌期权。
- 在期权到期前,EM.TV经历了财务困难,盈利大幅下跌。
- EM.TV股价一路下跌。

相关交易时间表如下。

2000年2月:EM.TV股价115英镑。

2000年3月:EM.TV出资18.8亿英镑购买了SLEC 50%的股份。

2000年5月:EM.TV公告称收入少于上年1/4。

2000年11月:披露看跌期权,EM.TV股价7英镑,下跌94%。

2001年2月28日:EM.TV买入看涨期权,并出资11.6亿英镑购买了SLEC 25%的股权。

2001年5月:未披露信息,Ecclestone买入看跌期权,规定可按11.6亿英镑的价格卖出EM.TV 25%的股权。

(3) 采用二叉树期权计算并购实物期权价值。

采用二叉树实物期权的 3 个假设如下。

假设 1：标的资产在交易中被低估。

标的资产 SLEC 25% 的股权：

- 现时价格为 9.7 亿英镑；
- 看涨期权履约价为 11.6 亿英镑，价外期权，对于 EM.TV 而言买入多头头寸；
- 看跌期权履约价为 11.6 亿英镑，价内期权，对于 EM.TV 而言卖出空头头寸。

假设 2：假设行业平均年化波动率为 25%。

- 季度波动率：$0.25 * (1/4)^{0.5} = 0.125$；
- 上涨幅度：$u = e^{0.125} = 1.133$；
- 下跌幅度：$d = e^{-0.125} = 1/u = 0.882$。

假设 3：未来 5 个季度的欧元年化无风险利率为 4%。

- 风险中性公式 $1 + Rf = u * \text{Prob}(u) + d * \text{Prob}(d)$；
- $\text{Prob}(u) = (1 + Rf - d)/(u - d) = 0.508$；
- $\text{Prob}(d) = 1 - \text{Prob}(u) = 0.492$。

则计算看涨期权与看跌期权的价值如下。

第一步：构建二叉树期权

现在	1 季度	2 季度	3 季度	4 季度	5 季度
					1.812
				1.599	
			1.411		1.411
		1.246		**1.246**	
	1.099		1.099		**1.099**
0.970		0.970		0.970	
	0.856		0.856		**0.856**
		0.755		0.755	
			0.667		**0.667**
				0.588	
					0.519

第二步：计算终值（行权价格为 1.16 亿）

现在	1 季度	2 季度	3 季度	4 季度	5 季度
					1.812
				1.599	

续 表

现在	1季度	2季度	3季度	4季度	5季度
			1.411	*0.439*	**1.411**
		1.246		1.246	
	1.099		1.099	*0.086*	**1.099**
0.970		0.970		0.970	(1.160)
	0.856		0.856		**0.856**
		0.755		0.755	(0.304)
			0.667		**0.667**
				0.588	(0.493)
					0.519
					(0.641)

第三步：倒推计算期权价值(0.138亿)

现在	1季度	2季度	3季度	4季度	5季度
				0.439	
			0.263		
		0.111		*0.086*	
	(0.022)		(0.044)		(1.160)
(0.138)		(0.159)		(0.179)	
	(0.261)		(0.281)		(0.304)
		(0.371)		(0.393)	
			(0.471)		(0.493)
				(0.560)	
					(0.641)

结果分析：第一，看涨和看跌期权组合价值为—1.38亿英镑，而EM.TV股价暴跌了42亿英镑。因此，这到底是互联网泡沫危机，还是公司并购财务困境？

最终结局是 Kirch Group 公司买入：斥资5亿美元收购EM.TV持有的Formula One控股公司SLEC50％股权的49％。

2. B-S模型在实物期权估价中的应用

假设AK公司打算收购一家颇具实力的创新互联网应用平台BK，公司决策层估计人工智能技术可能有巨大发展空间,同时考虑到市场的成长需要一定时间,鉴于平台经济赢者通吃的规律,在没有达到市场垄断之前,公司一直处于"烧钱"阶段,无法盈利。该项目分两期投资进行:第一期2019年净现值为—39.87万元和第二期2022年净现值为—118.09万元,按照DCF方法评估的投资价值计算结果没有达到公司20%的既定最低报酬率,应该放弃。

这两个方案采用传统的现金流量贴现法,没有考虑期权。实际上,可以在第一期项目投资后,根据市场发展的状况再决定是否上马第二期的项目。计算实物期权价值的数据如下。

(1) 假设第二期项目决策必须在2022年年底决定,即这是一项到期时间为3年的期权。

(2) 第二期项目的投资额为2 000万元(2021年年底),如果折算(以10%作为贴现率)到2018年为1 502.63万元,这是期权的执行价格。

(3) 预计未来经营现金流量的现值为2 392.49万元(2021年年底),算到2018年年底为1 384.54万元。这是期权标的资产的当前价格。

(4) 如果经营现金流超过投资,就选择执行(实施第二期项目计划);如果投资超过现金流量流入,就选择放弃。因此,这是一个看涨期权问题。

(5) 人工智能行业风险很大,未来现金流量不确定,可比公司的股票价格标准差为35%,可以作为项目现金流量的标准差,无风险的报酬率为10%。

采用B-S定价估值,计算结果如下:

$$d_1 = \frac{\ln(1\,384.54/1\,502.63)}{0.35 \times \sqrt{3}} + \frac{0.35 \times \sqrt{3}}{2} = 0.168\,2$$

$$d_2 = d_1 - \sigma\sqrt{3} = 0.168\,2 - 0.606\,2 = -0.438$$

$$N(d_1) = 0.566\,7,\ N(d_2) = 0.330\,7$$

$$\begin{aligned} C_0 &= S_0[N(d_1)] - PV(X)[N(d_2)] \\ &= 1\,384.54 \times 0.566\,7 - 1\,502.63 \times 0.330\,7 \\ &= 784.62 - 496.91 \\ &= 287.71 \end{aligned}$$

这里有三个问题需要说明。

(1) 第一期项目不考虑期权的价值是—39.87万元,它可以视为取得第二期开发选择权的成本。投资第一期项目使得公司有了是否开发第二期项目的扩张期权,该扩张期权的价值是287.71万元。考虑期权的第一期项目净现值为247.84万元(287.71—39.87),因此,投资第一期项目是有利的。

(2) 项目的风险很大,计算净现值时经营现金流量使用20%作为贴现率。第二期投资2 000万元贴现时使用10%作贴现率,因为它是确定的现金流量,在2001—2003年中并未投入风险项目。

(3) 根据d求$N(d)$的数值时,通过查"正态分布下的累积概率$N(d)$",利用插值法计算出$N(0.438)$为0.330 7。

资料来源:改编自上海国家会计学院.企业并购与重组[M].北京:经济科学出版社,2011:151-153。

6.5 其他价值评估方法

6.5.1 成本法

成本法是通过评价目标企业的相关资产来确定目标企业价值的方法,也称为资产价值基础法(asset based approach),国内通常称之为"成本加成法"。这类方法所运用的数据基本源于公司的资产负债表。这类方法的理论基础为资产替代理论。要确定目标企业的价值,关键是选择合适的资产估价标准。成本法应用的前提条件是:第一,企业各资产的整体性较差,企业整体获利能力较低,企业收益水平不高或企业收益难以预测;第二,企业各投入要素资产的成本能够加以确认计量。

该方法适用于并购后目标企业不再继续经营、收购方意图购买目标企业某项资产或其他生产要素的情况,也适用于清算中的公司,但不适用于拥有大量无形资产(包括商誉)的公司。

目前,成本法中主要的资产评估标准有以下四种:账面价值法、重置价值法、市场价值法和清算价值法。

(1) 账面价值法。账面价值法是根据传统会计核算中账面记载的净资产确定并购价格的方法。会计意义上的账面价值反映了特定时点企业的会计核算价值。

计算公式为:

$$企业价值 = 目标公司的净资产账面价值 \times (1 + 调整系数) \qquad (6.19)$$

该方法的好处在于:它是按会计原则计算出的,相对客观,而且取值方便。但是这种方法的缺点也很明显:这是一种静态估价方法,既不考虑资产的市价,也不考虑资产的收益,只考虑了各种资产在入账时的价格而脱离了现实中的市场价格波动,不能充分反映企业未来的获利能力。一个企业的账面价值和价值并无直接联系,而且有可能存在较大偏离,造成偏离的原因有:① 通货膨胀的存在使一项资产的价值不等于它的历史价值减折旧;② 技术进步使一些资产过时和贬值;③ 组织资本的存在使得多种资产的组合会超过相应各单项资产价值之和等;④ 同时,会计准则允许各个企业选择不同的折旧方法或者存货的计价方法,这就使得账面价值不能反映这些资产的真实价值或者使用价值;⑤ 有些无形资产,例如专利权、商誉等在资产负债表上无法反映出来,但是它们却能为企业的盈利能力提供许多信息。

因而,一般情况下不以账面价值作为最终评估结果,只是在企业并购中作为底价参考。当然,如果企业的流动资产所占份额较大,且会计计价十分准确时,利用账面价值来评估企业的价值比较重要。

(2) 重置价值法。重置价值法是假设企业是一系列资产的集合体,企业的价值取决于各单项资产的价值。通过确定目标企业各单项资产的重置成本,减去其实体有形损耗、功能性贬值和经济性贬值,来评定目标企业各单项资产的重估价值,以各单项资产评估价值加总再减去负债作为目标企业价值的参考。它的基本思路是:任何一个了解行情的潜在投资者,在购置一项资产时,他所愿意支付的价格不会超过建造一项与所购资产具有相同用途的替代品所需的成本。如果待购资产不是全新的,其价格不会超过替代资产的现代建造成本扣减各种陈旧贬值后的余额。

显然该方法忽略了企业的管理水平、职工素质、经营效率、商誉等无形效应对企业价值的正外部效应;而且无法评估并购所带来的协同价值和重组价值。这种评估方法适用于并购企业以获得资产为动机的并购交易。该方法也适用于目标企业的账面价值与价值相关度高的交易。比如,一家生产过剩、产品积压的公司,其资产价值就不能按其账面价值估计,而需通过评估得到这些资产的市场变现价值,这才是并购方愿意支付的价格。这一方法具有一定的适用性和可操作性,是中国资产评估实务领域运用较多一种方法。

(3) 市场价值法。市场价值法以证券市场上证券的市场价格为基础,把资产视为一种商品,在公开市场上竞争出价的状态下确定的价值。当公司的各种证券在市场上交易时,其交易价格就是这种证券的正常价值,它会高于或低于账面价值。通过市场调查,选择一个或几个与评估对象相同或类似的资产作为比较对象,分析比较对象的成交价格和交易条件,对比调整,估算出资产价格的方法,即以资产的现行市场价格作为价格标准,据此确定被评估资产价格的一种资产评估方法。

一般评估公式为:

$$被评估资产 = 同样资产在全新条件下的市场价 \times 成新率 - 经济性耗损资产 \tag{6.20}$$

当然企业并购与证券市场买卖存在明显差异,市场投资者购买的是流动性高的少量股权,并且通过市场获取收益,而对于并购企业来说,它们着眼于通过管理获取收益,不享有流动性和灵活性。这一特点会对评估价值有一定的影响。此方法主要适用于上市公司的并购。

对于非上市公司来说,可以通过同行业比较,观察与并购对象相似的企业的市场价值,从而决定并购对象的价格。在同类企业的比较中,要考虑目标企业的行业、规模、财务结构等方面的情况与可比较的部分进行合理的组合,然后用这些可比较部分的价格来判断目标企业的相对价值。

(4) 清算价值法。清算价值法是在企业作为一个整体已经丧失持续经营能力的情况下的一种资产评估方法。其中,清算价值是指目标企业出现财务危机而导致破产或停业清算时,把企业中的实物资产逐个分离而单独出售得到的收入。它可以用作定价基准,即任何目标企业的最低实际价值。

当企业的预期收益令人不满意,其清算价值可能超过了以重置资产为基础的价值时,企业的价值已不依赖于它的盈利能力,此时以清算价值为基础来评估企业的价值可能是更有意义的。此方法主要适用于陷入困境的企业的价值评估。

6.5.2 经济附加值法(EVA)

早在1890年,经济学家阿尔弗雷德·马歇尔(Alfred Marshall)在书中写道:"(所有者或经理的)利润在按现行利率扣除了资本利息后所剩的部分,可称为经营收益或管理收益。"即公司在任何期间创造的价值(经济利润),不但必须要考虑到会计账目中记录的费用开支,而且要考虑业务所占用资本的机会成本。经济附加值法(EVA)又称为经济利润法或经济增加值法,是由美国的 Stem Stewart 管理咨询公司于 1982 年提出的。该模型最初是作为一种管理工具,用于评价企业的经营状况和管理水平,后来被引入价值评估领域,为企业整体价值评估提供了新的思路。

EVA 法的基本思想是企业获取的利润至少要能弥补包括债务和股权投入资金的全部成本,也就是说股东必须赚取至少与资本市场上类似投资相等的收益率,资本获得的收益至少要能补偿投资者承担的风险。这里注意区别会计利润和经济利润:会计利润仅扣除了利息费用,而没有扣除股权资本成本,会计方法反映了债务成本,却忽略了股权资本的成本;而经济利润扣除了股权资本费用和债务利息,即经济利润考虑了权益资本的机会成本。

经济附加值法就是税后净经营利润减去总资本成本(企业投资资本即负债与权益账面价值之和乘以加权平均资本成本)的差额。如果 EVA 的值为正,则表示公司获得的收益高于为获得此项收益而投入的资本成本,公司就为股东创造了新价值;相反,如果 EVA 的值为负则表示股东的财富在减少。

(1) EVA 法估值模型。

经济附加值(EVA)法能够比较准确地反映公司在一定时期内为股东创造的价值。它是指企业资本收益与资本成本之间的差额,即企业税后营业净利润与全部投入资本(包括债务资本和权益资本)成本之间的差额。

EVA 法基本公式为:

$$\text{EVA} = \text{NOPLAT} - \text{WACC} \times I = (\text{ROIC} - \text{WACC}) \times I \tag{6.21}$$

式中:NOPLAT 为息前税后营业净利润;WACC 为加权平均资本成本;I 为投资资本;ROIC 为投资资本要求的回报率。

由上述公式可知,EVA 能全面衡量企业生产经营的真正盈利或创造的价值,因为它从股东角度重新定义企业的利润,考虑了企业投入的所有资本(包括权益资本)的成本。当企业投资资本回报率大于资本成本时,EVA 大于零,表明其经营收入在扣除所有的成本和费用后仍有剩余,能满足债权人和投资者预期获得的收益,而且,股东价值增大。

(2) EVA 法估值步骤[①]。

① 计算资本总额。

起始:普通股权益

加:少数股东权益

  递延税项贷方余额(借方余额则为负值)

  累计商誉摊销

  各种准备金(坏账准备、存货跌价准备等)

  研究发展费用的资本化金额

---

① 上海国家会计学院.企业并购与重组[M].北京:经济科学出版社,2011:137.

加：短期借款
　　长期借款
　　长期借款中短期内到期的部分
等于：资本总额

② 计算税后营业利润。

起始：税后净利润
加：利息费用
　　少数股东损益
加：本年商誉摊销
　　递延税项贷方余额的增加
　　其他准备金余额的增加
　　资本化研究发展费用
减：资本化研究发展费用在本年的摊销
等于：税后营业利润

③ 计算加权平均资本成本 WACC。

加：股权资本成本
加：债务资本成本
等于：加权平均资本成本

④ 计算经济附加值。

$$经济附加值 = 税后营业利润 - 资本总额 \times 加权资本成本$$

⑤ 考虑初始投资 I_0 的 EVA 现值贴现模型。

与现金流量贴现法（DCF）相似，EVA 评估法也分为两个时期：明确的预测期（如5年）和企业明确预测期以后的年限（从第6年开始），并对第一段时期各年的 EVA 值进行详细预测，对第二个较远时期的 EVA 值，则采用终值计算公式确定。

基于 EVA 的企业价值评估方法中，企业价值等于初始投资资本 I_0 加上未来年份 EVA 的现值。基本公式为：

$$EV = I_0 + \sum_{t=1}^{\infty} \frac{EVA_t}{WACC} \tag{6.22}$$

如果企业期望提高 EVA，应重点关注四个方面：一是在不增加资金的条件下降低成本，提高税后经营利润；二是加快资金周转，提高资产报酬率；三是调整资本结构，降低资本成本；四是调整投资结构，增加 EVA 较高的项目投资。

(3) EVA 法评价。

EVA 估值模型的特点在于：其一，用经济利润代替了会计利润，避免了会计原则导致的企业价值扭曲；其二，考虑了资本增值的理念；其三，以权责发生制为基础计量，吸收了收付实现制的特点；其四，评价了企业创造新价值的能力，并体现了公司非财务资本创值能力。因此，实践中，EVA 不仅是一种财务衡量指标，还是一种企业管理模式和激励机制,可以说 EVA 可以同时用于评价企业经营业绩和企业价值。

和前面的 DCF 模型相比,虽然说 EVA 本质上也是一种现金流量贴现方法,但是它的优势在于能突出显示企业是否能够赚回其投资成本,而现金流量贴现法很难做到这一点;而且,EVA 模型不受企业持续经营与否的限制,而 DCF 方法的应用前提就是持续经营;尤其对于未来是否持续经营难以估计的投资项目,如平台经济,EVA 法在 PE 投资中可以采用。

当然,EVA 的缺点也很突出:一是它和 DCF 有同样的理论支撑,即对未来现金流预测和资金成本的不确定性,并且没有考虑协同效应价值等问题;二是它采用的经济利润指标使用资产的历史成本,不能反映资产的真实收益水平;三是它依然受到资产折旧的影响,如新资产使用初期,由于资本基础比较大,资本成本较高,随着折旧增加,资本逐渐变小。

6.6 并购的协同效应评估

需要指出的是,在并购投资决策中的现金流量并不是目标企业单独存续期间的现金流量,必须考虑并购对目标企业的影响。或者说,需要评估主并公司在实施并购战略后,该并购活动对合并后公司整体的现金流量贡献。显然,它要比目标企业单独存在时产生的现金流量多,这也是并购协同效应的体现。

6.6.1 协同效应的产生途径

一般而言,并购所产生的协同效应有五种类型:管理协同效应(如人力资源整合能力、企业管理结构整合能力及文化整合的能力)、经营协同效应(交易成本减少和收益提高)、财务协同效应(如通过亏损递延和税盾效应减少企业税赋负担,使得企业市值预期上升)、市场力量协同效应和营销协同效应[①]。

如果单从概念上看,企业的协同效应价值是由企业合并而形成的由各种改进产生的企业现金流的净现值之和,而且这些现金流超过那些市场对于企业在独立运行时即企业并购不发生情况下的现金流的预期之和。

实际协同效应的来源需要评估并计算如下一些可能:如由于双方并购从而可以因为产品或者服务购买量扩大从共同的供应商处获得批量购买的折扣优惠;获得资金融通的便利;通过共享生产服务平台所带来的开发成本的降低;或者获得更广泛的销售网络;甚至因为共享品牌从而加强了双方在市场中的渗透。这些都可以在提高销售份额的同时降低相关成本,从而带来并购活动的协同效应。

6.6.2 协同效应的评估方法

获得协同效应或者协同价值,是企业实施并购的主要目的。通常协同效应被定义为一种 1+1>2 的效应,公式表示为:

---

① 王鑫.并购协同效应理论研究及案例分析[D].上海:上海社会科学院,2009.

$$S = V_{A+B} - (V_A + V_B)$$

式中：S 代表协同效应；V_{A+B}、V_A、V_B 分别代表并购后联合企业价值、并购前 A 企业的价值与 B 企业价值。

因此，只有协同效应大于零并且高于并购者支付的溢价时，这项并购活动才算得上是成功的。这里，能否合理、准确地评估协同效应的价值是并购成败的关键。一些并购失败案例就是由于并购方对协同效应没有恰当地评价，盲目支付了很高的溢价，甚至超过了并购的实际协同效应，导致并购成本大于并购收益。

因此，并购活动能否成功的关键在于其产生的协同效应是否超过了为实现该交易所支付的控制溢价，而其间选择合理的协同价值评估方法至关重要，下面介绍四种协同效应评估方法。

（1）从市场有效性角度采用每股收益（EPS）法评估协同效应。

ESP 协同效应评估方法定义为，并购后的企业市场价值比假定两家公司这段时间不发生并购活动，各自独立发展的价值之和的高出部分。通过计算每股收益（EPS）来衡量协同效应的公式为：

$$协同效应 = 未来整体公司 EPS - (当前的各公司 EPS + 当前各公司的 EPS \times 预期增长) \tag{6.23}$$

有效市场假说认为，在一个较为完善的有效市场，股票价格会对影响它的信息作出及时的反应，股票价格充分地表现了股票的预期收益和公司业绩。实现协同效应，业绩要比原先预期或者要求的改进高。虽然并购后都会出现业绩改进，但如果这些业绩改进是已经预期到的，那就不应算为协同效应。只有创造出不在预期之列的价值，才是真正实现了协同效应，通常采用事件研究法中的超常收益率来评估这种市场协同预期效应。

当前，中国资本市场日趋完善，这种方法的适用度逐渐提高；尤其是在较为完善的美国市场，在市场有效的前提下采用以股价为基础的收益评估方法来计算协同效应是个很好的计算方法。

（2）从股东财富变化的角度计算协同效应。

布兰德尔、德赛和金（1988）等人[1]通过事件研究法计算累积超常收益（CAR），从而估算得出并购协同效应。因为这种事件研究法一般基于资本市场的公开信息与数据，分析的利益主体是市场上的股东群体，因此，这种方法得出的总协同效应被认为是目标公司和收购公司股东拥有财富的变化总额，即：

$$\Delta \Pi_i = \Delta W_T + \Delta W_A \tag{6.24}$$

首先基于历史模拟法、市场模型法估算由于并购事件产生的超常收益以及累计超常收益（CAR），然后再分别计算目标公司和收购公司的股东收益：

$$\Delta W_{Ti} = W_{Ti} \times CAR_{Ti}$$

---

[1] Michael Bradley, Anand Desai, E. Han Kim. Synergistic Gains from Corporate Acquisitions and their Division between the Stockholders of Target and Acquiring Firms[J]. Journal of Financial Economics, 1988(21).

$$\Delta W_{Ai} = W_{Ai} \times CAR_{Ai} \quad (6.25)$$

式中：W_{Ti} 为首个出价公司宣布收购目标公司的公告日前 N 天目标公司股票的市场价值；CAR_{Ti} 为首个出价公司宣布日前 N 天到成功收购公司宣布交易成功之日后 N 天目标公司的累计超常收益；W_{Ai} 为收购公司宣布日前 N 天收购公司股票的市场价值；CAR_{Ai} 为收购公司宣布日前 N 天到宣布收购成功之日后 N 天的累计超常收益。CAR_{Ci} 为以比率表示的总协同效应收益，是 CAR_{Ai} 和 CAR_{Ti} 的加权平均。计算时，以目标公司和收购公司的公司价值为权重，构造一个价值权重的投资组合。

最后，总协同效应公式为：

$$\Delta \Pi_i = \Pi_i \times CAR_{Ci} \quad (6.26)$$

其中：

$$\Pi_i = W_{Ti} + W_{Ai}$$

这种方法优点是数据获取方便，比较容易计算；但是这主要针对的都是上市公司之间的兼并与收购活动。而且，这个事件期间的选择也会影响计算的结果，其他因素的影响作用会干扰计算的结果。

(3) 从企业经营现金流量的角度计算协同效应。

通过比较并购前后公司主要财务数据如现金流、每股收益、净资产收益率的变化，来考察公司并购前后业绩是否得到改善。Healy 等人(1992)[1]选取了 1979—1984 年发生的最大的 50 次并购交易事件为样本。他们将经营现金流定义为：

销售收入 − 销售成本 − 销售费用 − 一般行政开支 + 折旧 + 摊销

计算公式如下：

$$Cashflow_{post}^{ind} = \alpha + \beta Cashflow_{pre}^{ind} + \eta \quad (6.27)$$

式中：$Cashflow_{pre}^{ind}$ 和 $Cashflow_{post}^{ind}$ 分别代表并购前后公司经行业调整后的现金流，行业调整后的现金流等于公司当年的现金流减去该行业公司的平均现金流；β 为公司行业调整后现金流的长期变化；α 表示并购引起的现金流的变化。

这一方法从公司并购估值内在价值出发，采用了公司现金流这一概念，而且也考虑了引起现金流变化的长期性因素，所以要比只考虑并购前后短期市场价值变化的模型更具有实际作用。当然，该方法也不能完全精确地计算出协同效应，只能做长期的数据分析实证；而且，现金流的估算也从原来早期的 EBIT 等收益指标，发展到如今广泛采用的自由现金流。

(4) 从公司金融内部 DCF 角度计算协同效应[2]。

从公司金融内部角度计算协同效应的模型是指并购方利用收集到的己方和被并购方

---

[1] Healy M. Paul, Krishna G. Palepu, Richard S. Ruback. Does Corporate Performance Improve after Mergers [J]. Journal of Financial Economics, 1992, (31): 135-175.

[2] 王爱东, 王冬雪. 企业并购协同效应的计量模型[J]. 中国管理信息化, 2008, (1).

的过去、目前和预测兼并后将来的各类财务数据,按净增加利得的含义进行分析、归纳和计算,从而得到协同效应的估计值,如斯蒂芬·A.罗斯[1](2003)等从现金流量的角度提出了计算协同效应的方法。

罗斯等人根据协同效应的来源,认为其主要由四部分变化导致,即营业收入的增加(ΔR)、产品成本的降低(ΔCO)、税收的减少(ΔT)和资本需求的减少(ΔCN)。则协同效应的增量现金流表示为:

$$\Delta CF = \Delta EBIT + \Delta DEP - \Delta T - \Delta CN \\ = \Delta R - \Delta CO - \Delta T - \Delta CN \tag{6.28}$$

式中:$EBIT$ 为税前息前收益;DEP 为折旧;CN 为资本支出;CO 为产品成本。

通过净增加现金流的现值计算出协同效应 V_{SYN}:

$$V_{SYN} = \sum_{i=1}^{n} \frac{\Delta CF_i}{(1+r)^i} = \sum_{i=1}^{n} \frac{\Delta R_i \cdot \Delta C_{0i} \cdot \Delta T_i \cdot \Delta C_{Ni}}{(1+r)^i} \\ = \sum_{i=1}^{n} \frac{\Delta R_i \cdot \Delta C_{0i} \cdot \Delta T_i \cdot \Delta C_{Ni}}{(1+WACC_{AB})^i} \tag{6.29}$$

式中:下标"i"表示 i 年;n 为协同效应寿命期,$WACC_{AB}$ 为并购整合后的综合资本成本。

$$WACC_{AB} = \frac{K_e E}{B+E} + \frac{K_b(1-t_e)B}{B+E} \tag{6.30}$$

式中:K_b、E 和 B 分别为整合后的平均债务成本、权益总额、负债总额;t_e 为所得税率。K_b 兼并前后会发生变化,若并购后企业的信用等级评定上升,则贷款利率下降,K_b 也下降;反之则上升。内部计算模型的缺点是存在过多的预测,如果不能合理地处理关键参数及人为假设导致的重大误差,则难以为协同效应的准确计量提供依据。

除了以上几种常见的方法以外,各国学者根据不同国家情况研究发展提出多种研究思路和计算方法。如平衡记分,它是一套综合平衡财务指标和非财务指标的业绩考核技术,主要从财务角度、顾客角度、内部流程角度、学习与发展角度来考核业绩。从经济附加值(EVA)角度计算协同效应,斯特恩-斯图尔特公司还专门建立了 EVA 业绩评价指标,认为该指标在度量公司业绩方面优于会计指标;并且它是与 MVA(market value added,市场价值增加值)关系最密切的业绩评价指标。

6.6.3 协同效应的悖论[2]

国外的研究多侧重于研究并购前后的绩效改善问题,所使用的方法有事件研究法、案例分析法、计量经济法等。实证研究争论焦点之一是:并购活动是否真正产生了协同效应。因为部分实证研究结果表明,许多并购并未像预期一样产生协同效应,即使产生了协

---

[1] 斯蒂芬·A.罗斯等.企业理财[M](第六版).吴世农,沈艺峰等译.北京:机械工业出版社,2003.
[2] 王鑫.并购协同效应理论研究及案例分析[D].上海:上海社会科学院,2009.

同效应,也低于预期的溢价目标。实证检验结果与现实和理论推断结果出现矛盾,即相关性并购绩效并没有如理论所述那样显著优于非相关性并购的绩效,这种悖论就被一些学者称为"协同效应悖论"①(synergy paradox)。

广泛的研究结果证明,协同效应的产生条件苛刻,大多数公司并购并没有真正获得协同效应,而是支付了更多的溢价。即使协同效应会产生,并购公司为弥补溢价支付而使得大多公司无法实现如此巨大的业绩补偿。因此,在一定意义上说公司并购的协同效应是一个陷阱。

为此,并购公司在并购中考虑如何准确衡量协同效应,在准确数据基础上,向目标公司的股东支付合理价格。实践中,需要考虑并购活动可能带来的价值损坏作用,如并购方的产品质量差、高于行业的薪资水平等。并购定价要充分考虑协同效应产生的不利条件和业绩补偿的可能性,合理确定并购中溢价支付的水平和补偿率,才能不断降低并购成本、提高并购的效益和效率。

尽管企业并购协同效应的实证研究由于研究角度和方法不同存在某些差异,但协同效应仍然是目前衡量企业并购绩效的最主要标准,是众多企业并购的动力所在。如何在企业并购中充分实现协同效应、实现并购利益最大化,以及实现协同效应有哪些影响因素,这是企业并购活动中最重要的问题。

附录 6-1

补充阅读资料——奇虎360多种估值方法的应用

2015年6月17日,在美国纳斯达克上市的中国互联网安全龙头企业——奇虎360接到管理层的私有化要约。次年7月15日,CEO周鸿祎团队以93亿美元从纳斯达克退市。周鸿祎为何选择私有化,中概股奇虎360将何去何从?

奇虎360从发家开始,到成长为Internet+大产业链的行业龙头,迅速发展的同时却始终摆脱不了资本运作不佳的阴影。Internet+是赢者通吃的自然垄断时代,当2013年中概股回归浪潮开启时,周鸿祎是如何评估公司投资价值,又将如何在A/H股市场艰难抉择:IPO还是借壳?最终能否走出"负翁"阴影,如愿获得A股高溢价带来的盛宴?

1. 十余载互联网耕耘,终成网络安全老大

奇虎360,源于1998年的流氓软件3721,伴随周鸿祎沉浮八余载,终于在2005年独立并定位为网络安全软件类公司。随后,奇虎360发展迅速,推出360安全卫士、360杀毒、360安全浏览器等,用户渗透率在2015年年底达到98%,2015年年底活跃用户数达5.23亿,现已成为国内互联网公司第四名,是互联网安全行业龙头企业。

奇虎360的立足之本是其安全软件。从产品质量来看,360安全软件品质过硬,数次

---

① Margaret Cording, Petra Christmann, L. J Bourgeois, Ⅲ. A Focus on Resources in M&A Success: A Literature Review and Research Agenda to Resolve Two Paradoxes[R]. University of Virginia working paper, 2002.

检测到微软软件漏洞,获得多项国际大奖。从产品类型来看,360安全软件针对不同客户群体,研发出多重软件,覆盖用户面更广,提高用户使用量和渗透率。从产品发展趋势来看,奇虎360安全卫士不断优化创新,提高用户满意度,是公司可持续发展之本。

在深耕安全软件之外,奇虎360凭借平台经济超高的用户基础,开展了相关配套、增值业务,形成综合的互联网服务。其一,360浏览器在网页搜索细分行业中占据重要的一席,用户渗透率在70%以上;其二,360通过收购游戏公司,开展游戏业务。

通过以上业务的协同发展,奇虎360用户数量与日俱增,用户黏性提升,活跃用户数量不断提升。在这样的环境下,奇虎360联手酷派,开始进军硬件市场,拓展企业产业链,进行上下游的纵向并购,提升公司价值,成为行业领头企业。目前,奇虎360研发的智能手机已经崭露头角,销量与日俱增(参见图6-4)。

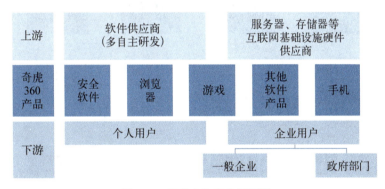

图6-4 奇虎360产业链图示

在周鸿祎的带领下,私有化前的奇虎360已经成为TMT(technology media telecom,数字新媒体)行业的龙头企业,布局多领域平台,全方位谋利:安全领域地位无可撼动,企业安全前景广阔;移动搜索流量持续增高,变现指日可待;智能硬件重点布局,联手酷派打造入口。

2. 奇虎360的股权结构

在这个以周鸿祎为核心的团队中,人才济济。私有化前,360董事会成员包括360董事长兼CEO周鸿祎、总裁齐向东、首席工程师曹曙、红杉资本合伙人沈南鹏以及董事William Mark Evans、黄明、廖建文、Eric Chen 8名成员。

为同时保证公司业务在华有效运行,公司在美顺利借力资本市场募集资金,奇虎360搭建了VIE结构,设计了精巧的股权结构,一方面确保了运营团队对公司的控制权不被摊薄,另一方面也保证了公司没有自我封闭,不向投资者紧锁大门。

3. 中概股回归浪潮下,奇虎360退出NASDAQ

中概股回归浪潮始于2013年,随后浪潮一浪更比一浪高,到了2015年,回归数量激增达到33家之多。来自电商、游戏、医疗等众多行业的中概股上市企业纷纷谋求回归。美股大军中,中国顶级企业家的优质公司纷纷选择私有化回归A股,如分众传媒、巨人网络、如家等;港股大军中,私有化也开始蠢蠢欲动,万达商业、匹克体育、恒大等都开始相关动作。周鸿祎看着发展势头迅猛的A股互联网公司:乐视网估值千亿、暴风科技创下37

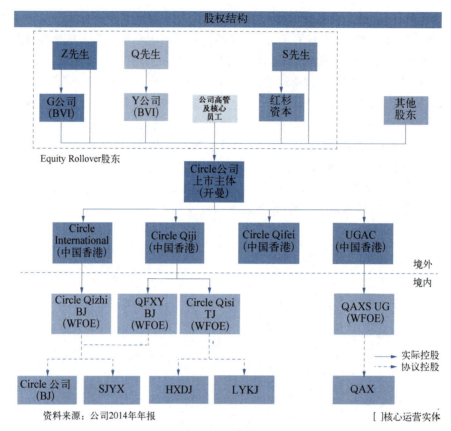

图 6-5 奇虎 360 股权结构图示

注：图中 Z 为周鸿祎，Q 为齐向东，S 为沈南鹏，其他高管还包括公司总工程师兼董事曹曙、公司联席首席财务官姚珏、徐祚立及公司技术副总裁及其他多名 360 核心员工。

个连续涨停佳绩，而远赴境外的奇虎 360 发展却不尽如人意，不禁陷入了沉思。

在审慎考量了全球及中国资本市场环境后，为了 360 未来更好的发展，给正在进行全面战略升级的 360 注入巨大的推动力，实现新一轮跨越式发展，同时为了给充满激情的 360 人提供更多的机遇和更大的舞台，周鸿祎作出主动战略选择，启动 360 私有化战略计划。作出了私有化的决定后，2015 年 6 月 17 日，周鸿祎便带领奇虎 360 展开了紧锣密鼓的私有化系列操作，包括确定私有化方案，成立特别委员会评估方案，宣布要约收购协议并准备 SEC 要求的相关文件，召开股东大会投票，并正式完成退市。其中值得关注的点有：其一，360 采用双重股权结构，分为 A 类股和 B 类股；其二，A 类股每股享有一份投票权，B 类股每股享有五份投票权。360 买方团成员合计投票权约为 65.8%，对 360 重大事项有较强的影响力（见图 6-6）。

4. 谢幕 NASDAQ，如何登场国内舞台？

离开美国股市的周鸿祎长舒了一口气，可是新一轮的抉择又摆在了周鸿祎的眼前，回归境内后，奇虎 360 究竟要登陆哪个舞台，发行 A 股还是 H 股，或是同时登场？

虽然登陆港股，公司梳理 VIE 结构的难度小很多，但是港股市场和美股市场有着同样的问题：① 市盈率低（2014 年 A 股达到 49.33 倍，而港股不到 10 倍），使得在中国香港

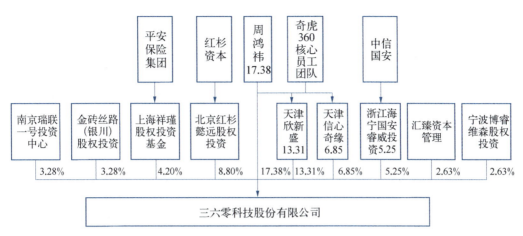

图 6-6　奇虎 360 私有化后的股权结构图示

地区上市的公司再融资规模小,不利于奇虎 360 后续资本运作;② 成交额远低于 A 股,2014 年 A 股成交额 73.77 万亿人民币,而港股成交额近 10.1 万亿人民币;③ 换手率低,港股市场不如 A 股活跃,甚至不及 A 股的四分之一。在这样的环境下,周鸿祎索性彻底拆除 VIE 架构,回归 A 股。奇虎 360 的资本运作策略渐渐清晰,还有一个重大决策等待着周鸿祎——选择 IPO 还是借壳?经过短期、长期各个因素的综合考量,周鸿祎决定放弃借壳,排队 IPO,甚至放话奇虎 360 从没考虑过借壳上市。

5. 估值方法

通过"私有化＋IPO"回归 A 股市场的奇虎 360,将回到 TMT 行业估值高的 A 股市场,私有化成本可收回,股价将不再被低估,甚至收获超额溢价,公司的影响力也将提升。

由于 A 股市场没有可与奇虎 360 直接对标的企业,故本案例放弃传统的可比公司估值法,而是将奇虎 360 的主营业务进行拆分,分别将各行业业务与 A 股市场对应行业的市场指标进行比较。具体操作过程为:① 计算各项业务的营业收入、营业成本以及分摊的营业支出;② 找到各项业务公示的最新财务数据,以及各项业务对应市场的市盈率、市销率;③ 根据奇虎 360 业务之间的协同关系,对可比市盈率、市净率进行向上修正;④ 依据修正值对奇虎 360 进行估值。

a. WACC 方法。

为了得出奇虎 360 的企业价值,本案例进行了以下五步。

第一步,根据奇虎 360 年报等报告,拆分公司收入、成本来源,结合公司战略、历史增长率,预测未来十年的公司营业收入、营业成本等科目。

第二步,根据营业收入、成本等预测值,预测公司未来 10 年利润表表现。

第三步,根据利润表预测情况,以及历史现金流状况、资本负债表现、公司投融资策略、应收账款周转率等财务比率,预测公司未来 10 年的现金流量表与资产负债表。

第四步,根据三表预测值计算息税前利润、NOPLAT、资本支出变动、运营支出变动等值,根据 WACC,确认折旧率,计算未来十年现金流现值。

第五步,加总历年现金流现值,确定公司市值。

b. APV 方法。

我们采用了 APV 方法对奇虎 360 进行估值。

第一步,与 DCF 方法一致,确定股权融资成本和债权融资成本。

第二步,利用与 DCF 方法一致的十年财务数据预测,计算出公司的股权自由现金流和税盾效应,并分别利用股权融资成本和债权融资成本进行贴现,获得十年内的自由现金流和税盾现值。

第三步,假定公司 10 年后的永续增长率,分别计算出股权自由现金流和税盾效应在永续阶段的现值。

第四步,对现值加总,并对现金、负债和少数股东权益项目进行处理,最终得到公司的股权价值和公司价值。

第五步,对永续增长率和股权要求回报率进行灵敏度分析,确定公司股权价值区间。

c. CCF 方法。

作为私有化的公司,我们利用 CCF 方法进行估值。

第一步,与上述两种方法的系数确定方法一致,确定税前 WACC。

第二步,将股权自由现金流和税盾效应加总,得到各期的资本现金流,并利用税前 WACC 进行贴现,得到各期资本现金流的现值。

第三步,假定公司 10 年后的永续增长率,计算出资本现金流在永续阶段的现值。

第四步,对现值加总,并对现金、负债和少数股东权益项目进行处理,最终得到公司的股权价值和公司价值。

此外,根据其私有化前相关业绩报表及相关市场发展趋势,11 年(2015—2025 年)的相关营业收入预测、经营成本预测、营业支出预测、利润表预测、现金流量表预测及资产负债表预测,如表 6-17 到表 6-24 所示。

表 6-17 自由现金流现值预测表

单位:百万美元	15	16E	17E	18E	19E	20E	21E	22E	23E	24E	25E
营业收入	1 805	2 233	2 769	3 699	4 953	6 643	9 568	13 803	20 617	30 830	46 141
息税前利润	467	274	232	400	550	774	1 714	3 040	5 797	9 982	16 689
NOPAT	338	220	186	320	440	619	1 371	2 432	4 638	7 986	13 351
净资本支出	−1 155	−248	−238	−266	−316	−339	−368	−418	−461	−505	−555
折旧摊销	117	134	154	178	195	215	236	248	260	274	287
运营资本变动	20	111	233	323	861	−259	1 416	169	1 189	1 346	2 464
自由现金流		491	739	912	1 129	1 371	1 645	1 875	2 126	2 126	
WACC	0.08	0.08	0.08	0.08	0.08	0.08	0.08	0.08	0.08	0.08	0.08
折现率		0.9	0.9	0.8	0.7	0.6	0.6	0.5	0.5	0.4	0.3
现值	−681	200	286	437	859	141	1 472	1 215	2 598	3 640	4 664

表 6-18　公司分业务收入、成本、收益预测表

	2015	2016E	2017E
营业收入			
互联网服务收入	1 680	2 100	2 626
智能硬件和物联网设备收入	58	67	77
其他业务收入	66	66	66
营业成本			
互联网服务—成本	−333	−432	−560
智能硬件和物联网设备成本	−51	−57	−62
其他营业成本	−39	−39	−39
营业支出分摊			
互联网服务	−1 141	−1 984	−2 561
智能硬件和物联网设备	−1 113	−1 941	−2 511
其他业务	−6	−12	−18
营业净收益			
互联网服务	234	−272	−446
智能硬件和物联网设备	1	−2	−3
其他业务	5	−4	−6

表 6-19　可比法估值

	PE	修正的 PE	基于 PE 的价值
互联网服务	72.62	75.00	17 557
手机	395.45	499.00	600
应用软件—信息安全	24.74	46.00	211
合　计			18 368
	PS	修正的 PS	基于 PS 的价值
互联网服务	10.05	14.00	23 525
手机	1.66	2.00	117
应用软件—信息安全	5.86	6.00	395
合　计			24 037

表 6-20 APV 方法估值(一)

百万美元	15	16E	17E	18E	19E	20E	21E	22E	23E	24E	25E
收入	1 805	2 233	2 769	3 699	4 953	6 643	9 568	13 803	20 617	30 830	46 141
增速(%)		24	24	34	34	34	44	44	49	50	50
EBIT	467	274	232	400	550	774	1 714	3 040	5 797	9 982	16 689
所得税率(%)	28	20	20	20	20	20	20	20	20	20	20
NOPAT	338	220	186	320	440	619	1 371	2 432	4 638	7 986	13 351
折旧与摊销	117	134	154	178	195	215	236	248	260	274	287
营运资本变动	−20	−111	−233	−323	−861	259	−1 416	−169	−1 189	−1 346	−2 464
资本支出	−1 155	−248	−238	−266	−316	−339	−368	−418	−461	−505	−555
FCFE	−720	−5	−131	−92	−543	754	−177	2 093	3 248	6 408	10 619
股权要求回报率(%)	18	18	18	18	18	18	18	18	18	18	18
贴现系数	1	0.85	0.72	0.61	0.51	0.43	0.37	0.31	0.26	0.22	0.19
FCFE 现值	−720.1	−4.1	−93.6	−55.6	−277.8	326.5	−64.7	648.1	850.7	1 419.6	1 989.8
利息费用	−6.7	−4.8	−0.1	8.8	18.6	31.3	47.8	69.3	97.1	133.4	180.5
税盾	0.0	0.0	0.0	1.8	3.7	6.3	9.6	13.9	19.4	26.7	36.1
债权要求回报率(%)	2	2	2	2	2	2	2	2	2	2	2
贴现系数	1	0.98	0.96	0.94	0.92	0.91	0.89	0.87	0.85	0.84	0.82
税盾现值	0	0	0	1.7	3.4	5.7	8.5	12.1	16.6	22.4	29.7

表 6-21 APV 估值方法(二)

项目	(百万美元)
第一阶段 FCFE 现值和	4 018.7
永续阶段 FCFE 现值和	14 837.9
第一阶段税盾现值和	100.0
永续阶段税盾现值和	−1 363.1
现金	380.7
负债	200.0
少数股东权益	−53.8
股权价值	17 828.0
公司价值	17 974.2

表6-22 APV估值方法(三)

永续增长率(%)		2.3	2.8	3.3	3.8	4.3	4.8	5.3	5.8
股权要求回报率(%)	16.7	9 451	17 544	19 826	21 269	22 468	23 597	24 727	25 899
	17.2	8 066	16 093	18 302	19 664	20 775	21 805	22 825	23 873
	17.7	6 795	14 763	16 908	18 200	19 234	20 178	21 103	22 046
	18.2	5 625	13 542	15 631	16 862	17 828	18 698	19 541	20 393
	18.7	4 547	12 419	14 459	15 635	16 542	17 348	18 120	18 892
	19.2	3 553	11 384	13 380	14 509	15 364	16 113	16 822	17 526
	19.7	2 633	10 428	12 385	13 472	14 282	14 980	15 635	16 280

表6-23 CCF方法估值(一)

百万美元	15	16E	17E	18E	19E	20E	21E	22E	23E	24E	25E
收入	1 805	2 233	2 769	3 699	4 953	6 643	9 568	13 803	20 617	30 830	46 141
增速(%)		24	24	34	34	34	44	44	49	50	50
EBIT	467	274	232	400	550	774	1 714	3 040	5 797	9 982	16 689
所得税率(%)	28	20	20	20	20	20	20	20	20	20	20
NOPAT	338	220	186	320	440	619	1 371	2 432	4 638	7 986	13 351
折旧与摊销	117	134	154	178	195	215	236	248	260	274	287
营运资本变动	−20	−111	−233	−323	−861	259	−1 416	−169	−1 189	−1 346	−2 464
资本支出	−1 155	−248	−238	−266	−316	−339	−368	−418	−461	−505	−555
FCF	−720	−5	−131	−92	−543	754	−177	2 093	3 248	6 408	10 619
税盾	0	0	0	2	4	6	10	14	19	27	36
CCF	−720	−5	−131	−90	−539	761	−167	2 107	3 267	6 435	10 655
税前WACC(%)	14	14	14	14	14	14	14	14	14	14	14
	1	0.88	0.78	0.68	0.60	0.53	0.47	0.41	0.36	0.32	0.28
CCF现值	−720.1	−4.3	−101.6	−62.9	−326.9	400.2	−82.6	861.5	1 177.8	2 047.2	2 988.5

表6-24 CCF方法估值(二)

项目	(百万美元)
第一阶段CCF现值和	6 177.0
永续阶段CCF现值和	22 459.0

续　表

项　　目	（百万美元）
现金	380.7
负债	200.0
少数股东权益	−53.8
股权价值	28 870.5
公司价值	29 016.6

资料来源：杨青、黄明、郦可、黄俊杰编写的教学案例《奇虎360回归的光和影：中概股投资价值评估》。

本 章 小 结

本章介绍了几种并购估值方法，包括市场法、现金流量贴现法、实物期权估值法和其他估值方法如经济增加值法、成本法和清算价值法等，并分别阐释了它们的原理，对比了各种方法的优缺点及适用情形，其中市场法、现金流量贴现法、实物期权估值法是本章的重点、难点，也是实际并购中最常用的几种方法。

市场法也称比率估价法，是指利用参照企业的价值参数（比率）来估计目标企业的相应参数，从而计算目标企业价值的方法。根据比较标准的不同，可将市场法分为可比公司分析法和可比交易分析法。可比公司分析法比较的是资本市场上与目标公司的行业、规模、产品等相似的上市公司，通过计算这些企业的价值比率对目标公司进行估值，采用的比率一般有市盈率、市净率、企业价值对EBITDA的比率、价格对EBIT比率、托宾q等；可比交易分析法则适用于那些未上市公司，找出与目标公司经营业绩相似的上市公司最近的平均实际交易价格，以此作为企业估值的参照。市场法建立在有效市场假说的基础上，对标公司容易找，计算方法比较简单，但可比公司或交易数据可能因历史来源、会计方法不同而导致估值偏误。

现金流量贴现法（DCF）是目前较为科学和成熟的估值方法，它将企业未来预期现金流按照一定的资本率贴现，折算为并购交易时点上的现值。前提假设是企业未来持续经营且现金流可以预测。DCF法包括两大类：加权平均资本成本法（WACC法）和调整现值法（APV法），主要区别是在确定贴现率时，APV法只考虑了权益资本的成本，而WACC法考虑的是权益和债券加权的资金成本。DCF法的关键在于预测未来现金流、确定贴现率，理论性强，但也存在一些缺陷，对现金流量的预测存在不确定性和主观性，这种预测建立在关于市场环境、产品、定价、竞争、利率等多重因素的主观假设之上。

实物期权评估方法需要考虑并购投资活动或者后期决策的灵活性，尤其是在今天互联网经济自然垄断的平台商业模式下，在上述传统估值方法的基础上考虑实务期权价值成为一个新的思路。一般实物期权采用 B-S 模型或者二项式(二叉树)期权估值模型进行评估。

综合考虑上述各种评估模型,以及灵敏度分析等结合获得一个并购估值的区间值是业界推行的方式。在今天 PE/VC 盛行的第六次并购浪潮期间,经济附加值法(EVA)是不少投资者开展并购活动时的一个评估思路。与 DCF 相比,EVA 模型能有效地评价企业在任何一个年份的经营业绩,因此更适用于一些未来现金流难以估计的项目,尤其是平台经济,因此 EVA 法在 PE 投资中可以采用。

估值是企业并购前的准备措施,而协同是实施并购的最终目的。并购协同效应表现为 1+1>2,即并购后联合企业的价值大于并购前两家企业独立价值之和。并购所产生的协同效应有管理协同、经营协同、财务协同、市场力量协同和营销协同等。

重 要 概 念

现金流量贴现法 实物期权估值法 WACC APV 可比公司分析 可比交易分析 协同效应

课 后 习 题

1. 请根据习题案例 6-1"万科可比公司法估值",评价市场法的优点和缺点。

习题案例 6-1

万科可比公司法估值

2015 年 7 月 11 日,万科 A 发布简式权益变动公告,截至 2015 年 7 月 10 日,前海人寿以集中竞价交易方式从二级市场买入万科 A 股 5.52 亿股,占万科当前总股本的百分之五。即 7 月 10 日宝能系完成对万科的第一次举牌增持。

2015 年 7 月 6 日,在被举牌前几天,万科发布拟使用公司自有资金回购公司股票的公告。回购额度达 100 亿元,在股票价格下行到 13.70 元以下时进行回购。

即 2015 年 7 月初宝能系开始在二级市场买入万科,这也是我们估值所立足的时点。

1. 万科可比公司筛选

首先选取 2015 年 6 月 30 日过去一年营收规模超过 100 亿元的 A 股房地产行业上市公司建立可比公司备选库,共计 14 家。然后选取规模、增长率、盈利能力、杠杆率四个维度的财务指标,根据这些财务指标对可比公司进一步筛选,剔除指标值差异过大的公司。筛选的标准是营收规模超过 200 亿元,营收增长率不要超过 30%,否则和万科增长速度不相符;且销售净利率、销售毛利率和资产负债率相差不大(见表 6-25)。

表 6-25 可比公司备选库

代码	简称	营业收入（亿元）	营业收入增长率(%)	销售利润率(%)	销售毛利率(%)	资产负债率(%)
600606.SH	绿地控股	860.276 1	−26.707 8	3.840 3	14.946 8	88.211 5
000002.SZ	万科 A	1 457.851 3	22.716 0	13.062 9	29.323 3	78.060 8
600048.SH	保利地产	1 131.290 7	24.546 5	13.750 5	33.305 0	77.465 3
600340.SH	华夏幸福	270.208 5	48.229 8	13.575 3	37.029 9	86.588 9
600383.SH	金地集团	461.425 0	−10.968 4	15.029 8	27.630 6	67.482 2
600376.SH	首开股份	220.542 7	−23.745 1	10.424 6	39.845 5	84.826 9
002146.SZ	荣盛发展	229.395 8	−10.015 6	10.673 0	28.418 0	81.698 5
000671.SZ	阳光城	137.747 8	46.121 7	7.768 6	25.424 0	84.284 1
000656.SZ	金科股份	170.838 4	50.547 5	6.296 1	26.542 2	84.350 7
000402.SZ	金融街	208.994 8	13.933 8	12.080 8	33.169 2	69.033 3
000540.SZ	中天城投	125.748 7	54.829 8	17.117 2	37.043 7	79.744 1
600823.SH	世茂股份	131.189 3	39.387 1	18.290 4	34.505 7	65.569 7
600177.SH	雅戈尔	171.449 6	14.991 5	40.236 7	46.204 6	58.292 2
002244.SZ	滨江集团	113.161 0	36.886 0	11.511 5	30.985 7	74.506 5
600208.SH	新湖中宝	113.310 5	73.753 0	8.195 7	26.201 1	71.324 8

数据来源：Wind 咨询。

注：各基于利润表的指标均以 2015 年 6 月 30 日为基准前溯 12 个月，TTM(trailing twelve months)。资产负债率为 2015 年半年报数据。

其中招商蛇口即当时的招商地产处于停牌中，故不作为可比公司。新城控股 2015 年 12 月才完成 B 股转 A 股，站在 2015 年 7 月初的时点上，也不将其作为可比公司。

最后确定 3 家可比公司：保利地产、金地集团、荣盛发展（见表 6-26）。

表 6-26 最终可比公司及对应 PE 值

序号	简称	PE(TTM)	PE(2015E)
1	保利地产	8.727 8	6.989 7
2	金地集团	14.064 1	11.515 8
3	荣盛发展	11.277 6	9.698 8

资料来源：Wind 咨询。

注：PE 基于 2014 年 6 月 30 日—2015 年 6 月 30 日自由流通市值加权平均值。

2. 万科财务数据

万科 2014 年 6 月 30 日—2015 年 6 月 30 日摊薄 EPS 计算，如表 6-27 所示。

表 6-27 万科每股收益计算

关　键　指　标	2013A	2014A	2014.6.30—2015.6.30
营业收入(亿元)	1 354.19	1 463.88	1 457.85
增长率(%)	31.33	8.1	22.72
净利润(亿元)	151.19	157.45	157.82
期末股本(亿股)	110.35	110.37	110.48
基本/摊薄 EPS	1.372 6	1.426 5	1.428 5

注：万科的基本 EPS 和摊薄 EPS 相同。

3. 基于市盈率的估值结果

如表 6-28 所示，两种口径估值结果稍有差异，平均来看，可认为短期内的目标股价是 16 元。与 2015 年 7 月 3 日股价 13.7 元相比较，万科的价值被低估。

表 6-28 万科 P/E 估值计算表

EPS	乘数平均值	目标股价
过去一年 EPS(1.428 5)	11.356 5	16.22
2015E EPS(1.684 8)	9.068 1	15.84

注：EPS 1.684 8 元基于 2015 年 7 月初当时的一致预期数据。

市盈率估值方法评估的是市场价值，也为收购价格提供了一个参考上限，即目标公司收购价格若超过该上限，不应买入。

资料来源：根据公开资料整理。

2. DCF 估值有哪些前提假设？请根据习题案例 6-2 的固定增长估值模型，分析这一方法的优缺点。

习题案例 6-2

固定增长估值模型

价值驱动器

$R_0 = 8\ 696$ 元	$d = 5.0\%$
$m = 15.0\%$	$l_{fg} = 2.0\%$
$T = 40.0\%$	$l_w = 1.0\%$
$g = 5.0\%$	$k = 10.0\%$

公式和估价

$$V_0 = \frac{R_0[m(1-T)+d-l_{fg}-l_w](1+g)}{k-g} = \frac{R_1[m(1-T)+d-l_{fg}-l_w]}{k-g}$$

$$=\frac{9\,130.8\times[0.15\times(1-0.4)+0.05-0.02-0.01]}{(0.1-0.05)}$$

$$=9\,130.8\times(0.11)/0.05$$

$$=20\,088\ 元$$

其中：$R_0=$第一年的收入

$m=$净营业利润毛利率

$T=$税率

$g=$收入增长率

$d=$折旧

$l_{fg}=$资本支出（总）

$l_w=$营运资本支出

$k=$资本成本

3. 如何计算自由现金流？请根据本章案例 6-5 WACC 法估值模型说明 DCF 估值时的自由现金流是经营现金流、投资现金流，还是融资现金流？
4. 简述 APV 法与 WACC 法的联系和区别。
5. 并购后的协同效应表现在哪些方面？请结合行业背景分析。
6. 考虑杠杆收购的情况，根据习题案例 6-3 的资本成本估值法（CCF）的思路，这时运用 WACC 估值有何缺陷？如何解决？

习题案例 6-3

CCF 评估方法

Part 1：现值计算

	第 0 年	第 1 年	第 2 年	第 3 年	第 4 年	第 5=n 年	第 n+1 年
1. 净收入（元）	5 000	5 400	5 832	6 299	6 802	7 347	7 567
2. 收入增长率（%）		8.0	8.0	8.0	8.0	8.0	3.0
3. 净营业收入＝息税前收益（元）	500	540	583	630	680	735	605
4. 现金税率（T）（%）	40.0	40.0	40.0	40.0	40.0	40.0	40.0
5. 所得税（元）	200	216	233	252	272	294	242
6. 税后净营业利润（元）	300	324	350	378	408	441	363
7. ＋折旧（元）	250	270	292	315	340	367	265
8. －流动资本的变化（元）	50	54	58	63	68	73	38
9. －资本支出（元）	100	108	117	126	136	147	76
10. －其他资产的净变化（元）	50	54	58	63	68	73	76

续 表

	第0年	第1年	第2年	第3年	第4年	第5=n年	第n+1年
11. 自由现金流量(元)	350	378	408	441	476	514	439
12. 利息费用(元)		400	380	300	200	150	100
13. 利息的税收抵免(元)		160	152	120	80	60	40
14. 资本现金流(CCF)(11+13)(元)		538	560	561	556	574	479
15. 折现率(k_a)(%)		10.70	10.70	10.70	10.70	10.70	10.70
16. 折现系数		0.903 3	0.816 0	0.737 2	0.665 9	0.601 5	
17. 价值现值		486	457	413	370	345	

Part 2：经营关系(占收入的百分比)　　　　　　　　　　　　　　　　　　单位：%

净营业收入	10.0	10.0	10.0	10.0	10.0	10.0	8.0
税后净营业利润	6.0	6.0	6.0	6.0	6.0	6.0	4.8
折旧	5.0	5.0	5.0	5.0	5.0	5.0	3.5
流动资本的变化	1.0	1.0	1.0	1.0	1.0	1.0	0.5
资本性支出	2.0	2.0	2.0	2.0	2.0	2.0	1.0
其他资产的净变化	1.0	1.0	1.0	1.0	1.0	1.0	1.0
自由现金流	7.0	7.0	7.0	7.0	7.0	7.0	5.8

Part 3：价值计算

第Ⅰ部分——输入预期资产回报率	
(1) 无风险利率 R_f	6%
(2) 资产贝塔值(β_a)=β_u	0.723
(3) 风险溢价(RP)	6.50%
(4) 税率(T)	40%
(5) 权益成本(k_e)	12.50%
(6) 税前债务成本(k_b)	8%
(7) 目标方权益(S)/价值(V)比率	60%
(8) 目标方债务(B)/价值(V)比率	40%
第Ⅱ部分——预期资产回报率的计算	
利用资本资产定价模型 $k_a=R_f+(RP)\beta_a=6.0\%+6.5\%(0.723)=$	10.70%
利用加权平均 $k_a=k_e(S/V)+k_b(B/V)=12.5\%(0.6)+8.0\%(0.4)=$	10.70%

续 表

第Ⅲ部分——价值终值(TV)(元)	
$TV=$ 资本现金流$_{n+1}(k_a-g)$	
$=479/(0.107-0.03)=$	6 219
第Ⅳ部分——价值的计算(元)	
(1) 现金流的现值	2 072
(2) 价值终值的现值	3 741
(3) 经营价值(V)	5 814
(4) ＋可交易的证券	0
(5) 总价值	5 814
(6) －债务初始账面价值(D)	2 000
(7) 权益的价值	3 814
(8) 发行在外的股份	100
(9) 实际的每股价格	38.14
第Ⅴ部分——比率	
营业价值/收入	1.16
营业价值/净营业收入	11.63
营业价值/EBITDA	7.75

7. 翰宇药业是一家从事多肽药物研发、生产和销售的生物医药公司。公司以多肽药品为核心，结合高端化学药等品类，致力于糖尿病、心血管、多发性硬化症等慢病药物的研发。公司近三年的主要损益表数据，如表6-29所示。

表6-29 损益表预测

单位：百万人民币	2015	2016E	2017E
主营业务收入	768.3	855.6	1 160.5
增长率(%)	83.2	11.4	35.6
主营业务成本	(146.8)	(146.1)	(194.8)
增长率(%)	103.9	−0.4	33.4
毛利	621.5	709.5	965.6
增长率(%)	78.9	14.2	36.1
毛利率(%)	80.9	82.9	83.2
主营业务税金及附加	(11.2)	(12.5)	(17.0)
主营业务利润	610.3	697.0	948.7

续　表

单位：百万人民币	2015	2016E	2017E
EBITDA	453.1	496.5	625.7
折旧与摊销	(82.4)	(106.9)	(105.6)
EBIT	370.7	389.6	520.1

另外，预测2016年和2017年的营运资本变动分别为－36和－80；2016年和2017年的固定资产投资变动为－103和－139，所得税率为15%。无风险利率3.0%，beta为1.27%，风险溢价6.0%，债务融资成本2.0%，请分别计算2016年和2017年的：

(1) 自由现金流(FCF)；
(2) 股权融资成本和WACC；
(3) 公司价值。

第七章

并 购 融 资

本章导读

➢ 内源性融资：主要包括自有资本金、内部积累资金以及公司专项基金；
➢ 外源性融资：主要包括债务融资、权益融资以及混合融资；
➢ 融资过程：基本包括确定融资额、分析融资来源和资金成本、选择最佳融资方式。

2016年5月万达商业宣布实行私有化计划[①]：境外投资人在境外设立私有化SPV，境内投资人将等额的人民币资金注入境内私有化SPV，并以内存外贷形式将资金转移出境。境内投资人的资金出境后进入对应的境外私有化SPV，与其他境外投资人一起完成对万达14.41%的H股的收购，同时过桥贷款相关费用由境内投资人承担。万达集团承诺，如果万达商业在退市满2年或者2018年8月31日前未能在境内上市，万达集团将以每年12%的利率向境外投资人回购全部股权，以每年10%的利率向境内投资人回购全部股权。

并购是企业的资本扩张活动，是一种高风险的资本运营活动。一项成功的并购离不开强有力的资金支持。并购融资就是为完成企业并购而融通资金的过程，其特点为融资数额大、获取渠道广、采取方式多，且对并购后公司的资本结构和公司治理有很大影响。企业要合理预测资金需求，选择合适的融资方式，以确保并购后公司的资本结构合理，治理结构明晰。因此，企业选择何种融资渠道获取并购资金，可能是并购活动成功的关键。

7.1 融 资 类 型

并购融资有多种分类方法，根据是否存在中介可分为间接融资和直接融资，根据资金来源可分为内部融资和外部融资。

直接融资(Direct Financing)是指资金需求者不经过金融中介或者财团，在金融市场直接融通资金的方式，金融要求权直接产生于资金供求双方之间，表现为资金需求者直接

---

① 资料来源：万达商业私有化进程新进展　被爆私有化融资方案敲定，http://m.leju.com/news-jx-6130172111236690974.html。

与资金盈余者签订协议,或者在金融市场上直接购买盈余者的有价证券(见图7-1)。对于并购而言,主要是指通过发行股票、债券等有价证券来筹集资金。

图7-1 直接融资图示

直接融资使资金供求双方建立直线联系,便于资金供给方监督资金的使用,但也有很大局限性。对融资方而言,资金数量、期限、利率等方面受到较多限制,同时若采用债券融资方式,则灵活性受到一定损失,采用股权融资方式则可能导致原有股东股权被分散;而对于投资方而言,由于缺少了中介机构的缓冲,风险也相应增大。

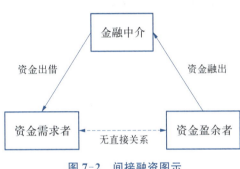

图7-2 间接融资图示

间接融资(indirect financing)是指资金需求者通过金融中介机构,向资金盈余者筹集资金的方式,也就是说资金盈余者对金融中介机构有金融要求权,金融中介机构对资金需求者有金融要求权,但资金盈余者与资金需求者之间没有直接关系;在这个过程中,金融中介机构起到了桥梁的作用,解决资金盈余者与资金需求者之间的信息不对称问题(见图7-2)。对并购来讲,金融中介机构主要包括商业银行、信托基金、私募基金、公募基金、养老保险基金、投资银行等。

间接融资由于金融机构资产负债多样化,安全性高,可以为客户提供多样化服务,金融中介专业化分工协作,了解和掌握借款者的有关信息,不需要资金盈余者自己去搜集资金赤字者有关信息,降低了信息搜集成本;除此之外,金融中介广泛筹集社会各方面闲散资金,可以为资金需求者提供巨额资金。但由于中介机构阻断了资金供求双方的直接联系,故降低了投资者对经营者经营状况和资金使用方面的监督。

7.2 内源性融资

内源性融资(internal financing)又叫内部融资,是指公司经营活动产生的资金重新用于投资生产,主要由留存收益和折旧构成,即企业不断将自己的储蓄转化为投资的过程。内源融资对企业的资本形成具有原始性、自主性、低成本和抗风险的特点,是企业生存与发展不可或缺的重要组成部分。事实上,在发达的市场经济国家,内源融资是企业首选的融资方式,是企业资金的重要来源。

内源性融资按其来源,可划分为三种:① 自有资本金,包括普通股和优先股的股本。其特点是公司自有,无须偿还,自行支配,财务成本低。② 内部积累资金,即公司经常持有、按规定自行支配、不需要偿还的那部分资金,主要来自公司长期经营的积累,如税后留存收益、公积金、未分配利润、折旧等。这部分资金公司无须偿还,由企业自行支配,融资阻力小;而且当其用来作为并购资金时,不必支付筹资费用,财务成本低。③ 一些专项基金、应付未付款等。其特点是只在使用和分配前可作为内部筹集的一个来源,一旦需要使用或分配这些资金时,则需要用现款支付。专项基金从长期平均趋势来看,可以成为公司的一项稳定和长期使用的资金来源,具有长期占用性。如更新改造和修理基金、新产品研发基金、生产发展基金、职工福利基金、职工奖励基金和后备基金等。公司的应付未付款主要包括应付税款、应付利息、应付货款等。公司应付款是公司的负债,由于尚未对外偿还,只可在公司内部短期调用;但它不同于专项基金,不能长期占有,到期必须对外支付。相关拓展内容可参见案例 7-1。

案例 7-1

爱尔眼科运用自有资金收购美国 AW Healthcare Management

2017 年 1 月,爱尔眼科医院集团以 1 800 万美元的价格收购 Dr. Ming Wang 所持有的 AW Healthcare Management,LLC 75% 的股权。本次并购交易资金来自公司自有资金。美国作为全球医疗最发达的国家之一,拥有成熟、先进的医疗服务理念和最前沿的技术体系。通过本次交易,公司收购居于美国领先地位的眼科机构,不但得以快速切入北美医疗市场,进一步强化公司的技术水平,更重要的是,通过在国内嫁接其高端服务模式和管理经验,有利于公司快速发展高端医疗服务,满足中国日益增长的多层次眼科医疗服务需求。同时,此举将为公司国际化发展进一步积累经验,为今后加快境外布局打下坚实基础。

资料来源:根据公司公告整理。

内部融资的优点是资金调度迅速、保密性好,具有原始性、自主性、低成本等特点。当并购方想对目标公司发动突然袭击时,如果通过外部融资,不仅耗费时间多,而且收购计划被散播的可能性相对较大,可能对并购成功产生消极影响,因此内部融资往往是并购融资的优先选择。但内部融资也有很大的局限性。首先,由于收购后并购方的流动资金会减少,后期的生产经营活动可能无法正常展开,因此采用内部融资的前提是企业资产负债率相对较低,且能够产生持续、稳定、充足的现金流,弥补自有资金的减少。其次内部融资筹集的资金数量有限,仅适用于目标企业规模不大的情形;但一般并购活动所需要的资金数额都比较大,内部融资的资金难以满足,往往需要借助外部融资。

7.3 外部融资

外部融资(external financing)是指企业通过一定方式向企业之外的其他经济主体筹集资金。外部融资可以通过金融中介机构,如商业银行和投资银行等,也可以通过非金融中介机构,如企业间拆借、租赁等,还可以通过公司债券、可转换债券等进行直接融资。外部融资的具体形式可以分为:债务融资、权益融资以及混合融资。下面就这三种形式进行具体阐述。

7.3.1 债务融资

债务融资(debt financing)主要包括贷款融资、发行证券(债券或票据)、拍卖以及售后租回融资等融资方式,资金来源包括商业银行、保险公司、投资银行、财务公司、信托基金、并购投资基金、风险投资公司等。

(1) 贷款融资。贷款融资是指企业向银行等金融机构贷款以获取并购资金,是一种间接贷款的方式。在中国,信托公司、财务公司等非银行金融机构也可以进行借贷业务,审贷顺序、贷后管理与商业银行类似。贷款融资的工具主要有定期贷款、过桥贷款、私人和公共债务。

定期贷款(term loan)是指有固定偿还期限的贷款,期限在1年以上15年以下,一般还有抵押担保,但对于一些信誉良好的大公司来说也存在信用放款的形式。定期贷款的利率由债权人资金成本、市场基准利率、贷款期限和风险大小等因素决定,国际贷款一般还需参考伦敦银行同业拆借利率(LIBOR)。定期贷款情况下,银行有可能要求借款人在账户中保持未偿还贷款数额的一定比例或某一固定金额,即补偿性余额(compensating balances),这一要求使借款人实际可使用资金数额小于贷款总额,实际上提高了贷款利率。

在使用定期贷款为并购活动融资时,贷款银行一般要求对标的资产享有一级优先受偿权,或者需融资方对银行提供一定的抵押或担保,因此其风险相对较低,收益率也相对较低。银行贷款程序相对发行债券和股票容易,费用也低于证券发行的费用,然而不利之处在于企业必须向银行公开其财务和经营状况,导致企业在后期运营上受到一定制约,同时资产抵押权降低了企业的再融资能力。

过桥贷款(bridge loan)是一种过渡性的贷款,又叫周转性贷款或临时性贷款,主要用于为公司正常经营提供短期融资。其特点是期限较短,一般1—12个月,融资额度约在1000万元到2亿元之间;贷款利率协商决定,通常比一般贷款利率高出2%—5%。使用此种贷款的客户必须提供资金使用计划,一般情况下过桥贷款需要用固定资产或由第三方担保。

并购活动中,过桥贷款主要是投资银行为促成并购交易向并购方提供的贷款。由于贷款的高风险性,投资银行通常将利率设计为爬升形式,每个季度的利率都比前一个季度的利率高,以此鼓励融资者加速还款。融资者通常在并购后发行高利率高风险的债券筹集资金,或者以出售部分资产或业务的所得资金来偿还。过桥贷款的资金调动迅速,可以加快收购完成的进度,在杠杆收购中一般需要投资银行提供大量的过桥贷款,但此类贷款的融资成本相对过高。在第六并购浪潮中,过桥贷款常被作为金融工具创新SPV的一种。相关拓展内容参见案例7-2。

案例 7-2

"德隆系"借助过桥贷款走出困境

2004年4月13日,"德隆系"股票崩盘,导致所属企业的信用水平和融资能力大幅下降,一些经营正常的企业也难以为继。2004年8月,华融资产管理公司受托参与"德隆系"资产重组,向ST屯河和天一实业两家企业发放了2.3亿元的过桥贷款,其中2亿元用于ST屯河的甜菜收购,3000万元流动资金过桥贷款用于亚麻收购。这两笔过桥贷款在当时意义重大,不仅盘活了企业的现有资产,同时保护了已签署收购协议的农户的利益。

2005年7月21日,中粮集团通过委托贷款方式,由中国工商银行偿还了华融公司提供的过桥贷款;7月22日,ST屯河归还了华融公司过桥贷款的全部本息。

资料来源:根据新浪财经整理。

私人和公共债务资金主要指各种私募、公募的基金,如保险基金、风险投资基金等,还可以是一些资金雄厚的个人投资者和机构投资者。这种贷款方式在发达国家较为常见,在中国也正日益发展起来,发展较快的有信托资金、并购基金等。

(2)发行证券(票据或债券)。票据是出票人签发,无条件约定自己或要求他人支付一定金额、可流通转让的有价证券,包括商业票据、抵押融资票据和资产支持票据等,其中最主要的是商业票据。商业票据是指由金融公司或某些信用较高的企业开出的无担保短期票据,期限较短(通常在2—270天,多为30天左右),安全性较高,可以在二级市场上转让。

在杠杆收购中,商业票据的作用是周转信贷融资。并购活动中,利用商业票据融资既可以通过出售并购方自己发行的商业票据的方式,也可以直接把商业票据作为一种支付手段收购目标企业。发行商业票据的好处在于其筹集资金的速度快,效率高,融资成本相对于债券而言较低。

企业债券是公司按照法定程序发行、约定在一定期限还本付息的有价证券。不同于商业票据的是,通过债券融资可以获得长期使用的资金。债券融资下,利息可以税前支付,而且可以防止股权被稀释,信誉良好的企业发行债券的资金成本一般也较低。但是利用债券融资的企业要受到企业自身财务杠杆的限制,还要受到监管当局发行条件的限制。债券一般都有期限,到期还本付息,产生现金流压力,财务风险大。企业债券按照不同的标准可以划分为很多种类,在并购融资中主要需关注次级债券中的垃圾债券。

垃圾债券(junk bond)指信用评级低于投资等级(标准普尔评级体系中BBB以下,穆迪评级体系中Baa3以下)或未被评级的高收益债券。垃圾债券最早起源于美国,在20世纪二三十年代就已经存在,由德雷克赛尔·博纳姆投资银行(Drexel Burnham)的并购部经理米尔肯(Milken)发明。70年代以前垃圾债券主要为一些小型公司开拓业务筹集资金而发行,由于这种债券的信用受到怀疑,很少有人关注。70年代末期之后,垃圾债券成为投资者疯狂追求的投资工具。到80年代中期,垃圾债券市场急剧膨胀,迅速达到鼎盛,并且垃圾债券被引入收购领域,特别是杠杆收购,我们将在后面章节中进行详细阐述。

(3)其他债务融资方式。这部分主要是以资产为基础的融资工具,包括资产出售拍卖、售后租回、资产证券化等。资产出售拍卖可分为两种:一种是在并购前出售拍卖自己的资产来筹集资金,用于支付并购价款;另一种是在并购完成后出售、拍卖目标公司的有关资产。

售后租回是一种融资租赁的方式,资产所有者先将自己拥有的部分资产出售,然后以租赁的方式再租回自己已出售的资产,从而不影响正常的生产经营,且到规定的租赁年限后,一般可以按照约定收回资产。资产出售方获得了融资便利,是承租方;资产购买方获得租金,是出租方。售后租回是当企业现金周转困难时改善企业财务状况非常有效的一种方法,资金提供方也因有资产抵押、风险较小而乐于提供资金。企业进行并购时,如果急需资金,而从其他渠道又不易获得,售后租回可提供一种可靠的资金来源。在完成收购后,收购方可以借助目标企业产生的现金流来偿还租金。

资产证券化是指将具有共同特征的、流动性较差的盈利资产集中起来,以资产所产生的预期现金流为支撑,在资本市场发行证券进行融资的行为。其过程是首先组建特殊目的机构(special purpose vehicle,SPV),然后将具有共同特征的资产注入SPV,形成资金池,最后以此资金池为支持发行证券。证券的利息通常定期支付,本金和利息的支付依托于资金池产生的稳定的现金流。

(4) 卖方融资。卖方融资(seller financing)是指并购方暂不全部支付价款,而是承诺未来一定时期将价款分期分批偿还给目标公司的支付方式。对于并购方来说,卖方融资是一种付款承诺,未来需要按照规定进行偿还,因而可以看成债务融资的一种。这种方式通常发生在目标公司业绩不佳,股东急于获得现金或者兼并方具有极为出色的经营管理能力的时候。这种方式一般对兼并方更加有利,并购方不必立即全部支付价款便可实现并购。同时这种方式对被兼并方也有好处,由于付款是分期支付的,因此被兼并方可以获得税负的延迟支付,同时还可以要求较高的利息,例子参见案例7-3。在卖方融资中,通常根据未来目标公司经营业绩而决定支付价款的多少,这种措施有助于缩小双方在兼并价格认定上的差距。

案例 7-3

康摩度尔国际收购阿泰利

美国华纳传播(Warner Communications)欲将处于亏损中的阿泰利(Atari)电脑公司出售,前康摩度尔国际(Commodore International)公司总裁Jack Tramiel在收购时采取了卖方融资策略,即以阿泰利未来盈利作为偿还价款的保证,购买其全部股权。此案中,因华纳对Jack Tramiel的拯救计划非常有信心,因而愿意以应付票据方式达成交易,且并不要求前几年马上付清本金,使阿泰利在新业主经营下的前几年现金压力大为消除。

资料来源:并购的融资与支付方式.豆丁网,http://www.docin.com/p-796352566.html。

7.3.2 权益融资

权益融资(equity finance)是指通过扩大企业的所有者权益进行融资,如吸引新的投资者、发行新股、追加投资等,简单地说就是股票融资。权益融资主要包括普通股融资和优先股融资。普通股融资的基本特点是投资收益的不确定性,收益由股票发行企业的经营业绩决定。优先股是企业专门为某些寻求获得优先特权的投资者设计的一种股票,一般预先确定收益率。优先股的股东无选举权和投票权,但是有优先索偿权,可以优先领取股息、优先分配剩余资产。随着资本市场的成熟,权益性融资在并购交易中的比重日益提升。并购交易中权益性融资形式主要包括发行股票融资、换股并购融资和以权益为基础的其他融资(参见表7-1)。

表 7-1　权益性融资工具及其来源

类　　型	工　　具	资　金　来　源
证　券	普通股	➤ 私募 ➤ 公募 ➤ 私人权益基金 ➤ 天使投资者 ➤ 供应商（延期付款或直接提供资金） ➤ 提供非传统贷款的金融公司
换股收购	普通股 优先股	
以权益为基础的 其他融资	反向回购 股权切离 员工持股计划	

（1）发行股票融资。发行股票融资主要指发行普通股或优先股，具体又可以分为首次公开发行（initial public offerings，IPO）、配售发行、增发新股等。发行股票融资主要应考虑股东认购资金来源及资金成本，增资扩股对原有股东控制权的影响，增资扩股对每股收益、净资产收益率、每股净资产等财务指标产生的影响等。

IPO 指一家企业或公司第一次向社会公众发行其证券，通常是普通股。通过 IPO 发行，并购方可以获得较充足的资本来源，可以长期使用而不必担心偿还问题；可以增加员工信心和对人才的吸引力，便于为后续并购活动获得所需资金。但是 IPO 方式比较费时，采用此种方式对并购进行融资可能延误最佳并购时期从而导致并购失败，公司上市后要面临各种对公众公司的法律约束；除此之外 IPO 还具有较高的成本。

配股（allotment）指向原有股东配售股票从而增加公司资本，原股东享有按其持股比例以某一约定低于市价的价格认购一定数量新发行股票的权利。增发是指上市公司以公开方式向社会发行股份的行为。案例 7-4 中的通用汽车公司的"特种普通股"其实就是一种标识一家上市公司不同部门业绩或者绩效的跟踪股票，这种配股融资方式有助于激励内部员工工作积极性。

从企业的角度来说，发行普通股融资具有以下优点：① 资金为公司自有，不需要偿还股本，可以保证企业最低的资金需求，降低财务风险；② 无固定的股利负担，企业可以根据年度盈余情况分配股利；③ 增加企业信誉，为债权人提供有力的保障，有利于筹措更多的债务资本。发行普通股的不利因素为分散企业的控制权、资本成本高等。

案例 7-4

通用汽车公司的"特种普通股"

1984 年，通用汽车欲以发行股票的方式筹集资金收购电子数据系统公司（Electronic Data System），但又担心投票权被他人取得导致并购失败，因此创造了 E 种普通股，这种股票仅拥有部分投票权，股利的支付取决于电子数据系统公司被并购后的经营绩效，这种利益分配方式使得目标公司更有动力积极参与公司的经营管理。

1985 年，为并购休斯飞机公司（Hughes Aircraft），通用汽车公司又发行了价值 50 亿美元的特种普通股票——H 股，其权利范围与 E 股类似。虽然当时违反了纽约证券交易所"禁止具有限制投票权的股票上市"的规定，然而通用汽车公司仰仗其强大的财力和强硬的态度,在此次股票发行中获得了主动权,最终在纽交所成功上市。

资料来源:根据新浪财经新闻整理。

(2) 换股并购。换股并购(stock-for-stock)是指并购方以公司股票作为并购支付手段付给目标公司换取目标公司的股份,并最终获得目标公司的控制权。换股并购根据具体方式不同可分为增资换股、库存股换股、母公司与子公司交叉换股等。

换股并购不需要支付大量现金,使得收购不受并购规模的限制,一般大型或超大型并购要采用换股的方式进行,如跨世纪的美国在线并购时代华纳巨额战略性并购案,采用的就是换股收购,参见案例 7-5。

案例 7-5

美国在线并购时代华纳

2000 年 1 月 10 日,美国在线(AOL)与时代华纳公司正式宣布合并,整宗交易的总价值达 3 500 亿美元。尽管双方对外宣布是合并,但从两公司董事会通过的合并协议上看,实际是 AOL 并购了时代华纳公司。

根据合并协议,AOL 和时代华纳的股票以固定的兑换比率换成"美国在线时代华纳"(合并后新公司的名称)的股票。1 股时代华纳股票兑换成 1.5 股新公司股票,AOL 的股东则以 1∶1 的比率兑换。AOL 的股东将持有新公司 55% 的股份,而时代华纳股东将持有其余 45% 的股份。这笔交易相当于 AOL 用新发行价值 1 780 亿美元的新股换取时代华纳的全部股份,实际上是 AOL 并购了时代华纳。

资料来源:失败的教训:15 年后看美国在线与时代华纳合并.网易财经,http://money.163.com/15/0115/08/AG03NLSB00253G87.html。

换股并购会改变并购双方的股权结构,但无偿债压力,避免大量现金流出,降低了并购风险;此外还有税收方面的好处。但是换股并购有可能要受到各国法律法规的限制,如案例 7-6"申万宏源合并上市"就具有典型的中国特色。

案例 7-6

申万宏源合并上市

2013 年 10 月 30 日,宏源证券(000562)紧急停牌,申银万国与宏源证券的并购重组正式开启。

申银万国是由原上海申银证券公司与原上海万国证券公司于 1996 年 7 月 16 日合并组建而成的综合类证券公司,是国内最早的股份制证券公司。而宏源证券是 1993 年经中国证监会批准的全国性、综合类券商,是中国第一家上市证券公司。通过此次合并,申万实现了曲线上市;而由于两者都是汇金系旗下控股企业,此次合并亦被看作是汇金整合旗下证券公司股权的重要战略部署。

此次重组采取的方式为换股吸收合并,宏源证券的原有股东可将其持有的股份以 2.049 的换股比例与申银万国发行的新股进行兑换。换股完成后,申银万国作为宏源证券的存续公司,承继及承接宏源证券的全部资产及负债。通过此次重组,申万宏源成为深交所市值最大的上市公司之一,券商行业总资产排名也上升至当年业内第五名。

此次合并体现出换股并购的优势,即能够避免并购方因收购高价值公司时可能导致的高杠杆高负债问题,但同时可能大幅度稀释原股东的持股比例,甚至造成控制权的转移。而此次合并的特殊之处在于,申万与宏源同属于汇金的控股公司,实际控制权并未发生转移,故而此次并购得以顺利实施。

资料来源:根据搜狐财经新闻整理。

(3) 以权益为基础的其他融资方式。以权益为基础的其他融资方式主要包括反向回购、股权划出、员工持股计划等:

回购(buy-back)是公司购回自己的股份,反向回购(reverse repo)与回购相对应,是将公司股份出售,以此来融资。股权切离(stake out)是指公司通过首次公开发行,将一小部分股份卖掉。

员工持股计划(employee stock ownership plans,ESOP)是20世纪70年代美国公司率先实行的一项员工福利计划,它本身不是一种收购的融资方式,但它具有独特的融资机制,是公司并购的一种重要方式。ESOP可以分为杠杆性ESOP(leveraged ESOP)和非杠杆性ESOP(non-leveraged ESOP)两种。杠杆性ESOP指通过借款等财务杠杆来实现该计划。首先成立员工持股计划信托基金,然后由银行贷款给公司,公司借款给员工持股信托基金会,或由公司担保,银行直接借款给员工持股信托基金会,用于购买公司股票。购入的股票由员工持股信托基金会持有,利用股票分得的股利和公司的其他福利计划资金归还银行贷款,同时将股票按照事先确定的比例转入职工账户,贷款还清时,股票全部归职工所有。非杠杆性ESOP指公司每年向该计划贡献一定数额的公司股票或用于购买股票的资金,一般为参与者工资总额的15%,由员工持股信托基金持有员工的股票,并定期向员工通报股票数额和价值;当员工退休或离开公司时,将根据一定的年限,取得相应的股票或现金。

员工持股计划的特殊性在于,它不仅是一种融资方式,更是公司所有权结构和治理结构的一场重要变革。员工持股计划能够分散公司产权,一定程度上减弱代理问题和寻租行为,有效地协调企业的利益矛盾,提高生产效率和企业竞争力,特别在员工持股占优势的企业尤为突出,如德国西门子公司,其员工持股高达50%以上。中国深圳金地公司员工持股计划说明了ESOP的中国特点(参见案例7-7)。

案例 7-7

深圳金地公司员工持股计划

1994年,深圳金地公司开始试行企业内部职工持股,股份总额为2 530万股,每股面值1元,其中70%供职工认购,30%用于未来奖励公司优秀职工以及新员工认购。金地公司ESOP计划的资金有三个来源:员工个人出资(35%—50%)、公司提供的贷款(35%左右),以及公司的福利基金。实施员工持股计划后,深圳金地公司的总股本中70%为国有股和法人股,30%为内部职工股。金地公司为员工提供贷款的做法参考了美国ESOP

的模式,但在实施中要注意方式。中国《公司法》第十四条规定,"公司不得接受本公司的股票为抵押权的标的"。中国证监会对上市公司的配股政策也有明确说明:"如果以公司资产为本公司的股东或个人债务提供担保,则上市公司的配股不予批准。"因此,员工取得公司贷款,不能以预购买的股权向本公司质押,只能以员工持有的其他资产向企业抵押。

资料来源:尤小雁.论员工持股计划实施中存在的问题[J].《财会月刊》,2009,26:79-80.

7.4 混合型融资

混合型融资(hybrid financing)的运用可以分为混合型融资安排和混合型融资工具的运用。混合型融资安排是指在一项并购交易中,既有银行贷款、发行股票、债券筹集的资金,也包括并购公司与目标公司之间的股票互换,发行可转换债券、优先股、认股权证等多种融资工具的综合运用。混合型融资工具是指那些既带有权益特征,又带有债务特征的特殊融资工具,主要指可转换证券和认股权证等。

7.4.1 可转换证券

可转换证券是兼有债务融资和权益融资的混合型融资工具,分为可转换债券和可转换优先股。它们在发行初期的基本性质是债券或优先股,持有人可在规定期限内按规定价格和转换比率转换为公司的普通股。因为具有转换前和转换后两种不同性质证券的功能,理论上可转换债券的价值要高于纯债券价值和转换价值。

具体可以参见案例7-8中的Avid收购Orad Hi-Tech Ltd案,可见可转换债券具有高度的灵活性,企业可根据具体情况设计出不同的报酬率及转换比例,寻求最佳的长期融资安排。由于其具有转换成普通股的选择权,因此其票面利率一般低于同一条件下不可转换的普通债券,大大降低了企业的融资成本。同时,可转换债券的转换价格要高于发行时企业普通股的股价,因此它可以避免当前股价过低而直接发行普通股融资的缺点。另外,如果证券持有人将其转换为普通股,则可为企业提供长期稳定的资金支持。但是,如果股票价格猛涨高于转换价格,筹资企业将蒙受财务损失,如果股票价格下跌过多,证券持有人不会将其进行转换,从而企业将面临到期还本付息的压力。

案例 7-8

Avid 收购 Orad Hi-Tech Ltd

Avid科技股份有限公司是一家提供全方位数字媒体解决方案的科技公司,是世界领先的非线性编辑系统的制造企业。而Orad Hi-Tech Ltd则擅长研发艺术3D实时图文、视频服务器解决方案,其产品可以极大地提高Avid Media中央平台的性能,提高Avid公司的竞争力。故2015年6月,Avid公司通过发行可转债的方式完成了对Orad高科技系统公司的收购。

此次发行的可转债面值$1 000,年利率2%,期限5年,每半年付息一次,转股价格

$21.94，初始溢价率35%，转股保护期6个月。和国内转债相比，该转债也有提前赎回和提前回售权，但同时具有三个特殊的特点：① 初始投资者在发行后30日内可以按照初始价格的一定折扣额外购买1 500万可转债。② 在发行后6个月内，如果出现：a. 发行3个月之后的任何季月前30日内有20日正股价超过转股价130%；b. 5个连续交易日内转债价格小于转股价值的98%，投资者即可在转股保护期内转股。③ 有罚息事项。Avid从转债募集的资金除了购买股权，还购买了封顶期权，即如果股价超过执行价（执行价就是转股价），Avid将收到股份或现金补偿，同时还可能利用另外部分转债筹资回购部分，这些措施都有利于减小转股带来的稀释程度。

资料来源：根据搜狐新闻整理。

7.4.2 认股权证

认股权证（warrant）是一种由公司发行的长期选择权，其持有人可以按照某一约定价格买进一定数量的公司股票，实质上是一种以特定认购价格购买规定数量普通股的看涨期权。认股权证可以在发行公司长期债券或优先股时配送，亦可以单独发行，分别交易。附带发行的认股权证可以提高所依附证券的发行效率，而单独发行的认股权证则有利于企业未来发行股票。

对融资企业而言，发行认股权证的好处是可以延期支付股利，在利用优先股、公司债等形式融资时，使用认股权证可以增加对投资者的吸引力，附有认股权证的证券，其票面利率可适当降低；另外把认股权证作为融资支付手段，赋予目标公司股东一种选择权，增加了对目标公司股东的吸引力。但是当投资者行使认股权证时，若普通股股价大大高于认股权证约定价格，企业可能损失部分股东权益。

7.5 融资过程

并购融资的程序大体可以参照以下步骤来进行。

（1）确定融资额。在进行融资之前，首先要确定资金的需求量。并购公司一般涉及的资金支付主要包括收购总额、收购完成后目标公司所需运营资金，以及目标公司重组或扩大业务的资金。此内容将在下一节介绍。

（2）资金来源、成本分析。一个企业在准备融资时，必须要考虑各种可能的融资来源和可获得性。由本书第一节可知，商业银行、投资银行、保险公司、财务公司等都是融资渠道，但具体情况还需具体分析，并不是所有的融资来源都需要利用，也不是所有渠道都能被利用。

在考虑了可获得性的基础上，还需要分析各种可能资金来源的成本。资金成本是融资的代价，企业筹集资金有不同渠道，资本成本也各不相同。如果企业只使用一种资金来源，那么只要计算出该种资金成本即可；如果企业有多重资金来源，那么要计算资金的加权平均资金成本。

（3）选择最佳的融资方式。影响融资方式选择的因素有很多，并购后的收益来源、并购规模、并购企业的资本结构、对风险的态度、并购支付方式等，都可能对最终决策产生决定性影响。

从收益来源方面来看，如果并购方准备长期持有目标企业，可能会对目标企业进行资源重新配置，提高运营效率，此时并购方可能采取稳健的融资方式；如果并购方是为了财务杠杆效应而直接拆分出售以获取收益，则一般会注入短期资金，采取投机冒险的融资方式。

从并购规模来看，随着目标公司规模变大，单纯使用现金进行收购对并购企业的获利能力和现金流都要求极高，财务压力巨大。因此并购融资开始更多考虑权益型融资，出现换股或多种融资工具混合使用的并购融资方式。

从并购企业的资本结构来看，如果企业自有资金充裕，使用内部资金是较好选择；但是如果企业负债率比较高，则应采取权益性融资避免财务状况进一步恶化。国际公认的比较合适的负债比例约为50％。

从并购支付方式来看，有现金支付、股票支付、综合证券支付以及其他支付。通常现金支付操作简单，引发的争议少，速度快，能够对目标企业发动突然袭击，内部融资资金不足时可以通过贷款、发行债券、增发股票等方式获取现金。如果采用换股的支付方式，可以发行新股或动用库存股票。除了以上这些因素，税收、企业盈利能力、金融市场及金融工具也会影响支付方式的选择[①]。

综合考虑并购后的收益来源、并购规模、并购企业的资本结构、并购支付方式等各种因素后，一般公司会倾向于按照下列顺序考虑其融资方式：内部融资、债券融资、股票融资，即优序融资理论。总之，并购企业总是倾向先内后外、先简后繁、先快后慢的融资策略，最佳的融资方式是在避免杠杆风险的情况下尽可能地利用杠杆获得收益。

7.5.1 确定收购成本

收购成本是指并购活动本身所发生的并购价款和并购费用，其中并购价款是支付给并购企业股东的，包括收购目标公司的股权或资产所需的价款、并购方必须承担的目标公司到期债务等。而并购费用是指并购活动中发生的有关费用，如并购活动中发生的搜寻、策划、谈判、并购方进行收购活动的管理成本，并购必须支付的相关税务成本，并购过程中支付给专业人士的相关费用（如付给投资银行、律师、会计师、资产评估师等的费用）。下文将简单介绍其中五种。

（1）信息搜集费用。企业并购能否成功，很大程度上取决于目标企业信息的准确性、全面性和及时性，对企业作出一个全面的、准确的评价，是确定并购价格和谈判成果的重要依据。目标企业的财务状况、组织结构、管理水平、技术领先程度、员工结构及素质、产品生命周期、市场占有率以及目标企业之外的行业发展潜力等都是信息搜集的重要内容。通过搜集这些信息，可以分析目标企业的优势和劣势，判断并购企业和目标企业之间的资源是否互补、关联，产生协同效应，分析并购企业的优势资源能否将目标企业未充分利用的资源潜力挖掘出来。一般而言，搜集的信息越充分、详细，信息搜集的费用也就越高。

---

① 程力.企业并购融资策略问题研究[D].对外经济贸易大学，2004.

(2) 谈判签约费用。在敌意收购的情况下,并购双方一般不需要谈判,而是秘密收购目标企业分散在外的普通股票。但是在这种情况下,收购行动的保密程度、目标企业的股权结构、全面收购要约能否豁免都将直接影响到股价的波动以及并购成本的高低。在善意并购的情况下,并购双方的谈判实力、谈判地位和谈判艺术将直接影响到并购交易价格的确定。因为通过评估确定的价格只是并购双方谈判的底价,而实际交易价格则是在此基础之上通过谈判确定的。如果并购企业谈判队伍素质较差、经验不足、责任心不强、缺乏谈判艺术,必然导致目标企业要价过高,并购交易价格变大。

(3) 并购中介机构费用。在进行实际并购交易时,由于涉及金融中介机构,所以不可避免地会存在一些中介机构的服务费用。主要包括会计师事务所的审计费、律师事务所的律师费、评估机构的评估费以及投资银行的财务顾问费等。在并购过程中,选择实力强、经验丰富的中介机构参与并购活动,可以有效降低并购成本,减少并购过程中的不确定因素,但一般需要支付较高的费用。

(4) 运作成本。主要包括并购完成后目标公司的周转资金(如企业正常生产经营所必需的流动性资金);解聘员工、管理人员或要求其提前退休,根据协议规定所需一次性支付的补偿金;并购前的未决诉讼在并购后结案所需支付的资金等。

(5) 潜在成本。主要指实现协同效应的潜在成本。并购中的协同效应是指企业通过兼并收购,其获利能力将高于原有各企业的总和。协同效应包括经营协同效应和财务协同效应,前者包括收入的提高和成本的降低,后者包括通过企业合并降低资本成本。协同效应可以使合并后的企业获得正的净收购价值(NAV)(参见案例7-9)。

案例 7-9

什么是净收购价值?

净收购价值(net acquisition value,NAV),指并购后企业价值减去并购前并购双方价值和用于并购活动的顾问费用、律师费用、谈判费用等后的余额。并购是否可行,需要计算并购净收益。

$$NAV = [V_{ab} - (V_a + V_b)] - [P + E]$$

式中:V_{ab}为a和b企业合并后的价值;V_a为a企业对自身价值的评估。V_b为b企业的市场价值;P为b企业支付的溢价;E为并购过程中的其他费用成本。只有当等式右边为正值时,并购行为才具有合理性。

在战略并购中,整合成本是协同效应实现的基础,如果不付出一定的成本,将并购双方的组织、资源进行适度整合,协同效应只能是空中楼阁。为发挥协同效应进行整合的成本主要包括以下四个方面[①]。

(1) 战略一体化成本。为了让并购双方的发展战略协调一致,首先必须制定正确的企业发展战略,这就需要进行大量的市场调查以及对并购双方优劣势进行分析;其次,要

---

① 兰春华.浅析战略并购中协同效应的实现成本[J].企业经济,2003,9:172-173.

对不符合企业发展战略的业务、资产进行重新调整和剥离;最后,还要对企业形象进行重新设计。所有这些活动都需要付出一定的成本。

(2) 业务一体化成本。在战略并购中,并购企业需要对采购、生产、销售、仓储、运输、技术开发和应用等业务程序进行整合,如原有业务操作程序的调整、生产设备及工艺流程更新、员工培训等,整合过程中会发生一定成本。

(3) 人事组织一体化成本。人事、组织一体化是并购整合中难度较大的问题。首先需要为高层管理人员和主要技术人员提供适当的职位和发展机会,通过采取适当的激励、约束机制调动他们的积极性、主动性和创造性;其次,要合理安排和妥善安置离职人员,提供安置费用,避免由于裁员不当给并购后的企业带来不必要震荡;最后,需要根据企业人事的变动对组织结构进行适当的调整。

(4) 文化一体化成本。企业文化的整合是双方需解决的重大而缓慢的问题。战略并购完成后,往往需要通过经常性的宣传、教育和培训将优势企业的优秀文化灌输到每个员工的心中,以纪律、效率、企业道德、危机意识、成本观念等影响和约束企业的每一个员工,避免由于企业文化的冲突和不当处置产生的对并购后企业的抵触情绪。[①]

并购方在并购目标公司以前,对于并购完成后目标公司的重组和运作会有一个战略规划,以便后期实现协同效应。一旦并购成功,并购方将立即实施其战略,因此重组目标公司的成本、根据战略规划进行资本性投资所需投入的资金是企业并购融资时必须考虑的内容。

7.5.2 确定融资工具比例

除内部融资外,企业在使用资金时要向债权人支付利息或向股东支付股利,从企业角度看,支付的利息或股利都是企业使用资本而支付的费用,属于资本成本范畴。

资本成本是筹集资金必须付出的代价,不同的筹集渠道有不同的资金成本。如果企业只使用一种资金来源,那么计算出该资金的成本即可;如果企业有多种资金来源,那么要计算资金的加权平均资金成本。本节讨论各种融资的成本以及融资工具比例的确定。

(1) 长期借款融资成本。前面在债务融资里面提到的定期贷款就是长期借款的典型代表,例如分期付息、到期还本的房地产抵押贷款。在计算长期借款成本时,主要应注意两点:一是取得长期借款的费用支出;二是长期借款利息支出可以税前扣除,即可带来"税盾"效应。

具体计算方面,首先根据公式(7.1),将本息折现到现期,计算出相应的税前资金成本 K;然后,去除由于借款利息可以税前支付所带来的税收影响,得到税后资金成本 K_L,如公式(7.2)所示。

$$L(1-C_t) = \sum_{t=1}^{n} \frac{I_t}{(1+K)^t} + \frac{P}{(1+K)^n} \tag{7.1}$$

$$K_L = K(1-T) \tag{7.2}$$

[①] 兰春华.浅析战略并购中协同效应的实现成本[J].企业经济,2003,9:172-173.

式中：L 为长期借款本金；C 为长期借款筹资费用率；P 为第 n 年末应偿还的本金；I_t 为长期借款年利息；K 为税前长期借款资金成本；K_L 为税后长期借款资金成本；T 为所得税税率；n 为贷款期限。

(2) 股票融资成本。发行股票进行融资也有相应的资金成本，其计算方法主要有以下三种。

① 股利折现模型。股利折现模型法的基本原理是将未来所有股利按照一定的折现率折现到现在，从而计算出股票现在的价格。如果我们利用股票的市场价格作为股票当前价格，同时对未来股利进行一定的假设，就可以倒推出折现率，即股票的必要收益率（即普通股成本）。其基本计算如公式(7.3)所示：

$$P_0 = \sum_{t=1}^{\infty} \frac{D_t}{(1+k)^t} \tag{7.3}$$

式中：P_0 为普通股的市价；D_t 为各年的股利；k 为折现率；t 为时期。

若假定每年股利不变，此时普通股的成本为：

$$K_s = \frac{D_0}{P_0} \tag{7.4}$$

若假定股利以不变的速度增长时，此时可计算得普通股的成本为：

$$K_s = \frac{D_0}{P_0} + G \tag{7.5}$$

式中：K_s 为普通股成本；D_0 为当年的股利额；P_0 为普通股的市价；G 为普通股股利年增长率。

② 资本资产定价模型法(CAPM)。资本资产定价模型广泛用于对金融资产的定价，具体计算公式如下：

$$K_s = R_f + \beta(R_m - R_f) \tag{7.6}$$

式中：R_f 为无风险利率；R_m 为市场组合的平均收益率；β 为相应股票的贝塔系数。

无风险利率通常选择金融市场上的基准利率，在计算公司股票资本成本时选择长期政府债券的利率比较适宜，一般以五年期政府债券利率为准。同时考虑到利率存在票面利率以及到期利率的问题，理论上应选择上市交易的政府长期债券的到期收益率作为无风险利率。另外政府债券的未来现金流是按照有通胀的货币支付的，据此计算出来的到期收益率是含有通胀利率的。贝塔值是企业的权益收益率与股票市场收益率的协方差，一般根据历史数据回归分析加以调整得到，许多金融机构都会提供自己研究的企业股票贝塔系数。

③ 风险调整法。此方法主要通过对债券收益率进行调整得到股票融资成本。债务成本按照前述方法可以得到，在其基础上加上风险溢价，就能得到普通股成本 K_s。其计算公式如下：

$$K_s = 税后债务成本 + 风险溢价 \tag{7.7}$$

风险溢价可以根据历史数据回归分析得出,也可以根据自身实际和当时市场的状况分析估计得出。

当然,现实中也会有投资者将实际的历史投资收益率按照结构化的方式获得股票融资成本。

7.5.3 融资比例及综合成本

并购融资活动往往不只是运用单一的融资工具,而是同时借用多种融资工具,采取混合融资的策略。企业在作出最佳决策时,一个重要的理论方法就是边际成本理论。所谓边际资金成本,指的是每增加一单位资金而付出的成本,即将不同筹资区间得资金按不同的资金成本进行加权计算而得。具体计算方面,首先应确定不同融资数额区间内筹资成本;其次,在不同区间内,按照加权平均资金成本的计算方法,计算不同区间的资金成本;最后,将不同区间加权平均资金成本汇总,形成边际成本表。它代表增加不同的资金数额需要付出的不同资金成本数。具体公式如下:

$$K_w = \sum_{i=1}^{n} K_i W_i \tag{7.8}$$

式中:K_w 为加权平均资金成本;K_i 为第 i 种个别资金成本;W_i 为第 i 种个别资金占总资金的比重(即权重),可按照账面价值或市场价值确定。

具体如何计算边际资金成本,我们可以给出下面一个简单的例子。如企业可通过长期借款和发行长期债券等方式进行债务融资,不同融资数额的边际资金成本计算,如表7-2所示。

表 7-2 计算边际资金成本

筹 资 额	筹资方式	权重(%)	个别成本(%)	加权资金成本(%)
100 万元以下	长期借款 长期债券	50 50	6 6	6×0.5+6×0.5=6
100 万— 500 万元	长期借款 长期债券	50 50	8 6	8×0.5+6×0.5=7
500 万元以上	长期借款 长期债券	50 50	6 5	6×0.5+5×0.5=5.5

由表 7-2 可知,随着筹资额的增加,边际资金成本会随之发生变化。企业应根据自身的融资需求和筹资成本的变化,作出相应的融资决策,以实现预定目标。

面对多样化融资途径,企业在进行融资规划时需要进行全面研究分析,仅仅考虑融资成本是不够的,而应该对各种融资方式的风险和成本进行综合考虑(参见案例 7-10)。

案例 7-10

万华化学跨境并购的秃鹫策略(vulture investor)

2009 年万华化学的控股股东采用"秃鹫策略",以约 15 亿欧元的价格收购了匈牙利著名的 BorsodChem 公司，这笔交易成为迄今为止中国在中东欧地区最大的并购项目。通过本次金额高达 522 亿元的吸收合并方案，实际上替代了发行股份购买资产，万华化学正式把 BC 公司注入上市公司。

此外，之前万华化学对于 BC 公司的秃鹫收购策略更是值得我们学习和借鉴。

简单来说，跨境并购的经典策略包括：

（1）承债式收购。在标的企业资不抵债或资产债务相当等情况下，买方以承担标的企业全部债务或者部分债务为条件，并购标的企业的一种并购方式。

（2）杠杆收购(LBO)。通过大规模举债的方式收购标的控股权，以企业自由现金流偿还本金及利息。

（3）收购困境公司或困境资产。在行业低潮期来临时，趁机收购优质资产。

（4）分拆出售策略。收购方通过分拆出售标的较差的业务，保留标的优质业务，从而获得标的股权增值回报。

此次交易中，万华化学对于 BC 公司的收购正是采用了一种收购困境证券的策略。困境公司发行的证券被称为困境证券，比方说困境公司发行的普通股、优先股、可转债、债券、票据等。当一家证券公开发行的公司陷入破产边缘时，这家公司发行在外的债券价格将会大幅下跌，远远低于票面面值，甚至陷入死亡螺旋陷阱的深渊。但是，如果投资者判断，这家公司最终不会破产，那么如秃鹫般敏锐的投资者可趁低价买入债券，一旦公司成功避免破产，其债券价格就有可能大幅上升，秃鹫投资者就能实现获利。

一开始收购 BC 控股权被拒绝之后，万华化学转而通过收购 BC 公司的次级债，获得债务重组的参与权，进而将次级债转为了股权，并获得了进一步认购股权的权利，对 BC 实现了控制。我们注意到，万华化学收购 BC 的次级债的面值仅为 25%，这一价格非常低廉。最终 BC 成功避免破产，并且在 2016 年开始经营业绩回升，并在 2017 年实现将近 130 亿的营收，30 亿的净利润。如果此次吸收合并成功，对于公司的未来业绩改善还是值得期待的。

类似于万华化学这类投资者，通常被称为"vulture investor"（秃鹫投资者）。秃鹫投资者往往具有高超的投资技巧，熟知当地的市场规则与法律法规，尤其是公司破产重整方面的知识，可准确判断高风险投资的机会。当然这类投资方式的风险也是相当高的，这不仅需要精妙的金融规划，更需要注重攻防得当。除了并购交易方案的设计、交易结构的策略，产业发展与资源匹配的投资管理策略和效率，更是成果并购最重要的决定性要素。

资料来源：并购汪.98 天过会！万华化学 522 亿吸收匈牙利化工巨头 BC，"秃鹫策略"登顶世界第一？https://mp.weixin.qq.com/s/EabLvrATDFCUOd9V9go29w.

图 7-3 所列的是最基本的融资来源，大型并购项目往往有着更为复杂的融资结构与更多层次的资金来源。例如，企业可以根据不同的融资需求安排不同条件、不同期限和不同抵押担保的多层次债务的比例；又如债券融资可以通过设置可转换债券，或是各类保证契约的债券的进行结构配置，以规划最适合该项目的融资结构。

债务融资的比例越高,财务杠杆的作用就越大,对于融资企业来说就意味着较高的融资风险。而如果以较高的股票融资来减少融资的财务风险,则可能会导致股权价值被稀释。由此可见,融资企业一方面要在降低杠杆比例带来的利益和EPS稀释的代价之间作出判断;另一方面又要在财务杠杆作用的发挥与债务资本比重之间进行权衡。这一过程就是并购企业根据自身的评估结果和市场实现条件来规划合理的资本结构,根据企业的具体实际情况选择最佳的融资工具融资比例,以促使整个并购融资成本与风险最小化。

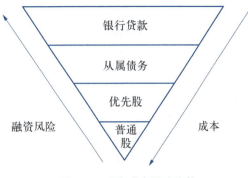

图 7-3 融资成本风险比较

附录 7-1

补充阅读材料——有限责任公司或股份有限公司股权设计

1. 类别股东权

在美国,股份有限公司多可设置类别普通股。比如,有的普通股享有投票权,有的普通股不享有投票权,所谓投票权是选举董事的投票权。在非上市公司的情况下,让创始人或者经理人等持有享有投票权的普通股,让不参与经营的创始人家族成员持有不享有投票权普通股;在上市公司的情况下,让公众持有不享有投票权的普通股,让创始人或者控制家族持有享有投票权的普通股。

在美国,股份有限公司还可以设置其他类别普通股,灵活处理诸如投票权、控制或者经济利益之类事宜。比如,在非上市公司的情况下,设置普通股 A 和 B 类,前者的投票权是后者的两倍,但在其他事项上两者一致;设置普通股 A 和 B 类,前者投票选举董事长,后者任命财务总监,但在其他事项上两者一致等。因为上述同样理由,中国《公司法》为该类股份留有相当的余地。

2. 分红优先权

所谓优先股(preferred shares),是指在分红方面优先于普通股的股份。就分红优先股而言,在通常情况下,优先股是不享有投票权的股份;不论公司是否盈利,均享有确定数额的分红。在美国,各州公司法无不给予公司设置类别优先股的自由。在债券和股份这两极之间,可以设计出形形色色的优先股。

分红优先股,即在分红方面享有优先权的股份。确切地说,此种优先权是指,如果公司决定分红,在优先权没有实现之前,不得向普通股派发红利;如果公司决定不分红,自然谈不上优先权的问题。该种权利可以表现为每一股份确定数额的分红,也可以表现为每一股份面额一定比例的分红。

依照优先权是否可以累积,分红优先股又可以区别为:累积分红优先股、非累积分红优先股和部分累积分红优先股。如果公司不分红或者盈余不足以分配的,分红优先权可以累积并在来年普通股分配之前优先实现的,为累积分红优先股;如果当年优先权因此消灭的,则为非累积分红优先股;如果该种累积仅以盈余足以分配为限的,为部分累积分红优先股。

在通常情况下,分红优先股优先获取分红之后,不论公司的盈利为多少,不再参与其他任何形式的分配。此为非参与优先股。如果还可以参与分配,则为参与优先股。参与方式,因情况差别,各有不同。不论何种优先股,如果公司可以回赎,为可回赎优先股(redeemable preferred shares)回赎的价格事先在章程中约定或者由董事会决定。最终是否回赎,得由董事会决定;董事会一经决定,公司即可回赎。比较典型的情形是,经过一定期限后,公司可以回赎;回赎价格,一般高于剩余财产分配优先权。

优先股也可以以章程约定的比例或者价格转换成普通股。此种股份为可转换股份。转换的比例或者价格,通常在创设该种优先股时于章程中约定。转换的选择权归属于股东。其典型情况是,转换的价格或者比例之基准,在普通股有所增值后才能满足。在通常情况下,可转换股份同时是可回赎优先股,董事会决定回赎之后一定期限内,转换选择权仍然存在。

3. 剩余财产分配优先权

所谓优先股(preferred shares),是指在剩余财产分配方面优先于普通股的股份。就分红优先股而言,在通常情况下,优先股是不享有投票权的股份;不论公司是否盈利,均享有确定数额的分红。在美国,各州公司法无不给予公司设置类别优先股的自由。在债券和股份这两极之间,可以设计出形形色色的优先股。剩余财产一般存在于公司破产清算中。若公司股东皆为普通股,剩余财产分配时较为简单,即用剩余财产除以总股份数,就是每股剩余价值。但是,在公司同时发行有普通股和优先股时,应优先赔偿优先股,然后再向普通股股东进行分配。

2014年公司法第186条第2款规定:"公司财产在分别支付清算费用、职工的工资、社会保险费用和法定补偿金,缴纳所欠税款,清偿公司债务后的剩余财产,有限责任公司按照股东的出资比例分配,股份有限公司按照股东持有的股份比例分配。"并不存在设计空间。《中外合资经营企业法实施条例》第九十四条第一款第二句规定:"合营企业清偿债务后的剩余财产按照合营各方的出资比例进行分配,但合营企业协议、合同、章程另有规定的除外。"《中外合作企业法》第二十三条第一款规定:"合作企业期满或者提前终止时,应当依照法定程序对资产和债权、债务进行清算。中外合作者应当依照合作企业合同的约定确定合作企业财产的归属。"上述两种情形为例外。

4. 新股认购权

所谓新股认购权,是指在新股发行的时候,原有股东可以按照各自持股比例,认购新股。设置此种权利的目的,在于保有原有股东利益。依照2014年公司法第133条规定,如果股份有限公司股东大会决定向原有股东发行新股,并决定发行股份的种类及数额的,则新股认购权产生。此系股份有限公司情形。2014年公司法第34条规定:"公司新增资本时,股东有权优先按照实缴的出资比例认缴出资。但是,全体股东约定……不按照出资比例优先认缴出资的除外。"此系有限责任公司情形。

5. 优先购买权

所谓优先购买权(preemption)，在金融市场上指的是先于其他人购买某项证券的权利。2014年公司法第71条第3款规定："经股东同意转让的股权，在同等条件下，其他股东有优先购买权。两个以上股东主张行使优先购买权的，协商确定各自的购买比例；协商不成的，按照转让时各自的出资比例行使优先购买权。"首先，业经同意后才需要考虑本款规定事宜。其次，出让出资股东之外的股东享有优先购买权。其三，优先购买权的前提条件是：出让的同等条件。此款规定没有提到优先购买权期限。从道理上说，出让协议缔结之后，出让人应该通知其他股东；受让人也可以催告其他股东。在通知或催告中限定合理期限。期限届满，优先购买权丧失。设置上述限制的道理也很简单，既然基于股东之间的信赖关系而采取有限责任公司形式，应当尽量维持该种信赖关系。

6. 期权和股权

目标公司为有限责任公司，其股东为A、B、C和D，相应持有的出资为67%、11%、12%和10%。现A将其持有的出资中的10%（出让出资）出让给E（转让协议），则B、C和D享有优先购买权。在上述情形下，逻辑上的攻防措施包括：

如果E担心，目标公司出资增值不至于那么大；转让协议约定的价格是不合理地高了；为解决这种情形，E可以在转让协议中约定期权：在将来两年之内，E可以以转让协议约定的价格的两倍之价格，将其接手的出让出资回售给A，此为回售。如果A考虑到，目标公司出资增值可能远比想象的大；转让协议约定的价格是不合理地低了；为解决这种情形，A可以在转让协议中约定期权：在将来两年之内，A可以以转让协议约定的价格的两倍之价格，将E接手的出让出资回购。此为回购权。

如果E考虑到，A将其57%一并出让，可以获取控制权溢价；可是E将10%出让出资出让，却不能。为解决这种情形，E可以在转让协议中约定期权：在将来两年之内，如果A将其57%一并出让，E可以，以A与新手协议约定的价格，向上述新手出让其10%出让出资。此为共售权。

如果E考虑到，E将10%出让出资出让，却不能获取控制权溢价；A将其57%一并与其出让，可以获取。为解决这种情形，E可以在转让协议中约定期权：在将来两年之内，如果E将10%出让出资出让，E可以要求A，以E与新手协议约定的价格，向上述新手一并出让其57%出资。此为强售权。

如果优先购买权人B担心，A将10%出让出资出让给E，A和E完全可以将其协议约定价格上扬5倍，以至于B的优先购买权自然了结。为解决这种情形，B可以要求，为B的出资，在目标公司章程里面写进去共售权。

如果优先购买权人B担心，A将象征性数额的出让出资出让给E，A和E可以将其协议约定价格上扬5倍，以至于B不会行使优先购买权，象征性数额的出让出资后，A再将其余出让出资转让给E，优先购买权自然了结。为解决这种情形，B可以要求，在目标公司章程里面约定：不论出让出资分为几次出让，就B的优先购买权而言，视为一次出售。

凡此种种，不一而足。

7. 特别保护权

目标公司为有限责任公司，其股东为A、B、C和D，相应持有的出资为67%、11%、

12%和10%。目标公司可能先后再向E、F和G等增发。在上述情形下,A、B、C和D,就会考虑,A、B、C和D每股购股价,应该和E、F和G每股购股价相等。为解决这个问题,A、B、C和D可以要求,在目标公司章程里面写进去反稀释条款;B、C和D考虑到作为小股东的特别保护问题,可以在目标公司章程里面写进去:股东会或者董事会的否决权条款;扩大知情权条款;为了提升持有出资目的的期权条款。

8. 其他与股权有关的安排

(1) 对赌协议或者条款。比如,如果永乐2007年净利润高于7.5亿人民币,外资股东向永乐管理层转让4 697.38万永乐股份;如果永乐2007年净利润低于6.75亿人民币,永乐管理层向外资股东转让4 697.38万永乐股份;如果永乐2007年净利润低于6亿人民币,永乐管理层向外资股东转让9 394.76万永乐股份。

(2) 期权激励条款。股票期权在长期薪酬中占据主要地位,这一现象在金融发达的美国尤为明显。授予股票期权,实乃上市公司和CEO等员工缔结选择权合同。因为选择权合同,CEO享有选择权;该种选择权是一定数额股票购买与否的选择权,选择权行使期限和行权价格一般都会在合同中事先约定,行权后股票出卖方则是缔结选择权合同的上市公司。

(3) 创始人持股锁定。比如,在IPO前,创始人既不得以直接又不得以间接方式出让持股。

(4) 可转换公司债。如果公司发行可转换公司债,债权人享有转换股份或者不转换股份的选择权;如果债权人选择转换股份,公司应依约向债权人换发股份。可转换公司债,可以依约由公司回赎,也可以依约由债权人售回。可转换公司债,可以和选择权合体,也可以与选择权分离。

(5) 其他安排。比如股份质押、股份托管和投票代理权等。

资料来源:金勇军.中国制度环境与商法[Z].2016MBA:83-86。

本 章 小 结

资金是企业运行的血液,按照融资过程是否涉及中介机构,可将并购融资方式分为直接融资和间接融资。所谓直接融资,即资金需求者不经过金融中介,在金融市场直接融通资金,与间接融资相比可节约中间环节的交易费用,同时交易双方信息更加对称,例如常见的熟人借款、发行股票和债券等。而间接融资,指资金需求者通过金融中介机构,向资金盈余者筹集资金的方式,商业银行贷款就是典型的间接融资方式,需要向金融中介支付一定融资成本。

按资金来源不同,可将并购融资方式分为内源性融资和外部融资。常见的内部融资方式包括熟人借贷、留存利润再投资等,资金调度迅速、保密性好。随着企业融资量的不断增加,内部融资开始难以满足企业的资金需求,外部融资应运而生,包括权益和债务融资,股权和债权二级市场的发展进一步促进了外部融资的发展。此外金融市场的发展又衍生出了混合型融资,即既带有权益特征,又带有债务特征的特殊融资工具,主要指可转换证券和认股权证等。

企业并购融资大体程序包括确定融资额、进行资金来源和成本分析、选择最佳的融资方式。收购成本除了支付给对手方的收购价格外,还包括信息收集费用、谈判签约费用、并购中介机构费用、运作成本和潜在成本等,通过计算收购成本确定融资工具比例具有较强的现实意义。

重要概念

直接融资　间接融资　可转换证券　认股权证　股利折现模型　资本资产定价模型

课后习题

1. 有人说,企业发行股票融得的资金不用偿还,因此没有成本,是最佳融资方式。你觉得这种说法对吗?
2. 资本资产定价模型中的贝塔值的经济学意义是什么?请挑选一家上市公司进行计算。
3. 请仔细阅读补充材料,并根据最新的《公司法》和相关并购重组法规,辨识中国市场不同并购融资性质与规定要求。

第八章

并购中的会计处理

> **本章导读**
> - 理解和掌握权益法和购买法之间的区别;
> - 了解不同控制权下的会计处理方法及其差异;
> - 了解商誉的会计处理方法。

在国外,并购实务中可根据收购方对标的公司的控制程度,采用不同的会计处理方法,一种是权益联合法(pooling of interests),另一种是购买法(purchase method)。然而,这两种方法的核算对象有较大差异,权益联合法适用于,形成了控制权且是关联方交易;购买法适用于,形成了控制权且是非关联方交易。

然而,中国并购市场的发展与西方存在较大差异。一方面是中国出现了越来越多的并购基金(SPV),它们并不是以控股权为目的,而是采用分阶段投资的形式来进行并购活动,这样的公司并不能用西方的并购会计进行会计处理,而应该采用目前的权益法进行会计核算。这一部分内容我们在第一节进行论述;另一方面,还有的并购基金在时机成熟的时候,扩大了控股权,将项目并购注入上市公司,形成了分次投资实现控制权,我们在第二节进行论述;此外,还有很多国有企业采用共同控制下的企业合并,形成了企业整体上市进行混合所有制改革,这一类并购类似于西方的权益联合法。

8.1 并购会计的核算方法

并购实务中可根据收购方对标的公司的控制程度,采用不同的会计处理方法,一种是权益联合法,又称权益法;另一种是购买法,也称成本法。

8.1.1 权益法

(1) 基本概念。权益法是指按初始投资成本计量后,投资单位在投资持有期间,根据被投资单位所有者权益变动,投资企业按应享有被投资企业所有者权益份额调整其投资账面价值的方法。

根据美国会计标准委员会(ASB)定义:"权益法是指核算两家或两家以上公司通过权益性证券交换而实现权益联合的企业合并的会计方法。合并是在没有进行资源支付的情况下完成的,故不能区分收购方。所有者权益继续不变且保留原有会计基础。各成员公司记录的资产和负债按原有金额记录在合并后的公司中。合并公司的收益包括各成员公司在合并当年会计年度的收益。各成员公司以往年度的报告收益进行合并,然后作为合并收益在合并公司的合并收益表中报告。"权益法的实质在于将两个企业的合并视为所有者权益的集合,不把合并企业之间作为购买关系处理①。

权益法的实质在于现有股东权益在新的会计实体中得以联合和继续,它是主并企业发行股份同标的公司的股东交换股份完成合并,原有的所有者权益仍将存续,其会计记录也在原有基础上继续保持。使用这种方法的企业合并不是一种购买行为,不存在购买价格和新的计价基础,被合并公司的收益包括合并发生的会计期间该实体的全部收益。

(2) 主要特点。基于企业合并是权益结合而不是购买这一认知,权益法具有以下特点:

① 按账面价值计算购买成本。权益法将企业合并视为股东权益的联合,而不是购买,因此并不按照公允价值来确定购买成本,而是直接以被并入企业的净资产的账面价值来确定购买成本。同时,股本按发行股票面值计价,如果换出股票面值小于被合并企业的实收资本,其差额部分增加资本公积;如若换出股票的面值大于并入方的实收资本,则这一差额先冲减合并双方的资本公积(先冲减被并方,再冲减主并方),如资本公积还不够冲减,则再冲减合并双方的留存收益(次序同前)。并且,所发生的与股权联合有关的支出应在发生的当期确认为费用,而不计入购买成本。

② 不确认合并商誉或负商誉。已登记入账的发行股本的金额与支付的现金或以其他资产形式支付的额外价款之和,同被合并企业的资产的差额,应调整所有者权益,不产生商誉(或者当期损益)。由于在权益联合法下购买成本是按照被并入净资产的账面价值确定的,而被并入的资产负债又是按账面价值入账的,因此,不存在合并商誉或负商誉的问题。

③ 被合并的资产负债按账面价值入账。购买企业(投资方)收购的被合并企业的资产和负债应按原来账面价值入账。权益联合法认为企业合并不是购买行为而是股东权益的结合,因此,被合并企业的资产负债不用调整为公允价值,而是直接按账面价值并入。

④ 并入利润。不论合并发生在会计年度的哪一时点,参与合并企业的整个年度的损益都要全部包括在合并后存续的企业(吸收合并和新设合并)之中或合并会计报表中(控股合并)。

⑤ 留存利润。参与合并企业的整个年度留存收益均应转入合并后的企业(吸收合并和新设合并)或合并会计报表中(控股合并)。不论合并发生在会计年度的哪个时点,参与合并各企业整个会计年度的损益都要全部包括在合并后的企业之中,合并报表的编制不再区分合并前与合并后的损益,就像企业在报表起始日就已经合并在一起一样。

(3) 适用范围。投资企业对被投资单位具有共同控制或重大影响的长期股权投资,

---

① 陈宝强.关于制定我国企业合并会计准则的若干构想[J].会计之友,2002:5.

即对合营企业投资及联营企业投资,应当采用权益法核算。

(4) 会计处理原则。会计处理原则主要内容如下。

① 合并中取得的资产负债与付出成本差额的处理。主并方在合并中确认取得的被合并企业的资产、负债仅限于被合并企业账面上原已确认的资产和负债,合并中不产生新的资产和负债。就像企业在报表起始日就已经合并在一起一样。其在企业合并发生前后能够控制的净资产价值量并没有发生变化。因此合并中不产生新的资产,但被合并企业在企业合并前账面上原已确认的商誉应作为合并中取得的资产确认。

② 合并中取得的资产负债计量方法。主并方取得的有关资产和负债不应因该项合并而改计其账面价值,从最终控制方的角度,其在企业合并交易或事项发生前控制的资产、负债,在该交易或事项发生后仍在其控制之下,因此,该交易或事项原则上不应引起所涉及资产、负债的计价基础发生变化。

在确定合并中取得各项资产、负债的入账价值时,应予以注意的是,被合并企业在合并前采用的会计政策与主并方不一致的,应基于重要性原则,首先统一会计政策,即主并方应当按照本企业会计政策对被合并企业资产、负债的账面价值进行调整,并以调整后的账面价值作为有关资产、负债的入账价值。

③ 合并费用的处理。合并过程中发生的各种费用,无论是股票发行的登记费和发行费、合并过程中的咨询费等相关费用,还是不直接相关的费用,都应计入当期费用,不计入合并成本。

④ 对合并前收益的确定。权益联合法将并购视为双方权益的结合,因此合并双方所有报告期间的经营业绩都应包含在合并报表中。即,被并购企业的留存收益要包括在合并报表中,被合并企业在合并日之前取得的当期收益也应包含进来。

⑤ 净资产的入账价值与企业合并支付对价的差额。合并方在合并中取得的净资产的入账价值与为进行企业合并支付的对价账面价值之间的差额,不作为资产的处置损益,不影响合并当期利润表,有关差额应调整所有者权益相关项目。合并方在企业合并中取得的价值量相对于所放弃价值量之间存在差额的,应当调整所有者权益。在根据合并差额调整合并方的所有者权益时,应首先调整资本公积(资本溢价或股本溢价),资本公积(资本溢价或股本溢价)的余额不足冲减的,应冲减留存收益。

权益联合法要求以目标公司资产和负债的账面价值作为结账基础,合并报表时一般只需将双方资产负债表上对应项以其在公布之日的历史账面价值相加即可。

8.1.2 购买法

(1) 基本概念。购买法(purchase method),又称成本法。美国会计原则委员会的第16号意见书对购买法定义为:"购买法以一家公司收购另一家公司的形式对企业联合进行会计处理。收购公司按取得成本记录所取得的资产减去所承担的负债。取得成本和所取得的有形资产及可确认无形资产的公允价值减去负债的差额记作商誉。收购公司的报告收益只包括被收购公司自取得后的经营成果,并且,这些经营成果的计算要以收购公司的取得成本为基础。"

(2) 主要特点。一般而言,购买法具有以下特点。

① 购买企业(投资方)收购的被合并企业的资产和负债应按公允价值入账。所谓公允价值,是指在一项公平交易中,熟悉情况的交易双方自愿进行资产交换或者债务清偿的金额。

② 购买企业的合并成本高于取得净资产公允价值之间的差额为商誉(如果成本低于净资产公允价值的差额则计入当期损益),在合并报表时确认。

③ 从购买日起,被合并企业的经营成果应该合并到购买企业的损益表中,被合并企业的留存收益不能转到购买企业中。也就是说,集团的合并损益包含且仅包含取得日以后属于集团的部分。

(3) 适用范围。企业持有的、能够对被投资企业实施控制的长期股权投资,或者对被投资单位无控制、无共同控制且无重大影响的,适用于购买法。

(4) 会计处理原则。会计处理原则主要有如下内容。

① 确定购买日。企业并购是为了取得目标企业的控制权,所以并购生效日主要从并购的实质即取得企业控制权方面来认定,而不是并购交易的具体方式。中国对于购买日的确定一般需要满足相关条件,包括:

a. 企业合并合同或协议已获股东大会等内部权力机构通过,如对于股份有限公司,其内部权力机构一般指股东大会。

b. 按照规定,合并事项需要经过国家有关主管部门审批的,已获得相关部门的批准。

c. 参与合并各方已办理了必要的财产权交接手续。作为购买方,其通过企业合并无论是取得对被购买方的股权还是被购买方的全部净资产,能够形成与取得股权或净资产相关的风险和报酬的转移,一般需办理相关的财产权交接手续,从而从法律上保障有关风险和报酬的转移。

d. 购买方已支付了购买价款的大部分(一般应超过50%),并且有能力支付剩余款项。

e. 购买方实际上已经控制了被购买方的财务和经营政策,并享有相应的收益和风险。

f. 可以看到,实质性的控制权也是重要的满足条件。

② 确定企业合并成本。企业合并成本=支付的现金或非现金资产的公允价值+发行或承担债务的公允价值+发行的权益性证券的公允价值。

合并过程中发生的与企业合并直接相关的费用,包括为进行合并而发生的会计审计费用、法律服务费用、咨询费用等,应于发生时费用化计入当期损益。这里并不包括为进行企业合并发行的权益性证券或发行的债务相关的手续费、佣金等。该部分费用应抵减权益性证券的溢价发行收入或是计入发行债务的初始确认金额。

另外,当企业合并合同或者协议中规定视未来或有事项的发生,购买方通过发行额外证券、支付额外现金或其他资产等方式追加合并对价,或者要求返还之前已经支付的对价。购买方应当将合并协议约定的或有对价作为企业合并转移对价的一部分,按照其在购买日的公允价值计入企业合并成本。根据《企业会计准则第22号——金融工具确认和计量》《企业会计准则第37号——金融工具列报》以及其他相关准则的规定,或有对价符合金融负债或权益工具定义的,购买方应当将拟支付的或有对价确认为一项负债或者权益;符合资产定义并满足资产确认条件的,购买方应当将符合合并协议约定条件的、对已支付的合并对价中可收回部分的权利确认为一项资产。

③ 企业合并成本在取得的可辨认资产和负债之间的分配。非同一控制下的企业合并,通过合并交易,购买方无论是取得对被购买方生产经营决策的控制权,还是取得被购买方的全部净资产,从本质上看,取得的均是对被购买方净资产的控制权,控股合并的情况下,购买方在其个别财务报表中应确认所形成的对被购买方的长期股权投资,该长期股权投资所代表的是购买方对合并中取得的被购买方各项资产、负债享有的份额,具体体现在合并财务报表中应列示的有关资产、负债。

a. 购买方在企业合并中取得的被购买方各项可辨认资产和负债,要作为本企业的资产、负债(或合并财务报表中的资产、负债)进行确认。

b. 购买方在对企业合并中取得的被购买方资产进行初始确认时,应当对被购买方拥有的但在其财务报表中未确认的无形资产进行充分辨认和合理判断。

c. 对于购买方在企业合并时可能需要代被购买方承担的或有负债,在公允价值能够可靠计量的情况下,应作为合并中取得的负债单独确认。

d. 企业合并中取得的资产、负债在满足确认条件后,应以其公允价值计量。

8.2 不形成控股合并的长期股权投资的并购会计处理

8.2.1 初始计量方法

(1) 以支付现金取得的长期股权投资,应当按照实际支付的购买价款作为长期股权投资初始投资成本,包括与取得长期股权投资直接相关的费用、税金及其他必要支出。但所支付价款中包含的被投资单位在已宣告但尚未发放的现金股利或利润应作为应收项目核算,不构成取得长期股权投资的成本。

(2) 以发行权益性证券方式取得的长期股权投资,其成本为所发行权益性证券的公允价值,但不包括被投资单位已宣告但尚未发放的现金股利或利润。

(3) 为发行权益性证券支付给有关证券承销机构等的手续费、佣金等权益性证券发行直接相关费用,不构成取得长期股权投资的成本。按照《企业会计准则第37号——金融工具列报》的规定,该部分费用应自权益性证券的溢价发行收入中扣除,权益性证券的溢价收入不足冲减的,应冲减盈余公积和未分配利润。

(4) 以债务重组、非货币性资产交换等方式取得的长期股权投资,其初始投资成本按"《企业会计准则第12号——债务重组》和《企业会计准则第7号——非货币性资产交换》的规定确定"。

(5) 投资成本中包含已宣告但尚未发放的现金股利或利润,应作为应收项目单独核算,不构成取得长期股权投资的初始投资成本。

8.2.2 后续计量方法

长期股权投资在持有期间,根据投资企业对被投资单位的影响程度不同,应当分别采用成本法及权益法进行核算。

(1) 成本法核算。投资方持有的对子公司投资应当采用成本法核算,投资方为投资性主体且子公司不纳入其合并财务报表的除外。在追加投资时,按照追加投资支付的成本的公允价值及发生的相关交易费用增加长期股权投资的账面价值。被投资单位宣告分派现金股利或利润的,投资方根据应享有的部分确认当期投资收益。

(2) 权益法的核算。权益法的核算包含如下四个步骤。

① 成本确认。投资方对联营企业和合营企业投资应当采用权益法核算。初始投资或追加投资时,按照初始投资成本或追加投资的投资成本,增加长期股权投资的账面价值。对于取得投资时投资成本与应享有被投资单位可辨认净资产公允价值份额之间的差额,应区别处理。

若初始投资成本大于取得投资时应享有被投资单位可辨认净资产公允价值份额的,该部分不对长期股权投资的成本进行调整;若初始投资成本小于取得投资时应享有被投资单位可辨认净资产公允价值份额的,调整增加长期股权投资的账面价值,计入当期营业外收入。

② 投资损益的和处理。投资企业取得长期股权投资后,应当按照应享有或者应分担被投资单位实现净利润或者而发生净亏损的份额,调整长期股权投资的账面价值,并确认为当期投资损益。被投资单位实现的净利润或者亏损应该是考虑了会计政策、内部交易等调整后的数值。

若被投资单位实现净利润。

借:长期股权投资——损益调整
  贷:投资收益

若被投资单位发生净亏损。

借:投资收益
  贷:长期股权投资——损益调整

若被投资单位发生超额亏损,先减计长期股权投资的账面价值,不足部分冲减长期应收款,若仍有不足部分,计入预计负债。

借:投资收益
  贷:长期股权投资——损益调整
    长期应收款
    预计负债

除上述情况外,仍未确认的应分担的被投资单位的损失,应在账外备查登记。

③ 股利的处理。若取得现金股利或利润,相应减少长期股权投资的账面价值。

借:应收股利
  贷:长期股权投资——损益调整

借:银行存款
  贷:应收股利

若取得股票股利,不作账务处理,但应于除权日注明所增加的股数,以反映股份的变化情况。

④ 其他综合收益的处理。其他综合收益变动,调整长期股权投资的账面价值,同时增加或减少其他综合收益。

借：长期股权投资——其他综合收益
　　贷：其他综合收益（或相反分录）

⑤ 所有者权益的其他变动处理。投资企业对于被投资单位除净损益、其他综合收益以及利润分配以外所有者权益的其他变动，应按照持股比例与被投资单位所有者权益的其他变动计算的归属于本企业的部分，相应调整长期股权投资的账面价值，同时增加或减少资本公积（其他资本公积）。

借：长期股权投资——其他权益变动
　　贷：资本公积——其他资本公积（或相反分录）

相关拓展内容参见案例 8-1。

案例 8-1

福能股份收购福能财务

根据厦门产权交易中心公开信息，厦门信托公开挂牌转让其持有的福能财务公司 10% 股权，交易标的股权对应评估价值为 14 164.85 万元，挂牌价格为 14 689.19 万元。

福能股份（"福能股份"，股票代码 600483）参与竞拍厦门信托持有的福能财务公司 10% 股权，2016 年 11 月 2 日，接厦门产权交易中心《成交通知书》，公司以 14 689.19 万元成交价格依法竞拍成功厦门信托持有的福能财务公司 10% 股权。依照相关规定，福能股份与厦门信托于 2016 年 11 月 3 日，签订了《产权交易合同》。

本次交易中获得福能财务公司 10% 股权，初始计量成本为支付的现金 14 689.19 万元。所以会计分录如下：

借：长期股权投资　　　　　　　　　　　　　146 891 900
　　贷：银行存款　　　　　　　　　　　　　　　146 891 900

资料来源：根据公开资料整理。

8.3　分次投资取得控制权的并购会计处理

如果企业并非通过一次交易获得控股权，而是通过多次交换交易分步实现的，则企业在每一单项交易发生时，应确认对被投资单位的投资。

8.3.1　同一控制下分次投资取得控制权

（1）个别财务报表。通过多次交易分步实现同一控制下企业合并，合并日，按照取得被合并方所有者权益账面价值的份额作为长期股权投资的初始投资成本，这里的被合并方账面所有者权益，是指被合并方的所有者权益相对于最终控制方而言的账面价值。

长期股权投资初始投资成本，与达到合并前的长期股权投资账面价值加上合并日取得股份新支付对价的公允价值之和的差额，调整资本公积（资本溢价或股本溢价），资本公积不足冲减的，冲减留存收益。合并日之前持有的被合并方的股权涉及其他综合收益的也直接注入资本公积(资本溢价或股本溢价)。

合并方于合并日之前持有的被合并方的股权投资,保持其账面价值不变。其中,合并日前持有的股权投资作为长期股权投资并采用权益法合算的,为权益法核算下至合并日应有的账面价值;合并日前持有的股权投资作为金融资产并按公允价值计量的,为至合并日的账面价值。

(2) 合并财务报表。多次交易分步实现的同一控制下企业合并,合并日所持股权采用权益法核算,按被投资单位实现净利润和原持股比例计算确认的损益、其他综合收益,以及其他净资产变动部分,在合并财务报表中予以冲回,冲回原权益法确认的损益和其他综合收益,并转入资本公积(资本溢价或股本溢价)。

合并方的财务报表比较数据追溯调整的期间应不早于双方处于最终控制方的控制之下孰晚的时间。

8.3.2 非同一控制下分次投资取得控股权

(1) 个别财务报表。在个别财务报表中,购买方应当以购买日之前所持被购买方的股权投资的账面价值与购买日新增股权投资成本之和,作为该项投资的初始投资成本。原持有的股权投资的账面价值:① 原股权投资按权益法核算的,其账面价值是上一次账务处理之后的账面价值,其他综合收益;② 原股权投资作为金融资产核算的,其账面价值是指合并日的公允价值。达到合并之前,无论原股权投资是采用成本法核算、权益法核算,还是作为金融资产核算,均无须进行追溯调整;购买日之前持有的被购买方的股权涉及其他综合收益的,应当在处置该项投资时将与其相关的其他综合收益转入当期投资收益。

(2) 合并财务报表。在合并财务报表中,购买方对于购买日之前持有的被购买方的股份,应当按照该股权在购买日的公允价值进行重新计量。

① 购买方对于购买日之前持有的被购买方的股权,按照该股权在购买日的公允价值进行重新计量,公允价值于账面价值的差额计入当期投资收益。

② 购买日之前持有的被购买方的股权于购买日的公允价值,与购买日新购入股权所支付对价的公允价值之和,为合并财务报表中的合并成本。

③ 在按上述计算的合并成本基础上,比较购买日被购买方可辨认净资产公允价值的份额,确定购买日应确认的商誉,或者应计入发生当期损益的金额。

④ 购买方对于购买日之前持有的被购买方的股权涉及其他综合收益的,与其相关的其他综合收益应当转为购买所属当期投资收益。

8.3.3 非同一控制下的控股合并

非同一控制下的企业合并,主要涉及购买方与购买日的确定,企业合并成本的确定、合并中取得的各项可辨认资产、负债的确认和计量、合并差额的处理等。

(1) 确认购买方。购买方是指在企业合并中取得对另一方或者多方控制权的一方。合并中一方取得了另一方半数以上表决权股份的,除非有明确的证据表明该股份不能形成控制,一般认为取得控股权的一方为购买方。某些情况下,即使一方没有取得另一方半数以上有表决权,也被认为是购买,如,通过协议拥有半数表决权,或者有主导被购买企业财务和经营决策的权利,或者有权任免董事会或者类似机构绝大多数成员,或在董事会有绝大多数投票权。

(2) 确定购买日。购买日,是指购买方获得对被购买方控制权的日期,即企业合并交易进行过程中,发生控制权转移的日期。需要满足,合并合同通过内部权力机构通过,事项经过国家相关部门批准,参与合并方办理了必要的财产权交接手续,支付了大部分价款且有能力完成支付,购买方已经控制了被购买方的财务和经营决策并享有相应的收益与风险。

(3) 会计处理。该合并方式下,购买方所涉及的会计处理问题主要是两个方面:一是购买日因进行企业合并形成的对被购买方的长期股权投资初始投资成本的确定,该成本与作为合并对价支付的有关资产账面价值之间差额的处理;二是购买日合并财务报表的编制。

① 企业合并成本。非同一控制下的企业合并中,购买方取得对被购买方控制权的,在购买日应当按照确定的企业合并成本(不应包括自被投资单位收取的现金股利或利润),作为形成的对被购买方长期股权投资的初始成本。

合并成本＝支付价款或付出资产的公允价值＋发生或承担的负债的公允价值＋
　　　　　发行的权益性证券的公允价值

按合并对价借记"长期股权投资"科目,按享有被投资单位已宣告但尚未发放的现金股利或利润,借记"应收股利"科目,按支付合并对价的账面价值,贷记有关资产或借记有关负债科目,按其差额,贷记"营业外收入"或借记"营业外支出"等科目。按发生的直接费用,借记"管理费用"科目,贷记"银行存款"科目。

② 非货币形式的合并对价。合并对价是库存商品、原材料、固定资产、无形资产、金融资产等非货币资产的,视同销售处理,即:

a. 合并对价为固定资产、无形资产的,公允价值与账面价值的差额,计入营业外收入或营业外支出。

b. 合并对价为长期股权投资或金融资产的,公允价值与其账面价值的差额,计入投资收益。

c. 合并对价为存货的,应当作为销售处理,以其公允价值确认收入,同时结转相应的成本。

d. 合并对价为投资性房地产的,以其公允价值确认其他业务收入,同时结转其他业务成本。

③ 企业合并成本与合并中取得的被购买方可辨认净资产公允价值份额差额的处理包含如下两项内容:

a. 企业合并成本大于合并中取得的被购买方可辨认净资产公允价值份额的差额应确认为商誉。控股合并的情况下,该差额是指在合并财务报表中应予列示的商誉。

b. 企业合并成本小于合并中取得的被购买方可辨认净资产公允价值份额的部分,应计入合并当期损益(营业外收入)。在控股合并的情况下,上述差额应体现在合并当期的合并利润表中,不影响购买方的个别利润表。相关拓展内容参见案例8-2。

案例 8-2

康美药业股权转让

2017年7月27日,康美药业公司(康美药业,股票代码:600518)下属全资子公司上海康美与乙方在上海市签订了《股权转让协议》,以总价 22 920 472.52 元收购广州并持 80% 的股权。收购完成后,上海康美持有标的公司 80% 的股权。

交易对方与公司之间不存在产权、业务、资产、债权债务、人员等方面的关联关系。完成收购前的股权结构:韩刚 26.00%,陈镇洲 25.00%,张光辉 19.00%,郑东强 15.00%,陈杰 15.00%。收购完成后的股权结构:康美药业 80.00%,韩刚 5.20%,陈镇洲 5.00%,张光辉 3.80%,郑东强 3.00%,陈杰 3.00%。康美药业收购完成后一步获得公司控股权。

在本案例中,由于出资形式是现金,合并对价为 22 920 472.52 元,会计分录为:

借:长期股权投资　　　　　　　　　　22 920 472.52 元
　　贷:银行存款　　　　　　　　　　　22 920 472.52 元

资料来源:根据公开资料整理。

8.3.4　非同一控制下的吸收合并

非同一控制下的吸收合并,购买方在购买日应当将合并中取得的符合确认条款的各项资产、负债,按其公允价值确认为本企业的资产和负债;作为合并对价的有关非货币性资产在购买日的公允价值与其账面价值的差额(实为资产处置损益),应作为资产的处置损益计入合并当期的利润表;确定的企业合并成本与所取得的被购买方可辨认净资产公允价值的差额,视情况分别确认商誉,或是作为企业合并当期的损益计入利润表。

其具体处理原则与非同一控制下的控股合并类似,不同点在于非同一控制下的吸收合并中,合并中取得可辨认资产和负债是作为个别财务报表的项目列示,合并中产生的商誉也是作为购买方账簿及个别财务报表的资产列示。具体会计处理中需注意的方面如下。

(1)非同一控制下的企业合并中,购买方为企业合并发生的审计、法律服务、评估咨询等中介费用,应当于发生时计入当期损益。

(2)以发行债券方式进行的企业合并,与发行债券相关的佣金、手续费等应计入债务性债券的初始计量金额。

(3)发行权益性证券作为合并对价的,与所发行权益性证券相关的佣金、手续费等应从所发行权益性证券的发行收入中扣减。

8.4　同一控制下的企业合并

同一控制下的企业合并,是从合并方出发,确定合并方在合并日对于企业合并事项应进行的会计处理。合并方,是指取得对其他参与合并企业控制权的一方;合并日,是指合并方实际取得对被合并方控制权的日期。

8.4.1 同一控制下的控股合并

同一控制下的企业合并中,合并方在合并后取得对被合并方生产经营决策的控制权,并且被合并方在企业合并后仍然继续经营的,合并方在合并日涉及两个方面的问题:一是对于由于企业合并形成的对被合并方的长期股权投资的确认和计量问题;二是合并日合并财务报表的编制问题。

(1) 长期股权投资的确认和计量。形成同一控制下企业合并的长期股权投资,合并方应以合并日被合并方账面所有者权益的份额作为长期股权投资的初始投资成本,借记长期股权投资科目,按享有被投资单位已宣告但尚未发放的现金股利或利润,借记应收股利科目,按支付合并对价的账面价值,贷记有关资产或借记有关负债科目。以支付现金及非现金资产方式进行的,该初始投资成本与支付的现金及非现金资产的差额,相应调整资本公积,资本公积的余额不足冲减的,依次冲减盈余公积、未分配利润;以发行权益性证券方式进行的长期股权投资按投资的初始投资成本与所发行股份的面值总额的差额,应调整资本公积,资本公积的余额不足冲减的,相应调整盈余公积和未分配利润。

(2) 合并财务报表。同一控制下的企业合并形成母子公司关系的,合并方一般应在合并日编制合并财务报表,反映于合并日形成的报告主体的财务状况、视同该主体一直存在产生的经营成果等。

① 合并资产负债表。被合并方的有关资产、负债应以其账面价值并入合并财务报表,这里的账面价值是指合并方的资产、负债在最终控制方财务报表的账面价值。合并方与被合并方在合并日及以前期间发生的交易,应作为内部交易进行抵消。

② 合并利润表。合并方在编制合并日的合并利润表,应包括合并方及被合并方自合并当期期初至合并日实现的净利润,双方在当期所发生的交易应当按照合并财务报表的有关原则进行抵消。

8.4.2 同一控制下的吸收合并

同一控制下的吸收合并中,合并方主要涉及合并日取得被合并方资产、负债入账价值的确认,以及合并中取得有关资产的入账价值与支付的合并对价账面价值之间差额的处理。

(1) 合并中取得资产、负债入账价值的确定。合并方对同一控制下吸收合并中取得的资产、负债应当按照相关资产、负债在被合并的原账面价值入账。其中,对于合并方与被合并方在企业合并前采用的会计政策不同的,将被合并方的相关资产和负债并入合并方的账簿和报表进行核算之前,首先应给予重要性原则,同一被合并方的会计政策,即应当按照合并的会计政策对被合并方的有关资产、负债的账面进行调整后,以调整后的账面价值确认。

(2) 合并差额。合并方在确认了合并中取得的被合并方的资产和负债入账价值后,所确认的净资产入账价值与合并对价账面价值的差额,相应调整资本公积,资本公积的余额不足冲减的,应依次冲减盈余公积、未分配利润。

8.4.3 合并方进行企业合并发生的有关费用的处理

合并方为进行企业合并发生的有关费用,指合并方为进行企业合并发生的各项直接相关费用,如为进行企业合并支付的审计费用、进行资产评估的费用以及有关的法律咨询费用等增量费用。

同一控制下企业合并进行过程中发生的各项直接相关费用,应于发生时费用化计入当期损益。

借：管理费用
　　贷：银行存款

但是如果支付对价是发行证券的方式,采用如下方法。

(1) 以发行债券方式进行的企业合并的,发行债券的佣金、手续费应遵照金融工具准则进行确认,计入负债的初始计量金额中。

(2) 发行权益性证券进行企业合并的,与发行权益性证券有关的佣金、手续费应该自发行权益性证券的发行收入中扣减,在权益性工具发行有溢价的情况下,自溢价收入中扣除,在权益性证券发行无溢价或者溢价金额不足扣减的情况下,应当冲减盈余公积和未分配利润。

8.5 资产注入

发行股份购买资产的处理方法在同一控制下或者非同一控制下的企业合并中有所提及,及对于购买股份的处理方法与同一控制或者非同一控制下的企业合并的方法相同,只是支付的合并对价是以股份的方式。

8.6 商　　誉

8.6.1 商誉减值测试

(1) 减值测试要求。企业合并所形成的商誉,至少应当在每年年度终了进行减值测试。由于商誉难以独立产生现金流量,因此,商誉应当结合与其相关的资产组或者资产组组合进场减值测试。为了资产减值测试的目的,对于因企业合并形成的商誉的账面价值,应当自购买日按照合理的方法分摊至相关的资产组;难以分摊至相关的资产组的,应当将其分摊至相关的资产组组合。

(2) 减值测试方法。减值测试方法包含如下内容。

① 首先对不包括商誉的资产组或者资产组组合进行减值测试,计算可收回金额,并与相关账面价值相比较,确认相应的减值损失。

② 再对包含商誉的资产组或者资产组组合进行减值测试,比较这些相关资产组或者

资产组组合的账面价值(包括所分摊的商誉的账面价值部分)与其可收回金额,如相关资产组或者资产组组合的可收回金额低于其账面价值,应当就其差额确认减值损失,减值损失金额应当首先递减分摊至资产组或者资产组组合中的商誉的账面价值。

③ 最后,根据资产组或者资产组组合中除商誉之外的其他各项资产的账面价值所占比重,按比例抵减其他资产(包括商誉)的减值损失处理,计入当期损益。

8.6.2 商誉减值会计处理

首先,企业应当调整资产组的账面价值,将归属于少数股东权益的商誉包括在内;其次,根据调整后的资产组账面价值与其可收回金额进行比较,以确定资产组是否发生了减值。

上述资产组如发生减值的,应当首先抵减商誉的账面价值,但由于根据上述方法计算的商誉减值损失包括了应由少数股东权益承担的部分,而少数股东权益拥有的商誉价值及其减值损失都不在合并财务报表中反映,合并财务报表只反映了归属于母公司的商誉减值损失,因此,应当将商誉减值损失在可归属于母公司和少数股东权益之间按比例进行分摊,以确认归属于母公司的商誉减值损失。相关拓展内容参见案例 8-3。

案例 8-3

万家文化收购翔通动漫

2015 年 7 月 23 日,万家文化(现"祥源文化",股票代码:600576)取得中国证监会《关于核准浙江万好万家实业股份有限公司向四川省联尔投资有限责任公司等发行股份购买资产并募集配套资金的批复》(证监许可〔2015〕1701 号),核准公司向四川省联尔投资有限责任公司等翔通动漫原股东发行股份购买相关资产并募集配套资金事宜。

2015 年 8 月 7 日,翔通动漫 100.00% 股权过户至公司名下,资产交割完成。万家文化在 2015 年 8 月初已拥有该公司的实质控制权。为便于核算,将 2015 年 8 月 1 日确定为购买日,自 2015 年 8 月 1 日起将其纳入合并财务报表范围。公司将合并成本大于收购日被收购方可辨认净资产公允价值份额的差额 1 024 170 995.21 元确认为商誉。

由于翔通动漫 2016 年度经营情况未达预期,鉴于上述情况,公司对截至 2016 年 12 月 31 日收购翔通动漫形成的商誉进行了减值测试。根据减值测试结果,截至 2016 年 12 月 31 日公司收购翔通动漫形成的商誉可回收金额为 996 328 349.50 元,较商誉账面价值 1 024 170 995.21 元减少 27 842 645.71 元。根据《企业会计准则》相关规定的要求,为更加真实、准确地反映公司截至 2016 年 12 月 31 日的资产状况和财务状况,公司认为收购翔通动漫形成的商誉存在减值迹象,公司从审慎角度出发,将对收购翔通动漫形成的商誉计提减值准备 27 842 645.71 元。

上述案例中,商誉减值 27 842 645.71 元,因持有 100% 股权,不存在少数股东,所以,承担全部商誉减值损失。

借:资产减值损失   27 842 645.71 元
  贷:商誉减值准备   27 842 645.71 元

资料来源:根据公开资料整理。

8.7 案例分析

(1) 成本法。2017年6月30日,P公司向S公司的股东定向增发1 000万股普通股(每股面值为1元,市价为10.75元)对S公司合并,取得70%的股权。S公司公允价值与账面价值不同的情况为:存货,账面价值200,公允价值400;长期股权投资,账面价值1 800,公允价值2 800;固定资产,账面价值3 000,公允价值5 000;无形资产,账面价值500,公允价值1 500;S公司在并购日的股本为2 000,资本公积1 000,盈余公积500,未分配利润1 200,所有者权益合计4 700。并购日两公司报表,如表8-1所示。

表8-1 并购日P公司和S公司报表

项目	P公司	S公司	
	账面价值	账面价值	公允价值
资产:			
货币资金	4 000	500	500
存货	6 000	200	400
应收账款	3 000	1 000	1 000
长期股权投资	5 000	1 800	2 800
固定资产:			
固定资产原价	20 000	5 000	
减:累计折旧	7 000	2 000	
固定资产净值	13 000	3 000	5 000
无形资产	4 000	500	1 500
商誉	200	0	0
资产总计	35 200	7 000	11 200
负债和所有者权益			
短期借款	2 000	500	500
应付账款	4 000	1 000	1 000
其他负债	500	800	800
负债合计	6 500	2 300	2 300
实收资本(股本)	10 000	2 000	
资本公积	8 000	1 000	
盈余公积	3 000	500	

续　表

项　　　目	P公司	S公司	
	账面价值	账面价值	公允价值
未分配利润	7 700	1 200	
所有者权益合计	28 700	4 700	8 900
负债和所有者权益合计	35 200	7 000	

① 并购日收购方的会计分录为：

借：长期股权投资　　　　　　　　　　　　　　　　　　10 750
　　贷：股本　　　　　　　　　　　　　　　　　　　　　1 000
　　　　资本公积——股本溢价　　　　　　　　　　　　　9 750

② 商誉计算：

商誉＝企业合并成本－合并中取得被购买方可辨认净资产公允价值份额
　　＝10 750－(2 000＋1 000＋500＋1 200＋200＋1 000＋2 000＋1 000)×70％
　　＝4 520(万元)

③ 合并日编制调整及抵消分录：

借：存货　　　　　　　　　　　　　　　　　　　　　　200
　　长期股权投资　　　　　　　　　　　　　　　　　　1 000
　　固定资产　　　　　　　　　　　　　　　　　　　　2 000
　　无形资产　　　　　　　　　　　　　　　　　　　　1 000
　　贷：资本公积　　　　　　　　　　　　　　　　　　　4 200
借：股本　　　　　　　　　　　　　　　　　　　　　　2 000
　　资本公积　　　　　　　　　　　　　　　　　　　　5 200
　　盈余公积　　　　　　　　　　　　　　　　　　　　500
　　未分配利润　　　　　　　　　　　　　　　　　　　1 200
　　商誉　　　　　　　　　　　　　　　　　　　　　　4 520
　　贷：长期股权投资　　　　　　　　　　　　　　　　　10 750
　　　　少数股东权益　　　　　　　　　　　　　　　　　2 670

合并报表结果，如表 8-2 所示。

表 8-2　合 并 报 表

项　　目	P公司	S公司	抵消分录		合并金额
			借方	贷方	
资产：					
货币资金	4 000	500			4 500
存货	6 000	200	200		6 400

续 表

项 目	P公司	S公司	抵消分录 借方	抵消分录 贷方	合并金额
应收账款	3 000	1 000			4 000
长期股权投资	5 000＋10 750	1 800	1 000	10 750	7 800
固定资产：					
固定资产原价	20 000	5 000			25 000
减：累计折旧	7 000	2 000			9 000
固定资产净值	13 000	3 000	2 000		18 000
无形资产	4 000	500	1 000		5 500
商誉	200	0	4 520		4 720
资产总计	45 950	7 000	8 720	10 750	50 920
负债和所有者权益					
短期借款	2 000	500			2 500
应付账款	4 000	1 000			5 000
其他负债	500	800			1 300
负债合计	6 500	2 300			8 800
实收资本（股本）	10 000＋1 000	2 000	2 000		11 000
资本公积	8 000＋9 750	1 000	5 200	4 200	17 750
盈余公积	3 000	500	500		3 000
未分配利润	7 700	1 200	1 200		7 700
少数股东权益				2 670	2 670
所有者权益合计	28 700	4 700			42 120
负债和所有者权益合计	50 950	7 000			50 920

（2）权益法。若 A 公司以股票互换方式购入 B 公司，A 公司用它的普通股购买 B 公司发行在外的股票，交换比例为 1∶10。假设这一交易符合应用权益联合法所要求的条件，交易前两家公司的资产负债，如表 8-3 所示。

表 8-3　A、B 公司合并前资产负债表

项 目	A 公司账面价值	B 公司账面价值
现金和应收账款	500	100
存货	700	300

续　表

项　　目	A公司账面价值	B公司账面价值
厂场设备	2 000	700
资产合计	3 200	1 100
应付账款和应计费用	700	400
普通股（每股1元）	250	70
股本溢价	1 250	530
留存盈余	1 000	100
股东权益	2 500	700
负债和股东权益合计	3 200	1 100

收购公司以交易之日的账面价值70万元入账作为在B公司的投资。A公司的会计分录为：

借：长期股权投资——B公司　　　　　　　　　　　　70万
　　贷：普通股本　　　　　　　　　　　　　　　　　　70万

但在合并资产负债表时，投资与B公司的股东权益对冲，如表8-4所示。

表8-4　合并资产负债表

项　目	账面价值 A公司	账面价值 B公司	冲销 借	冲销 贷	合并后价值
现金和应收账款	500	100			600
存货	700	300			1 000
对B公司投资	70			70	
厂场设备	2 000	700			2 700
资产合计	3 270	1 100			4 300
应付账款和应计费用	700	400			1 100
普通股（每股1元）	320	70	70		320
股本溢价	1 250	530			1 780
留存盈余	1 000	100			1 100
股东权益	2 570	700			3 200
负债和股东权益	3 270	1 100			4 300

上例中，若换股比例为4∶3（即每4股A公司股票换入3股B公司股票），此时换出股票的股本大于换入股票的账面价值，换出股本＝70×4/3×1＝93.33（万元），换入股本＝70×1＝70（万元）。两者之间的差额23.33万元，应调减B公司的资本公积（股本溢价）23.33万元。

若换股比例为3∶4(即每3股A公司股票换入4股B公司股票)。此时换出股票的股本小于换入股票的账面价值,则应调增B公司的资本公积(股本溢价)17.5(70－70×3/4＝17.5)万元。

本 章 小 结

在实务中,并购会计的核算方法有两种:权益法和成本法。权益法是指投资以初始投资成本计量后,在投资持有期间,根据被投资单位所有者权益的变动,投资企业按应享有被投资企业所有者权益的份额调整其投资账面价值的方法。其实质在于权益法下企业并购是权益结合而非购买行为,现有的股东权益在新的会计实体中得以存续。成本法也称购买法,收购方按照并购的取得成本将目标公司的资产、负债入账,且目标公司的留存收益不能转入收购方。

特别地,对于不形成控股合并的长期股权投资,首先根据支付方式的不同(现金、发行股票、债务重组、非货币性资产交换)进行初始计量,然后在长期股权投资持有期间,根据收购方对目标公司的影响程度不同,分别采用成本法或权益法进行后续计量,成本法只需按照成本变化改变账面价值,而权益法在确认成本后还要考虑投资损益、股利和其他综合收益。

对于分次投资取得控制权的并购,在每次交易发生时都应进行会计确认。具体地,对于同一控制和非同一控制下分次取得控股权的,会计处理有所不同。

对于同一控制下的企业合并,合并方即取得控制权的一方需要在合并日对合并事项进行会计处理。同一控制下可细分为控股合并和吸收合并,控股合并后合并方取得对被合并方生产经营决策的控制权,因此需要确认并计量长期股权投资,然后合并财务报表;而吸收合并则不同,只需确定合并中取得资产负债的入账价值,然后对合并对价与账面价值间的差额进行处理。此外,企业合并中还会发生一些相关费用,如审计费用、资产评估费用及法律咨询费用等,这些直接相关费用应计入当期损益。

此外,关于资产注入和商誉的会计处理方法也需要了解。

重 要 概 念

权益法 成本法 分次投资取得控制权 商誉减值测试

课 后 习 题

1. 阅读习题案例8-1,试分析该收购事件是否属于同一控制下的重组?并请说明理由。

习题案例 8-1

杭 州 数 腾

广州市爱司凯科技股份有限公司(预披露招股书首次公开发行股票并在创业板上市)收购杭州数腾时将此收购认定为同一控制下的企业合并。收购前公司的股权结构,如图 8-1 所示。

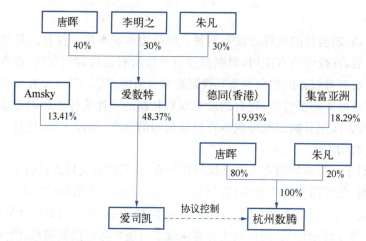

图 8-1 收购前两公司的股权结构

收购后公司的股权结构,如图 8-2 所示。

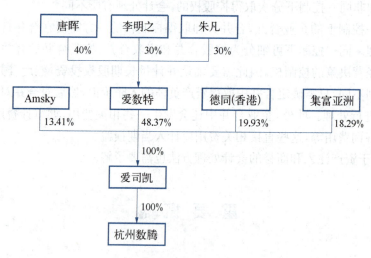

图 8-2 收购后公司股权结构

公司重组杭州数腾界定为同一控制合并的理由如下。

(1)《期权协议》:杭州数腾股东与爱司凯有限于 2007 年 1 月 16 日签署《期权协议》,约定爱司凯有限或其指定第三方可在协议签订后的任何时间以中国法律允许的最低价格收购杭州数腾股东持有的全部股权。因此,爱司凯有限是杭州数腾股权唯一有权受让方,在股权上构成了对杭州数腾的实质性控制。

(2)《技术咨询和服务协议》：杭州数腾与爱司凯有限于2007年1月16日签署《技术咨询和服务协议》，约定爱司凯有限作为杭州数腾的独家和排他性技术服务商，向杭州数腾提供相关的技术咨询和服务，杭州数腾向爱司凯有限支付相应的技术咨询和服务费；因本协议产生过的任何权利、所有权、权益和知识产权，爱司凯有限均享有独占和排他的权益，非经爱司凯有限书面同意，杭州数腾不得接受爱司凯有限以外的任何第三方（爱司凯有限指定的第三方除外）提供的任何技术咨询和服务。因此，爱司凯有限在业务上对杭州数腾形成了实质性的控制。

(3)《股权质押协议》：杭州数腾股东、杭州数腾及爱司凯有限于2007年1月16日签署《股权质押协议》，约定为保证杭州数腾履行其在《技术咨询和服务协议》项下的支付服务费义务，杭州数腾股东将持有的杭州数腾100%股权质押给爱司凯有限。因此，爱司凯有限通过该协议进一步保证其对杭州数腾的控制。

(4)杭州数腾80%股权形成的资金来源：2009年9月，李明之、朱凡、唐晖与爱司凯有限签署了《借款协议》，唐晖、朱凡通过李明之向爱司凯有限借款380万元，唐晖向爱司凯有限借款20万元，用于朱凡、唐晖向杭州数腾增资，杭州数腾注册资本中的80%来源于爱司凯有限，爱司凯有限实为杭州数腾的主要出资来源。

(5)实际经营运作：根据上述控制协议安排，在杭州数腾的实际经营过程中，共同控制人李明之、唐晖、朱凡三人通过爱司凯有限参与杭州数腾的重大经营决策、财务决策，实现了对杭州数腾的控制；其次，杭州数腾生产的成品，通过销售给爱司凯有限再进行对外销售或租赁，非经爱司凯有限许可，杭州数腾不得将其产成品销售给任何第三方，实现了对杭州数腾业务的控制。因此，在实际经营过程中，李明之、唐晖、朱凡为杭州数腾的实际控制人。

2. 尝试写出该收购事件涉及的会计分录。

第三部分
并购活动与公司控制

本部分主要介绍与公司控制权的变动相关的各种典型并购活动，如 LBO、ESOP、接管防御、重组、并购套利甚至跨国并购等。并购活动作为公司治理的外部机制，其主要资金来自财团，特定情况下财务公司就有可能成为公司的战略投资者，接管公司控制权；管理层也会借助债务实现 MBO，或是通过 ESOP 激励员工的同时完成对敌意收购的防御；或是通过重组完成公司控制权的重新安排；并购市场中的套利行为也会带来风险，造成公司控制权的变化；跨国并购可以拓展公司全球发展战略，扩大业务控制范围或者完成对国外公司的控制权，但是同时也会对公司战略发展带来挑战。

这一部分共有六章：第九章介绍杠杆收购的基本特征、发展历史及运作方式等；第十章介绍员工持股计划作用和具体应用；第十一章介绍接管防御作用，着重区分接管防御的预防性措施和反抗性措施；第十二章介绍公司资产重组中的资产重组、股权重组和财务重组等类型；第十三章介绍并购套利的方式和风险；第十四章分析了跨国并购的基本特征和模式，并给出了可口可乐、吉利和万达等多个跨国并购经典案例。

第九章

杠 杆 收 购

本章导读

> 掌握杠杆收购的基本概念、主要类型与基本特征；
> 梳理杠杆收购的全球发展史以及在中国的发展特点；
> 难点在于杠杆收购中采用的估值方法，熟悉在杠杆收购中广泛使用的资本现金流法（CCF）；
> 分析并了解杠杆收购的资金来源与整体流程。

"Give me a lever long enough and a fulcrum on which to place it, and I shall move the world!"

— Archimedes, The Greek Scientist (287-212 BC)

"首席执行官通过杠杆收购明白了两个道理：第一，积累巨额财富不是靠工资或者奖金，而是持有股权；第二，杠杆收购不是获得公司股权的唯一方式，股票期权也是。"

——《在门口的野蛮人》

在中国的汽车市场上，吉利汽车是一家难以忽视的公司。随着热门车型的不断推出，吉利汽车的综合实力俨然进入汽车行业前十强，尤其是发展能力高居同行之首；同时，财务指标持续向好，在股票市场上受到投资者的热烈追捧，成为当之无愧的十倍股（ten-bagger）。这样的成果离不开李书福在2010年杠杆收购沃尔沃汽车的决定。当时的吉利尚为一家成长中的民营车企，但却通过杠杆收购的方式，以15亿美元的价格以及向沃尔沃汽车注资15亿美元营运资本的条件，收购了这一家北欧最大的拥有悠久历史的豪华车企。经过两年多的整合后，吉利取得了较高的跨国并购中长期绩效，成为一个传奇。沃尔沃带给吉利的，不只是日渐增长的净利润，还有先进的设计生产技术和历史积淀。那么，吉利究竟是如何通过杠杆成功收购沃尔沃的呢？在这一章中，我们将对杠杆收购的相关知识进行全方位讲述。

9.1 杠杆收购概述

9.1.1 杠杆收购的概念

目前,学界从多个角度对杠杆收购(leverage buy-out,LBO)进行定义。贾立(2006)认为杠杆收购是指收购方以目标公司的资产作为抵押,向银行或投资者融资借款来对目标公司进行收购,待收购成功后再以目标公司的收益或出售其资产来偿本付息;刘松(2011)则进行了简洁的定义,认为杠杆收购是收购方以目标公司的资产和未来现金流作为融资担保,举债收购目标公司的并购模式。Rosenbaum & Pearl(2015)认为杠杆收购是指用债务来为收购价格提供一大部分资金的方式收购一个公司、分部、企业或者资产组合("目标")。收购价格的剩余资金通过某个财务投资人("投资人")的股权认购来提供。本书综合上述观点,将杠杆收购定义为收购方按照财务杠杆原理,以少量自有资金通过高负债融资购买目标企业一定数量的股权,进而将公司私有化并达到控制目标公司的行为,其中负债通常以目标公司的资产作为担保。这种融资技术被各类实体广泛应用,包括公司内部管理层或者外部组织,如其他公司、合伙人、个人投资者或者集团投资者等。其中,一家公司将某个经营单位或整个公司卖给管理层的行为称为管理层收购(management buy-out,MBO)。而对于外部组织而言,收购方以较少的股本投入(约占10%,自备一成,贷款九成)融得数倍的资金,对企业进行收购、重组,使其产生较高盈利能力后,再伺机出售或重新上市,以便牟利。企业在资本运营过程中选择杠杆收购的策略方式,除了能获得一定的经营协同效应和实现高效率的企业扩张外,还能消除代理成本,发掘潜在利益。

一般情况下,LBO 在过程中会以目标公司的资产作为担保,这需要取得目标公司经营者的同意,因而大多在善意并购过程中进行;且目标企业常常是公司价值被市场低估,因为收购这样的企业通过运作更能够获得更高的财务回报。然而,市场上还存在敌意收购(hostile takeover),是指收购公司在未与目标公司董事会协商,不管对方是否同意的情况下,所坚持继续进行的收购活动。这些狂热的投资银行家与金融资本家被称为"猎袭者"和"门口的野蛮人",此时被杠杆收购的标的企业,杠杆收购方会选择将其私有化,成为非上市的私人企业。

总体来说,杠杆收购是企业兼并的一种特殊形式,自20世纪80年代以来,已成为风靡全球的一种常见的资本运营方法。

杠杆收购流程是一个价值发现的过程,其目标企业通常为价值被市场低估的公司。从目标公司特征来看,传统资本密集产业可能为杠杆收购的理想对象;从公司内部特征来看,具有稳定现金流、富有经验的管理层、大量的成本削减空间和能力、可分离的非核心业务的企业也是杠杆收购的理想对象。实证结果表明,从杠杆收购到重组后企业的重新上市,这些企业的价值常有大幅度的提高。

杠杆收购与其他并购的区别,如表 9-1 所示。

表 9-1 杠杆收购与其他收购的区别

	杠 杆 收 购	其 他 并 购
收购主体	私募股权基金、风险资本、产业资本、小型投资公司和公司的经理层	大公司、大部门、行业领导者
目标公司	公众公司、非公众公司、大公司的部门	与经营战略相关的公众公司、非公众公司、大公司的部门
收购动机	创造股东价值,收购后要剥离低效率资产、缩小规模	往往更多的是为了占领市场和扩大规模,实现规模经济或技术经济
收购方式	要约收购、杠杆组合	要约收购、协议收购
支付方式	更多地采用现金支付	往往采用换股方式
融资方式	以目标公司的资产和未来现金流为抵押贷款及发行高收益债券、票据、LBO 基金	公开发行股票、债券、自有资产抵押贷款和换股
杠杆比率	高(70%—90%)	低(40%—60%)
收购后存在方式	由公众公司转为非上市公司、整合后再二次上市	公众公司、吸收合并或保持原状
杠杆权	所有权与经营权有机统一	所有权与经营权分离
管理层持股	高比例	低比例或无股权
退出方式	IPO、SIPO、协议转让	一般不退出

9.1.2 杠杆收购的类型

(1) 一般杠杆收购(LBO)。一般杠杆收购属典型的融资收购,收购者由个人或法人共同组合(不含目标公司现任管理者)。收购过程先由收购者设立控股公司,并向贷款机构借入过渡性贷款或者过桥资金作为买入目标公司股权的支付金,当控股公司收购结束后,再以目标公司的名义向银行借款,以偿还先前的过渡性贷款,而目标公司借款则系以公司资产作为抵押担保,参见图 9-1。

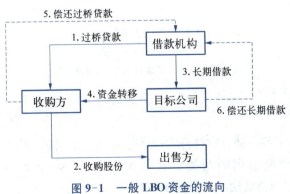

图 9-1 一般 LBO 资金的流向

(2) 管理层收购(MBO)。管理层收购是指目标公司管理者利用借贷所融资本收购公司的股份,从而改变公司所有者结构、控制权、公司治理以及公司资产结构,进而获取相应收益的一种收购行为。管理层收购的特殊性在于,其主要收购者是目标公司的经理和管理人员,他们对公司最为了解,并具备相应的经营管理能力,通过实施 MBO,他们的身份从企业经营者变为企业经营者和所有者合一的双重身份,优点在于可以解决信息不对称问题和第一类代理问题。不同模式参见图 9-2。

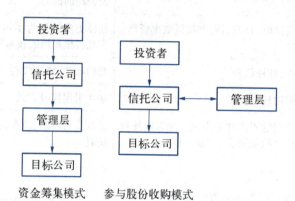

图 9-2　MBO 投资模式图示

(3) 员工持股计划(ESOP)。员工持股(employee stock ownership plans,ESOP)由收购公司成立员工持股信托,以此信托向贷款机构取得所需资金,再购入目标公司的股权,且收购公司须向贷款机构保证会定期支付本利给员工持股信托,以偿还信托所借款项。除反向并购外,采取此收购模式的最大考虑在于税负,因收购公司定期支付员工持股信托的金额可作抵税费用,较为简洁的操作模式参见图 9-3。此外在美国,1984 年制定了 *Tax Reform Act* 法令,亦允许银行贷款给员工购买股票所赚取之 50% 利息收入可免税,故而提高银行贷款意愿及成功概率。

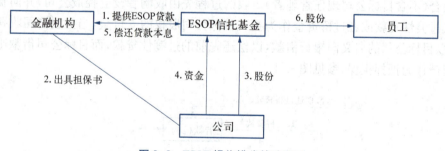

图 9-3　ESOP 操作模式简略图示

9.1.3　杠杆收购的特征

(1) 杠杆的使用:高负债。在杠杆收购中的举债往往以被收购公司的资产或是现金流量作为担保,其中使用到的两类负债是担保负债(secured debt)和无担保负债(unsecured debt),这两类负债经常同时被使用。

担保负债,有时也称作基于资产的借款,包括两类:优先级债务(senior debt)和中期债务(intermediate-term debt)。提供该项贷款的主要是不愿承担财务风险的商业银行、保险公司或租赁公司和专门从事风险资本和杠杆收购的金融机构。这类债务以公司的固定资产作抵押的,偿还债务的期限通常是5—7年。

无担保负债,有时也被称作从属负债(subordinated debt)、次级从属负债(junior subordinated debt)、垃圾债券亦称夹层债券。通常是由养老基金、保险公司、基金会、风险资本等机构提供,又分为优先(senior)与次级(junior)两种。不具有像担保负债那样的保障性,通常要求获得更高的收益率来弥补额外的风险。

综上所述,按求偿权次序杠杆收购企业的资本结构依次为:优先债→优先从属债→次级从属债→优先股→普通股,一般的融资次序和结构参见图9-4。

(2)面对的风险:高风险。财务杠杆是一把双刃剑:它可以放大资金来源与数量,为权益投资者带来极高的回报,但同时也伴随着极大的风险。如果收购后企业经营得不到改善,现金流无法偿还债务,那么就面临着较大的经营与财务风险。总体来看,杠杆收购面临的风险如下。

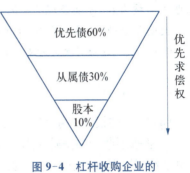

图 9-4 杠杆收购企业的资本结构顺序

① 还本付息风险。即收购企业存在不能按规定到期偿还本金和或利息所引起的经济损失的可能性。由于实行杠杆收购的企业一般负债率非常高,因此其不能还本付息的风险也相应较大。

② 再融资风险。即企业不能及时地再次筹集所需资金或再筹资成本增加而引起资金链条断裂的可能性。杠杆收购企业在并购后的重组和运营过程中常常需要更多的资金支持。如果再筹资遇到障碍,可能会导致企业陷入财务困境。

③ 财务风险。企业因债权性筹资而增加的股权投资者可能遭受损失的风险。为了防范杠杆收购带来的财务风险,收购方必须在收购之前对目标企业的负债能力、收购后出售资产的可能性和企业创造现金流的能力进行审慎评估,合理确定企业能够承受的负债比率水平。

④ 其他风险。杠杆收购还会面临其他方面的风险。例如有研究表明,由于杠杆收购引起的巨额负债给债务偿还带来巨大压力,因此企业在杠杆收购后常大幅削减研发费用,这可能会导致公司的产品落后于竞争对手,最终失去市场份额。

一般来说,对上述风险要综合考虑,具体实践可参见案例9-1。

案例 9-1

英国汉森公司的"最坏风险估计"哲学

汉森公司(Hanson)的前身本是一家运输公司,1963年开始专门进行公司收购业务。在其成功的资本运营案例中,既有友好收购,亦有敌意收购,几乎无一失手。而其利润无间断增长的重要原因之一,便是公司在风险管理上的谨慎原则。

无论是收购 Oswell Tillotson 公司、美国工业公司(USI)，还是 SCM 公司，汉森公司的目标都是那些成熟产业中低技术含量、经营效率上有很大提升空间的企业；更重要的是，汉森会在收购前做好最坏情景下的损失分析，只有即使出现最坏情况也能够通过出卖目标公司来偿还收购资金时，汉森公司才会进行收购。且一旦完成收购程序后，汉森公司便会立即着手对目标企业进行资产清理。

一个典型例子是对 SCM 的收购。通过敌意收购，汉森公司以 9.3 亿美元的成本获得了对 SCM 的控制权。随后，汉森公司立刻将 SCM 的纸张公司以 1.6 亿美元出售给 Boise Casecade 公司；将 Glidden 涂料公司以 5.8 亿美元的价格卖给英国 ICI 公司；其他控股企业也先后被出售，总共套现 9.6 亿美元。将 SCM 分拆出售后，汉森企业仍然持有原 SCM 的两大明星企业（打字机和化学企业）。

资料来源：专营公司收购的汉森公司，三亿文库，http://3y.uu456.com/bp_7yioa0ert344s0w0dxyt_1.html。

(3) 投资的报酬：高报酬。主要包含如下五点内容。

① 管理层收购的激励作用。增加企业管理人员持股比例从而更好地激励管理人员增创业绩，从而降低代理成本。典型的杠杆收购将上市企业私有化转为非上市企业，大量增加管理人员持股比例。从而增加了他们提高经营业绩的动力，降低了代理成本。

首先，接管者持有大量股权，必然会更加在意公司的价值，更加密切关注接管后的企业管理和公司治理。其次，按照 Jensen(1986)的理论，对于一个盈利的企业，自由现金流量的存在往往促使管理人员开展高风险的投资项目，而不是将其作为股息发给股东。通过杠杆收购增加债务，可以迫使其将这些现金流最先用于偿还债务的本息，从而约束管理者滥用资金的行为。债务的增加也会给管理人员带来压力，并促使其加倍努力，以避免企业破产。因此，从某种程度上讲，杠杆收购代表了一种债务约束行为，对管理人员有一定的制约作用。

② 价值发现。杠杆收购的目标企业通常为价值被市场低估了的企业，杠杆收购的过程通常也是一个价值发现的过程。从杠杆收购到重组后企业的重新上市，企业价值常有大幅度的提高。

③ 税收屏蔽效应。高财务杠杆比率可带来更多的利息税盾，从而增加企业价值（当然，高杠杆也会增加财务风险）。另外，账面资产价值增加带来较高的折旧，可以减少企业的税收负担。倘若目标企业被购进前有亏损，则可递延冲抵收购后的盈利，从而减低应纳税所得额基数。

④ 财富转移效应。由于杠杆收购提高了企业的杠杆比率和财务风险，因此会对 LBO 前已经发行在外的企业债券的价格产生负面影响，导致企业利益由债权人向权益所有人的转移。Warga 和 Welch(1993)对美国 1985 年 1 月至 1989 年 4 月之间宣布成功进行 LBO 的企业的研究显示，债权人的损失大约占股东获得利益的 7%。

⑤ 高投机带来的利益。虽然杠杆收购风险很大，但在经济繁荣时，企业倒闭风险很小，只要目标企业能承担如此规模的债务，则不会有大的清偿风险。因此，各种利益集团纷纷参与，使企业收购有充足的资金来源，并导致股票上涨，投机者获取巨额利润。

9.2 杠杆收购的发展历史

9.2.1 杠杆收购的起源

杠杆收购的历史要追溯到20世纪初期福特汽车公司的LBO事件。1919年,亨利·福特和他的儿子不满与意见不统一的股东争论,想要将汽车公司私有化。而福特汽车公司是当时世界上最大的汽车公司,私有化需要大量资金,故福特父子大量举债,以1.06亿美元的价格从其他股东手里购买了福特汽车的股份,其中0.75亿美元为贷款。这是历史上第一笔杠杆收购。

9.2.2 杠杆收购的发展

20世纪80年代起,杠杆收购数量和总额逐渐增加,80年代后期达到高峰,LBO的平均交易额由1981年的3 942万美元上升到1987年的1.374 5亿美元,其中市场的主导者是德崇证券的米尔肯。当时与兼并相比,杠杆收购无论在数量上还是以美元计价的金额上,规模都比较小。如在1987年,兼并总共发生了3 701例,而杠杆收购只有259例,在交易总数中仅占7%。同时,随着1988年末垃圾债券市场的瓦解,在RJR Nabisco公司收购案达到高潮(参见案例9-2)和1990年后经济的衰退之后,LBO交易额急剧下滑。

随着第五次并购浪潮的到来,世界范围内的杠杆收购在20世纪90年代中期再次大幅上升。值得注意的是,与第四次并购浪潮中LBO交易额一般较大的特点不同,在第五次并购浪潮中,LBO呈现出规模小、数量多的特点。2000年交易量几乎是1980年的两倍,但交易额只有1980年的一半。但是到了第六次以PE主导的并购浪潮,杠杆资金以LP的方式走入幕后,成为主要创业基金的来源。

> **案例 9-2**
>
> **RJR Nabisco公司收购案**
>
> KKR在1976年由杰里·科尔伯格(Jerry Kohlberg)、亨利·克莱维(Kravis)和乔治·罗伯茨(George Roberts)三个犹太后裔合伙人创立,是美国最早、最大、最著名的专业从事LBO的私人合伙企业。
>
> 1988年10月,以RJR纳贝斯克公司CEO罗斯·约翰逊为代表的治理层向董事局提出治理层收购公司股权建议。治理层的MBO建议方案包括,在收购完成后计划出售RJR纳贝斯克公司的食品业务,而只保留其烟草经营。其战略考虑是基于市场对烟草业巨大现金流的低估,以及食品业务因与烟草混合经营而不被完全认同其价值。重组将消除市场低估的不利因素,进而获取巨额收益。
>
> 罗斯与希尔森公司的杠杆收购计划一拍即合,双方都认为,收购RJR纳贝斯克公司股票的价格应该在每股75美元左右,高于股市71美元左右的市场交易价格,总计交易价达到176亿美元。由于希尔森公司想独立完成这笔交易,所以他们没有引入垃圾债券的力量,150亿美元左右的资金全部借助于商业银行的贷款。信孚银行抓住了为蓝筹公司

杠杆收购提供融资的机会，在全世界范围内募集到160亿美元，但据希尔森的核算只有155亿美元。

正当罗斯与希尔森公司打着如意算盘的时候，KKR的投标参与令治理层收购方案者们如梦初醒。与CEO罗斯所计划的分拆形成对照的是，KKR希望保留所有的烟草生意及大部分食品业务，而且KKR喊出了每股90美元的报价。希尔森和KKR的较量拉开了序幕。

希尔森公司选择了与所罗门公司合作来筹措资金，但是无论在智谋上，还是融资上，希尔森都无法与KKR对峙。KKR有德雷克塞尔和美林做顾问，并引入了投标购买PIK优先股，价格达到每股11美元，接近25亿美元，世界市场对PIK股票的需求使它很快转换成垃圾债券，这意味着有25亿美元的资金。

同时，罗斯治理协议和"金降落伞计划"的曝光，激怒了RJR纳贝斯克公司的股东和员工。价值近5 000万美元的52.56万份限制性股票计划，慷慨的咨询合同，每人所得的1 500份限制性股票，使罗斯在这次收购中不管成败如何都毫发无损。罗斯这种贪婪的做法，使治理层收购失去了民众的支持。最后，KKR以每股109美元，总金额250亿美元，获得了这场争夺战的胜利。

在最后一轮竞标中希尔森的报价和KKR仅相差1美元，为每股108美元。但是使RJR纳贝斯克公司股东作出最后决定的不是收购价格的差异。KKR保证给股东25%的股份，希尔森只给股东15%的股份；KKR承诺只卖出纳贝斯克一小部分的业务，而希尔森却要卖掉所有业务。除此之外，股东们还列出了其他十几个不同点。另外，希尔森没能通过重组证实它的证券的可靠性，在员工福利的保障方面做得不到位。正因为这些原因，公司股东最终选择了KKR公司。

最终，KKR公司的收购价格是250亿美元，除了银团贷款的145亿美元外，德崇和美林还提供50亿美元的过渡性贷款，等待发行债券来偿还。KKR本身提供了20亿美元（其中15亿美元还是股本），另外提供41亿美元作优先股、18亿美元作可转债以及接收RJR所欠的48亿美元外债。这次收购的签约日是1989年2月9日，超过200名律师和银行家与会，汉诺威信托投资公司从世界各地的银行筹集了119亿美元。KKR总共提供了189亿美元，满足了收购时承诺的现金支付部分。事实上，整笔交易的费用达320亿美元，其中以垃圾债券支持杠杆收购出了名的德崇公司收费2亿多美元，美林公司1亿多美元，银团的融资费3亿多美元，而KKR本身的各项收费达10亿美元。此次收购是当时美国历史上最大的并购案，KKR公司亦名声远扬。

1989年10月，美国出现了世界性股灾，垃圾证券大王Milken等人被捕，LBO大收购狂潮陷入崩溃，KKR公司也由于出价过高而遭受损失。1989年，雷若兹的烟草市场萎缩了7%—8%，公司在偿付了33.4亿美元债务之后仍然净损失11.5亿元。后来，由于业绩持续下滑，KKR不得不又剥离了雷诺兹·纳贝斯克的剩余股权，雷诺兹烟草控股公司再次成为一家独立公司，而纳贝斯克也成为一家独立的食品生产企业，回到了各自的起点。

资料来源：美国雷诺兹-纳贝斯克（RJRNabisco）公司杠杆收购案，360个人图书馆，http://www.360doc.com/content/14/1114/08/12225453_424984116.shtml。

9.3　杠杆收购的运作方式

杠杆收购的前提是目标企业的内在价值大于所承担的债务和外部的资金支持,主要目的是获取中长期(3—5年)财务回报。杠杆收购共分为四个阶段。

(1) 第一阶段。主要包括三方面内容,即筹备方案、筹集收购资金以及设计一套管理人员的激励机制。

① 筹备方案。买方企业组织投资家、投资银行、法律顾问、财务顾问,并注册一家"虚拟壳公司"(又称"纸上公司",Paper Company),用于融资以便进行收购。在此阶段,投资银行对拟收购的企业分析评价,制订收购价格、选择融资渠道和代理银行,向投资者提出财务建议。

在评估公司价值时,必须注意五项关键问题:

a. LBO效果评估。可以通过对比模型(参见图9-5)进行分析,其中公式(9.1)表示杠杆收购,公式(9.2)表示换股收购:

$$EPS_1 = \frac{(EBIT - I_1)(1-T)}{N_1} \tag{9.1}$$

$$EPS_2 = \frac{(EBIT - I_2)(1-T)}{N_2} \tag{9.2}$$

式中:EPS_1 为杠杆收购的每股盈余;EPS_2 为换股收购的每股盈余;N_1 为杠杆收购后的普通股数量;N_2 为换股收购后的普通股数量;I_1 为杠杆收购后的企业债务利息;I_2 为换股收购后的企业债务利息;$EBIT$ 为息税前盈余;T 为所得税税率。

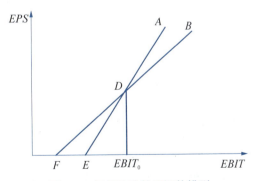

图9-5　杠杆收购效果评估模型

图中 AE 线和 BF 线在 D 处,两条直线相交,说明当息税前盈余是 $EBIT_0$ 时,采用杠杆收购或换股收购,其效果都是一样的,所以 D 点被称为无差别点。在 D 点左方,$EBIT < EBIT_0$,此时,换股收购比杠杆收购能够提供更大的 EPS;在 D 点右方,$EBIT > EBIT_0$,此时,杠杆收购比换股提供更大的 EPS,从而使收购公司股东收益更多。

从以上分析得出结论：如果进行收购后，预期息税盈余大于无差别点处的息税前盈余，就应该考虑采用杠杆收购方式。

b. LBO 估价。回顾之前的章节，我们在决定收购一家公司的价格时，通常采用自由现金流折现法（DCF）来进行计算。然而，将这种方法应用在杠杆收购中非常困难，原因在于进行杠杆收购后，收入的大部分会被用于偿还债务，这就导致产权比率每年都会发生变化，进而导致平均资本成本（WACC）每年都不同。如果要使用 DCF 方法，就不得不每年重新计算 WACC。因此，针对杠杆收购，通用的方法是资本现金流法（capital cash flow，CCF）。运用这种方法计算公司收购价格，和每年重新计算 WACC 并运用 DCF 方法计算出来的公司收购价格是一致的。

CCF 方法在自由现金流的基础上加入了利息的税收抵免，并将预期资产回报率 k 作为折现系数，对现金流的合计数进行折现。这里的预期资产回报率就是根据资本资产定价模型（CAPM）获得的。CCF 方法计算示例参见表 9-2。

表 9-2 CCF 方法计算示例

	第 0 年	第 1 年	第 2 年	第 3 年	第 4 年	第 $5=n$ 年	第 $n+1$ 年
净收入（元）	10 000	11 000	12 100	13 310	14 641	16 105	16 910
收入增长率（%）		10	10	10	10	10	5
净营业收入（元）	1 000	1 100	1 210	1 331	1 464	1 611	1 353
现金税率（%）	40	40	40	40	40	40	40
所得税（元）	400	440	484	532	586	644	541
税后净营业利润（元）	600	660	726	799	878	966	812
＋折旧（元）	500	550	605	666	732	805	592
－流动资本的变动（元）	100	110	121	133	146	161	85
－资本支出（元）	200	220	242	266	293	322	169
－其他资产的净变动（元）	100	110	121	133	146	161	169
自由现金流量（元）	700	770	847	932	1 025	1 127	981
利息费用（元）		800	760	600	400	300	200
利息的税收抵免（元）		320	304	240	160	120	80
资本现金流（CCF）（元）		1 090	1 151	1 172	1 185	1 247	1 061
预期资产回报率（%）		10.70	10.70	10.70	10.70	10.70	10.70
折现系数		0.903 34	0.816 03	0.737 15	0.665 90	0.601 54	
现值（元）		985	939	864	789	750	

因此，要获得预期资产回报率 k，就必须估计无风险利率、风险溢价和企业的贝塔值。在我们的例子当中，无风险利率是 6.5%，风险溢价是 7%，而企业的贝塔值为 1.2，因此利用资本资产定价模型，就可以得到预期资产回报率 k 为 14.9%。

在此基础上，我们可以建立起 CCF 的估值模型。假定成长期为 5 年，在此期间公司的收入增长率为 10%，从第 6 年开始进入稳定期，收入增长率降低到 5%。从而，我们可以将每年的自由现金流计算出来。但是，按照 CCF 的算法，我们需要将利息的税收抵免与自由现金流加总，得到资本现金流，并利用预期资产回报率进行折现，最终获得每一期的现值。

在此基础上，与 DCF 方法类似，我们就可以根据每年的资本现金流现值计算出每股价格（见表 9-3）。

表 9-3 每股价格计算　　　　　　　　　　　　　　　　　　　单位：元

现金流的现值	4 327
价值终值的现值	11 195
经营价值	15 522
＋可交易的证券	—
总价值	15 522
－债务的初始账面价值	4 000
权益的价值	11 522
发行在外的股份	100
每股价格	115.22

利用 CCF 计算杠杆收购公司的价格，方便且简洁，最终得出的结果也与变动的 WACC 方法和 APV 方法一致。

② 决定正净现值的来源。在竞争的市场环境下，投资者所获得的回报应趋于必要报酬率并使得 NPV 为 0。因此一个具有正 NPV 的投资项目产生时，决定其来源是有必要的。将债务税盾进行简单估值是一个有用的出发点，但在杠杆收购中其来源也可能是资产重新配置及营运效率的改进。从假设的敏感度分析、情境分析和 NPV 为 0 的必要假设的估计，能为我们带来正的 NPV 的关键条件。

③ 确定公司能否偿还债务。这一问题对所有债权人来说格外重要，我们首先须详细检查以下三个方面。

a. 资产覆盖检验：判断抵押品价值是否足够清偿债务，负债期间每年重复执行。

b. 利息覆盖检验：EBIT/利息支出。

c. 契约覆盖检验：约定借款人需保持资产价值、及时归还利息和本金、努力经营企业以使一些财务比率保持在可接受的水平。

这些检验可通过蒙特卡罗模拟来估计违约概率。

(2) 第二阶段。收购者收购目标企业的股权或资产，将目标企业转为非上市企业，这是一个下市的过程。完成私有化后,收购者通常会拍卖部分资产或部门以减少负债,这有助于降低运营与财务风险。当买方企业取得目标企业的控制权后,一般需安排"再融资",投资银行安排目标公司发行垃圾债券偿还贷款,这些债券约占30%—40%。

(3) 第三阶段。企业管理层重新计划安排执行企业的经营战略,例如重组生产流程、增强应收账款管理、改善产品质量、改善销售能力以及进行人事调整等,尽最大可能降低成本,增加企业的利润和现金流量。对于一个负债率极高的企业来说,能否迅速产生足够的现金流量以偿还企业债务,与企业存亡攸关,不能有一丝一毫的马虎。

(4) 第四阶段。LBO企业被其他企业收购或在时机成熟时寻求重新上市(second publish offer),实现所谓的"逆向杠杆收购"(reverse LBO)。这样做的目的有:一是为现有股东提供流动性增加财富;二是降低企业的杠杆比例;三是有部分企业希望由此筹款用于资本支出。

一项针对美国1976—1987年的逆向杠杆收购的研究发现,杠杆收购与重新上市之间的时间间隔平均只有29个月,而参与杠杆收购的股权投资者的权益价值在这段不长的时间里增加了几乎20倍!这一高收益的刺激导致了20世纪80年代末期LBO风潮的盛行,并最终导致了市场泡沫,引发了股市崩盘。

9.4 资金来源

9.4.1 担保负债

担保负债融资分两个子类:优先级债务和中期债务。

(1) 优先级债务。优先级债务是以公司特定资产的留置权作为担保的负债。抵押品能够在产生风险时给债权人提供保障,抵押品可以包括土地、厂房、机器设备、应收账款和存货等物质资产。债权人会根据借款期间的平均水平来估计公司的应收账款数额。通常把债务到期时公司应收账款的账面数额作为估计值,采用历史成本估计资产价值。

通常,债权人预先支付的资金占到应收账款价值的85%和存货价值的50%,不包括在制产品,这个比例会根据市场状况作出调整。应收账款通常在短期内就可以收回,比如30天,其价值比那些周转期更长的资产要高。债权人必须对应收账款和销售的存货进行价值评估。确定杠杆收购对象的资产抵押价值的过程称为资产资格评价(qualifying the assets)。不具有抵押价值的资产,如不可收回的应收账款,称作无资格的资产(unqualified assets)。

(2) 中期债务。中期债务的级别要比优先级债务低一些。通常以固定资产做抵押,比如土地、厂房和设备,一般根据这些资产的清算价值确定它们的抵押价值。典型的以机器设备做抵押的债务期限为6个月或1年,以房地产做抵押的债务期限为1—2年。

借款金额与资产评估价值之间的关系会根据收购情况的不同而变化。一般来说,早期借款金额可以相当于设备评估价值的80%和房地产评估价值的50%。当然,随着20世纪90年代中国房地产市场的升温,债权人接受房地产作为抵押的比例有所提高,甚至远远高于其账面价值。抵押比例根据房地产所处的地理位置和市场状况的不同而变化。

设备的评估价值在互联网经济浪潮冲击下则大大折损,设备和房地产等资产的抵押价值根据这些资产的拍卖价值确定,而不是根据它们的账面价值确定。当资产的拍卖价值高于账面价值时,公司的实际借款能力就高于资产负债表所反映的借款能力。

9.4.2 无担保负债

除了担保负债外,杠杆收购也通过无担保负债进行融资。无担保负债,即从属负债,是针对目标公司索取权排在第二位的负债。其中,夹层融资(mezzanine layer financing)是典型的无担保负债。通过夹层融资,债权人获得能够转化目标公司股票的权证。

9.4.3 垃圾债券

收购者取得目标公司控制权后,再以目标公司名义发行债券偿还过渡性贷款,因此合并后其负债比率将提高,且经营策略、发展方向、人事异动等不确定性增加,致该债券信用风险极高,信用评级较差,在标准普尔中属 BBB 以下、穆迪中属 Baa 以下等级,故被称为垃圾债券。因信用风险高,故以较高报酬吸引投资人,然而对规模相对较小公司欲收购规模较大公司而言,此仍为相对较佳之融资工具。

9.4.4 私募股权基金

私募股权基金(PE)是指通过非公开方式募集的,专门投资于非上市公司及公众公司股权的基金,一般私募股权基金是有限合伙制的,由普通合伙人(general partners, GP)和有限合伙人(limited partners, LP)构成。其中 LP 一般包含机构投资者,如公司、社保基金、福利基金和保险公司,也包含了一些富有的个人投资者。私募股权公司则相当于 GP,诸如 KKR、凯雷、黑石等国际一流的私募股权公司。

狭义的 PE 仅包括成长资本、并购基金和夹层资本,而这里特别指的是并购基金,也可以称之为杠杆收购基金。并购基金主要专注于对目标企业进行并购,它通过收购目标企业股权,获得对目标企业的控制权,然后对其进行一定的重组改造,最终实现增值后出售。在第六次并购浪潮中,PE 成长为并购基金的主体,并在非上市公司之间的收购活动中成为主角。

9.5 杠杆收购的影响因素

9.5.1 杠杆收购的成功因素

杠杆收购成功的因素有以下四个方面。

(1) 收购策略与目标公司选择。在制定收购策略与选择目标公司时,应首先制定切合实际的商务策略,明确收购目标;然后进行全面而周密的尽职调查,对目标企业进行合理定价,尽量避免收购价值被明显高估的企业。

(2) 构造债务条款。杠杆收购虽能产生以小博大的效果,但杠杆并非越高越好,企业应构造合适的杠杆率,形成债务约束;同时密切关注现金流的情况,保持资本结构(尤其是债务)的灵活性。必要时,需要与目标公司管理层达成一定条款的对赌协议,刺激公司高管经营好公司。

(3) 组织管理与董事会监督。由于杠杆收购的风险较大,因此董事会监督必不可少。公司应具有高效的管理结构,而非松散型的联合公司组织,以及组织与人力资源的规划管理。

(4) 收购后的整合战略。收购完成后,公司应妥善且迅速地进行企业整合,选择有利的产业发展趋势,突出主营业务;利用适当的财务及管理资源,进行可持续的价值创造。

9.5.2 杠杆收购的失败因素

杠杆收购失败的因素有以下三个方面。

(1) 战略方面。首先,当收购方与被收购方战略不一致时,容易产生发展方向的冲突;其次,融资结构设计不当或杠杆率太高,可能会拖垮企业,导致财务危机;除此之外,收购策略规划不够完善或缺乏谈判技巧,也会致使收购失败。

(2) 价格方面。价格是并购中最核心的因素之一。若目标企业出价太高,收购方很可能望而却步;或者收购方可能估价不合理,错过良好的收购机会。

(3) 整合方面。完善的并购后整合也是并购成功的重要因素。若企业管理深度不够,尤其是没有很好的留住优秀人才,企业资源将大幅流失;收购方与被收购方的不同企业文化也会阻碍并购后的整合;另外整体经济环境的改变,也会影响预期的协同效应的发挥。

附录 9-1

补充阅读材料——中国第一起杠杆融资: PAG 杠杆收购好孩子集团[①]

2006 年 2 月,总部设在东京的境外私人直接投资基金 Pacific Alliance Group(太平洋同盟团体,PAG)以 1.225 亿美元取得昆山好孩子集团 68%股权,该事件是中国首例杠杆收购。

1. 交易参与者

好孩子(GOODBABY)是中国最大的专业从事儿童用品设计、制造和销售的企业集团,位于中国江苏昆山经济开发区,占地 66 万平方米,具有年生产 300 万辆各类童车的能力,产品远销美国、俄罗斯、南美、中东等 30 多个国家和地区。集团十多家专业生产企业全部与世界一流制造公司进行了合资、合作,其装备、技术、生产管理和质量控制体系均进入了国际先进行列。企业以"关怀儿童、服务家庭"为宗旨,每年投资过百万美元,用于开发研制新产品,至今已拥有中国专利 280 项,国际专利 13 项。好孩子在国内拥有 25 家销售中心、4 000 家销售点组成的销售网络,成为中国儿童用品市场最畅销的产品。2004 年,好孩子获得中国儿童用品行业唯一的"中国名牌产品"荣誉称号。2006 年,好孩子童

[①] 根据 CNKI 资料整理而得,http://xuewen.cnki.net/cjfd-zbsa200809020.html。

车的市场占有率达到了70%以上,"好孩子"牌商标被评为江苏省著名商标。

PAG总部虽设于东京,但同时也具有欧洲背景。有资料显示,PAG旗下管理着大约4亿美元基金,投资好孩子集团是其在中国的第五宗交易。在2006年间,其在中国累计投资约2亿美元,其中包括收购好孩子集团。PAG还曾整体收购哈尔滨电表仪器有限公司。在这起收购好孩子集团的案例中,PAG表现得相当低调,但谈判速度却相当快,从2005年10月开始接触,仅跟好孩子集团短暂谈判两个月就达成协议,2006年1月底就完成了支付对价与股权交割的全部动作,整个收购行动前后耗时不到4个月。与国际知名的老牌投资公司相比,PAG反应速度很快。不像一些知名的基金,受到的监管较多,在法律等方面的细节也考虑很多,决策比较犹豫。

2. 并购动因

好孩子所在的消费品行业基本不存在产业周期,因此能够创造稳定的现金流。因为只有消费品行业企业才具有持续的业绩增长能力,而持续的业绩增长能力是可以给予市场溢价的,这正是PAG投资信心的来源。我们试着将此并购案的动因归类。

(1) 公司成长性好。在过去5年内,好孩子的年增长率达到20%—30%。2005年,好孩子集团的销售额达到25亿元,纯利润1亿多元,净利润率约5%,位居世界同行业前几名。且好孩子有良好的组织管理结构、长期负债不多、市占率高、流动资金较充足稳定、企业实际价值超过账面价值,这确保了基金能顺利获得和适时偿还并购所需的高额债务融资,保证有效进行并购后的整顿改革。

(2) 产品有国际市场,利于境外上市。美国市场上销售的儿童推车和学步车有大约三分之一是由好孩子生产的,而该公司在中国儿童用品市场也拥有类似的份额。根据第一上海2006年的中期业绩报告,虽然原材料成本上涨已使好孩子的利润空间降低,但是在过去5年内,好孩子的年增长率为20%—30%,其管理层也是中国最好的管理团队之一。这些都是"好孩子"引起国际资本高度觊觎的原因。

好孩子集团国际业务与国内业务的比例为7∶3。作为国内最知名的童车及儿童用品生产企业,好孩子集团已经成功占领了消费市场。其产品进入全球4亿家庭,在中国也占领着童车市场70%以上的份额。好孩子的销售额有将近80%来自境外市场,部分产品在境外市场占有率近50%。

(3) 展示PAG战略形象。PAG获得了一箭双雕的效果:一方面,他得到了中国最大的婴儿用品制造商;另一方面,成功完成中国首宗杠杆收购(LBO)交易也让它名声大噪。实际上,先前PAG也在中国敲定了类似的交易,但是收购好孩子才是其在中国大陆第一宗遵循传统的杠杆收购方式(收购方以目标公司的资产为抵押,以负债形式筹措收购所需的大部分资金)完成的交易。这为PAG后续并购战略的顺利实施打下了基础。

3. 交易内容和要点

这是一起典型的杠杆收购:由PAG以好孩子集团的资产作为抵押,向外资银行筹借收购所需部分资金,实现"蛇吞象"的一幕。

(1) 并购前股权结构。在收购前好孩子公司主要由Geoby控制,而Geoby的股东主要有4家,分别是香港上市公司第一上海(0227,HK)持有Geoby 49.5%的股权,其他股东包括软银中国(SB)持股 7.9%、美国国际集团(AIG)旗下的中国零售基金(CRF)持股 13.2%,以及由宋郑还等人组建的 PUD 公司(BVI 注册的投资控股公司)持股 29.4%。

在收购谈判阶段,由于收购中新旧投资者以及好孩子管理层等三方利益盘根错节(实际在此次收购中,好孩子管理层既是买家,又是卖家,因此与新旧投资者的利益不一致),谈判所涉及的关系非常复杂。但从谈判的结果来看,2005 年 10 月 PAG 接触好孩子,12 月 13 日就签署了股权转让协议,从开始谈判到最后达成协议所耗费的时间差不多为两个月,效率极高。根据协议,第一上海投资有限公司会同其他几家机构投资人将其在好孩子集团中持有的全部股权转让给由 PAG 控制的持股公司。

(2) 交易方式。PAG 以每股 4.49 美元的收购价格向好孩子集团原有股东购入所有股份,此次收购共花费 1.225 亿美元,相当于 2004 年好孩子集团 14.4 倍的市盈率,从第一上海、软银和美国国际集团手中接手了好孩子集团 67.4% 的股权,成为好孩子集团的控股股东。与此同时,第一上海、软银等以每股 2.66 美元的价格向好孩子管理层售出 82.78 万股,持股比例增至 32.6%(实际上增持了 3%)。PUD 以比 PAG 便宜约 40% 的价格购得好孩子股份,主要归功于易凯资本有限公司。该公司是好孩子集团的财务顾问,全程参与了此次收购。其间,易凯主要做了两件事:协助好孩子管理层做好财务预测和为管理层股东争取更多的利益。

在收购过程中获益的还有第一上海、美国国际和软银。其中,第一上海此次卖出的价格接近收购时的五倍[1994 年,处于急速扩张时期的好孩子吸收了第一上海的子公司中国置业(0170 HK)450 万美元的投资,中国置业获得好孩子 33% 的股权,1996 年,好孩子管理层为融资再次卖出其 33% 的股权,第一上海以 670 万美元买入,同时以 1 000 万美元的价格受让了其子公司中国置业手中的股权,持股比例达到 66%],现金入账 4.49 亿港元,整个项目收益 8 170 万港元。而美国国际和软银的卖出价格接近注入资金时的两倍[1999 年,好孩子获得注资,分别来自日本软银和美国国际集团(AIG)各 1 000 万美元]。

(3) 并购后股权组成。通过此次资本运作,第一上海、软银和美国国际集团获利退出,好孩子集团的股东减少到两个,分别是 PAG 持有 67.4% 股权以及 PUD(好孩子集团管理层)所持有 32.6% 股权。PAG 进入好孩子后,对好孩子的法人治理结构进行了改造。好孩子集团的董事会从原来的 9 人缩为 5 人:PAG 方面 3 人,好孩子管理层 2 人。董事长还是由好孩子的创始人宋郑还担任,PAG 没有更换好孩子的 CFO,也没有派出参与管理层的执行董事。

获得好孩子控股权之后,PAG 通过对其经营及包装上市,获得投资回报和退出通道。

4. 资金来源

PAG 对好孩子的收购资金的运作进行了精心的设计,通过资产证券化及间接融资等手段,设计了一个颇为漂亮的杠杆,以好孩子的资产为抵押,从其他金融机构筹集、借贷足够的资金进行收购活动,同时向 PAG 的股东发行债券,实现了"蛇吞象"的一幕,其收购的资金来源如图 9-6 所示。好孩子管理层组成的集团筹资收购价 10% 的资金;以好孩子公司的资产为抵押,向银行借入过渡性贷款(约整个收购价 50% 的资金);向 PAG 的股东们推销约收购价 40% 的债券。PAG 借助外资银行贷款完成了此次 LBO。

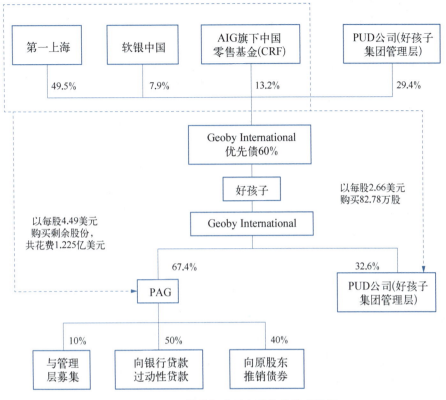

图 9-6　PAG 收购好孩子交易结构简略图示

PAG 交易所需资金主要来自台北富邦商业银行的贷款,贷款金额 5 500 万美元。中国国家外汇管理局(SAFE)2006 年作出政策变动,取消了令国内企业家很难在离岸控股公司持有股份的一些规定,使这笔交易进行起来变得更加容易一些。因为对"好孩子"的收购正是通过一家离岸公司进行的,同时因"好孩子"已经被私人投资者第一上海及软银中国所拥有,这一事实也促进了交易的顺利达成。

本 章 小 结

杠杆收购是现代社会主要的收购模式,主要包括一般杠杆收购(LBO)、管理层收购(MBO)和员工持股计划(ESOP),分别对应不同资金来源方式。杠杆收购起源于 20 世纪初,在 20 世纪 80 年代进入飞速发展阶段,往往具有高杠杆、高收益、高风险的特征。

在实务中,杠杆收购的运作方式可分为四大阶段,第一阶段是筹备阶段,包括筹备方案、筹集收购资金以及设计一套管理人员的激励体系;第二、三阶段是并购后对公司进行运营、战略等方面的整合;最后,整合后的公司经过一段时间的运营,重新上市或被收购,实现所谓的"逆向杠杆收购",以实现资本退出。

杠杆收购的资金有多种来源,包括担保负债,如优先级债务、中期债务等,还有无担保负债，如常见的垃圾债券、私募股权基金等。杠杆收购能否成功，除了能否及时找到资金之外，还与多种因素有关，例如收购策略与目标公司选择、组织管理与董事会监督、收购后的整合等。

最后，本章详细分析了中国第一起杠杆融资——PAG 杠杆收购好孩子集团，从参与者、并购动因、交易内容和资本结构等进行了论述，希望通过详细的案例分析，对杠杆收购有更深刻的理解。

重要概念

杠杆收购　管理层收购　优先级债务　无担保负债　垃圾债券

课后习题

1. 名词解释：杠杆收购、管理层收购、垃圾债券。
2. 简述杠杆收购的四个阶段。你认为哪个阶段最重要，并阐述理由。
3. 试计算案例"PAG 杠杆收购好孩子集团"中的综合杠杆倍数，你认为这个杠杆率对一般公司而言可否接受或者说普遍推行。

第十章

员工持股计划

本章导读
- 员工持股计划的定义、主要类型以及发展历史；
- 员工持股计划在收购、接管防御和资产剥离等情景下的运用；
- 员工持股计划的主要优缺点和绩效评价。

从仅仅 6 个人走到今天有 10 万多名全球员工、年营业收入达 4 000 亿元的跨国巨头，华为的发展在中国民营企业的历史上留下了浓墨重彩的一笔，其发展经验也成为企业家争相研究的课题。曾在华为工作过七年的张利华在《华为研发》中谈到，"华为的成功归根到底是因为华为能吸引、凝聚、用好人才"，而任正非用好人才的关键便是员工持股计划。根据华为公司 2016 年年报披露，华为投资控股有限公司有两个股东：一个是任正非，占比 1.01%；另一个是华为投资控股有限公司工会委员会，占比 98.99%。

然而，华为的员工持股计划也是摸着石头过河，一步一步走过来的。从 1990 年的探索阶段，到 1997 年的规范阶段，再到 2001 年的重新设计，华为的员工持股制度凝聚了任正非大量的心血，也取得了卓越的成效。在本章中，我们将详述员工持股计划的相关内容。

10.1 员工持股计划概述

10.1.1 基本概念

员工持股计划（employee stock ownership plans，ESOP）最初是公司对其雇员的一种优惠计划，最早由美国经济学家路易·凯尔索（Louis. O. Kelso, 1956）提出，并在美国得到快速发展，取得了许多成功经验。员工持股计划目前尚无权威且统一的定义。Davis Pierce(1983)在其主编的《现代经济学词典》中将员工持股计划定义为允许员工分享所有权，员工可以借助福利或退休金制度，用基金贷款来购买新发行的普通股，公司每年向基金提供附加股票，同时也提供足以偿还贷款利息和分期偿还额的现金支付的一种计划。国内学者王文兵和于胜道(2012)将员工持股计划定义为本企业职工通过贷款、现金支付等方式来获取企业的股票,并委托给某一法人机构托管运作,法人机构全权代表企业职工参与企业的经营决策和监管,并按所持股份份额分享企业利润,从而使员工以劳动者和所有者的双重身份参与企业生产经营活动的一种产权制度或激励约束机制[①]。

员工持股计划最初作为对雇员的一种激励措施,通过让职工真正成为企业的主人或者所有者,来更好地协调劳资关系,提高员工积极性和劳动生产率,促进企业持续稳定发展。20 世纪 80 年代以后,员工持股计划又在 LBO 中发挥作用,作为收购公司的融资工具或者应用于目标公司的反收购策略。

10.1.2 主要类型

员工持股的种类多样、内容繁杂,这里我们按照持股的目的将员工持股分为福利型员工持股、风险型员工持股以及集资型员工持股三类。

(1)福利型员工持股。美国实施的 ESOP 就属于福利型,员工用预期劳动而非过去的劳动获取股票,从而将员工的贡献与拥有的股份相挂钩,激励雇员。智利、阿根廷等发展中国家实行的 ESOP,把雇员持股与社会养老计划结合起来,是另一种类型的福利型持股。其他国家有些企业向员工特别是高级技术及管理人才提供低价的股票、期权,与员工进行利润分享,这也是福利型的体现。在工会力量强大的国家,福利型员工持股计划目的的主要是为企业员工谋取福利,激发雇员的劳动积极性,缓解劳资矛盾,吸引和保留人才,从而增强企业的凝聚力。

(2)风险型员工持股。日本的 ESOP 要求员工每月和年终奖工资的一定比例提取出来,交由员工持股委员会集中管理来购买公司股票,计入员工的个人账户。它不是在政府的支持下进行的。此种类型的员工持股使员工承担了较大的风险,被称为风险型的员工持股。在风险型的员工持股下,一般上市公司员工持有的股份 95% 是自己出资购买的,企业给予 5% 的补偿,员工承担的风险较大,它的主要目的是提高企业的效率,特别是资本效率,具体例子参见案例 10-1。

案例 10-1

宝洁公司在华员工持股计划

从 2008 年 4 月开始,宝洁公司在华正式员工可以选择基本工资的 1%—5% 用于投资购买公司的股票,该部分资金在每月的工资中自动扣除,宝洁公司的此项员工持股计划就类似风险型的员工持股。

资料来源:宝洁公司组织简要分析,https://max.book118.com/html/2015/0520/17345019.shtm。

(3)集资型员工持股。杠杆型员工持股模式属于集资型。这种模式由企业担保,以设立的雇员持股计划信托基金会的名义,向银行贷款,由信托基金会事先确定的比例,逐步转入雇员账户。具体例子见翰宇药业启用员工持股计划集资案(参见案例 10-2),集资

[①] 王文兵,干胜道.我国员工持股计划值得期待吗——兼评《上市公司员工持股计划管理暂行规定(征求意见稿)》[J].财会学习,2012,10:19.

型员工持股目的是通过信贷杠杆来筹集企业在生产经营、技术开发、项目投资中所需要的资金①。

案例 10-2

翰宇药业启用员工持股计划进行集资

翰宇药业 2014 年 10 月 17 日晚间发布公告称,公司将启动员工持股计划,拟筹集资金总额上限为 2 000 万元。

据披露,本员工持股计划的持有人包括公司董事、监事、高级管理人员和其他员工,合计不超过 140 人,占公司截至 2014 年 9 月 30 日在册员工总人数 405 人的 34.57%。其中,参加本员工持股计划的包括袁建成、蔡磊、杨春海、马亚平、全衡等在内的董事、监事和高级管理人员共计 6 人,认购总份额为 165 万份,占员工持股计划总份额的比例为 8.25%;其他员工预计不超过 134 人,认购总份额预计不超过 1 835 万份,占员工持股计划总份额的比例预计为 91.75%。

资料来源:翰宇药业启动员工持股计划募集资金约 2 000 万元,凤凰财经,http://finance.ifeng.com/a/20141017/13196001_0.shtml。

10.1.3 运作模式

(1) 美国员工持股计划的建立步骤。主要包括如下六个步骤。

第一步,确定公司的所有者是否准备转让股权以及公司是否准备发行新股。这一步涉及企业选择实施员工持股计划的目的。

第二步,目标确定后,进行可行性分析。这种可行性分析可由外部顾问,也可由企业自己进行,通过分析来决定企业是否适合实施员工持股计划。进行可行性分析需要考虑几个因素:改制的成本、员工工资总额、公司能否负担向计划转移的收益以及管理者是否认同使员工也成为公司老板的思路。

第三步,进行价值评估。对于上市公司来说,企业的价值是通过资本市场得到确定的。而对于封闭性的非上市公司,在建立员工持股计划前,要由有资格的、独立的评估机构对公司的价值和将出售给员工持股计划的股票进行一次初步评估。当转让完成时,还需进行最后的价值确定。

第四步,进行方案设计和起草。由拥有员工持股计划专家的法律公司负责设计和起草相关的文件,并提交给内部收入服务局(IRS)。

第五步,为员工持股计划提供资助。非杠杆型员工持股计划的资金来源于公司捐赠,杠杆型的计划来自贷款,或是由现有的收益计划(如利润分享计划)转换而来。在一些特殊情况下,员工持股计划的资金来源于员工在工资或其他利益方面的让利。

第六步,选择信托机构负责管理计划②。

---

① 上海国家会计学院.企业并购与重组[M].北京:经济科学出版社,2011:276.
② 李素君,张曙光.企业员工持股计划及其应用[J].现代管理科学,2005,5:39.

(2) 中国杠杆化员工持股计划的典型运作程序。主要包括如下六个步骤。

第一步，成立、设置或委托一个员工股份信托人，即有一个可以对员工股份购买及管理运作负责的员工股份信托基金会。

第二步，由员工持股计划(通过信托人或基金会)向银行或其他贷款人贷款筹资，公司为该笔贷款提供担保。

第三步，员工持股计划通过信托人或基金会购买公司股票。

第四步，股份由信托人或基金会控制，公司保证持股计划贷款的偿还。

第五步，公司向员工持股计划交纳数量足以偿还银行贷款的本金和利息。

第六步，员工持股信托基金会将上述款项偿还给银行。

具体流程如图 10-1 所示。

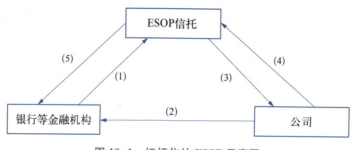

图 10-1 杠杆化的 ESOP 示意图

其中：① 金融机构向 ESOP 信托贷出资金；② 公司为该笔贷款提供担保；③ ESOP 信托向发行企业购买股票；④ 公司向 ESOP 投入资金；⑤ 是 ESOP 使用现金偿还贷款本息。

10.1.4 历史发展

员工持股计划源于美国，发展于美国，完善于美国。早在 20 世纪 50 年代美国就开始试行"内部员工持股计划"，60 年代成立"员工持股计划发展中心"，70 年代美国国会及政府制定并颁布了 ESOP 的专门法律。20 世纪 80 年代，人们开始发现员工持股计划能带来税收收益，并可用于反收购策略，员工持股计划开始大量盛行，数量增长显著。2000 年达到顶峰，此后一直保持在较高的水平上。根据美国国家雇员持股中心的统计数据表明，到 2009 年末以持有本公司股票为基础的雇员持股计划、股票分红计划和利润分享计划的 ESOP 项目总数已经超过 13 500 个，参与人数超过 1 200 万，涉及的资产总金额超过 6 200 亿美元。

美国员工持股计划的成功经验在世界范围得到认同，英、德、日、法等国家纷纷效仿，并逐渐成为国际潮流。日本在 1968 年，就已有 20% 的公司实行了职工持股计划，约有 6% 的职工参加。近年来员工持股计划更是有了长足发展，2005 年全日本 3 012 家上市公司中有 2005 家采用了职工持股计划，占上市公司的 72.2%，职工参加比例达 46.9%。截至现在，日本的绝大多数上市公司都实行员工持股制度。在英国，据统计，自 1978 年政府通过立法用税收减免的方式对职工持股予以支持开始，至今大约有 5 000 家公司实行了职工持股计划,约有 350 万职工参加。英国 90% 以上的非国有公司都有职工持股。而在新兴经济体,如欧洲的波兰、匈牙利、俄罗斯等国以及如非洲的埃及和亚洲的新加坡、韩国等,都在政府的倡导和扶持下推行员工持股计划[①]。

10.1.5 中国员工持股计划的发展历程

从中国经济体制改革的实际过程看,员工持股在非国有经济中主要是伴随股份合作制企业的发展而产生的,在国有经济中则是从对计划经济体制下国有企业的改造开始的。20世纪80年代初员工持股计划开始在小型国有企业试行,采取全员持股的股份合作制形式,带有自发和试点性质。但员工持股计划一经出现,受到中小国有企业广泛关注与重视,成为许多中小企业改制的首选形式。到 20 世纪 90 年代,随着股份合作制的兴起,员工持股逐渐在许多非国有企业试行,产生了显著的经济绩效,这又反过来促进和激励了国有企业的员工持股实践[②]。

为了规范和肯定员工持股计划,1992 年,国家体改委颁布的《股份有限公司规范意见》中,正式明确改制企业可以向内部职工募集股份。1993 年,鉴于员工持股试点中出现的许多不规范的做法和产生的不良影响,政府暂时冻结了企业内部职工股票,同时采取适当措施进行规范。随后有关部门和地方都通过类似法规的形式,制定了员工持股暂行办法,使得员工持股计划在中国得到快速发展。2006 年 1 月,证券会、财政部、国资委等部门颁布《上市公司股权激励管理办法(试行)》和《国有控股上市公司(境外)实施股权激励试行办法》,进一步肯定、支持和鼓励员工持股计划。

2014 年 7 月 11 日,中国证券监督管理委员会正式发布《关于上市公司实施员工持股计划试点的指导意见》,表明员工持股计划将在中国上市公司全面推行。作为提升中国上市公司生产效率和综合实力的一项重要制度设计,《指导意见》对上市公司员工持股计划的内容、实施程序、管理模式、信息披露等予以规定,要点如表 10-1 所示。

表 10-1 《上市公司员工持股计划管理暂行办法》内容要点一览表[③]

项 目	内 容
适用对象	上市公司全体员工,包含经营管理层
管理机构	信托公司、保险资产管理公司、证券公司、基金管理公司、其他符合条件的资产管理公司
资金来源	最近 12 个月公司应付员工工资、奖金等现金报酬,且数额不得高于其现金薪酬总额的 30%。员工参与持股计划的资金总额不得高于其家庭金融资产的 1/3
持有时间限制	每次实施员工持股计划,其所购股票的持股期限不得低于 36 个月,自上市公司公告本次股票购买完成日起算

---

① 贯君.论员工持股计划在我国的应用[J].商业经济,2011,15:92.
② 魏世振,陈传明.员工持股计划的困惑与思考[J].现代管理科学,2005,7:8.
③ 王文兵,干胜道,段华友等.员工持股计划:值得期待的一种尝试——兼评《上市公司员工持股计划管理暂行办法(征求意见稿)》[J].现代经济探讨,2012,11:65.

续表

项目	内 容
股票来源	① 上市公司回购本公司股票；② 二级市场购买；③ 认购非公开发行股票；④ 股东自愿赠予；⑤ 法律、行政法规允许的其他方式
额度限制	上市公司全部有效的 ESOP 所持有股票总数累计不得超过股本总额的 10%。单个员工所获股份权益对应的股票总数累计不得超过公司股本总额的 1%。股票总数单独计算,不包括员工在公司首发上市前所获得的股份、通过二级市场自行购买的股份及通过股权激励获得的股份

员工持股计划不论在目的、资金来源,还是管理、运行等许多方面与国外员工持股计划具有明显不同,致使员工持股计划制度具有明显的中国特色。中美员工持股计划的差别,如表 10-2 所示。

表 10-2 中美员工持股计划差异

项目	美 国 企 业	中 国 企 业
资金来源	员工并不出资,公司先建立员工持股基金,由公司担保,基金向金融机构申请贷款,形成员工持股;或者公司直接出让股本总额的 20%—30% 给公司员工持股基金会,由红利逐年偿还	由国家、企业、员工三者共同出资,即国家从所取得利润中划出部分、企业从自由资金支付部分以及员工自己支付部分
员工股份分配	基本上涵盖公司全部职工,参与条件包括年龄、工龄和其他条件。员工采取自愿原则	涵盖全体员工,存在平均摊派与持股上岗等现象,平均化与强制性为基本特点
员工持股管理	利用信贷杠杆来实现。涉及员工持股计划基金会、公司、公司股东和贷款银行。其主要形式是"员工持股信托基金"	没有统一规定：员工直接持有,中介间接持有或企业内部持有
股票流动性与开放性	职工所持股票可以自由转让和交易,但在公司经营良好的情况下,职工更愿意长期持有公司股票	为防止职工将所持股票抛售套利或进行转让,对职工所持股票的流动性和开放性有相应的限制
外部环境	明确的法律规范和税收优惠	缺乏明确有效的法律规范

据统计,截至 2016 年 9 月 30 日,深沪两市实行员工持股计划的 A 股上市公司共有 1 841 家,占全部 2 467 家 A 股上市公司的 74.63%。相关拓展内容参见案例 10-3、案例 10-4。

案例 10-3

春兰集团的股份制改制与员工持股计划

江苏春兰集团创立于 20 世纪 50 年代,在兼并其他国有企业的过程中逐步积累壮大,企业的性质因此被界定为国有集体联营。从 2000 年 8 月 20 日—10 月 26 日,春兰员工的持股计划基本实施完成。拥有 60 亿元净资产的春兰公司拿出其中的 15 亿元,量化配股卖给员工。员工掌握了集团净资产的 25%,并额外享有 25% 的分红权。根据方案,春兰员工用现金 1∶1 配股,每股 1 元,买一送一。配送股比例按职务高低分等,其中高级经营人员、高级管理人员、高级科技人员、中高级营销人员等四类人,购买股权分别为 160 万股、80 万股、50 万股(后两类)。其余职工按工作年限,分别为 10 万股和 8 万股。经营层与员工持股比例约为 1∶4。个人未来职务若有变化,持股比例也将随之变化。资金筹措方面有困难的员工,到工商银行或建设银行办理了质押贷款,贷款最大限额为购股款的 90%。

春兰的员工持股计划是在不触动国有资产的前提下,将部分原本产权不清晰的集体资产量化到个人,这一方面是企业进行产权改革,明晰企业产权的重大步骤,同时也是企业进行员工激励,为企业发展注入强大后劲的人力资源管理改革的重大举措。

资料来源:人民网,2001 年第 2 期,http://www.people.com.cn/。

案例 10-4

剑南春公司的员工持股纠纷

2003 年,剑南春公司由国企改制成为一家经营层、员工持股的民营企业。职工股份由工会代持,公司向员工出具职工信托持股出资证明作为凭证。2012 年 8 月 19 日,企业发布《信托计划修正案》,《修正案》规定将出资证明更换为信托证明,员工擅自对外转让其在企业的权益一律无效,员工离职或退休,由公司购回股票。如果员工不签署承诺,就无法工作。员工们认为公司否认了自己的股东地位,矛盾由此产生。

资料来源:李文文,耿喜华,杨荣本等.浅析员工持股的"利与弊"[J].商业会计,2013:82。

10.2 员工持股计划在公司财务领域的应用

在发展过程中,员工持股计划创新性地运用于一些公司财务领域,如收购、反收购、资产剥离、融资等,下面将进行具体介绍。

10.2.1 收购

员工持股计划已经被广泛地运用于公司收购。根据布鲁纳(Bruner)的报告,59% 的杠杆化员工持股计划被用于收购私有公司的股份。

与没有采用员工持股计划的杠杆收购相比,采用杠杆化员工持股计划进行杠杆收购能降低公司的现金流压力,因为公司可以通过向员工持股计划投入股票来代替支付员工现金薪酬,从而减少现金流出。采用这种方法,公司的税前扣除额也会比常规杠杆收购中的税前扣除额更高。此外,杠杆化员工持股计划会比管理层收购能吸收更多的员工参与[1]。相关拓展内容参见案例 10-5。

---

[1] 帕特里克·A.高根.兼并、收购和公司重组[M].北京:中国人民大学出版社,2010:392.

> **案例 10-5**

四通集团的管理层收购——中国 MBO 的先声

四通集团是 1984 年 5 月由中科院 7 名职工辞职后向北京四季青乡自行借款 2 万元,并挂靠四季青乡成立的公司,是一个没有国家投资、没有上级单位的集体所有制企业。四通在创业当年便还清了最初的 2 万元借款,但由于四季青乡为挂靠单位,四通多年来需将每年纯利润的 20% 上交给四季青乡作为回报。到 1998 年,四通资产规模达到 42 亿元,净资产 15 亿元,且已在香港完成上市,但由于其历史遗留下来的产权问题,产权并不明晰[①]。

为了解决产权问题,1998 年,四通确立了"冻结存量、界定增量"的改制原则,把重点放在新增资产的界定上,以明晰的增量来稀释不明晰的存量。1998 年 10 月,四通集团职代会决定成立职工持股会。1999 年 5 月年,该公司经理和员工出资并吸收一些其他资金在原四通集团之外成立"四通投资有限公司"(简称"新四通"),注册资金 1 亿元,其中四通职工持股会出资 5 100 万元,四通集团投资 4 900 万元。

在职工持股会原定 6 000 万认购额中,公司的总裁和董事长各占 6%,各为 360 万股;14 个新老核心成员共占 43%;其余为一般职工持有,一般职工均为 3 万—5 万股。实际认购 5 100 万股中,总裁段永基和董事长沈国均各占 360 万股,各占 7% 以上,整个新老核心层的实际份额超过半数,拥有绝对控股权。

随后,新四通分批分期收购四通有关 IT 产业的资产。1999 年 7 月 19 日,香港证监会批准新四通"豁免收购"香港四通中属于四通集团所有的股份,约占 50.5%,有 4.45 亿股,每股净资产 0.88 元。这是原四通集团最集中的优良资产。

至此,四通利用员工持股计划成功实现管理层收购,完成了改制,产权不清的问题得到一定程度的解决。之后通过资产重组和业务重组的结合,集团得以甩掉历史包袱,优化了资产结构,强化了核心竞争力,获得了更大的发展空间。

四通改制案是中国改革开放以来的第一起管理层收购案,意义重大。

资料来源:四通集团管理层收购案例研究,豆丁网,http://www.docin.com/p-232469612.html.

10.2.2 资产剥离

员工持股计划还被广泛用于资产剥离(divestitures)和资产变现。布鲁纳的研究报告称,37% 的杠杆化员工持股计划被用作资产剥离的工具。

使用员工持股计划收购被剥离公司的具体流程为:首先会设立一家壳公司,这家公司创建一套员工持股计划,接着由这套员工持股计划通过借款购买新公司的股份,借款资金用于收购被剥离的业务部门,从而使业务部门的资产成为新公司的一部分。然后由新公司产生的收入向员工持股计划缴款,偿还收购时负债的本金和利息。与其他类型的员工持股计划一样,本金和利息的偿还都可以在税前扣除。收购被剥离部门所需要的资金

---

① 朱宝宪.公司并购与重组[M].北京:清华大学出版社,2006:280.

总额大于借款金额时,不足部分用权益资金补充①。

相较于将被剥离的分支机构出售给另一家公司或者清算分支机构的资产,ESOP 的方式可以减少不确定性,并且避免对分支机构或其雇员产生分裂效果。被剥离部门的雇员一般很愿意通过 ESOP 成为购买者,因为他们与分支机构有众多的利害关系(参见案例 10-6)。

案例 10-6

美国医院公司的资产剥离

美国医院公司(Hospitals Corporation of America)将其拥有的 180 家医院中的 104 家出售给一家新公司——医疗保健信托公司(Health Trust),美国医院公司的员工通过杠杆化员工持股计划持有这家新公司的股份。

资料来源:帕特里克·A.高根.兼并、收购和公司重组[M].北京:中国人民大学出版社,2010:392。

10.2.3 接管防御

一些员工持股计划可以作为反对敌意要约收购的防御措施。美国大多数公司在特拉华州注册,1987 年 12 月 27 日,一项反收购法案在该州生效。该法案规定:如果收购方购买某公司 15% 以上的股票,那么在 3 年内不允许其完成收购交易,除非收购方收购了目标公司 85% 以上的股份;或 2/3 的股东同意收购计划(出价方的股份不算在内);或公司董事会及股东决定不再受反收购法条款的保护。许多公司利用 ESOP 所持股份来防止收购方达到 85% 的收购水平(参见案例 10-7、案例 10-8)。

案例 10-7

宝丽来公司的反收购策略

宝丽来公司(Polaroid)运用 ESOP 于 1988 年击败了三叶草公司(Shamrock Holdings)的收购企图。三叶草公司已经购买了百利来 6.9% 的股份,并希望通过要约收购实现控股。宝丽来创立了一个 ESOP 购买其 14% 的普通股,使得三叶草公司不可能获得 85% 的最少要约量。三叶草公司向法院提出诉讼来回击宝丽来的接管防御,但以失败告终。

资料来源:J.弗雷德·威斯通等.接管、重组与公司治理[M].北京:北京大学出版社,2006:395。

案例 10-8

雅虎的反收购策略

2008 年著名科技博客、TechCrunch 创始人迈克尔·阿灵顿(Michael Arrington)发表博客文章称,正在寻求保持独立,以摆脱不被微软收购命运的雅虎,已向公司员工骨干

---

① [美]J.弗雷德·威斯通等.接管、重组与公司治理[M].北京:北京大学出版社,2006:394.

推出了"金手铐"股权授予方案。

报道称,此次的股权授予方案是雅虎针对所有员工出台的一项增强离职补偿计划的一部分。如果雅虎员工因公司控制权发生变化而被裁员,将可以获得更多遣散费用。微软在2月初宣布向雅虎提交收购报价之后,雅虎董事会一直在评估各种替代方案。如果微软终成功收购雅虎,新出台的增强离职补偿计划将被激活,适用于所有被裁员的员工。

资料来源:传雅虎向骨干员工推"金手铐"股权授予方案,创业网,2008-03-31,http://www.admin5.com/article/20080331/78237.shtml。

10.2.4 解救濒临破产的公司

当员工所在公司出现经营危机的时候,可以运用员工持股计划来避免破产。一方面,员工持股计划有助于使管理层和普通员工团结在一起,为公司发展努力工作,从而扭转公司可能破产的困境;另一方面,公司为避免破产,可能会用公司股票代替现金来支付员工的工资。但需要注意的是,股票支付工资只能是一种临时的挽救措施,不能作为长期的解决措施使用,否则公司破产仍难以避免。

案例 10-9

麦克劳斯钢铁公司的反破产计划

麦克劳斯钢铁公司(McLouth Steel)为了在1988年避免第二次破产,把公司股票支付给员工来代替工资支付,以此在行业不景气的时候继续维持惨淡的业务。但是员工持股计划并不能改变经济的基本面。由于公司没有增加资本性支出来更新生产设施,麦克劳斯钢铁公司旗下的工厂逐渐被淘汰。公司最终在1995年宣告破产。

资料来源:帕特里克·A.高根.兼并、收购和公司重组[M].北京:中国人民大学出版社,2010:393。

10.2.5 筹集资本

公司还可以使用员工持股计划来筹集新的资金,代替公开发行股票。布鲁纳的研究报告称有11%的员工持股计划被用于这个目的。

通过公开发行股票筹资将产生大量的发行成本,如投资银行的佣金、法律费用和其他与发行和销售相关的成本。而将股票直接出售给员工持股计划,既可避免公开发行时的成本,同时还可能相应减少对员工的薪酬和福利开支。

10.3 员工持股计划的评价

10.3.1 员工持股计划的优点

(1) 税收优惠。美国1984年通过的税收改革法案对于员工持股计划的四种参与者均提供了税收上的优惠(员工持股计划的参与者、实行员工持股计划的公司、发放贷款的银行和出售股权的股东)。具体内容为：① 向员工持股计划提供贷款的银行或其他金融机构，因发放职工持股计划贷款而获得的利息收益的 50% 可免收联邦所得税(根据最新的法律规定，1996 年以后实施的员工持股计划不再享受这条政策)；② 员工持股计划基金会分得的用于归还贷款的股份收入可减免税收；③ 参加员工持股计划的员工，在离开公司或退休时得到股份收益时，可享受税收优惠；④ 非公开公司的股东把股份卖给员工持股计划，并使员工持股计划拥有 30% 以上的股份，且将其因出售这部分股份而获得的收益用于国内再投资，政府缓征其在出售股份时的资本利得税[1]。这些税收优惠政策极大促进了美国员工持股计划的发展。

(2) 提高劳动生产率。员工持股计划的支持者认为员工持股计划能促进劳动生产率的提高。员工持股计划通过给予员工公司的所有权，使其获得了公司的主人翁地位。员工为了更好地从股利和资本利得中获益，通常会努力经营公司，提高生产效率。

但在 1987 年美国审计署的一份报告中，并未发现员工持股计划能够带来显著的盈利性和生产率的改善。但最近的一些研究与美国审计署的结论相反。例如帕克和桑(Park and Song)考察了实施员工持股计划的公司的长期业绩，发现采用了员工持股计划以后，公司业绩有显著改善[2]。

10.3.2　员工持股计划的缺陷

(1) 股权稀释效应和控制权损失。公司在利用员工持股计划借款时，若发行新的股份，则员工作为公司新的权益所有者，会分享新债务资本创造的所有收益，从而带来股权稀释效应。为了消除这种效应，公司必须在将来回购新发行的股份。如果员工持股计划是购买当前发行在外的股份而不是新发行股份，则权益不会被稀释。

此外，向员工持股计划发行新股后，非员工持股计划股东对公司的所有权和控制权会有所减弱。当员工持股计划拥有大量公司股份时，管理层想要扩大对公司的控制就变得困难。但值得注意的是，员工持股计划股份的受托人拥有投票权，一般受托人由董事会任命，因此董事会仍会控制这些投票权。在这种情况下，控制权的损失将不会太严重。

(2) 风险增大。对于参与员工持股计划的公司员工来说，若接受公司股票作为薪酬的一部分，其承担的风险有所增加。他们实际上"把更多的鸡蛋放在一个篮子里"。如果公司经营失败，员工不仅会损失常规的收入来源，还可能会损失养老金价值[3]。

10.4　经典案例评析

10.4.1　华为员工持股计划

中国民营企业超常规发展的典范——华为的一举一动都引人关注，其神秘的全员持

---

[1] 饶海琴.世界主要国家员工持股计划比较研究[J].中国管理科学，2003，11(z1)：205.
[2] 帕特里克·A.高根.兼并、收购和公司重组[M].北京：中国人民大学出版社，2010：402.
[3] 同上书：398.

股更是华为下的一只令外界好奇的蛋。2003年,两位离开华为的创业元老为了讨回自己的权益,拿起法律武器状告华为,由此,华为的股权情况露出冰山一角。

(1) 员工持股计划的积极作用。华为的内部股制度对吸引人才的作用是非常明显的。过去华为有种"1+1+1"的说法,即员工的收入中,工资、奖金、股票分红的收入比例是相当的。其中股票是当员工进入公司一年以后,依据员工的职位、季度绩效、任职资格状况等因素来派发。

员工获得的股票一般是用年度奖金来购买。如果新员工的年度奖金还不够派发的股票额,公司会贷款给员工。由于华为的股票分红比例向来维持在70%以上,员工也非常乐意利用贷款获得股票。

(2) 持股计划的实施程序。《华为基本法》第十七条、十八条关于知识资本化、价值分配的形式有所论述:"我们实行员工持股制度。一方面,普惠认同华为的模范员工,结成公司与员工的利益与命运共同体。另一方面,将不断地使最有责任心与才能的人进入公司的中坚层。""华为可分配的价值,主要为组织权力和经济利益;其分配形式是:机会、职权、工资、奖金、安全退休金、医疗保障、股权、红利,以及其他人事待遇。"

华为员工拿到股权的程序大致是这样的:每个营业年度公司按照工作的年限、级别等指标确定每个员工可以购买的股权数,由员工拿着现金到资金事业部去登记购买,一块钱买一股。公司要求员工在一份文件上签名,但文件只有一份,签完名后立即被公司收回。在员工眼里,在这张纸上签字是购买股权的一个必然程序,不签就没有股权。员工交完购股款后并不会拿到通常意义上的持股凭证,每位员工具体的股数都由公司备案存档,员工只允许从股权登记名册上抄录自己的股权数。

华为也曾发过股权凭证,分别是在1995年和1996年。据说当时的华为为了规范股权发放,给当时的员工发了"员工股金情况书",上面记载着工号、姓名、拥有股金数目等内容,盖的公章是华为资金计划部和资金部。但此后公司就再也没有发过任何持股凭证。

(3) 股权回购计划。在1997年的《员工持股规定》中,华为的持股原则是"入股自愿、股权平等、收益共享、风险共担",1999年的原则变为"入股自愿、遵守管理";关于股份回购价值计算,1997年的公式为回购价=购买价(1+X%×月),1999年的公式则变为:回购价=购买价(1+X%×月/12)。(注:1997年公式中X%指公司董事会确定的利润率,月指本年度退股时的实际持有月份;1999年公式中X指公司董事会批准的当年数值,月指本年度退股时的实际持有月份。)

刘平2001年1月离职时办理股份回购是按照2000年的基数1:1兑现,而随后在2002年3、4月份离职的员工则可以按照1:2.64的比例兑现。2001年2月,华为以65亿元的天价将华为电气卖给爱默生公司,爱默生看中的恰是华为电气的一班精英员工,双方达成协议的前提是要求保持华为电气的人马基本不动,而华为方面为了留住这班人马,承诺在4年内将华为电气的员工股按照1:4的比例逐年兑现。

(4) 股权激励计划的变更。2002年3月,华为开始改变传统的一元钱买一股的做法,实行一种叫作"虚拟持股权"的计划,这个计划实质是增值权,也是期权的一种。在员工们看来,该计划比股权制度合理了很多:根据华为的评价体系,员工可以分别获得一定额度的期权,四年期限内,以最新的每股净资产价格员工每年可兑现1/4,员工不用像以前一样再从腰包里掏钱,而是直接在行权时获取每年净资产的差价。以刘平在2002年1月办理离职手续时逐年购买的354万股为例,刘平购买时股价为1元/股,2002年,刘平逐年可选择兑现1/4股票差价,以华为2002年每股净资产2.74元计算,则刘平可以获得2.74×354×1/4＝242.49万元。(早期以1元钱/股价格购买股权的老员工实际上离职时以净资产兑现,中高层管理层除非离职否则以10年为期逐年兑现。)

但据说这个方案出来后,很多员工选择将股权按照净资产兑现后离开华为,由此,华为方面不得不面临来自资金方面的压力。既要完善股权,又要有效保持员工的积极性,在此背景下华为股权MBO方案开始酝酿。从8月中旬开始,传出华为准备实行MBO的消息：华为有意将原来的全部股权和2002年推行的"虚拟持股权"边回购、边推行由1 000名中高层管理人员联合持有公司的员工股权,资金方面由员工个人出资15%,其余的由华为出面担保、员工集体以个人名义向银行贷款解决。

(5)案例分析。从华为的股权结构和变更趋势看,华为走的是一条从员工持股到高管层持股的历程。

华为员工历年获得的高分红源于从成立之处就实现的员工持股计划。红利的多少完全取决于企业的效益,这就使得全体人都关心企业的发展,而不只是一味地关心个人的得失利益。华为在成立之初,公司规模不大,且处于高速增长的行业,企业的利润率高,分红的比例历年以来都保持在70%的高位,这种有付出就有回报的立竿见影效果,再加上任正非的个人魅力,极大促进了员工的积极性,创造了华为高速增长的奇迹。

随着企业规模的扩大,以及行业的大背景,这种以"现金支出"为基础的激励方式存在较大的风险。因此,在2002年3月,华为开始改变传统的一元钱买一股的做法,实行一种叫作"虚拟持股权"的计划,这个计划有点类似于期权。虚拟股票的发放不会影响公司的总资本和所有权结构,无须证监会批示,只需股东大会通过即可。在员工们看来,该计划比股权制度合理了很多。但由于很多员工选择将股权按照净资产兑现后离开华为,因此给华为带来了资金方面的压力。

产生这种结果的原因,大致可从以下几个方面进行分析：

首先,从体制上看,华为从成立之初的民营企业,到目前业务拓展到世界市场的大公司,其公司治理结构方面没有根据企业的发展阶段进行过战略性调整,仍沿袭公司创业之初的体制和理念,这就造成了公司股权结构混乱、权衡制约性差、运作不规范不透明等问题。制度的有效性在混乱期和稳定期发挥的效用是最大的,华为创立初期建立的体制规范例如《华为基本法》,对其起步阶段的发展提供了有效保障,在企业的扩张过渡期制度规范的效力远远小于起步期,因此没有给华为的扩张带来大的影响,但当企业发展处于稳定期时,对于体制的依赖性就大大增强,这也就给华为提出了企业如何改制的问题。

其次,从人力资源看,一份来自企业的调查表明,有效的激励方式排在第一位的是承认工作成就,排在第二位的是参与感,高薪只排在了第五位。华为的高分红以及虚拟持股计划就是建立在一种高薪激励基础上的行为。这种激励在企业的创业初期和发展期能够起到很好的效果,而且华为每年引进大批的应届毕业生,对于刚刚毕业的学生来说,拿到高工资就是一种能力的体现,那么在激发年轻人的工作热情方面非常有效。但每年高的淘汰率,造成了华为人员不稳定,另外以现金为奖励的激励方式也助长了拿钱就走的风气,对华为的进一步发展非常不利。

再次,由华为的两起股权纠纷案来看,华为员工持股计划的运作是非常不规范的。第一,从华为员工拿到股权的程序看,员工股权的购买并非建立在平等自愿的基础之上。员工买股时只签订一份文件,签名后立即被公司收回,员工交完购股款后并不会拿到通常意义上的持股凭证,每位员工具体的股数都由公司备案存档,员工只允许从股权登记名册上抄下来自己的股权数,这种做法明显不是建立在平等的基础上;另一个问题员工要是不购买股权,"就会由部门领导逐个进行谈话,就会被认为是对公司不忠,就会丧失在公司的发展与提升的机会,也就别想再在华为待下去了",因此也不是建立在自愿的基础上。第二,股份购进卖出没有统一合理的规定。关于股份回购价值计算,1997 年的公式为回购价=购买价$(1+X‰×月)$,1999 年的公式则变为:回购价=购买价$(1+X‰×月/12)$。刘平 2001 年 1 月离职时办理股份回购是按照 2000 年的基数 1∶1 兑现,而随后在 2002 年 3、4 月份离职的员工则可以按照 1∶2.64 的比例兑现。2001 年 2 月,华为以 65 亿元的天价将华为电气卖给爱默生公司,华为为了留住员工,承诺在 4 年内将华为电气的员工股按照 1∶4 的比例逐年兑现。企业可以根据业务发展需要变动回购股价,但频繁变动的回购价格,给人一种无章可循的感觉,认为华为的政策制定不具有战略性,只是为了应付当时情况的一种短期行为。因此,股权纷争案的出现也是必然。

据公开的工商登记信息,到 2017 年 6 月份,华为股权结构是:任正非拥有股权为 1.01%,剩余 98.99%全部为华为投资控股有限公司工会委员会持有。

10.4.2 美国西北航空公司的员工持股计划

西北航空公司是美国第三大航空公司,总资产近 50 亿美元,职工 3 万多人,主要经营美国—日本等东方航线。

20 世纪 80 年代末 90 年代初,美国政府解除对航空业的管制,放开价格,取消政府补贴,再加上航空公司增加过多,市场竞争激烈,油价上涨,航空业普遍亏损。从 1990—1993 年,亏损额超过了前 20 年美国航空业盈利总和。其中西北航空公司是亏损最严重的企业。

两个私营投资者于 1989 年收购该公司时在管理方面做了些改进,但到 1992 年西北航空公司仍然亏损严重,资产负债率达到 100%。由于债务负担沉重,企业的净收入逐年下降,1993 年,公司的净收入只有 1.6 亿多美元,而需要偿还的本金就有 3.3 亿美元。

按照当时的法律,当企业处于资不抵债的状况时可以申请破产保护。但公司破产受两个主要因素的制约:一是宣布破产后,以公司净资产偿还债务,银行和其他债权人的利益要受到损失,一大批飞行员、技师和空姐要面临失业;二是西北航空公司的主要航线在亚洲国家,东方人对"破产"难以接受,大型企业破产在美国的影响也很大,从而申请破产保护会影响正常营业。

西北航空公司最初希望通过资产重组来挽救企业。经股东、雇员和银行之间的多次协商,曾达成以下一些重组协议:① 四大债权人(原收购公司的股东、荷兰皇家公司、澳大利亚持股人和银行)同意再贷款 2.5 亿美元给公司,贷款协议规定一年后偿还贷款;② 已欠的 2.67 亿美元债务延期一年支付;③ 7 000 万美元的购物款暂停支付一年。

然而,重组协议并没有使公司摆脱困境。1993 年 12 月公司负债高达 47.36 亿美元,其中银行长期贷款12.90亿美元,短期循环贷款4.93亿美元,政府特别贷款2.5亿美元。其他欠款17.8亿美元,飞机制造公司设备租赁费欠款9.23亿美元。

面对这种情况,西北航空公司的股东、债权人、职工在1993年决定实行职工持股以挽回局面。

1993年,美国西北航空公司的债权人、股东、职工代表三方经过激烈的谈判,在相互妥协的基础上达成了调整股权结构、实行雇员持股、加强公司管理、挽救企业的协议。协议的核心内容就是实行雇员持股计划。

(1)持股的实行办法。西北航空公司的职工在3年内以自动降低工资的方式,购买公司30%的股权。

按照比例降低工资。由于公司职工的收入差距很大,因而采取按比例降低工资的办法。具体做法是:年薪1.5万美元以下者不降低工资;年薪2万—2.5万美元者降低5%工资;年薪3万—4.5万美元者降低10%工资;年薪5万—8万美元者降低15%工资;年薪8万美元以上者降低20%工资。

债权人重新确定还债年限,把还债高峰由1993年推移到1997年和2003年。

2003年全部偿还债务后,如果雇员想出卖股票,公司有义务从雇员手中全部回购股票。

(2)职工持股后的产权关系。雇员持股后,西北航空公司的股权结构为:公司原有两个股东持股占52.5%;雇员持股占30%;荷兰皇家公司及澳大利亚和美国的两个公司分别持股14%、8.8%和7%,合计持股29.8%;银行持股占7.7%。

在30%的雇员持股中,飞行员持股占42.6%,职工持股占39%,空姐持股占9%,其他人员持股占9.4%。

雇员持股为有投票权的特殊优先股。职工股股息年利为5%。职工股可由优先股转为普通股,并可以在股市上自由转让。公司在2003年之前可随时收回职工股,但必须提前60—90天通知职工。职工股也有投票权,由托管机构代理行使投票权。

西北航空公司的职工股托管机构每年向职工通报股票数量与市价。在每次召开股东大会前,托管机构会把股东大会上要表决的问题发到职工手中,职工填好意见后交给托管机构,由托管机构根据职工意见行使投票权。

由于雇员持股的比例较高,雇员代表直接进入公司董事会。公司董事会由15人组成,其中雇员董事3人,分别由飞行员工会、技师工会和空姐工会选举产生。

(3)实行职工持股的效果。西北航空公司实行雇员持股后迅速扭转了亏损局面,后又成为上市公司,股票很快增值。一般来说,股票增值到每股24美元时,即可完全补偿所减少的雇员工资,不久每股增值到37美元,持股雇员的收入大为增加。由于雇员将新增收入用于继续购买本公司的股票,雇员持股比例曾一度达到55%,成为一个典型的雇员控股公司。

(4)案例分析。这一持股运作的特点是职工降薪,贷款购股。

在企业的危机期或有问题的企业中实行职工持股,职工的信心和参与是拯救企业的重要因素。危机期如果破产会影响企业各利益主体的利益。首当其冲的是企业职工,企业破产以后,职工会失去工作;其次是企业的债权人,危机企业很可能资不抵债;最后,资方也会受到影响,资本投入往往不能得到保全。企业危机并不一定是全面危机,危机可能仅仅是财务上或暂时的。关键是职工对企业是否具有信心。

如果职工对企业具有信心,可以通过未来若干年减少一定比例工资的方式购买公司股票,不仅可降低企业未来运行成本,而且有助于调动职工的积极性,以达到克服危机、振兴企业的目的。

本 章 小 结

员工持股计划指本企业职工通过贷款、现金支付等方式来获取企业的股票,并委托给某一法人机构托管运作,法人机构全权代表企业职工参与企业的经营决策和监管,并按所持股份份额分享企业利润,从而使员工以劳动者和所有者的双重身份参与企业生产经营活动的一种产权制度或激励约束机制。员工持股包括福利型、风险型、集资型的三种形式,主要用于协调劳资关系,提高员工积极性和劳动生产率,促进企业持续稳定发展。同时,由中美员工持股计划的运作模式可以看到,员工持股计划的施行往往在中间存在一个信托机构代持和管理员工持股计划所购买的公司股票。

在发展过程中,员工持股计划创新性地运用于一些公司财务领域,如收购、反收购、资产剥离、融资等,甚至可以筹集资金防止公司破产。总体而言,员工持股计划对公司有多项好处,能提高员工劳动积极性,带来税收优惠。但其同样有一些缺陷,如稀释公司股权,导致大股东丧失部分控制权;此外对员工而言,购买公司股票有一定风险,一旦公司遭遇破产,他们不仅会损失常规的收入来源,还可能会损失养老金价值。

华为的员工持股计划可谓是中国典范,通过推行员工持股和股票的内部二级交易市场,将公司做成了目前中国第一大民营企业,并进军世界。本章最后对华为的动态员工持股计划进行了详细分析,为读者提供一个现实的参照。

重 要 概 念

员工持股计划　资产剥离　接管防御　杠杆化的 ESOP 运作模式

课 后 习 题

1. 什么是员工持股计划?员工持股计划主要有哪几类?
2. 试简述员工持股计划的作用有哪些。
3. 如果你是某上市公司的管理层,你会采用员工持股计划吗?请说明理由。

第十一章

接 管 防 御

本章导读

- 掌握接管防御的含义、动因与现状；
- 区分接管防御的预防性措施和反抗性措施；
- 了解预防性接管防御中的股权结构安排和反收购条款等；
- 了解对抗性接管防御措施中的如何提高收购成本、降低收购收益和收购收购者等。

作为当时中国最大的网络公司之一，也是当时纳斯达克中概股市值第一的盛大网络，在2005年2月19日突然宣布斥资2.3亿美元购买新浪19.5%的股份，这一比例几乎是原新浪第一大股东所持股份的四倍。也许是为了获取新浪的投资收益，也或许是陈天桥为了拓展盛大的事业版图，这一切不得而知。然而，面对盛大突袭的公开收购，新浪在沉默数天后就选择了反击，制定了毒丸计划成功击退盛大。这一计划的具体内容是什么？为什么新浪可以使用"毒丸计划"成功击退盛大？

2015年12月8日的早间新闻：雅虎总裁Mayer因为公司控制权变更，根据早先协议，Mayer将由此获得近1.7亿美元的离职费用。那么，Mayer是如何未雨绸缪，提前在和公司董事会成员的协议中获得可能的金降落伞计划的呢？这对中国公司高管在并购活动中的接管防御有何借鉴作用？

在这一章中，我们将详述接管防御的内容，以及相关的经典案例。

11.1 反 收 购

11.1.1 基本概念

公司的收购分为善意收购和恶意收购。其中，善意收购是指收购方与目标公司通过谈判达成一致意见，以讨价还价为特征，最终双方签订协议的收购；敌意收购是指由收购方提出的且未被目标公司管理层接受的收购。面对其他公司的敌意收购，目标公司可通过采取一定的防御措施进行反抗，即反收购。当然如果并购本身能够提高公司价值或者实现长远发展目标，那么从管理层角度而言为了促使公司价值最大化，是应该支持并购的。因此,从反收购的概念可以看出如下四个特征。

(1) 主体的复杂性。公司的反收购有以下主体:① 目标公司,也就是反收购方,它代表着公司以及其股东的整体利益,以自己的名义行使反收购权利;② 目标公司股东,是持有目标公司股份的自然人或者法人;③ 目标公司董事会,是公司反收购政策的主要决策人;④ 其他利益相关者,包括目标公司员工、债权债务人等。

(2) 客体的特定性。公司收购一般指通过收购目标公司股权来获得对目标公司的控制,而不是购买公司的资产或者以目标公司本身为交易对象的吸收合并,因此反收购的客体一般是目标公司的股权。

(3) 目标的明确性。反收购的目的是保住或增强公司的控制权,维护目标公司的利益。通过阻挠收购者收购目的实现,将目标公司的控制权掌握在自己手中,防止对目标公司产生实质性的影响。

(4) 策略的多样性。反收购防御策略非常复杂,主要分为两种:预防性反收购策略和对抗性反收购策略。其中预防性反收购计划主要包括毒丸计划、公平价格条款、降落伞、剥离皇冠上的珍珠、焦土战术;对抗性反收购计划包括反噬计划、防御性公司重组、白衣骑士和白衣护卫、改变资本结构等。

11.1.2 动因分析

兼并与收购的本质在于公司所有权与控制权的转移和重新组合,这种转移或重新组合可能会损害公司大股东和管理层的既得利益,反收购措施由此应运而生。

反收购策略通常是针对敌意收购的防御措施。敌意收购是相对于善意收购而言的,它是指遭到目标公司管理层反对或者在目标公司管理层并不知情的情况下发生的收购活动。目标公司管理层反对敌意收购的原因主要有以下三个。

(1) 目标公司的现任管理层不希望丧失其对目标公司的控制权。因为一旦被收购,收购方可能对目标公司管理层进行改组导致目标公司的管理层发生较大变动,这将危及现任管理层的利益。

(2) 目标公司的现任管理层相信公司具有高于收购价的潜在价值,因此不愿轻易出售公司的权益。

(3) 现任管理层或股东认为收购方出价偏低,希望通过一些应对措施来提高收购方的出价。目标公司的防御性行为可以阻碍收购方的收购进度,并且可以吸引其他有收购意愿的公司加入竞争,以此达到提高收购价格的目的。

具体拓展内容可以参见案例 11-1 的 MW 与 JOSB 之间的收购要约。

案例 11-1

MW 与 JOSB 之间的收购要约

2011 年 11 月,美国服装零售商 Men's Wearhouse(MW)向竞争对手 Jos. A. Bank Clothiers Inc(JOSB)提出反收购要约,计划以每股 55 美元、总计 15.4 亿美元现金收购后者。这一报价较 Jos. A 周一收盘价 50.32 美元溢价约 9%。根据 FactSet 的数据,Jos. A 目前拥有近 2 800 万股在外流通股票。

2011年9月,Jos.A.Bank 曾向 Men's Wearhouse 发出每股48美元、总计价值23亿美元的主动收购要约,但很快遭到对方拒绝。Men's Wearhouse 拒绝的理由是,这一收购要约是"投机性的",而且对公司的估值过低。该公司当时还通过一项旨在抵御敌意收购的股东权利计划,即所谓的"毒丸"计划。

11月15日,Jos. A. Bank 宣布撤回对 Men's Wearhouse 的收购要约,但未排除未来再次向该公司发出收购要约的可能性。Men's Wearhouse 首席董事 Bill Sechrest 表示,该公司董事会在 Jos. A. Bank 的收购要约公布进行了一次战略选择评估,结论是收购 Jos. A. Bank 符合"战略逻辑",并可能让公司股东、员工和客户受益。

资料来源:羽箭.Men's Wearhouse 报价15亿美元反收购 Jos A.新浪财经,2013-11-26。

11.1.3 中国反收购现状

2005年股权分置改革后,上市公司的股权结构发生了很大的变化,由于非流通股股东要依据自己的股份,平均以十送三的比例来支付对价,大股东的持投比例都在不同程度上都出现了一定的下降,而上市公司股权结构也变得更加分散。

新的《上市公司收购管理办法》(以下简称《办法》)出台后,对收购的限制更加宽松。新《办法》将强制性的全面要约收购改为全面或部分要约收购,并规定以要约方式收购一个上市公司股份时,其预定收购的股份比例均不得低于该上市公司已发行股份的5%。在这种情况下,相比全面要约收购,收购者的收购成本就降低了许多。

一份调查显示,目前的上市公司中50%的董事是"内部人",也使得管理层与目标公司股东之间的利益在大多数情况下是一致的。但是当大股东准备退出公司时,就可能导致大股东与管理层的分歧,尤其在国有控股的公司,因此反收购主体与收购方式有密切联系。在协议收购方式下,直接协议收购第一大股东的股份,可能会导致目标公司管理层的反收购;直接绕开第一大股东,与其他股东达成转让协议,可能引起第一大股东的反收购;在二级市场进行收购的情况下,容易导致原第一大股东的股权之争,也可能导致管理层的反收购。

上市公司股权分散、收购限制趋于宽松的情况下,并购市场的活跃成为必然。对于大股东已丧失绝对甚至相对控股权的上市公司,极易成为敌意收购的目标。如果其大股东或管理层不愿意失去控制权的话,必然会选择恰当的反收购策略。

11.2 预防性反收购措施

11.2.1 股权结构安排

能否取得足够多的股权是收购成功的关键。预先建立合理的股权结构是从根本上避免敌意收购的最佳措施,主要有以下四种方法。

(1)自我控股。自我控股是指公司的发起组建人或其后继大股东为了避免公司被收购,采取的对公司控股地位的措施。典型例子参见方正科技的大股东自我控股案例(参见案例 11-2)。

理论上,自我控股比例达到 51%,就能完全避免敌意收购情况。但实际上在股权相对分散的情况下,一般持有 25% 的股权就可以控制公司。因此控股股东必须在控股比例过低无法预防恶意收购,与控股比例过高限制资金运转之间进行权衡,找出一个较优的点来决定控股程度。以盛大收购新浪时间为例,新浪之所以成为的目标,很重要的一个原因就是其股权过于分散。

案例 11-2

方正科技的大股东自我控股案例

北大方正集团作为方正科技的第一大股东,在面对北京裕兴和上海高清在 2001 年分别发起的敌意收购中,都选择了增持股份进行防卫,其持有的方正科技的股份从 2001 年 5 月的 5% 增加到了同年 12 月的 10.53%。

资料来源:陈庆红.我国公司反收购现状分析及对策探讨[D].西南财经大学,2005.

(2) 交叉持股。交叉持股是指相关联公司或关系友好公司之间相互持有对方一定数量股权的行为。在其中一方受到收购威胁时,另一方就可以施以援手。但是也要注意,交叉持股会带来一定的副作用:首先,交叉持股会消耗双方公司的大量资金,影响公司营运资金的筹集和运用;其次,若一方业绩出现下滑,将会拖累另一方的业绩表现;最后,相互持股的策略一旦被攻破,体系内的公司存在被一网打尽的风险。

由此可见,交叉持股在选择同盟伙伴的时候一定要慎重。数据显示,A 股市场的交叉持股与市场行情成明显正相关趋势,在 2015 年一季度至 2016 年一季度的 5 个报告期,上证指数的区间涨幅分别为 15.87%、14.12%、-28.63%、15.93%、-15.12%。而在此期间,公布发生持有其他公司股权的个股家数分别为 181 家、520 家、190 家、324 家、90 家。可见,在市场走牛时,参与交叉持股的公司数量会不断放大;而市场走熊时,交叉持股公司则会出现明显大幅回落[1]。

(3) 朋友持股。朋友持股的行为对于公司反收购的效果与交叉持股类似:一方面将目标公司部分股份锁定在朋友股东手上,从而增大收购难度和成本;另一方面,在股东大会的投票表决中,朋友股东可支持公司的反收购行动。

实现朋友持股的做法有很多,既可以最初在组建公司时邀朋友一起做发起人,或者让朋友认购一定数量的公司股份,还可以在公司现有股东中选择合适对象,许以一定的利益,将其"培养"为朋友。但这些做法在不同国家可能会受到不同的法律限制。在《公司法》实施以前,股份公司可以定向募集股份,进而有定向募集公司。而《公司法》实施之后,股份公司要么通过发起设立,要么通过社会募集设立,而上市公司一般是向社会公众募集设立,而向特定法人或自然人定向发行股份是禁止的。具体案例参见案例 11-3。

---

[1] 交叉持股下半年或成国企改革新模式[EB/OL].腾讯证券,http://stock.qq.com/a/20160814/014603.htm.

案例 11-3

北大方正反收购案

2001年北大方正集团在反对北京裕兴的收购案中，由于北大方正集团入主方正科技两年来通过资产重组，重新确定公司主营业务，改善管理，提升了公司价值并为公司制定了长期发展策略，赢得了基金管理公司和中小股东的大力支持。

资料来源：陈庆红.我国公司反收购现状分析及对策探讨[D].西南财经大学，2005.

（4）员工持股计划。员工持股计划是指通过设立员工持股委员会代本公司员工持有本公司股票，并代其在股东大会中行使表决权。在美国，政府非常支持员工持股计划并且提供一定的税收优惠政策。在反收购的过程中，员工持股计划也成为目标公司的一道有效的防御工事；中国的雇员持股计划被管理层用来被动防御的典型例子如广发证券的雇员持股计划（参见案例11-4）；而万科集团则采用员工跟投计划主动防御外部接管。

案例 11-4

广发证券的员工持股计划

2004年9月1日，中信证券召开董事会，通过了拟收购广发证券部分股权的议案。2日，中信证券发布收购公告。这样一场为期43天、异彩纷呈的收购和反并购大战就此拉开了帷幕。6日，中信证券发布拟收购广发证券部分股权的说明，称收购不会导致广发证券重大调整，不会导致广发证券注册地、法人主体，经营方式及员工队伍的变更与调整。

对此，广发证券果断启动了员工持股计划反并购策略。

9月4日，广发证券实施员工持股计划的目标公司深圳吉富创业投资股份有限公司（下称"深圳吉富"）成立。到2004年8月20日，包括广发证券、广发华福、广发北方、广发基金与广发期货在内五个公司的员工交纳的募资近2.5亿元。当中信公布收购广发之后，广发证券实施员工持股计划的目标公司深圳吉富很快就召开了创立大会，并投入运作。

10日，深圳吉富以每股1.16元的价格率先收购云大科技持有的广发证券3.83%股权。15日，深圳吉富按每股1.20元的价格受让梅雁股份所持有的广发证券8.4%的股权，此时，深圳吉富共持有广发证券12.23%股权，成为第四大股东。

资料来源：湛小乖.反并购策略案例.doc 广发VS中信[EB/OL].百度文库，2010-10-02，https://wenku.baidu.com/view/6861386925c52cc58bd6be18.html。

11.2.2 反收购条款

通常公司可以在章程中设置一些条款，并以此作为反收购的利器。这些条款被称为"拒鲨"条款或"箭猪"条款，又称反接管条款，其目的主要是加强公司董事会维持控制权的能力。这些条款主要包括以下五种。

（1）分期分级董事会制度。分期分级董事会条款，典型做法是在公司章程中规定，将董事会分成若干组,并且规定每一组有不同的任期,以使每年都会有一组董事任期届满,每年也只有任期届满的董事被改选。这样一来,收购人即使控制了目标公司的多数股份,也只能在等待较长时间后,才能完全控制公司董事会。在敌意收购方获得董事会控制权之前,董事会可提议采取相关办法达到反收购目的,如采取增资扩股或其他办法来稀释收购者的股票份额,使收购方的目的不能实现。因此,分期分级董事会条款在减缓收购人控制目标公司董事会的进程中起到了明显的作用,使得收购人不得不三思而后行,从而有利于抵御敌意收购。

为了保证分期分级董事会条款的顺利实施,公司章程往往还同时规定董事在任职期间不得被无故解任,并可以就董事的解雇问题设置绝对多数条款。中国较早采用这一主动防御策略的如大众公用的分期分级董事会制度(参见案例11-5)。

案例 11-5

大众公用的分期分级董事会制度

2008年初,大众公用(600635)在该公司修订的公司章程中,有近十处增设了与反并购有关的条款。

在董事更换的条款中,设置了分期董事制即"每届董事会中除独立董事和职工代表董事以外的其他董事更换比例不得超过董事会中其他董事成员总数的1/5",该公司目前董事会由9名董事组成,根据此款的规定,新进股东最多只能更换1名董事。

资料来源:广州石隆·证券研究中心.大众公用几年来股价下跌的根源如下[EB/OL].万隆证券网,2011-07-05,http://www.wlstock.com/hudong/BBSGoodDetail.aspx? topicId=9440934。

(2)绝对多数条款。指在公司面临接管威胁的时候,把同意接管所需股东投票数,由简单多数提高到2/3或3/4的比例,以此提高收购的难度,并且对该条款的修改也需要绝对多数的股东同意才能生效(参见案例11-6)。该条款一方面增加了公司控制权转移的难度,有助于防止损害本公司及股东利益的敌意收购的发生;另一方面也减轻了市场对管理层的压力,客观上有利于巩固管理层对公司的控制权。不过,绝对多数条款也是一柄双刃剑,在增加收购者接管、改组公司的难度和成本的同时,也会使得公司控股股东对公司的控制力受到限制。

案例 11-6

特变电工的绝对多数条款

特变电工2011年度股东大会将公司章程修改列入股东大会超级多数表决的保护之中,要求必须经过出席股东大会股东所持的五分之四以上表决权通过方可修改公司章程。

资料来源:特变电工:2011年度股东大会法律意见书[EB/OL].凤凰网财经,2012-04-18,http://finance.ifeng.com/stock/gsgg/20120418/5952564.shtml。

(3)限制大股东表决权条款。限制大股东表决权条款是为了更好保护中小股东的利益,也是为了限制收购者拥有过多权利。通常做法是增加限制条款,比如凡是在投票时累计持股达35%以上的股东,由公司章程限制其表决权,超出35%以上的部分按一定比例折算其表决权,具体比例由公司章程规定。通常限制大股东表决权的方式有三种:

一是直接限制。即制定公司章程来明文规定持股一定比例以上的股东其超部分的股份的表决力弱于一般股份。

二是间接限制。即通过规定不同公司议案的通过所需要的最低出席人数和最低表决权数量的方式,限制大股东滥用表决权(如案例11-7的例子)。

三是对代理表决权的限制。由于一般情况下上市公司股东人数众多且高度分散,为方便那些不能出席股东大会又不愿放弃表决权的股东正常行使表决权,各国公司法大多数都规定允许股东采取委托投票方式参加表决的行为。

案例 11-7

美的电器2008年限制大股东表决权条款

2008年4月《金融时报》一篇文章介绍,美的电器在其公司章程第三十八条第四款规定:"任何持有或者通过协议、其他安排与他人共同持有本公司股份达到本公司已发行股份10%的股东,应在达到10%后3日内向公司披露其持有本公司股份的信息和后续的增持公司股份计划,并向董事局请求召开临时股东大会,由股东大会审议是否同意其增持公司股份计划。相关信息披露不及时、不完整或不真实,或未经股东大会审议批准的,不具有提名公司董事、监事候选人的权利。"

资料来源:美的电器:公司章程(2009年3月修订)[EB/OL].证券之星,2009-04-01,http://stock.stockstar.com/JI2009042700004256.shtml.

(4) 公平价格条款。所谓公平价格,就是某一特定时间内要约收购方所支付的最高价。公平价格条款往往配合绝对多数条款一起使用,主要用于破解双层要约中的挤出合并。在双层要约中,当目标公司股东不接受第一层收购要约,把剩余的股份出售给收购者时,他将被随之而来的挤出合并挤出。绝对多数条款使这种合并极为艰难,而公平价格条款则灵活地提出,只要收购者对所有被购买的股票都支付了公平价格,则可以对该合并不适用绝对多数条款。两条款的内容虽不同,但作用却异曲同工。

公平价格条款是规定出价收购人对所有股东支付相同的价格。溢价收购主要是企图吸引那些急于更换管理层的股东,而公平价格条款的提出无疑阻碍了这种企图的实现。在收购中有些买方会使用"二阶段出价",即以现金先购股51%,另外再用债券交换剩下的49%股票。目标公司股东因怕收到债券而会争先将股票低价卖出。

中国《证券法》第九十二条和第九十三条规定:"收购要约提出的各项收购条件,适用于被收购公司的所有股东。""采取要约收购方式的,收购人在收购期限内,不得卖出被收购公司的股票,也不得采取要约规定以外的形式和超出要约的条件买入被收购公司的股票。"这一系列法律法规表明"两阶段报价"在中国是不合法的。中国法律的这些规定旨在让目标公司的所有股东受到公平对待。

(5) 限制董事资格条款。这是指在公司章程中规定公司董事的一定的任职条件,不具备某些特定条件的人不得担任目标公司董事,或者具备某些特定情节者不得进入公司董事会(参见案例 11-8)。这种限制董事资格条款可以恰当限制收购方使其不具有某些资格,从而难以对加入董事会形成对公司的影响。

案例 11-8

1998 年大港石油收购爱使股份

在大港石油发起收购前,爱使特意于 1998 年 5 月前修改了其公司章程第六十七条。其章程六十七条规定:进入爱使董事会必须具备两个条件:第一,合并持股不低于 10%;第二,持有时间不少于半年。同时规定:董事会、监事会任期届满需要换届时,新的董事、监事人数不超过董事会、监事会组成人数的二分之一。

资料来源:谢何融,肖克佩.反并购措施与股东权益的保护[J].会计之友,2011(9):48-52。

11.3 对抗性反收购措施

除了前面介绍的收购防御的措施外,公司从自身利益出发,借助投资银行等外部顾问机构的帮助,也越来越重视运用各种积极有效的对抗性的反收购措施进行反收购,以抵制来自其他公司的敌意收购。反收购可以运用的经济手段主要有提高收购者的收购成本、降低收购者的收购收益或增加收购者风险、收购收购者等。

11.3.1 提高收购成本

(1) 定向配售与重新评估资产。定向配售是指向特定对象发行较大比例的股票,配股是指按比例给老股东配送股份。这两种方式都可以用于稀释收购方的股份比率,阻碍其达到控股的目的。中国上市公司增发新股时,可向战略投资者配售大量股票。当遇到敌意收购时,原则上目标公司可以通过增发新股稀释收购公司的股权比例。

此外,还可以采取重新评估资产价值的方式。资产重估是面临收购时的一种补救策略。在现行的财务会计中,一个公司的资产通常采用历史成本来估价。由于一个国家往往存在着通货膨胀,使得历史成本往往低于资产的实际价值。因此,许多公司会定期对其资产进行重新评估,并把结果编入资产负债表,以提高净资产的账面价值。由于收购出价与账面价值存在一定得内在联系,因而提高账面价值会抬高收购出价,在一定程度上起到反收购的作用。

(2) 股份回购与死亡换股。股份回购一般是用现金买入已发行的股票,在其他条件不变的情况下,股份回购就会改变公司的资本结构,这时即使企业的负债数额不变,但普通股股数的减少将会使企业财务杠杆率上升。股份回购可以进行收购防御的原因是它的结果很可能是流通股份额减少,股价提高,目标公司高管的话语权增强,从而增加购买方收购的难度,如案例 11-9 中大众公用在 2008 年采用的股份回购条款就是很好的例子。

死亡换股是指目标公司通过发行公司债、特别股或两者的组合来回收其股票。这在起到减少在外流通股份和提升股票价格的作用的同时,会对目标公司造成很大的风险,由于负债比例过高,财务风险增加,由于权益比重的降低,即使公司价值不变,股价也未必随流通股减少而上升。更有甚者,即便股价等比例上涨,但收购方所需要的股份也相应地减少,最后收购总价款反而变化不大,目标公司可能只是白忙一场。

案例 11-9

大众公用的股份回购条款

大众公用公司在 2006 年 1 月 1 日开始实施的《公司法》中,规定了四种回购类型。而大众公用在此基础上又加设一种类型,即如果发生"单独或合并持有公司 10% 以上股份的股东继续收购公司股份的"情况,公司可以立即收购本公司股份并将该收购股份定向转让给特定对象而无须另行取得许可或授权,但公司仍应当履行信息披露义务。由于这项反并购回购条款的触发条件相当低(持股比例达到 10%),上市公司管理层可以灵敏地作出反应。更为重要的是,由于回购股份的行为主体是上市公司而非股东,因此,此举不仅可以通过减少外在股份总数从而有效阻击收购方,而且还可以通过大量消耗上市公司资金从而降低公司对收购方的吸引力。如果反并购行动取得预期效果,击退了收购方,则上市公司可以把手中股份转让给第三方。

资料来源:广州万隆·证券研究中心:大众公用几年来股价下跌的根源如下[EB/OL].万隆证券网,2011-07-05,http://www.wlstock.com/hudong/BBSGoodDetail.aspx? topicId=9440934。

(3)寻找"白衣骑士"。"白衣骑士"是目标公司更愿意接受的买家。它的策略是指在恶意收购发生时,上市公司的友好人士或公司,作为第三方出面解救上市公司,白衣骑士往往承诺不会解散公司或不辞退管理层和其他雇员,上市公司则通过"锁定选择权"或称为"资产锁定"等方式给予"白衣骑士"优惠的购买资产和股票的条件。在这种情况下,收购方要么提高收购价格要么放弃收购,往往会出现白衣骑士与收购者轮番竞价的情况从而造成收购价格的上涨,直到逼迫收购者放弃收购,如案例 11-10 中的 ST 美雅反收购案。

根据美国学者罗伯德的观点,"资产锁定"主要有两种类型:① 股份锁定,即同意"白衣骑士"购买目标公司的库存股票或已经授权但尚未发行的股份,或者给予上述购买的选择;② 财产锁定,即授予"白衣骑士"购买目标公司重要资产的选择权,或签订一份当敌意收购发生时就由后者将重要资产售予"白衣骑士"的合同。这种反收购策略将带来收购上的竞争,有利于保护全体股东的利益。

案例 11-10

ST 美 雅

ST 美雅前身是鹤山市毛纺厂,1992 年 7 月 5 日,经"粤股审(1992)13 号"文批准,鹤山市毛纺织总厂改组为广东(鹤山)美雅股份有限公司,并与 1993 年在深圳交易所上市。上市时 ST 美雅的管理层中的冯国良等人到 2002 年底还是公司的管理层。佛山市顺德万和集团有限公司(以下简称万和集团)为民营企业,主营热水器,脉冲变压器、电冰箱除臭器、空气清新器、炉具及配件、家用电器等电子产品的制造销售。

2003 年 9 月 21 日,鹤山市资产管理委员会办公室(以下简称鹤山国资办)与万和集团签订了《广东美雅集团股份有限公司国有股权转让协议》,鹤山国资办将其持有的＊ST美雅27.49%的股份(共计108 989 858股国家股)转让于万和集团,转让价格按照2002年12月31日经审计的每股净资产1.000 7元为基准,溢价后计算为1.010 7元,转让价款为人民币110 156 049.48元。

2003年10月18日,鹤山国资办与万和集团签订了《关于终止执行〈广东美雅集团股份有限公司国有股权转让协议〉的合同》,终止执行双方于2003年9月21日签订的《广东美雅集团股份有限公司国有股权转让协议》,并办理有关终止的手续。双方终止执行协议的主要原因是广东美雅集团股份有限公司董事会发表了不同意见,万和集团为支持粤美雅国有股权转让工作平稳进行,同意终止执行这一协议,并且双方就终止《广东美雅集团股份有限公司国有股权转让协议》及相关具体事宜签署了《关于终止执行〈广东美雅集团股份有限公司国有股权转让协议〉的合同》。

广东省广新外贸轻纺(控股)公司(以下简称"广新外贸")为国有企业,注册资本为28 980万元,在中国商务部公布的"2002年中国进出口额最大的500家企业"和"2002年中国出口额最大的200家企业"中,分别名列第100位和第55位,在中国纺织品进出口商会公布的2002年全国服装类产品出口的排名中名列第3位。2003年在中国500强企业排序第287位。

2003年9月中旬,广新外贸向鹤山资产办发出收购美雅股份意向书,2003年10月11日双方开始正式接触,双方于2003年10月20日正式签署《广东美雅集团股份有限公司国有股权转让协议书》(《股权转让协议》)。协议约定:鹤山国资办将其持有的"粤美雅"国有股中的99 076 962股,占"粤美雅"总股本的24.99%,转让给广新外贸,股权转让双方确定本次股份转让价格为每股1.010 7元,转让总金额为人民币10 137 085.49元。

资料来源:ST美雅反收购[N].《证券时报》,2014-05-19。

(4) 降落伞策略。如果收购已成定局,目标企业的管理者就很可能会失去往日的地位和报酬,一部分职工也可能被迫离开现有岗位。为了保障管理层的利益,同时提高并购方的收购成本,目标企业董事会通常在企业被收购前作出"金降落伞""银降落伞"或"锡降落伞"的决议。

所谓"金降落伞",就是企业与其高级管理人员订立一份协议,一旦企业被收购,企业的董事会、监事会和高级管理人员在失去地位后,可以从企业领取巨额的退休金(或遣散费),获得较高的个人利益后安全降落。

"银降落伞"就是目标公司规定,一旦公司最终落于收购者手中,公司会向被解雇的董事以下几级代理人员支付相比"金降落伞"稍微逊色的同类保证金或补偿金。

"锡降落伞"就是目标公司规定,一旦企业股权发生大规模转移,企业签订的合同或劳动合同即行终止,根据工龄长短,让雇员一次性领取数周、数月乃至数年的工资作为补偿金。"锡降落伞"的享受者众多,有时反而更能阻止敌意收购。

这些规定,一方面增加了收购方的收购成本,另一方面保障了目标公司的个人利益,同时使收购者因庞大的补偿性支出而不得不在人事安排上十分慎重。但是"降落伞"的单独使用并不能阻止被收购,只能妨碍收购的进行。另外中国对并购后的目标公司人事安排和待遇尚未有明文规定,但引入"金降落伞""银降落伞"或"锡降落伞",可能导致变相瓜分公司资产或国有资产、损公肥私,同时也不利于鞭策企业管理层努力工作和勤勉尽职。因此,最好从社会保险的角度解决目标公司管理层及职工的生活保障问题。具体拓展内容参见案例11-11。

案例 11-11

万科、伊利的降落伞

万科(000002)在其首份限制性股票激励计划(草案修订稿)第三十九条中规定:"当公司控制权发生变更时,控制权变更前的半数以上法定高级管理人员在控制权变更之日起的三十日内有权书面要求信托机构将本计划项下信托财产立刻全部归属。"

伊利股份(600887)在2006年5月的股票期权激励计划(草案)中授予总裁潘刚等33人合计5 000万份股票期权,在一般情况下,激励对象首次行权不得超过获授股票期权的25%,剩余获授股票期权可以在首次行权的1年以后、股票期权的有效期内选择分次或一次行权。但当市场中出现收购本公司的行动时,激励对象首次行权比例最高可达到获授期权总数的90%,且剩余期权可在首次行权后3日内行权。伊利股份的上述计划是管理层激励、类"毒丸"计划与"金色降落伞"的结合体。

资料来源:证券时报。

11.3.2 降低收购收益或增加收购风险

(1)"焦土"战术。焦土战术是指目标公司以自残为代价驱退敌意收购者的政策,一般包括"冠珠"出售和虚胖战术。

"冠珠"出售是迫于无奈而采取的"自杀性"措施。在一个公司内经营最好的子公司或有高盈利能力的资产被誉为"皇冠上的宝石"。这个子公司或资产通常是其他公司的并购诱因。目标公司为保全其他子公司或资产,就会将"冠珠"卖掉或抵押出去,从而达到反收购的目的。如出售目标企业有盈利能力,有发展前途的事业部、技术、土地,出售有价值的资产,使目标企业失去吸引力。这一在国外较为常用的手法也逐渐出现在中国市场,参见案例11-12中的相关信息。

案例 11-12

关于皇冠明珠条款在中国的适用性探讨

2012年之前,商务部公告的14个附加限制性条件批准的经营者集中反垄断审查决定中,商务部在三菱丽阳收购璐彩特一案中适用了皇冠明珠条款,要求"如果在剥离期限内产能剥离未能完成,集中双方同意商务部有权指派独立的受托人将璐彩特中国公司的100%股权出售给独立第三方('全部剥离')"。可见,皇冠明珠条款是可以在中国移植的。

资料来源:陶琦.皇冠明珠条款——欧美实践与中国移植[J].广西政法管理干部学院学报,2012:6。

虚胖战术的做法有很多种，可以购置大量与经营无关或盈利能力差的资产，令上市企业包袱沉重，资产质量下降；也可以大量增加上市企业负债，恶化财务状况，加大经营风险；或者故意投资一些长时间才能见效的项目，使目标公司在短期内资产收益率下降，具体例子可参见中国大港油田收购爱使股份案（参见案例11-13）。

案例 11-13

大港油田收购爱使股份

1998年，大港油田收购爱使股份的过程中，爱使股份的董事会和管理层就决定采用虚胖战术，低价出售优质资产，并大量购买一系列不良资产。其公布的1998年中报，上半年的净资产收益率仅仅为0.538 3%。爱使股份将其最具盈利能力的上海通信连锁有限公司股权全部转让；又以800万购买了延中属下的上海新延中企业发展有限公司80%的股权，将即将被淘汰的饮用水生产作为公司发展的主要业务，直接造成80万元的资本外流。

资料来源：谢何融，肖克佩.反并购措施与股东权益的保护[J].会计之友，2011(9)：48-52。

"焦土政策"因其自残性而损害公司股东或债权人的利益故为各国法律所限制，目前焦土战术在中国已经被明令禁止。《收购办法》第八条规定："被收购公司董事会不得滥用公司资源给收购设置不恰当的障碍，不得以其他方式损害或变相损害公司及其股东的合法权益。"同时第二十五条规定："在收购过渡期内，被收购公司不得进行重大购买、出售资产及重大投资行为。"

（2）"毒丸"计划。毒丸计划是美国较常用的一种反收购策略。1982年，美国著名的并购律师Martin Lipton创设毒丸计划，并且不断得到创新发展。毒丸计划指公司通过采取一系列以牺牲自身利益为代价的措施，极大地提高收购成本，并同时造成目标公司吸引力急速降低的反收购措施。在美国毒丸计划的实践中，主要有三种：优先股权毒丸计划、负债毒丸计划和人员毒丸计划。

毒丸计划最初的形式便是优先股毒丸计划。最初的优先股毒丸计划指的是目标公司向普通股股东发行优先股，一旦公司被收购，股东持有的优先股可以便会触发转换条件，可以转换成一定数额的普通股，从而稀释收购方的控制权，起到反收购的效果。后来还出现的一种是投票计划的办法，它是指公司发行优先股后，当面临敌意收购时，触发优先股具有投票权，从而降低收购方的控股比例；案例11-14阐述了爱康国宾"毒丸计划"抵抗美年大健康的具体案例。

负债毒丸计划是指目标公司通过大量增加自身的负债，来降低企业被收购的吸引力。该计划主要是通过企业在发行债券或借贷时订立的"毒丸条款"来实现的。这些条款规定，一旦目标公司遭到收购，债权人有权要求提前赎回债券、清偿借贷或将债券转换成股票。其反收购作用主要表现在两点：一是权证的持有人以优惠条件购买上市企业股票或合并后的新企业股票，以及债权人依据"毒丸条款"将债券换成股票，从而稀释了收购者的持股比例；二是权证的持有人可以将公司股票按照一个比市价略高的既定价格转换成现金或者其他高等级债券，这一期权也被称作"支撑计划"，它将使被收购后的公司资金枯竭面临财务困境。

人员毒丸计划指的是企业的大部分高级管理人员共同签署一份协议,在企业以不公平价格被收购后,只要有一人被降职或解聘,全部管理人员将会集体辞职。一旦管理层集体离职,企业的发展必将难以维系,企业价值也会迅速缩水,由此降低目标公司对于收购方的吸引力。企业的管理层阵容越强大,实施这一策略的效果就越显著。

毒丸计划还有一些其他的形式,如向股东提供一种期权作为股票红利,它是一个低价购买公司新发股票的期权,当公司某一比例的流通股或股份被任何个人、公司收购时,该期权便会触发实施条件,这一毒丸计划也被称作掷出毒丸计划。

毒丸计划是一种有效的反收购策略,但是它对公司的自身伤害也很大,尤其是对创业型或稳定性较弱的公司。毒丸计划一旦实施,企业面临破产的可能性剧增,这会影响股东利益,从而引起股东的反对,因此不到万不得已,企业不能轻易使用毒丸计划。

案例 11-14

爱康国宾"毒丸计划"抵抗美年大健康

爱康国宾于 2014 年在美国纳斯达克上市,是中国领先的提供体检和就医服务的健康管理机构。爱康国宾于 2015 年 8 月 31 日收到公司董事长张黎刚及相关私募股权基金(方源资本)提交的无约束力的私有化初步要约,向董事提出的私有化要约报价为每存托凭证 17.8 美元。这一价格较爱康国宾 8 月 28 日的收盘价格要溢价 10.8%,较爱康国宾过去 7 天和一个月的成交量加权平均收盘价分别溢价 9.7% 和 18%。为评估要约,爱康国宾董事会于 2015 年 9 月 10 日宣布成立特别委员会,之后特别委员会于 2015 年 11 月 10 日聘任了相关的财务顾问及法律顾问,协助开展评估要约的具体工作。

这是当年继药明康德、海王星辰后的第三家医疗企业选择回归。张黎刚称,如果爱康国宾国内上市的话,(市值)翻 3 倍应该没问题。在给员工的内部邮件中,张黎刚表示,在国内资本市场震荡的情况下回归,是为了建立更大的平台。张黎刚在公开信中提及爱康国宾此前的两次转型,以及从今年开始的第三次转型,并表示选择回归并不是被动地选择而是出于战略性的规划。

然而在 11 月 29 日,美年大健康公司拟参与由深圳市平安德成投资有限公司、太平国发(苏州)资本管理有限公司、华泰瑞联基金管理有限公司、北京红杉坤德投资管理中心(有限合伙)和凯辉私募股权投资基金等公司组建买方团,由买方团向爱康国宾董事会及其特别委员会提交无约束力的私有化交易初步要约(以下简称"初步要约")。买方团提交的初步要约拟购买的标的为爱康国宾全部发行在外的 A 类普通股("A 类股份")和 C 类普通股("C 类股份"及 A 类股份共同称为"普通股")。买方拟提交的初步要约私有化交易价格为每份美国存托股份 22 美元或每股普通股 44 美元,该购买价格相较于张黎刚及相关私募股权基金提交的无约束力的私有化初步要约所提议的每份美国存托股份 17.8 美元的报价溢价约 23.6%。

2015 年 3 月 26 日美年大健康发布公告,借壳江苏三友上市。该项资产重组后美年大健康可借助资本市场平台进行再融资、产业并购等资本运作,提升品牌影响力,为后续发展提供更为强劲的动力;可以利用上市平台资源及激励手段吸引优秀人才,规范公司运营,可以进一步提升公司综合竞争能力和盈利能力,有助于实现上市公司股东利益的最大化。

根据此前江苏三友重组报告、爱康国宾年报、慈铭体检官网，2014年国内前三大体检公司美年大健康、爱康国宾、慈铭体检的体检人次分别为528万、360万、200万人次。此前，江苏三友作价55亿元完成了对美年大健康的收购，已经拥有了美年和慈铭两大体检机构，这无疑形成了国内体检行业单级独大格局，但能否有效整合品牌与团队是收购关键点。一旦将爱康国宾控股或收购，在2014年排名前三大的体检公司都将被江苏三友控股或者收购。

上市地点的不同，导致了爱康国宾和江苏三友（美年大健康）市值产生了巨大差异。据同花顺数据，截至2015年11月30日，江苏三友的总市值已经接近373.8亿人民币，市盈率超300倍；而爱康国宾的市值仅为10.83亿美元，约为70亿元人民币，市盈率为32.88倍。

12月2日正在私有化退市中的爱康国宾抛出"毒丸计划"，以防止美年大健康的壳公司江苏三友收购或从二级市场买入爱康国宾股份，获得公司控股权。若公司"宣布"收购方已获得超过10%（含10%）的A类普通股，或者收购方获得超过50%的A类普通股，或者在收购方发出一个收购要约，而该要约会使收购方获得超过10%的A类普通股时，则"毒丸计划"将被触发。在毒丸计划中，除收购方以外的其他认购权持有人可以以80美元的行权价购买市值为行权价2倍，即160美元的公司A类普通股。

对于爱康国宾抛出的"毒丸计划"，江苏三友方面表示，该计划的实施，实际上为美年大健康或其他任何非其内部买方团成员参与爱康国宾私有化增加了不公允壁垒，无异于为爱康国宾内部买方团的要约提供支持和保护，而其他中小股东无法通过接受更优化的收购要约等其他形式来维护自己的利益，公司对爱康国宾这一决定非常遗憾。

在此前爱康国宾创始人发起的私有化要约中，买方团拥有12.5%的股票，34.5%的投票权。那么爱康国宾买方团的投票权极其关键，因为开曼注册企业退市需达到66%的投票权——若无爱康管理层点头，江苏三友无论如何无法完成爱康国宾的私有化。另外爱康国宾董事长张黎刚12月5日在出席活动时再次强调，其本人不会把股份卖给任何一个寻求并购爱康国宾的公司，爱康国宾本身是独立的公众公司。

资料来源：根据公开资料自行整理。

11.3.3 "帕克曼"防御

帕克曼防御是指当公司遭遇敌意收购时，以攻为守、以进为退，针锋相对地对收购者发动进攻，也向收购公司提出收购计划，或者以出让本公司的部分利益，包括出让部分股权为条件，策动与目标公司关系密切的友好公司出面收购该收购公司，从而达到"围魏救赵"的目的。

帕克曼防御可使实施战术的目标公司处于进退自如的境地。"进"可使目标公司反过来收购袭击者；"守"可迫使袭击者返回保护自己的领地，无力再向目标公司挑战；"退"可因本公司拥有部分收购公司的股权，即使最终被收购，也能分享到部分收购公司的利益。帕克曼防御尽管有这些优点，但其风险也较大，目标公司本身需要较强的资金实力和外部融资能力，同时收购公司也须具备被收购的条件，否则帕克曼防御将无法实施。

这种策略对公司财务状况有很大影响。运用"帕克曼"防御需要满足一定的条件。

(1) 收购方是一家上市公司,可以让反攻方收集其股份。
(2) 袭击者有被收购的可能性。
(3) 反攻方具备强大的资金实力和便捷的融资渠道。

具体使用范例参见案例 11-15。

案例 11-15

贝梯克思公司、马丁公司、联合技术公司和艾伦德公司四角大战

1982 年,美国贝梯克思公司、马丁公司、联合技术公司和艾伦德公司四家发生收购与反收购的四角大战,可谓是"帕克曼"防御的典型案例。事情起因于贝梯克思公司对马丁公司发动溢价收购,马丁公司强烈反对。作为反击,马丁公司提出以溢价收购贝梯克思公司。与此同时,联合技术公司也加入溢价收购贝梯克思公司股份的行列。对贝梯克思公司来说,马丁公司和联合技术公司的收购都是恶意收购。结果是角色发生了倒置,作为始作俑者的收购方贝梯克思公司反而成为两起敌意收购的目标公司,它不得不从收购他人转为防卫自己。此时,艾伦德公司作为"白衣骑士"出来解救贝梯克思公司。最后,艾伦德公司以 13.348 亿美元收购了贝梯克思公司。在这个四角大战的背后,是众多银行提供的金融支持。根据当时证券交易委员会披露的资料,有 20 家美国国内银行和 4 家外国银行贷款给贝梯克思公司共 6.75 亿美元,以购买马丁公司的股份。有 13 家银行共融资 9.3 亿美元给马丁公司,以购买贝梯克思公司的股份。另外,有 14 家美国国内银行和 8 家外国银行为艾伦德公司提供了 20 亿美元的贷款来收购贝梯克思公司。有趣的是,有 15 家银行至少涉及其中 2 个公司的活动,而有 3 家银行则参与了 4 个公司中至少 3 个公司的收购活动。对银行来说,谁收购谁反收购是无所谓的,只要有利可图,敌对双方它都给予金融支持。

资料来源:道客巴巴.高级财务管理第 9 章反并购,2012-10-23,http://www.doc88.com/p-952216780332.html。

11.3.4 法律手段

通过发现收购方在收购过程中存在的法律缺陷,并且提出司法诉讼,是反收购战的常用手段之一。目标公司提起诉讼的理由主要有以下三条。

(1) 利用反垄断法。部分收购可能使收购方获得某一行业的垄断或接近垄断的地位,目标公司以此作为诉讼理由。反垄断法在市场经济国家占有非常重要的地位。如果敌意收购者对目标公司的并收购会造成某一行业经营的高度集中,就很容易触犯反垄断法。因此,目标公司可以根据相关的反垄断法律进行周密调查,掌握并购的违法事实并获取相关证据。即可挫败敌意收购者。

(2) 利用信息披露的法律规定。目前各国的证券交易法规都有关于上市公司并购的强制性规定。这些强制性规定一般对证券交易及公司并购的程度、强制性义务作出了详细的规定,比如持股量、强制信息披露与报告、强制收购要约等。敌意并购者一旦违反强行性规定,就可能导致违法行为,从而使得收购失败。

(3) 犯罪行为。例如欺诈。但一般来说除非有十分确凿的证据，否则目标公司难以以此为由提起诉讼。通过诉讼手段，迫使收购方提高收购价格，或延缓收购时间，以便另寻"白衣骑士"以及在心理上重振管理层的士气等。

"宝延风波"案揭示了中国资本市场早期处于发展中的特点(参见案例11-16)。

案例 11-16

宝 延 风 波

1993年的前9个月上海股市平淡无奇，直至9月30日，上海昌平路延中实业总部响起那阵紧促的电话铃声。

"30日恰逢中秋节，我接到了周董一个紧急电话。"时任延中实业总经理的秦国梁日前接受本报记者专访时回忆，"说一家深圳公司已经暗中买了延中超过15%的股权，即将成为大股东了！"

当时秦国梁正外出办事，而"周董"则是他的领导，时任延中实业董事长的周鑫荣。后来两人成了轰动一时的宝延风波(中国宝安收购延中实业事件)主角，秦国梁在该风波后被"对手"中国宝安重用，组织、经历了延中并购爱使等五次上市公司的收购和反收购，成为中国资本市场并购史中具有坐标意义的人物。而当年的延中实业，在并购重组浪潮中最终演变成今天的方正科技。

17年之后的今天，时值证券市场开市20周年，本报记者与秦国梁坐在上海繁华的徐家汇商圈边喝咖啡边聊旧事。"我早就退了，现在已实现财务自由——平日就炒炒股票、打打麻将、喝喝茶，心态很平静。"

1. "三无股"成了"香饽饽"

但当话题重新拉回17年前那场轩然大波，其间的酸甜苦辣、成败得失，以及后来个人命运的大幅转向，仍让秦国梁按捺不住满腔激动——大多数时间他会滔滔不绝地诉说，但一段故事完结后又会陷入冥思。

"1992年的延中实业是当时少见'三无'股——无国家股、无法人股、无外资股(B股)。作为一家股份全流通的上市公司，延中的全部股本只有3 000万股，其中91%是分散的个人股，无优势大股东，没有后台，这是宝安选择延中作为收购标的的主因。"秦国梁说，"能在那个时代有如此洞见，策划这一并购案的厉伟、陈政立真的是天才。"资料显示，陈政立时任宝安集团总经理，现任宝安集团董事局主席；厉伟时任宝安集团证券部主任，现任VC机构深港产学研创投董事长、松禾资本创始合伙人，其父乃著名经济学家厉以宁。

对于宝延并购案为何得以非常顺利演进，秦国梁意味深长地表示，"很多人难理解，深圳的宝安为什么能把上海的延中给买了。其实很简单，当时延中实业不过是一个静安区的街道小厂，不论是财税还是社会关系都不在市政府的法眼中，若换成当时上海其余的'老八股'，宝安胜算几乎为零"。

另一个值得注意的细节是，1992年10月，证监会正式成立，而证券市场奠基性文件——《股票发行与交易管理暂行条例》于次年4月底出台。仅半年后的9月30日，宝延风波便骤然发生。

2. 宝安举牌"动如脱兔"

说起这段风波中的市场表现,更是惊心动魄。资料显示,1993年7月26日,延中实业报收8.33元/股;至9月13日涨到8.98元,这期间上升趋势明显,但涨幅却不到10%。这正是收购风波的寂静前奏。

从9月14日起,宝安下属三家公司开始大笔买入。延中实业的股价虽每日走高,但都维持在3%不到的涨幅。9月29日,宝安上海公司已持有延中实业4.56%的股份,宝安华阳保健用品公司和深圳龙岗宝灵电子灯饰公司分别持有延中实业达4.52%和1.657%,合计10.6%。

收购的高潮发生在9月30日上午9点30分,延中实业以12.11元开盘,而宝安旗下的三个法人账户则在9点25分集合竞价时已布好了买单。截至当日上午11时15分,宝安上海公司共计吃进延中实业342万股,累计持有延中实业479万股,合计拥有延中实业15.98%,其中包括关联企业宝安华阳保健用品公司和深圳龙岗宝灵电子灯饰公司通过上交所卖给宝安上海公司的114.7万股。

当天中午,延中实业被临时停牌,宝安上海公司对外公告称,该公司于本日已拥有延中实业普通股5%以上,根据《条例》相关规定,特此通告。

消息传到上海昌平路延中实业总部,便出现了本文开始时的那阵电话铃声。

3. 证监会"一锤定音"

"对于延中的管理层和职工而言,宝安的行动非常突然,他们缺乏任何思想准备。"秦国梁回忆。而时任宝安集团上海分公司总经理的何彬在接受采访时,直言想参与延中的经营管理。在随后的争执中,延中管理层认为宝安上海公司的收购行为存在严重违规,并诉诸法律程序来维护公司利益。双方争执不下,最终引起了证监会的干预。

经过调查,证监会认定,在买卖延中股票过程中,宝安集团及其关联企业,在信息披露等方面存在违规行为,比如:当宝安第一次发布公告的时候,它和关联企业实际持有的延中股份已达到了10.65%,远超5%的警戒线。同时,在发布公告的当天下午宝安公司又继续大量买进,将持股量增至17.07%。对此,证监会也认定宝安违规,但也确认宝安所购买的延中股权有效。

最终,宝安和延中实现了和解。在此后不久召开的延中临时股东大会上,延中的管理层发生了变动,何彬出任延中实业董事长,但延中的基本管理队伍没有改变,周鑫荣改任副董事长,秦国梁留任。

资料来源:郭成林.延中实业:中国资本市场收购第一股[N].上海证券报,2010-11-24。

附录11-1

补充阅读案例:戈德斯密斯三度出手狙击克朗公司

1984年1月,戈德斯密斯准备出手狙击克朗公司(这是一家美国造纸业公司),克朗公司赶紧聘用财务专家制定了毒丸计划——一种反收购措施,1985年在美国特拉华州被合法化。

这是一种发对恶意收购的股东权益计划,实质名称为"股权摊薄反收购措施"。最早起源于股东认股权证计划,即向普通股股东发行优先股,一旦公司被收购,股东持有的优先股就可转换为一定数额的收购方股票。通过股本结构重组,降低收购方的持股比例或表决权比例,或增加收购成本以减低公司对收购人的吸引力,达到反收购的效果。

可是,当朗克公司一切准备就绪,戈德史密斯反而偃旗息鼓了。

一年之后,公司董事刚松口气,戈德史密斯正式对外宣布收购克朗公司,吓得其董事长刚做完手术就立即出院,重新聘请专家修缮毒丸计划:① 压低股息,让收购方无利可图;② 修改公司章程,指出新股东没有投票表决权,重大公司经营需董事会绝对多数通过,不让收购通过股权控制公司;③ 增加员工福利待遇,高管离职支付其3年的工资和全部退休金,骨干半年工资,让收购者背上沉重的债务;④ 该计划在对手持股超过20%时自动生产效率。

计划宣布之后,戈德史密斯又隐蔽了……

公司高管觉得这些措施并不保险,找到梅德公司作为"白衣骑士",劝说其全面收购克朗公司的股票,包括(戈德)以42美元吸纳的股票(绿票讹诈)。

1985年4月,戈德史密斯赚取1亿美元后收手,梅德公司没想到戈德就此罢手,也没有做好收购准备,在签订协议前取消了交易。

孤立无援的克朗公司只好再次与戈德谈判:戈德要30%以上的股权,谈判破裂。

六神无主的克朗公司以为戈德会加紧吸纳公司股票,哪知第二天,戈德宣布取消8亿美元的收购计划。

结果是:人们大肆抛售公司股票,股价大跌;公司管理层不知所云,认为是"毒丸计划"起作用了,开始重整旗鼓。

戈德在干吗?他在暗中加紧收集筹码,仅仅1个月累计低价获得19.99%股权,并说若不取消"毒丸计划",则增持股权至20%以上。

资料来源:孙健,盖丽丽.每天读点金融史[M].北京:新世界出版社,2008:190。

附录 11-2

补充阅读案例:A 股第一单真正的敌意收购——浙民投收购 ST 生化

1. 争夺的战场

ST 生化的全称是"振兴生化股份有限公司",公司的主要业务为生产和销售血液制品,公司主要产品为人血白蛋白、静注人免疫球蛋白(pH4)、人免疫球蛋白、乙型肝炎人免疫球蛋白、破伤风人免疫球蛋白、狂犬病人免疫球蛋白。这家公司于1996年上市,先后用过两个名字,在2000年之前叫宜春工程机械股份有限公司,在2000年之后叫三九宜工生化股份有限公司。1998年三九集团受让第一大股东的股权,并将旗下湖南三九唯康药业有限公司、上海唯科生物制药有限公司、深圳市三九精细化工有限公司等资产注入上市公司,上市公司也改名为三九宜工生化,主营业务由原来的机械制造行业变成生物制药。2002年2月,三九集团将其持有的三九生化8 068.2万股国有法人股转让给三九医药。从2004年开始,三九生化开始亏损,大股东于2005年转手将其持有的29.11%三九生化股权卖给了山西大户振兴集团。振兴集团刚刚拿到三九生化的控股权,在2005年6月立即进行了一次资产置换,将山西振兴集团电业有限公司65.216%的股权置入上市公司,上市公司置出部分其他应收款和三九集团昆明白马制药有限公司90%的股权。振兴集团对三九生化"腾笼换鸟",准备借壳,但由于遇到股改承诺无法兑现、大股东债务危机、违规为大股东提供担保等问题,这家上市公司的ST、*ST,甚至是S*ST的帽子一戴就是十几年。

2. 收购方:杭州浙民投天弘投资合伙企业(有限合伙)(简称"浙民投天弘")

在这家合伙企业背后是由浙江省8家民营企业"天团"和工银瑞信投资管理有限公司"加持"的浙江民营企业联合投资股份有限公司(简称"浙民投"),股权结构,如图11-1所示。

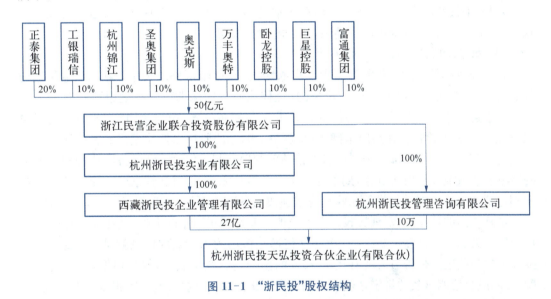

图11-1 "浙民投"股权结构

其实在浙民投天弘发动对ST生化的收购前,浙民投体系就已经持有部分ST生化的股份,包括浙民投与下属的浙民投实业,合计持有2.51%的股权。

3. 防守方:史氏父子与振兴集团有限公司

这家公司的创始人史珉志颇富传奇色彩,1982年贷款2万元在村里开起了小工厂,经过20多年建设,振兴集团实现了"转化原煤80万吨,发电装机容量11.8万千瓦,年发电9亿度,电解铝产量10万吨"的成绩,是山西当地响当当的煤、电和铝行业的龙头企业,这家企业在过去的十几年间经常登上国内各大民营企业排行榜的榜单。

(1)第一阶段:"野蛮人"来敲门。

2017年6月21日,ST生化就以公司存在"对股价可能产生较大影响、没有公开披露的重大事项"为由申请临时停牌,第二天申请继续停牌 5 个交易日。直到 6 月 27 日,ST 生化公告了浙民投天弘的收购报告书摘要和提示性公告,浙民投天弘以 36 元/股的价格要约收购 7 492 万股的 ST 生化股票,如加上浙民投体系之前已持有的持股比例,收购完成后浙民投体系将持股 29.99%。ST 生化同一天还发布了一份重大资产重组停牌公告,向深交所申请停牌。在公告的当天晚上,深交所就发来了关注函,询问筹划重组事项的真实性和合规性,然而 ST 生化并没有马上复牌,继续筹划重组,中间甚至还更换了一次重组标的。在 ST 生化筹划重组的进程中,受到了深交所"猛烈"的关注,甚至于到了几乎每发一次公告都引来一封关注函的地步。到 2017 年 9 月 21 日,ST 生化不得不公告终止重大资产重组,股票复牌,此时距浙民投天弘来敲门已经过去了 3 个月。

(2) 第二阶段:大股东殊死一搏。

2017 年 9 月 15 日,振兴集团向山西省高级人民法院提起诉讼,将浙民投天弘与 ST 生化共同起诉,称浙民投存在信息披露违规、利益输送和内幕交易等内容,请求判令其终止收购并赔偿损失,同时,振兴集团还向浙江省银监局举报民生银行和浙民投,称民生银行向浙民投提供的 14 亿元贷款存在违规。但是不论是诉讼还是举报,似乎也没有起到实际的效果,浙民投天弘的收购进度仍然在照常进行,于 2017 年 11 月 2 日公告了要约收购报告书,给予了股民 33 天的收购期限,最后的截止日期为 2017 年 12 月 5 日。

(3) 第三阶段:"白衣骑士"佳兆业赶来。

在国外成熟的反敌意收购对策中,"白衣骑士"是比较常见的策略。在 ST 生化这场收购大战中,扮演"白衣骑士"这一角色的,是佳兆业下的深圳市航运健康科技有限公司(简称"航运健康")。2017 年 11 月 29 日,ST 生化发布公告,振兴集团将 18.57% 的股份以每股 43.2 元的价格转让给航运健康,将剩余 4.04% 的股权以抵偿债权的方式转让给中国信达资产管理公司深圳分公司(简称"信达深圳");同时,信达深圳又将所获得的 4.04% 的股权表决权委托给航运健康,期限为 1 年。在转让完成后,航运健康可以控制的表决权比例达到 22.61%,在浙民投天弘收购完成前成为 ST 生化第一大股东。

半路杀出的佳兆业,对浙民投天弘的收购确实造成了不小的影响,佳兆业受让的价格比浙民投天弘的价格高了 20%,这个举动传递给市场的小股东的信息就是:不要轻易卖掉你手中的股票。公告当天就有接近 70% 的预受要约股东撤回,但是根据《上市公司收购管理办法》第四十条的规定,"收购要约期限届满前 15 日内,收购人不得变更收购要约;但是出现竞争要约的除外"。控制权转让并不属于竞争性要约,浙民投已经无法在要约条件上还击,浙民投天弘的本次收购前景变得不确定起来。

(4) 第四阶段:尘埃落定,握手言和。

截至 2017 年 12 月 5 日,浙民投要约收购 ST 生化的预受要约股份数量达到 1.47 亿股,预受要约股东数量达到了 3 870 户,远超要约收购的数量,浙民投天弘的要约收购成功,浙民投体系控制了 ST 生化 29.99% 的股权,成为第一大股东。但早在 2017 年从振兴集团手中受让控制权后,佳兆业就已经派驻了总经理、副总经理和财务总监,实际上已经接管了 ST 生化的运营。浙民投体系和佳兆业这第一和第二大股东如何相处,也是留给市场的不确定因素。

直到 2018 年 5 月 2 日,ST 生化 2018 年第一届临时股东大会通过新任董事、监事及修改公司章程议案,一共 7 名董事的董事会,佳兆业提名 3 名董事,浙民投天弘提名 4 名董事。双方分别提名 1 名监事。这一举动表明,浙民投与佳兆业对于 ST 天弘的管理已经达成一致,原来敌对的双方实现握手言和。

附注:1994 年 3 月 30 日上午,当时的君安证券总裁张国庆以及副总张汉生走进万科王石的办公室,"君安准备下午开一个新闻发布会,正式提出对万科的意见。不要误会,对你没有其他的意见,君安是代表中小股东给万科的经营战略提意见,会对万科的长远发展有好处,对你也有好处,对中国证券市场发展更有明显的好处"(王石回忆录的原文)。当天下午,君安证券连同另外四家股东,共计持有 10.73% 股份,发出《告万科全体股东书》,提出增持万科股份,改选董事会。万科向深交所申请停牌,当时的深交所总裁夏斌,责令万科在停牌两天后必须复牌,王石不得不求助时任证监会主席刘鸿儒先生。陈耿先生,正是深交所上市部总经理,他的第一份工作就是参与深交所筹建,以及参与起草中国第一部上市规则。1996 年 7 月,陈耿出任君安证券总裁助理兼投资银行部总经理;1998 年 2 月,陈耿高升为君安证券董事、副总裁;7 个月后,君安证券重组为国泰君安,陈耿先生从 2004 年—2014 年的 10 年时间出任国泰君安总裁,并于 2014 年辞去总裁一职,于 2015 年 4 月,出任浙民投总裁一职。在新的舞台上,陈耿先生指挥了 ST 生化这一收购大战,给沉闷的 A 股并购市场带来了一抹亮色。

资料来源:A 股第一单真正的敌意收购——浙民投收购 ST 生化,中国的 KKR https://mp.weixin.qq.com/s/MlJA6UuiZZTvX40lvl4cRQ。

本 章 小 结

资本市场的收购并不全是善意收购,还存在诸多敌意收购,如 2005 年盛大收购新浪。所谓敌意收购是指不被目标公司管理层接受的收购方主动提出的收购,面对其他公司的敌意收购,目标公司可通过采取一定的防御措施进行反抗,即反收购。反收购措施主要包括预防性反收购和对抗性反收购措施。

预防性反收购措施往往发生在前期的公司股权和公司章程设计方面。股权方面典型操作包括:① 自我控股,即保证实际控制人持股比例达 51%;② 交叉持股;③ 朋友代持;④ 员工持股计划。当然,这些计划生效的前提还需要关联方如员工、亲友、关联公司能在反收购时成为一致行动人。公司章程方面的反收购措施具体包括:① 分期分级董事会制度;② 绝对多数条款;③ 限制大股东表决权条款;④ 公平价格条款;⑤ 限制董事资格条款等。

对抗性反收购措施是借助外部顾问机构的帮助实现反收购,形式多样,总体可分为四大类:提高收购成本、降低收购收益或增加收购风险、收购收购者和法律手段。其中提高收购成本的具体措施包括:① 定向配售与重新评估资产;② 股份回购与死亡换股;③ 寻找"白衣骑士";④ 降落伞策略等。降低收购收益或增加收购风险的具体措施包括:① "焦土"战术;② "毒丸"计划等。收购收购者又称"帕克曼"防御,指当公司遭遇敌意收购时,以攻为守、以进为退,针锋相对地对收购者发动进攻,从而达到"围魏救赵"的目的。

法律手段是对收购方最有力的打击,通过利用反垄断法、信息披露相关规定和公开对方犯罪行为,不仅可以在反收购战役中一举成功,同时也可以此为机遇彻底挫败对手方。

重要概念

敌意收购　预防性反收购措施　对抗性反收购措施　白衣骑士　降落伞策略　毒丸计划

课后习题

万宝之争[①]

改革开放四十年来,全国改变最大的城市非深圳莫属。从南海边的一个渔村,一跃成为中国最具活力、最现代化的城市之一。随着深圳的崛起,万科这个根源于深圳的地产公司,也在这波行业景气周期中成长为中国最大的房地产企业之一。

这样一个地产巨头,自然成了资本市场眼中的香饽饽。万科在历史上曾经历过一次股权纷争,王石团队力拼方保全公司控制权。而这一次,同样的剧本再次上演。十多年之后,野蛮人再来袭,王石,真的做好准备了吗?

2015年7月,姚振华旗下的宝能系持股万科达到5%以上,正式举牌。随后,姚振华没有停下脚步,在不到半年的时间里增持到20%以上,狙击华润成为第一大股东,对控制权的渴望可谓司马昭之心——路人皆知。

面对势头正劲的姚振华,王石不可谓不担心。王石曾试图加强与华润的结盟,而华润却也有自己的如意算盘,一时难以达成一致。在少量增持并短暂夺回控制权后,华润没能保住大股东位置,又被宝能系大举增持压制。

看到宝能大摇大摆举牌,其他险资也不再躲在幕后。安邦也在12月初买入万科股份,持股上升到5%以上。门口的野蛮人越来越多,万科的控制权可谓岌岌可危。

看着自己一手打下的江山,就要在眼前被人强取,王石,这个曾征服世界七大高峰、征服南北极的男人,岂能善罢甘休。

12月17日,王石组织万科内部会议,向公司高管传达了明确的意思:王石不欢迎这个野蛮人入局!尽管此前与姚振华有过会面,但当时王石就已下定决心,这个外来大股东和万科的文化、愿景不和,王石不会允许姚振华最终掌控万科。

12月18日凌晨,宝能系作出回应,称相信市场的力量,其态度也十分明显:宝能将在市场上继续增持,直到获得公司控制权。这场控制权之争即将上演最激烈的角逐。

此时的王石面临极大的挑战。华润态度模糊,公司本身资金实力远逊于宝能系,能够给王石调动的资金实属有限。正面狙击宝能,王石着实难以应对。面对这生死存亡的时刻,见证过风风雨雨的王石也显得捉襟见肘,危机就这样降临在了这个地产巨头身上。万

---

① 根据36氪资料整理而得,http://36kr.com/p/5049747.html。

科的未来愈发扑朔迷离。

面对危急时刻,王石作出了决定,即使不能正面迎击,也绝不拱手相让。18日午时,万科A向深交所申请停牌,筹划股份发行。万科打算以停牌来暂缓野蛮人的脚步,为自己争取时间,以争取外部力量帮助万科渡过难关。

最终,2017年3月16号晚,恒大将手中的14.07%万科股票表决权交给了深地铁,至此,深地铁拥有了万科29.38%的表决权,实际接盘万科。这场长达615天的"万宝之争"终于落下了帷幕。

问题:

1. 查找资料,画出"万宝之争"前后的股权结构变化图。
2. 结合案例内容和查找资料,分析万科在抵御宝能系收购的过程中运用了哪些接管防御策略?

第十二章

公 司 重 组

本章导读

- 熟悉公司资产重组的类型，区分剥离、分拆、分立、置换之间的差异；
- 掌握股权重组中的杠杆重组、管理层收购（MBO）、员工持股计划（ESOP）、股份回购等；
- 区分财务重组中的债务重组和破产重组。

"兼并成功后，再用被兼并公司的现金偿还债务，或者卖掉被兼并企业的一些资产偿还债务。"

——垃圾债券之王：迈克尔·米尔肯

资源基础理论认为，对于一个独立的企业来说，资源是其重要组成部分。在资源有限的情况下，企业有激励对错配的资源进行重新配置，即资源重组，实业界称之为公司重组。典型的重组形式就是公司并购，由公司并购可延伸出重组的其他基本形式。

（1）公司完成并购交易之后，鉴于双方在组织构架、企业文化、运营模式等方面不一致，需开展各项整合工作，其中的工作重点就是如何通过公司整合实现业务协同或财务协同效应。

（2）若合并重组之后，并没有达到预期效果，则公司内部就会展开各种资源重组活动，如剥离、分立以及财务重组等。

（3）若并购多年后经营不善，公司难以为继，则可能需要进入破产重组，保证利益相关者的最大利益。

12.1 公司重组概述

公司重组（restructuring）是一个非常宽泛的概念，广义上正常经营之外发生的任何公司结构或资源的变化都可视为公司重组。鲍尔曼将公司重组定义为公司（或其他组织）进行的一系列范围广泛的交易和行为，其间伴随着资产、资本和管理的变化，一般包括业务组合重组、财务重组和组织重组三个维度(Bowman & Singh, 1993)。美国著名金融学家威斯通(Weston)在其经典著作《接管、重组与公司治理》(2004)中则将重组概述为"在资产组成、负债、权益模式以及相关战略和政策上的重要变化"。国内学者对"公司重组"概念的理解与国外有很大差别,运用的术语也各成体系,研究者曾使用过"企业重组""企业改组""资产重组""管理重组""战略性重组""公司重构"等众多词汇,这里,我们采用宽泛的公司重组概念。

具体而言,按公司资产负债表的变化可将其划分为资产重组、债务重组和股权重组。

公司重组也涉及合并或收购,但公司重组与公司并购所涉及的合并或收购略有不同。公司并购是不同实际控制人之间的控制权交易行为;而公司重组通常表现为同一实际控制人主导下的公司之间的控制权转移行为,它所导致的结果是实际控制人对控制权结构的一种重新配置,如上海文广新闻传媒集团业务重组案(参见案例 12-1)。简单地说,公司重组所涉及的合并或收购是同一控制下的合并或收购[①]。

案例 12-1

上海文广新闻传媒集团业务重组

2006 年 10 月 24 日,上海文广新闻传媒集团传出消息,将对旗下新媒体业务进行重组:将负责跨媒体互动增值服务的上海文广新媒体有限公司并入专注于移动多媒体业务的上海东方龙移动信息有限公司。分析认为,上海文广此举与当年 4 月,中央电视台彻底改版 CCTV.com 并大力整合央视国际网络的新媒体业务所带来的压力有关,同时也是其为新媒体业务寻找盈利模式的再次尝试。这种实际控制人主导的合并是一种典型的公司重组形式。

资料来源:上海文广新闻传媒集团重组新媒体业务[N].21 世纪经济报道,2006-10-28。

12.2 公司重组类型

12.2.1 资产重组

资产重组是指企业改组为上市公司时将原企业的资产和负债进行合理划分和结构调整。剥离、分拆、分立、整体上市和资产置换是公司资产重组的常见形式。

(1)剥离。资产剥离,英文为 divestiture,也称为资产出售,是指公司将其现有的部分子公司、部门、产品生产线、其他固定资产等出售给其他公司,以获取现金、股票或现金与股票的混合形式作为回报的一种商业行为。弗雷德·威斯通等(1998)认为:"从根本上说,剥离是将企业的一部分出售给外部的第三方,进行剥离的企业将收到现金或与之相当的报酬。"美国《会计原则委员会第 30 号意见书》认为,资产剥离主要是指出售构成企业主要经营业务的产品生产线、经营分部或子公司。资产剥离的形式又有两种:一是出售股

[①] 上海国家会计学院.企业并购与重组[M].北京:经济科学出版社,2011:224.

权,二是出售实物资产。

剥离目前被频繁使用,主要原因在于众多企业致力于加强自己的核心优势,通过剥离非核心业务,聚集资源优势,降低多元化经营的程度,实现专业化发展的战略。

按照是否符合公司的意愿,剥离可以划分为自愿剥离和非自愿或被迫剥离。

自愿剥离,是指公司采用收缩战略退出"瘦狗"[①]等业务时可能进行的战略调整,或当公司管理人员发现通过剥离能够提高公司的竞争力和资产的市场价值时而进行的剥离。非自愿剥离或被迫剥离则是指政府主管部门或司法机构以违反反托拉斯法为由,迫使公司剥离其可能造成市场过度垄断,损害公平竞争的部分资产或业务。

按照剥离业务中所出售资产的形式,剥离又可以划分为出售固定资产、出售无形资产、出售子公司等形式。出售固定资产是指将公司的部分厂房场地、设备等固定资产,或者与生产某一产品相关的机器设备等出售给其他公司;出售无形资产比较少见,但如果一个品牌很有价值,而收购方开出的收购条件非常诱人时,卖家也会考虑出售;出售子公司是指将一个持续经营的实体出售给其他公司,这时被剥离的对象不仅包括产品生产线,而且还包括子公司的职能部门及其职能人员。

在收购业务完成之后,为取得所需要的现金回报或偿还部分融资费用,收购方可能采用剥离的方式出售部分被收购公司的资产或业务;或避免受到违反反托拉斯法的起诉也可能会通过剥离公司原有部分资产或业务的方式;有时还可以通过剥离的方式来纠正一项错误的收购业务。此外,公司在受到来自其他公司的收购威胁时,可能会采用剥离核心/优质资产的方式抵制收购方的敌意接管。

尽管剥离和收购两种业务之间存在着种种联系,且两者之间也有着一些共同的特征,但是我们不应简单地把剥离看作是并购的反过程。与收购和兼并相比,剥离通常有着不同的动因和目的,需要采用不同的分析手段和实施方法,如案例12-2中的万科资产剥离案。

案例 12-2

万科资产剥离案例

万科的前身——深圳现代企业有限公司,是一家专门从事科教仪器和办公自动化设备贸易的公司,1988年改制为股份制企业,并且更名为"深圳万科企业股份有限公司"。当年12月,万科向社会公众发售新股2800万股,每股1元。1991年1月29日,万科股票正式在深圳交易所上市交易。

公司上市初期,采用综合商社的模式,走多元化发展之路,拥有多家附属公司和联营公司,其经营业务遍及出口贸易、房地产、工业、连锁商业、影视广告等领域。1993年,公司管理层在上海召开的会议成为万科发展过程中的转折点,会议决定放弃以综合商社为目标的发展模式,提出了加速资本积累、迅速形成经营规模的发展计划,确立了城市居民住宅为公司的主导业务。为了集中资源优势,万科针对非核心业务进行了"瘦身"运动。

---

① 1970年美国著名的管理学家、波士顿咨询公司创始人布鲁斯·亨德森提出著名的"波士顿矩阵",通过市场引力与企业实力将企业产品划分为明星产品、金牛产品、瘦狗产品和问题产品。

直到2001年8月,公司将直接和间接持有的深圳市万佳百货股份有限公司72%的股权一次性转让给中国华润总公司及其100%持股的附属公司国内贸易有限公司,公司退出零售行业,万科的专业化战略调整基本完成。

资料来源:魏昕.万科真相:中国第一地产背后的秘密[M].北京:中央编译出版社,2009。

(2) 分拆。也称股权出售或股权切离,是指母公司将一部分资产转移到新设立的子公司,再将子公司股权对外出售给第三方,而后母公司将子公司所有的剩余股份,按比例分配给母公司的现存股东,从而在法律上和组织上将子公司的经营从母公司的经营中分离出去,最终出现两家独立的公司。

一家公司也可以通过将子公司股份公开发行的方式将子公司分拆,使子公司成为一个新的上市公司,这种方式又称为分拆上市,如同方股份分拆上市案例(参见案例12-3)。分拆上市是将股权出售给公众而非私下协商的股权购买者,但分拆上市通常可获得更高的市盈率溢价,因此对母公司的股东往往更具吸引力。在成熟的资本市场,分拆上市作为一种金融创新工具已成为许多企业高速扩张的重要手段。

分拆与剥离通常均会使母公司获得现金流,但分拆会产生新的公司实体,而资产出售只是将资产转让,不会产生新的公司实体。

案例 12-3

同方股份分拆上市

根据同方股份2011年2月10日的董事会公告,公司将分拆控股子公司新加坡科诺威德国际有限公司至香港联合交易所上市。本次科诺威德共发行12 200万股,发行完成后科诺威德总股本为48 520万股,公司合计持股35.45%,为其第一大股东。其中公司直接持有科诺威德9 200万股股份,占其发行完成后总股本的18.96%,公司下属全资子公司Resuccess Investments Limited持有其8 000万股,占其发行完成后总股本的16.49%。

同方股份的公告称,本次分拆上市是公司国际化战略的进一步延续,分拆后科诺威德公司可充分利用香港资本市场平台,运用直接融资、换股并购等多种资本途径,进一步整合全球资源,提高盈利和抗风险能力。分拆上市完成后,其主营业务收入及净利润将大幅度增长。作为科诺威德的股东和实际控制人,同方股份享有的收益也将得到增加、市场价值亦将同步提升,从而有利于实现公司全体股东利益的最大化。

资料来源:同方股份拟分拆子公司赴港上市[N].东方早报,2011-01-24。

(3) 分立。分立,英文为 spin-offs,是与剥离、分拆不同的另一种企业股权裂变方式。公司分立是指一个公司依法签订分立协议,不经清算程序,分设为两个或两个以上公司的法律行为。公司分立可以采取派生分立和新设分立两种形式。

派生分立,也称存续分立(split-off),指一个公司按照法律规定的条件和程序,将其部分资产或营业进行分离,另设一个或数个新的公司或分支机构,原有公司继续存在的公司分立形式。可以用 A=A+B+⋯来表示,如案例12-4中的建设银行分立为中国建设和建设银行案。

新设分立,也称解散分立(split-up),指一个公司按照法律规定的条件与程序,将其资产或业务进行分割,分别设立两个或两个以上的新设公司,原有公司的法律主体资格将消失。可以用 A＝B＋C＋…来表示。

分立与剥离的区别在于后者为实施剥离的主体带来现金流,而分立不会给分立的主体带来现金流①。

案例 12-4

建设银行分立为中国建设和建设银行

依据《公司法》并经中国银监会批准,中国建设银行股份有限公司(简称:建设银行)、中国建银投资有限责任公司(简称:中国建设)与中央汇金投资有限责任公司于 2004 年 9 月 15 日签署分立协议。根据该协议原建行分立为建设银行和中国建设。

根据分立协议,建设银行承继了原建设银行的商业银行业务及相关资产和负债,包括政府机关及公司实体委托贷款业务,以及委托住房公积金按揭业务。中国建设承继的原建设银行的非商业银行业务、资产、负债,包括原建行 2000 年 10 月 20 日之前形成的对委托贷款业务(不包括住房金融委托贷款业务)及相应的权利与义务;承继处理政府部门委托的原中国农村发展信托投资公司等金融机构的有关事宜及相应权利与义务等。由中国建设承继的资产的账面净总额为人民币 71.87 亿元,约占原建设银行总资产的 0.2%。

资料来源:财政部国家税务总局关于中国建银投资有限责任公司有关税收政策问题的通知(财税〔2005〕160 号)。

(4) 整体上市。企业除了可将资产分拆上市外,更普遍的选择是整体上市。整体上市是指一家公司将其主要资产和业务整体改制为股份公司进行上市的做法。随着证监会对上市公司业务独立性的要求越来越高,整体上市逐步成为公司首次公开发行上市的主要模式,典型案例之一是上港集团整体上市案(参见案例 12-5)。

案例 12-5

上港集团整体上市

上港集团(600018)是原上市公司上港集箱的母公司,负责上海港口的开发业务,旗下除了子公司上港集箱外,还拥有多家港口业务开发的子公司,子公司与子公司之间、集团公司与子公司之间普遍存在业务重叠,同业竞争的问题,故决定上港集团整体上市谋取长远发展。

2006 年 9 月 22 日,上港集团吸收合并上港集箱(G 上港),同时定向发行股份。G 上港流通股股东以 1∶4.5 的比例换取上港集团,现有股东如不愿换取上港集团股票,也可按每股 16.37 元的价格兑换成现金。这一价格比 G 上港 5 月 29 日停牌前最后交易日的

---

① 上海国家会计学院.企业并购与重组[M].北京:经济科学出版社,2011:229.

收盘价高出 6.67%。换股完成后,G 上港的法人资格被注销,其全部资产、负债、权益合并入上港集团。2006 年 10 月 26 日,上港集团挂牌上市。

资料来源:根据搜狐财经自行整理。

（5）资产置换。资产置换是指以自有资产交换另一公司的资产,包括整体资产置换和部分资产置换等形式。企业整体资产置换是指一家企业以其经营活动的全部或其独立核算的分支机构与另一家企业的经营活动的全部或其独立核算的分支机构进行整体交换,资产置换双方企业都不解散,如 ST 力阳资产置换案例(参见案例 12-6)。

案例 12-6

ST 力阳资产置换

武汉力诺太阳能股份有限公司是一家以经营太阳能产业、高硼硅业务为主业,同时参股涂料业务的公司。本次交易对象是公司的实际控制人力诺集团及其关联企业力诺新材料,资产置换方案如下:

置出资产为化学集团 12.84% 股权,双虎汽涂 53.497 9% 股权和双虎建涂 33% 股权及涂料业务生产经营用房产、上市公司持有的部分应收账款和存货;置入的资产为力诺光热 100% 的股权。

本次资产置换的具体方案参见表 12-1。

表 12-1 本资资产置换的具体方案

交易方	交易资产	交易方式	交易资产	交易方
力诺太阳	双虎汽涂 53.497 9% 双虎建涂 33% 化学集团 12.84% 房产	置换	力诺光热 80%	力诺集团
	部分存货及应收账款	置换	力诺光热 20%	力诺新材料

资料来源:石珣.ST 力阳资产置换交易案例解析[J].现代商贸工业,2011(16):158-159。

资产置换之所以被上市公司普遍加以使用,是因为它被认为是各类资产重组方式当中效果最快、最明显的一种方式。

12.2.2 股权重组

股权重组指企业对股权结构以及资本结构的重新安排。其中股权重组是指股东、股东持股比例、股份级别等方面的变更,常见的形式包括,杠杆化资本重组、管理层收购、员工持股计划、双级股份重资本化以及股份回购。

资本重组指股权与债务两者之间结构的重组。资本重组的目的常常是为了使公司的资本结构更稳健。资本重组往往涉及一种融资工具代替另一种融资工具的过程,比如将优先股转换为债券。其原因可能是防御敌意接管、进行税收筹划或者是风险投资者的退出策略。资本市场常见的资本重组方式包括杠杆化资本重组、交换发行等①。

（1）杠杆化资本重组。这是在兼并和接管中涉及的资本结构和财务杠杆的重新安排。杠杆化资本重组的好处在于避免了商誉摊销带来的未来收益报告的负担。

杠杆化资本重组通常涉及大规模的举债，向非管理层股东支付较多的现金股利以及作为现金股利替代方法的或与之相结合的股份回购。杠杆化资本重组中支付的现金股利的数量甚至可能超过股票先前的市场价格，结果会形成一个高杠杆公司，如案例12-7中的KKR杠杆收购案。实际上，对股东来说相当于发生了股票回购。在位的管理层或财务机构可以用额外的普通股代替现金股利，充分增加他们在股东权益中的份额。这样在不产生未来商誉摊销的情况下充分改变了所有权结构。而如果新设一个壳公司作为收购工具，则可能产生商誉。

案例 12-7

看KKR如何收购安费诺

KKR（Kohlberg Kravis Roberts & Co.）公司，作为全世界最著名的杠杆收购公司，管理着多支巨型杠杆收购基金。1997—2004年，KKR对安费诺（Amphenol）公司进行了收购并完成了退出，在此期间，安费诺保留了上市公司资格。这个案例有助于我们充分了解杠杆收购。

安费诺公司（纽约证交所：APH）在美国《商业周刊》"2005全球IT企业100强"中排名第60位，是世界著名的接插件制造商，产品主要用于通信、有线电视、商业和军事航空电子，其子公司TimesFiber是世界第二大有线电视同轴电缆生产商。

1996年，80岁的公司主席DeGeorge打算退休，将持有的股份变现，但又不希望把公司交给竞争对手或者不懂经营的人，最终选定了KKR协助进行股份退出。

KKR进行杠杆收购的做法是：由众多有限合伙人（包括退休基金、投资公司等）出资成立的、由KKR管理的基金购买目标公司，通过将目标公司IPO或其他退出机制出售股份，为基金的有限合伙人提供流动资金和投资回报。

1997年1月23日，安费诺公司董事会投票通过了KKR提出的收购议案（仍需股东大会批准），包括承担安费诺公司的当前债务在内，交易总价格约15亿美元。同时，KKR和安费诺公司公布了交易结构。

（1）安费诺公司要约收购已发行的4 440万美元的A股普通股的90%，所有安费诺公司股东有权以26美元/股（安费诺收盘价23.125美元）的价格将股票变现。假如少于90%的股份接受要约，KKR同意把440万美元股份（4 400万美元的10%）按比例分配给每一个希望保留股票的股东，并以现金补齐这些股东目前持股和440万美元股份之间的差额。也就是说，如果股东投票结果是愿意保留超过440万美元的已发行股份，那么440万美元股份将在那些投保留票的股东间按比例分配，其余所有股份将获配现金。

（2）由KKR及有限合伙人（包括KKR 1996基金）专门为本次收购成立壳公司"NXS

---

① 上海国家会计学院.企业并购与重组[M].北京：经济科学出版社，2011：238.

收购公司"。以 KKR 为首的财团通过对该公司的一系列股本金注入,并通过为安费诺公司安排一系列债务资本,为这次收购提供资金。根据协议,财团将提供 3.74 亿美元的股本金,其余资金来自垃圾债券发行及纽约银行、银行家信托银行(Bankers Trust)和大通曼哈顿银行的银行债务。

(3) 人们通常认为,杠杆收购中,由于被收购公司债务急剧增加,原债权人的利益受到侵害。为避免原债权人的反对,KKR 同意安费诺公司先行偿还全部的 1 亿美元 10.45% 优先票据和 9 500 万美元 12.75% 次级债。1997 年 4 月 15 日,安费诺开始对 12.75% 债券进行要约收购,要约至 1997 年 5 月 19 日失效。截至失效前,全部 9 500 万美元中有 9 373.4 万美元接受要约。

(4) "NXS 收购公司"并入安费诺公司,安费诺公司的法人地位得到保留("新安费诺")。全部 NXS 的股份按比例转换成 13 116 955 股"新安费诺"普通股,注销全部公司库藏股,由母公司或其关联公司持有的及由 NXS 持有的原安费诺股份。

(5) 安费诺公司同意支付"分手费":假如交易在 1997 年 6 月 30 日前不能完成,或者安费诺公司股东大会否决了该项交易,或者其他任一收购者购买超过 20% 的公司股份,安费诺公司将支付 KKR 以 3 750 万美元作为补偿。

(6) 更换管理层。Martin H. Loeffler 从 1997 年 5 月开始担任董事会主席、CEO 和总裁。他 1987 年就开始担任安费诺公司董事、总裁、首席运营官等职务。

资料来源:杠杆资本重组操作:看KKR如何收购安费诺[EB/OL].搜狐财经,2017-01-04,http://mt.sohu.com/20170104/n477695814.shtml.

(2) 管理层收购。管理层收购(management buy-out,MBO)是指目标公司的管理层利用杠杆融资或股权交易收购本公司股份的行为。通过收购,企业的经营者变成了所有者,公司所有权结构、公司控制权和资产结构都发生了改变,进而达到重组目标公司的目的。一般认为 MBO 是杠杆资本重组的一种特殊形式。MBO 最早出现在 20 世纪 80 年代美国兴起的杠杆收购浪潮中,之后被更多的国家所采用,并具有了与美国不同的特点。

对于管理层收购的观点,学术界出现了不同的观点。一种效率提高派认为应当鼓励发展 MBO,如詹森(1989)认为管理层具有热衷于扩大企业规模导致高现金流和低效投资并存的现象。在此背景下,企业通过提高财务杠杆率、约束管理层对自由现金流量的支配权,并通过股权对管理层进行控制,MBO 机构扮演了积极投资者的角色。另一种财富转移派则主张抑制 MBO 的发展。该派的基本观点认为 MBO 并没有给企业带来什么实质性的变化,交易之后的绩效上升,尤其是管理层的股权溢价。只不过是代表着财富从其他利害关系人,如股东、债权人、职工、政府等,向管理层的转移。也有观点认为 MBO 的目的就是为充分利用企业潜在避税空间。

在 21 世纪初期,孙泽蕤(2002)认为 MBO 之后,企业的经营绩效往往能得到很大的改善,MBO 作为一种制度创新,对于企业的有效整合、降低代理成本、经营管理的改善具有重要的积极意义;魏兴耘(2003)通过对 19 家上市公司的研究,发现 MBO 后公司的净资产收益率等明显提高。① 具体范例参见案例 12-8。

案例 12-8

山东如意管理层收购

山东如意 2014 年 2 月 28 日晚间发布公告,山东中亿集团有限公司将其所持公司控股股东山东如意毛纺集团有限责任公司(毛纺集团)27.55% 的股权协议出让,受让方为山东如意科技集团有限公司(如意科技),该事宜已完成。

本次权益变动后,毛纺集团仍为公司控股股东;如意科技通过上述股权受让成为毛纺集团新的控股股东,共持有毛纺集团 52.01% 的股权。因公司董事长邱亚夫通过如意投资持有如意科技 53.33% 的股权,故成为公司新的实际控制人。本次权益变动构成管理层收购。

资料来源:山东如意三涨停传闻求证:六个月内不再重组[EB/OL].中国青年网,2014-03-05,http://finance.youth.cn/finance_zqjrgsxw/201403/t20140305_4818186.htm。

(3)员工持股计划。员工持股计划(ESOP)是指由企业内部员工出资或由公司担保向银行借款用以认购本公司部分股权,委托员工持股会作为社团法人进行集中管理,员工持股管理委员会或理事会作为社团法人进入董事会参与按股份分享红利的一种新型股权形式。员工持股计划最初作为对雇员的一种激励措施,通过让职工真正成为企业的主人或者所有者的方式,来更好地协调劳资关系,提高员工积极性和劳动生产率,促进企业持续稳定发展。

20 世纪 80 年代以后,员工持股计划又在兼并收购中发挥作用,作为收购公司的融资工具或者应用于目标公司的反收购策略;中国的华为科技公司是较大范围采用员工持股计划并激励员工开拓市场、开发技术并获得成功典型例子之一(参见案例 12-9)。

案例 12-9

华为公司员工持股计划

(1)华为公司 99% 股票由 80 000 名员工持有(目前华为约有 150 000 名员工),这一数字在 2011 年 12 月为 65 596 名,2012 年 12 月为 7.43 万名。

(2)华为员工是通过"工会"持股。绝大多数员工的持股量为数万股(工作 3 年的 14 级员工),而极少一部分人的持股量达到了数百万股。

(3)该计划当前对于华为公司股票的定价为每股 5.42 元人民币,员工购买数万股需要几十万元。2010 年每股分红 2.98 元,2011 年为 1.46 元。据悉,去年每股分得的红利为 1.41 元人民币,相当于以当前价格买入将获得 26% 的收益率。

(4)华为在 2009 年财报中首次披露股权结构——当年任正非持股 1.4%。华为控股是 100% 由员工持有的私营企业。

(5)2012 年 12 月 31 日为止,华为投资控股有限公司工会委员会的持股比例为

---

① 魏建.投资者保护视角下的管理层收购新理论[J].中国工业经济,2003(5):63-70.

98.82%,任正非出资比例为1.18%,参与员工持股计划出资占公司总股本的0.21%,两项累计,任正非在华为的总持股比例接近1.4%。

(6) 华为根据1997年建立的《员工持股计划(ESOP)》授予高绩效员工股票,按照该员工的工作水平和对公司的贡献决定其获得的股份数。

(7) 华为的《员工持股计划》为激励员工而设,而该计划也使华为得到大量流动资金。但持股员工必须满足是"中国公民"的条件。

(8) 华为公布股权计划的一部分原因是为了反驳美国怀疑中国政府在华为公司的日常运作中影响投资决策。

(9) 每个目前受雇于华为的持股员工都有权选举和被选举为股东代表,选举为每五年一次。持股员工会选出51人作为代表,再从51名代表中选出华为17人董事会的成员以及监事会。

资料来源:华为再披露股权结构:员工持股99% 每股收益率26%[EB/OL].虎嗅网,2014-03-04,https://www.huxiu.com/article/29010/1.html。

(4) 股份回购。股份回购(stock repurchase)是指公司出于特定目的将已发行在外的股份重新购回的行为。与公司控制权相关的是,股份回购减少了流通在外的普通股数量,股票回购在国外经常是作为一种重要的反收购措施而被运用,降低了接管威胁。公司在股票回购后可以选择将所回购的股票注销。但在绝大多数情况下,公司将所回购的股票作为"库存股"予以保留,不再属于发行在外的股票参与流通,且不参与每股收益的计算和分配。库存股日后可移作他用,如发行可转换债券、雇员福利计划等,或在需要资金时将其对外出售。

自从股票回购被上市公司大量采用,学术界就开始了对股票回购的研究。如果考虑交易成本,股票回购成本将大于发放现金股利的成本,因为股票回购涉及中介费用、法律咨询费用,判断公司价值是否增加应权衡交易成本与税收优势的大小。研究发现股票回购对于公司价值的影响是不确定的。相关研究从要约回购引起股价上升的原因得到结论:① 公司回购股票越多,股票回购宣布后股票收益率越高;② 公司债务比率越高,回购宣布后股票收益率越高;③ 股票回购宣布后,股票收益率显著提高,而债务收益率降低;④ 回购宣布后,股价上升,回购完成后,股价跌到低于宣布前的水平。

另有研究支持财务灵活性假说的:一些公司由于非经营性现金流较高,经营性现金流较低,且现金流的波动较大,不具备向股东支付持续稳定的股利的能力。为了保证财务上的灵活性,以股票回购的方式向股东发放现金。

案例 12-10

厦门国贸减资回购案

1993年2月19日,由厦门经济特区国际贸易信托公司发起,以定向募集方式设立厦门国贸。1996年4月19日召开的1995年度股东大会通过了公司董事会提出的关于减资及变更股本结构的议案。根据该议案,为了使股本结构符合《公司法》的要求,公司以每股2元的价格回购全体股东持有的公司股份的60%并予以注销,减资后,公司总股本为

6 800万股。厦门国贸是为了发行新股进行资本扩展而回购注销老股的。

资料来源：股份回购重要案例[EB/OL].新浪财经,2005-06-08,finance.sina.com.cn/stock/t/20050608/0850112007.shtml.

(5) 双级股份重资本化(DCR)。在DCR中,企业创造两种级别的普通股股票：一种普通股拥有有限的表决权,但有对企业现金流的有限索取权或较高的股利要求权；另一种股份有更高的表决权和更低的分红权。DCR可导致资本重组后的A级股票每股1票表决权,但是股利分配率较高；而B级股票虽然股利分配率较低,但是每股可能拥有3股、5股或10股的多重表决权。

DCR的主要原因是控股股东或管理层可以巩固控制权,以便实施长期计划,从而减轻每季度为呈现较好的业绩的而承受的压力。另外一个可能的原因是在长期计划产生实质性绩效改善之前,控股股东可以掌握高比例的表决权巩固自己的地位,从而进行接管防御。尤其在一些创业企业中,创始人想在不断融资股份稀释的情形下,仍然保持对公司的控制权,就采用这种AB股方式。如京东的刘强东和小米的雷军就是利用AB股控制公司的。

(6) 交换发行。这是向一种或多种级别的证券赋予权利或期权,从而可以用这些证券的部分或全部来换取企业的不同级别证券。如同要约收购中的回购一样,交换发行通常的发行期是1个月,但经常出现延期。为了促使证券持有者进行交易,所提供的交换条款必须包含市场价值高于交换发行宣布前市场价值的新证券。

(7) 跟踪股票。又称为目标股票(targeted stock)或字母股票(letter/alphabet stock),是一种代表对一个部门或者一家公司收益所有权的权益性证券。当一家公司收购了另外一家公司,但是整个公司的股票在市场上被折价交易时,为了提高股价,母公司可能会让一个或多个部门发行单独交易的追踪股票。

跟踪股票的最初创立可以追溯到1984年通用汽车公司收购电子数据系统案(参见案例12-11)。

案例 12-11

通用汽车公司发行跟踪股票收购EDS

1984年,通用汽车公司(General Motors)在为收购电子数据系统公司(Electronic Data Systems)而进行的筹资活动中,首次发行了跟踪股票,新股票专门追踪新公司的经营业绩。EDS公司的首席执行官罗斯·佩罗(Ross Perot)担心让持有公司大量股票的员工把手中高成长性的EDS股票换成低成长性的通用汽车公司股票,会降低他们的工作积极性。为了解决这个问题,通用汽车公司发行了与EDS业绩挂钩的E类股票。通用汽车公司在1985年发行H类股票的时候也采用了这一机制,该股票与休斯飞机(Hughes Aircraft)这一子公司的业绩挂钩。

资料来源：追踪股票的特征分析[EB/OL].中华会计网校,2006-07-10,http://www.chinaacc.com/new/287/293/341/2006/7/sh96603232251017600212992-0.htm.

发行跟踪股票和剥离最大的一个不同是，在剥离中会创建一个独立的法人实体。而发行追踪股票，股东可以拥有对特定部门的收益权，但不具有特定部门资产的所有权，该部门仍然是整个公司的一部分。跟踪股票的持有者通常仍然保留对整个公司的投票权，但其投票权需要根据相对的市场价值进行调整。

跟踪股票并不代表对被追踪实体资产的所有权，这会使人产生疑惑，公司为什么不简单地进行分立，而要给所有者这种股票。并且发行跟踪股票不能享有税收免除的待遇，不具有分立的税收优势[①]。与出售交易的公告一样，市场也会对发行跟踪股票的公告作出积极的反应。德索萨和雅各布（D'Souza & Jacob）发现，在所提议的跟踪股票发行公告后3天内，公司股价会上升3.61%，在统计上显著。德索萨和雅各布试图确定发行追踪股票是否能获得与一家公司完全独立时相同的收益率。他们考察了追踪股票的收益率和公司整体收益率之间的相关性，以及追踪股票收益率和行业内相似公司收益率的相关性。他们发现母公司和追踪股票之间的收益相关性要大于追踪股票和同行业可比公司之间的收益相关性。也就是说，他们发现"公司效应"要大于"行业效应"。他们认为公司效应的存在是因为部门和母公司共同分享所有的资源和分担所有的债务。显然，追踪股票是处于完全独立和隶属于母公司之间的中间形式。

12.2.3 财务重组

财务重组是指对陷入财务危机，但仍有转机和重建价值的企业，根据一定程序进行重新整顿，使公司得以复苏的做法，是对濒临破产清算边缘的企业的抢救措施。通过这种方式，大部分企业重新振作起来，摆脱破产厄运，走上继续发展之路。财务重组的方式包括非正式财务重组和正式财务重组。前者是指与债权人达成自愿协议进行的重组，俗称债务重组；后者是指通过法律程序的正式安排进行的重组，俗称破产重组。在中国，财务重组主要指破产重组。

（1）债务重组。又称债务重整，指在债务人发生财务困境时，如果债权人对负债公司充满信心，本着友好协商的原则，在法律的监督下，就债务的推迟偿还作出的安排。一般来说，债务重组能够减轻负债公司的压力，对负债公司有利，如果公司可以摆脱困境，扭亏为盈，债权人也将受益。如果双方分歧很大，无法就债务重组达成协议，就不得不进行破产清算。泰山石化债务重组案就是很好的例子（参见案例12-12）。

谢德仁、张高菊（2007）研究发现金融生态环境越差的地区的公司更可能发生债务重组；金融生态环境较好地区的上市公司的财务杠杆水平与债务重组之间的正相关关系更弱。

案例 12-12

泰山石化债务重组

泰山石化集团有限公司 2012 年 10 月 3 日宣布就有关 2012 年 8 月 7 日所公布与广东振戎能源有限公司（"广东振戎"）的认购协议，于 9 月 10 日订立补充协议。根据该修订

---

① 上海国家会计学院.企业并购与重组[M].北京：经济科学出版社，2011：238.

及补充条款,广东振戎将进一步提高其初步的认购协议和修订有关的债务重组方案,承诺投放 9.28 亿港元(于原有条款下为 1.75 亿港元)资金,以及重组所有债权人的款项,以充分照顾泰山石化长期发展规划和所有股东和债权人的利益。

资料来源:与广东振戎订立更进一步认购协议及债务重组方案[N].美通社,2012-10-08,https://www.prnasia.com/story/68953-1.shtml。

按照偿还债务的方式划分,债务重组可以主要分为以下四种。
① 以非现金(包括库存现金和银行存款)资产进行清偿。
② 修改债务偿还条件。如延长还款期限、降低利率、免去应付未付的利息、减少本金等。
③ 将债务转换成公司的股份。但是,以发行权益性证券用于清偿全部或部分债务,在法律上有一定的限制。例如,中国《公司法》规定,公司发行新股必须具备一定的条件,只有在满足《公司法》规定的条件后才能发行新股。
④ 以上述三种形式组合的方式清偿债务。

(2) 破产重组。美国破产法规定财务困境企业一般有两个选择:一是清算,二是破产。困境企业的管理者在两者之间具有选择权。

① 清算。公司清算指公司解散后,为最终了结现存的财产和其他法律关系,依照法定程序,对公司的财产和债权债务关系,进行清理和分配,从而消灭公司法人资格的法律行为。公司除因合并或分立外其余的原因引起的解散,均须经过清算程序。

公司清算的种类包括:a. 普通清算,指的是公司自行组成的清算组,按法定程序进行的清算。b. 特别清算,指普通清算过程中,出现了显著的障碍或发现其债务有超过其实有资产的可能时,依法由法院和债权人进行直接干预和监督的清算。c. 破产清算,指公司因不能清偿到期债务被宣告破产后,由法院组织清算组对公司财产进行清理、估价、处理和分配,并最终消除公司法人资格的清算。在破产清算中,法院和公司债权人直接参与公司清算,具体参见案例 12-13 中的泰兴化工强制清算案。

案例 12-13

泰兴化工强制清算

烟台市泰兴海洋化工有限公司(以下简称泰兴化工)因未参加工商年检于 2001 年 7 月 25 日被烟台市工商局吊销营业执照。因公司股东无法自行清算,2007 年 7 月股东关某向牟平区人民法院申请对泰兴化工实施强制清算。

资料来源:烟台市泰兴海洋化工有限公司强制清算案例[EB/OL].四川清算重组网,2015-07-23,http://www.scqingsuan.com/9295/er/2015-07-23/115.html。

② 破产。破产(bankruptcy)简单地说是无力偿付到期债务。具体地说,指企业长期处于亏损状态,不能扭亏为盈,并逐渐发展为无力偿付到期债务的一种企业失败。企业失败可分为经营失败和财务失败两种类型。财务失败又分为技术上无力偿债和破产,破产是财务失败的极端形式。

运营方面濒临破产的企业有权申请破产保护（bankruptcy protection）。破产保护是指不管债务人是否有偿付能力，当债务人自愿向法院提出或债权人强制向法院提出破产重组申请后，债务人要提出一个破产重组方案，就债务偿还的期限、方式以及可能减损某些债权人和股东的利益作出安排。这个方案要给予其一定的时间提出，然后经过债权人通过，经过法院确认，债务人可以继续营业。具体范例参见案例12-14。

案例 12-14

热带娱乐公司破产

美国知名赌场营运商热带娱乐公司（Tropicana Entertainment）在发生13.2亿美元的债务违约后，向法院申请破产保护，写下2008年美国金额最大宗的博彩企业破产案，也为拉斯维加斯博彩产业引爆景气下滑的利空弹。世界财经报道总部在肯塔基州的热带娱乐公司年营业额约10亿美元，员工人数1.1万人，上周五接获债权银行经纪商瑞士信贷集团发出总额13.2亿美元的债务违约通知。根据热带娱乐公司向法院提交的破产保护数据显示，该公司目前资产约28亿美元，负债24亿美元。这是2008年以来美国最大宗的博彩企业破产案，穆迪投资人服务公司指出，热带娱乐对外未清偿的债务共有26.7亿美元。

资料来源：美国博彩业巨头也破产为最大宗企业破产案[EB/OL].法律快车网，2008-07-08，http://www.lawtime.cn/info/pochan/pcnews/2008070843112.html。

中国《企业破产法》于2007年6月1日正式施行。其总则第一条规定为"规范企业破产程序，公平清理债权债务，保护债权人和债务人的合法权益，维护社会主义市场经济秩序"。美国《破产法》是企业破产领域较为权威和成熟的法规，规制着公司如何停止经营或如何走出债务深渊的行为。如果依据《破产法》第七章申请破产，公司全部业务必须立即完全停止。由破产财产托管人来"清理"（拍卖）公司资产，所得资金用来偿还公司债务，包括对债权人和投资人的债务。一般来讲，如果公司申请依据《破产法》破产，股民手中的股票通常变成废纸一张，因为如果破产法庭确认债务人无清偿能力，就可不归还股东投资。此外，公司资产经清算优先偿还有担保债权人和无担保债权人后，往往所剩无几。多数上市公司会按照《破产法》申请破产保护，而不是直接进行破产清算，因为他们仍希望继续运营并控制破产程序。根据《美国破产法》的安排，无力偿债的债务人若成功申请破产保护，将可保住企业的财产及经营的控制权。

本章小结

广义而言正常经营之外发生的任何公司结构或资源的变化都可视为公司重组，本章主要讨论并购发生后公司在资产、股权和财务方面的重组。

资产重组是指企业改组为上市公司时将原企业的资产和负债进行合理划分和结构调整，在并购市场上主要体现为公司借壳上市。资产剥离、分拆和分立是公司资产重组的常见形式,可以帮助公司在流程和业务上进行优化整合,集中资源发展优势业务,此外当目标公司受到来自其他公司的收购威胁时,可能会采用剥离核心资产的方式来抵制收购方的收购意图。除了做减法外,还可以做加法,即整体上市,如果运用交换法则,则又有资产置换。

股权重组是指企业对股权结构以及资本结构的重新安排。其中股权结构重组是指股东、股东持股比例、股份级别等方面的变更,常见的形式包括:杠杆化资本重组、管理层收购、员工持股计划、双级股份重资本化以及股份回购。

最后是财务重组,包括债务重组和破产重组,在公司发生财务困难时,如果债权人对公司发展充满信心,可以本着友好协商的原则,在法律的监督下,就债务的推迟偿还作出的安排,或者转为股权,享受公司未来发展的收益。相反,如果公司发生资不抵债,债权人对公司发展没有信心,此时会进入破产清算。在美国,破产清算已经基本实现了流程化,破产企业可以申请破产保护,中国于 2007 年 6 月 1 日开始正式实施《企业破产法》。

重 要 概 念

重组 资产重组 股权重组 财务重组

课 后 习 题

请阅读下面这个重组案例,并尝试解答后面的思考题。

美国通用汽车公司资产重组[①]

通用汽车公司(GM)曾是一直位居"财富 500 强"之首、遥遥领先于其他企业的美国最大公司。1995 年其销售额达到 1 680 亿美元,利润额为 69 亿美元,创下了 GM 及其他美国公司历史最高纪录。形象地说:即 GM 1995 年底生产了 860 万辆轿车和卡车,如果它们一辆接一辆,将排列成一条 40 000 多千米的汽车长龙,可绕地球一周。

这些销售和利润成绩,是过去 GM 从来未能达到过的水平,它将来也很可能无法再创这样的佳绩了。目前这家全美最大企业正悄悄地、逐步地、小心翼翼地将自己分拆为四个部分。超过另一家一分为三的大公司——美国电报电话公司(AT&T)。GM 经营计算机业务的电子数据系统公司(EDS)、从事卫星与防御系统业务的休斯电子公司(Hughes Electron),及集中生产多种汽车零部件的德尔福(Deiphi)公司都将陆续从 GM 中分拆出去。导致 GM 分拆的原因是多方面的。

从 GM 20 世纪五六十年代的辉煌时期以来,GM 就投入多而产出少。其衡量资金运用效率的指标——资产回报率一路滑坡。从 1965 年的 17% 降到最近几年的零以下,直到 1995 年上升到 3.2%。GM 的股票价格在过去的 35 年中仅仅上升 161%,而标准普尔

---

① 案例来源:纳税实务网,通用汽车公司资产重组案例剖析。

信用等级排名的前500家大企业的股价却上升了900%。从1954年以来每年的"财富500强"中榜上有名的113家公司中,GM表现平庸,它给股东的回报是最低的。

有时GM似乎将被它自身的庞大所压垮。规模经济一直是汽车工业的基本法则,GM 1995年在美国销售了310万辆客车,却亏了本。

GM的每一个健康的部分看起来都比其臃肿的整体更强些。GM的计算机业务,电子数据系统(EDS)已运用于商业零售;而从事卫星与防御系统的休斯电子公司(Hughes Electronics)也在行业中处于领先地位;GM集中生产汽车零部件的德尔福(Delphi)子公司同样如此。如果通用汽车公司分拆为四个部分的话,其股价将是原来的一倍半,GM的市值将比目前增加45%。风险在于:重新回到以汽车制造为核心的经营战略可能使其永远停留在落后的行列。GM将陷入低速增长的汽车工业的泥坑中,缺乏快速成长的高科技因素来帮助其顺利渡过不可避免的周期性衰退。这个问题虽然困扰着所有行业,但对汽车制造业来说更为残酷。

迄今为止,分拆的最初阶段已经过去,GM正处在将EDS独立出去的最后阶段。EDS是由Ross Perot创建,于1984年被GM以25亿美元收购的。EDS给GM带来了高科技的思维,同时也为GM开发了一套独立而统一的计算机系统。但是收购后不仅Perot本人与董事会之间存在冲突,在整个公司里,这两种文化之间也到处充满矛盾,它们从来没能很好地融合在一起。然而在对外业务方面,EDS有着骄人的成绩。它为劳斯莱斯(RollsRoyce)、施乐公司(Xerox)及英国国内税收局(InlandRevenue)开发出了复杂的信息系统。EDS 1995年的销售额为124亿美元,盈利9.39亿美元。

分拆的方案是:GM将它所持有的EDS股份转让给了独立的GM养老基金。带给GM股东的好处则是EDS将付给GM5亿美元以换取自由。而且EDS还要背负起一个由GM带来的沉重负担:EDS必须履行其职责,负担现在及以后几十万退休职工的退休金。

GM在1985年以52亿美元收购了Hughes公司。GM希望先进的电子技术能帮助它制造出更好、更安全的汽车。但结果不尽如人意。Hughes确实开发出一些汽车装置,但总的来说,技术转化的收益微乎其微。"把GM和Hughes绑在一起并无协同作用,毫无经济价值。"

与EDS一样,Hughes的对外业务也有不俗的成绩。1995年的营业额为147亿美元,利润11亿美元。主要是向中国、日本及其他国家出售通信卫星的收入,同时它也为五角大楼制造洲际导弹及其他武器。GM已向社会出售了手中持有的9 600万股Hughes的非普通股。根据最近一次交易的每股60美元的股价,GM在Hughes的76%的股份价值190亿美元,这相当于现在GM整个市值的一半。

第三部分,即生产刹车、车灯、传动器及其他几百种汽车零件的Delphi公司。Delphi 1995年的营业额为264亿美元,其中的四分之一来自福特、本田、丰田及其他GM的竞争者的业务中,从GM分离出来后,Delphi将向这些客户出售更多的汽车零配件。而福特及其他公司则很可能更愿意向它们最大的竞争对手的供应商买货。估计独立出来后,Delphi的市值约60亿美元。

GM愿意丢掉Delphi还有另外一个原因。Delphi的产品价格高。如果Delphi从

GM 分拆出去的话，GM 则可以自由地从世界各地采购所需零部件。卸掉了购买 Delphi 昂贵的零部件的包袱，则可以降低成本；而且它属下的大量退休工人的退休及养老基金也随之分离出去。

问题是：应当把 Hughes 和 Delphi 与 EDS 一道从 GM 分拆出去吗？那么留下来的 GM 的基本核心应该是：设计车辆和卡车，制造它们的动力部分和框架，并将它们用供应商提供的零部件组装起来，然后，把这些汽车销往世界各地。

回归基本产业经营战略的支持者们认为在自身劳动生产率不断提高的基础上，境外市场销售的快速增长，证明了致力于汽车的生产是使 GM 繁荣兴旺以报答股东的最为可靠的途径。斯美尔董事长甚至认为"增加股东权益的唯一途径就是将上帝交给我们的事情做得更好——制造出更好的汽车。"

现实果真如此吗？汽车工业是一个成熟、资本密集、高度周期化、长期以来被世界性的交通拥挤制约着的充满激烈竞争的行业。GM 在法国、意大利、韩国及日本的对手们被其国内的产业政策支持、保护起来。更为主要的是 GM 汽车一直占有 33％市场份额的主要市场——北美对汽车的需求在过去的十年中增加甚少，而且很难改善。每一个有驾驶执照的人已拥有一辆以上的汽车。美国市场趋于饱和，而欧洲也好不了多少。短期内，汽车行业是一个险恶、紧张的行业。

没有人怀疑 GM 坚持改进其汽车生产的必要性，这使人感到确实应当将 Delphi 公司分拆出去。问题是 GM 现在全力投入的是发展前景相当暗淡的汽车工业，而不像 AT&T 致力于全球火爆的通信业务。为什么不尽可能抓住方兴未艾的高技术产业呢？拉回 EDS 为时未晚，还应该牢牢控制住 Hughes。

任何大企业都必须有着更高的目标，而不是仅仅为股东服务。"一个公司是一个有人格的，有活力的企业"，斯美尔董事说，"它不仅是资产的集合。管理的责任是使企业永远充满活力，这也是对股东的责任"。因此，GM 永远充满生机的机会在于它的产品除了发动机和传动器，还有计算机和卫星。

思考题：资产重组往往涉及并购活动，重组是不是意味着将公司越做越大？请结合通用汽车公司资产重组进行作答。

第十三章

并 购 套 利

本章导读
- 掌握什么是并购套利,区分产业并购和套利性并购;
- 了解现金收购和换股收购的概念和优缺点;
- 掌握对赌协议和举牌收购的含义,理解其对上市公司业绩的影响。

资本可通过三种方式实现快速扩张:业绩增长、市场套利、加杠杆。上市公司并购活动可同时满足以上三个条件,合理运用公司并购消息进行套利已经成为资本市场的一大风景。作为并购交易的衍生产品即并购套利,从诞生之日起就强烈吸引着大批风险套利者在并购市场通过买入被收购企业的股票,卖出收购企业的股票,获利价差。那么,什么是并购套利,并购套利有哪些方式,又会面临什么样的风险……

13.1 基 本 概 念

套利实质上是资产价格时空错配导致的获益空间。具体而言,套利是利用资产定价错误、价格失常等金融市场缺乏有效性的机会,通过在一个分割的市场买进(卖出)价格被低估(高估)的金融资产,在一段时间后或者是其他的市场上卖出(买入)价格被高估(低估)的同质资产来获取无风险利润的行为。

并购方式有两种,具体可分为产业并购和套利性并购。其中,产业并购是指从产业角度讲,并购方企业与目标企业主营业务相同或相关的并购,目的是夯实主营业务,扩大影响力并促进公司长远发展;套利性并购则是追逐并购后的财务效应,即并购后通过运用各种手段,改变企业的财务指标和盈利能力,从而获取短期利润,因此具有较强的投机性。本书所讲的并购套利主要是后者,在实际业务操作中,并购套利所持有的公司股份往往不超过总股本的10%。

并购套利与公司重组息息相关,存在套利空间的公司往往会涉及剥离分立、杠杆收购、员工持股,甚至破产清算等事件。在这些事件影响下,股票的市场价格与预期价格之间往往会产生预期差,从而带来套利空间。最常见的是当一个公司宣布要约收购另一家公司时，所给出的收购报价通常高于目标公司的现有股价，并购套利者寻求的就是如何锁定两者之间的价差，获得套利机会。

套利按所受风险程度的不同可分为风险套利和无风险套利。以并购套利为例，如果已知资产价格差较为明确或者预期价差存在一致性，就可成为无风险套利，此时套利风险较小甚至可以忽略，收益也相对较低。如果并购交易存在失败、流产等风险，交易不确定性较大，就是一种风险套利。此时投资者承受的风险较大，相对收益更高。

套利基金的基本哲学是通过持有与兼并和接管交易相关的套利头寸来消除市场风险，交易失败的风险与信息相关风险。

最早运用并购套利策略的是美国高盛公司的Gustave Lev，虽然并购套利交易中的股票价差通常很小，但是其策略简单易行，而且可以配合杠杆等手段放大收益，往往年化收益率非常可观。

13.2 并购套利方式

基于并购支付方式，并购套利策略可分为三类：现金收购（cash mergers）、换股收购（stock swap mergers）和浮动报价收购（collar offers），其中现金收购和换股收购是目前资本市场最为常见的并购套利方式，而浮动报价收购其实是换股收购的一种延伸，比较少见，本文不加以赘述。

13.2.1 现金收购

在现金收购中，套利者的套利策略是：当并购事件公布后，立即着手买进目标公司的股票，持有到并购结束。其获利来源有两项：最主要的一项是当时买进股票和并购方出价之间的价差；另一项则是在持有股票期间所分配的股利。假设套利者于并购公布后当天能够以当时价格买入目标公司的股票，并持有到并购结束（或失败）。获利R的计算公式如下：

$$R = \frac{(C-P_0)}{P_0} + \frac{CD}{P_0} \tag{13.1}$$

式中：C表示并购方对目标公司股票的出价；P_0为目标公司于并购公布后套利者买入公司股票的成本价格；CD为目标公司在持有期间发放的股利，如果并购失败，C则是套利者退出套利交易的价格。

在中国资本市场上，情况略有所不同。中国为保护中小投资者利益，避免股市大幅波动，实行$T+1$交易制度，并且设置有涨跌停板。消息发布当天能够大量买入目标公司的股票的假设往往难以成立，故在中国市场，P_0改为首次打开涨停板的价格更合理。

中国企业在美国市场的并购套利例子参见案例13-1的盛大私有化套利案。

案例 13-1

盛大游戏私有化套利

盛大（NASDAQ：SNDA）是国内领先的互动娱乐传媒公司，2004年5月在美国纳斯达克股票市场成功上市。

2011年10月17日，盛大网络董事会主席、CEO陈天桥向公司董事会提交建议书，拟以每股美国存托凭证（ADRs）41.35美元或每股普通股20.675美元的现金价格收购其本人、其妻子雒芊芊（盛大网络非执行董事）和其弟陈大年[盛大网络首席运营官（COO）兼董事]尚未持有的盛大网络流通股。每ADR 41.35美元的报价高于2011年10月14日（上一个交易日）公司的收盘价格有23.5%的溢价。

在报价报出后，公司股价当日随即大涨至，收盘价为38.33美元。

2012年2月16日，盛大网络宣布，已经完成了此前宣布的日期标注为2011年11月22日的合并协议及计划所筹划的合并交易，盛大多数股东已经批准陈天桥23亿美元的全额收购要约，公司将从2012年2月15日开始停止在纳斯达克交易。盛大网络平稳完成了在纳斯达克最后一个交易日，收报于41.28美元/股，上涨0.28美元，涨幅为0.68%。

自此，套利交易的收益率为7.9%，年化收益率约为31.6%。

资料来源：根据互联网资料、wind资料整理。

13.2.2 换股收购

换股收购是指收购公司将目标公司的股票按一定比例换成本公司股票，目标公司被终止上市并成为收购公司的子公司。换股收购由于具有不占用收购方大量现金、将目标公司股东纳入并购后公司、享受价值增值及税收方面的优惠等优势而在国内外资本市场被广泛使用，特别是那些交易额巨大的并购交易，往往采用换股收购加支付现金的模式完成。如沃达丰收购曼内斯曼，美国在线收购时代华纳，辉瑞收购惠氏等。

这种收购方式在国内也渐成主流，在2012年1月—2014年11月国内上市公司共发生的487起重大重组事件中，有380家采用完全换股或者现金加换股收购的方式，占全部案例比例的78%。

对于这种收购方式，国内外的股市反应情况迥异。以美国股市为例，根据Travlos(1987)和Andrate，Mitchell & Stanford(2001)的研究，当并购方以股票作为支付方式时，通常并购方的股价会下降2%至3%。对此现象比较合理的解释是，并购方的股价被高估的时候，并购方更倾向于使用股票作为支付工具。因此，国外投资者在换股收购中套利者的投资策略是：当并购交易公布时，除了买进目标公司的股票外，也以同比例做空并购方的股票，以锁定预期的获利。具体例子参见辉瑞收购惠氏案（案例13-2）。

假设套利者在并购公布后当天以收盘价买入目标公司股票，并卖空相等比例并购公司的股票，持有到并购结束（成功或失败），套利者的获利 R 计算如下：

$$R = \frac{(E \times A_0 - P_0)}{P_0} + \frac{CD_{P-A}}{P_0} + \frac{IS}{P_0} \tag{13.2}$$

式中：E 为并购方与目标公司股票交换的比例；A_0 为并购公司发布并购公告后当天的收盘价；P_0 表示目标公司于并购公告后当天的收盘价（建仓成本）；CD_{P-A} 为目标公司与并购公司的股票在持有期间的股息差；IS 表示卖空并购公司股票获得现金带来的利息收入。

案例 13-2

辉瑞收购惠氏

2009 年 1 月 26 日，辉瑞公司公告宣告将以 680 亿美元的对价收购惠氏。公告当日辉瑞公司股价开盘价为 16.47 美元，当天收盘价为 15.65 美元，价格当天下跌 1.617 美元，当天区间跌幅达 9.27%，较上一交易日的 17.45 美元/股下跌 10.32%。并购宣告成功的 10 月 16 日，辉瑞公司股票价格为 17.77 美元/股。同日，惠氏公司股票开盘价为 45.15 美元。

2009 年 10 月 15 日，该项交易在美国和加拿大通过反垄断审查，辉瑞获准收购惠氏，随即宣布这笔交易，至并购完成，惠氏公司股价为 50.1 美元，辉瑞公司为 17.77 美元。值得一提的是，道琼斯指数同期上涨近 30%，辉瑞公司的股价显著跑输指数。

资料来源：根据互联网资料、bloomberg 整理。

中国市场换股合并往往伴随着并购方股票的进一步上涨，这是由于中国的资本市场环境所致。目前，中国股票上市发行是审核制，上市公司资源大大稀缺于采用注册制度的发达国家，并且投资者结构也以中小投资者为主，机构投资者相对少于成熟市场，所以并购后股价的表现往往与成熟市场的股价大相径庭。

在中国市场常用的策略是：为减少风险，在做多并购方同时以一定的比例做多被并购方，同时获取两家公司的价差。具体案例参见案例 13-3。

案例 13-3

广州药业换股合并白云山

2012 年 3 月 28 日，广州药业（600332SH，00874.HK）和白云山 A（000522SZ）同时发布了换股合并预案。

此次披露的重组预案包括两项交易：① 广州药业换股吸收合并白云山；② 广州药业向广药集团发行 A 股股份作为支付对价，收购广药集团拥有或有权处置的房屋建筑物、商标、保联拓展 100% 股权、百特医疗 12.50% 股权。两项交易不可分割、互为前提。重组完成后，广州药业作为广药集团下属唯一的医药主业上市公司，将变更公司名称。

根据广州药业和白云山公布公告的重组预案，广州药业以新增 A 股股份换股方式吸收合并白云山，广州药业换股价格为 12.20 元/股，白云山换股价格为 11.55 元/股，白云山与广州药业的换股比例为 1∶0.95。并提供现金选择权，每一股白云山的股份获得现金对价 11.55 元，若行权，除息调整后的价格为 11.495 元/股。

复牌当日，白云山 A 和广州药业双双涨停。至 2013 年 2 月 25 日换股合并完成，股价分别上涨 110.3% 和 111.56%。

资料来源：根据互联网、wind 资料整理。

精明的套利者会在要约公告公布前买入目标公司股票,并观察并购是否能够完成,协议条款是否会变化,并购完成时机等。套利业务中最重要的原材料是信息,信息来自对公开文件,包括财务报表、向证券交易委员会和管理机关递交的材料等的仔细分析。而内幕交易是指上市公司高管人员、控股股东、实际控制人和行政审批部门等方面的知情人员,利用工作之便,在公司并购、业绩增长等重大信息公布之前,泄露信息或者利用内幕信息买卖证券谋取私利的行为。具体范例参见案例13-4。

案例 13-4

并购套利

1. 思路

假定现在收购方B公司的股价是100美元/股,目标公司T公司的股价是40美元/股,B公司报价以60美元/股购买T公司股票。

当要约公布后,套利公司A会卖出B公司股票而买入T公司股票。套利头寸取决于公布后的价格水平。

若B公司股票降到90美元,T公司股价升到55美元,分以下三种情况:

(1) 若成功收购:B公司股票不变或降低,买进B,卖出T;
(2) 若收购失败:B,T均下降,B下降更多;
(3) 若有其他收购者参与竞争:B下降,T上升。

2. 举例

2001年9月3日,惠普公司向康柏公司发起了换股收购,按每0.632 5股惠普的股票换取1股康柏公司的股票。

毛利差的计算:

收购方(惠普)的收盘价(2001年9月4日)	$18.87
乘:交换比例	×0.632 5
康柏的收购价格	$11.94
减去:目标公司(康柏)的收盘价	−$11.08
毛利差:	$0.86

对以下两种投资策略:

(1) 非对冲投资:以$11.08/股的价格买入康柏的股票,该头寸暴露在市场风险和交易失败风险中,只有在并购交易完成后惠普股价仍为$18.87时才可以获利$0.86/股;

惠普股价	交换比例	可获得价值	成本	收益/损失
$12.87	×0.632 5=	$8.14	−$11.08	−$2.94
$18.87	×0.632 5=	$11.94	−$11.08	$0.86
$24.87	×0.632 5=	$15.73	−$11.08	$4.65

(2) 对冲投资:每买入1股康柏的股票,就做空0.632 5股惠普的股票,以对冲了市场风险,只保留了交易失败风险。只要并购交易可以完成,即可获利$0.86/股。

惠普股价	可获得价值	康柏收益/损失	惠普收益/损失	净收益/损失
$12.87	$8.14	8.14－11.08＝－$2.94	0.632 5(18.87－12.87)＝$3.80	$0.86
$18.87	$11.94	11.94－11.08＝$0.86	0.632 5(18.87－18.87)＝$0	$0.86
$24.87	$15.73	15.73－11.08＝$4.65	0.632 5(18.87－24.87)＝$－3.80	$0.86

13.3 并购套利风险

并购套利者进行并购套利交易时的目标是能获得目标公司标的股票当前价格与未来收购价格之间的价差收益,但是这个价差的获得是有风险的,它会受到一系列未知因数的影响,主要分为内部因素和外部因素,其中包括目标公司对并购的态度、目标公司规模、收购前溢价、交易成本、外部监管因素,并购支付方式等。

此外,并购交易达成需要时间长度也是重要的风险之一,因为当并购交易持续过长后,市场中股价波动会增大,卖空与买空双方公司的股票价格可能不会收敛,这样套利投资者损失的头寸扩大,收益会受到负面影响,而且并购交易持续的时间越长,并购套利者的时间与机会成本就变得越来越大,对其收益也会产生影响。尤其是并购活动最终成功与否,或者控制权争夺战都会导致并购公司股价的大幅波动。

13.3.1 内部因素

内部因素中最重要的就是目标公司的态度。按标的公司对待收购的态度,可将收购事件分为善意收购与敌意收购。

善意收购情况下,双方管理层均能达成较积极的并购意向,并购通常可以比较顺利的完成;而在敌意并购的情况下,被并购公司的管理层往往会借助诸多措施来阻碍并购的实现,如毒丸战术、寻找白衣骑士、金色降落伞等。这样收购遇到的阻力就会很大,而且成本也非常高,所以善意收购获得成功的可能性远远超过恶意收购。当然,恶意收购者可能采用两手准备,在遇到接管防御时,适时退出,获得套利性收购的收益,例子如案例 13-5 的盛大恶意收购新浪未成功案。

案例 13-5

盛大恶意收购新浪未成功

2005 年 2 月 21 日,盛大网络发展有限公司宣布,公司于 2 月 10 日就同其控股的地平线媒体有限公司一道,对新浪控股约 19.5%,从而成为其第一大股东。此次收购涉及金额为 2.3 亿美元。

但盛大的收购遭遇新浪的强烈反对,针对盛大的敌意收购,摩根士丹利被新浪急聘为财务顾问,新浪迅速推出"股东购股权计划"(俗称"毒丸计划"),计划如下:

对于 2005 年 3 月 7 日记录在册的新浪股东,他所持每一股股票,都能获得一份购股权。如果盛大继续增持新浪股票致使比例超过 20% 时或有某个股东持股超过 10% 时,这个购股权将被触发,而此前,购股权依附于每股普通股票,不能单独交易。一旦购股权被触发,除盛大以外的股东们,就可以凭着手中的购股权以半价购买新浪增发的股票。

这个购股权的行使额度是 150 美元。也就是说,如果触发这个购股权计划,除盛大之外,一旦新浪董事会确定购股价格,每一份购股权就能以半价购买价值 150 美元的新浪股票。

假设以目前 3 月 7 日每股 32 美元计算,一半的价格就是 16 美元,新浪股东可以购买 9.375 股(150÷16)。

新浪目前总股本为 5 048 万股,除盛大所持的 19.5%(984 万股)外,能获得购股权的股数为 4 064 万股,一旦触发购股权计划,那么新浪的总股本将变成 43 148 万股(4 064 万股×9.375+4 064 万股+984 万股)。这样,盛大持有 984 万股原占总股本的 19.5%,一经稀释,就降低为 2.28%。

由此,毒丸稀释股权的作用得到充分的显现。如果盛大停止收购,新浪董事会可以以极低的成本(每份购股权 0.001 美元或经调整的价格)赎回购股权,用几万美元支付这次反收购战斗的成本。

因此盛大不得不放弃了恶意收购新浪的计划。

2007 年 5 月 24 日,盛大公布了截至 2007 年 3 月 31 日的第一季度未经审计财务报告。公告显示,盛大在 5 月份已经在公开市场出售剩下的 210 万股新浪股份。至此,盛大分三次全部售完此前收购的 983.3 万股新浪股份,共获利 7 000 万美元,从而结束了 2005 年开始的盛大与新浪之间长达 2 年的收购大战。

资料来源:腾讯科技频道,2007-05-23,http://tech.qq.com/a/20070523/000087.htm。

此外并购事件最终的成败具有不确定性,一个典型的体现是在收购公司与目标公司签订的对赌协议。所谓对赌协议(valuation adjustment mechanism,VAM),指的是收购方与出让方在达成并购协议时,对于未来不确定的情况进行一种约定。其实质实际上是期权的一种形式,即如果约定的条件达成,出让方行使约定权利;如果约定的条件不能完成,投资方则行使约定中的权利。在实际情况中,对赌条件一般是目标公司的经营业绩,如果未来业绩无法达到约定标准,目标公司往往需要进行股份或现金补偿,甚至输掉整个公司的所有权。如俏江南的"引狼入室"案(参见案例 13-6)。

案例 13-6

俏江南"引狼入室"

在中国餐饮业,俏江南曾是行业标杆。俏江南作为中高端餐饮的代表,曾一时风光无限,不仅是北京奥运唯一的中餐服务商,还成功进驻了 2010 年上海世博会场馆。其创始人张兰也凭借全国数十家分店登上了 2009 年胡润餐饮富豪榜,财富估值 25 亿元。但如今,这个标杆却已不再挺拔,不仅企业易主,创始人出局,经营管理状况更是每况愈下,面临再次被出售的风险。

这一切,都与当初它们满怀希望与信心地引入资本有关。

1988年,出生于知识分子家庭的张兰,放弃了分配的"铁饭碗",成为潮涌般奔赴大洋彼岸洋插队者的一员,去了加拿大。在多伦多,张兰靠着刷盘子、扛牛肉、打黑工,进行着自己的原始积累。她的目标是攒够2万美元,然后回国投资做生意。终于,在1991年圣诞节前夕,张兰怀揣着打工挣来的2万美元和创业梦,乘上了回国的飞机。

打拼9年后,2000年4月,张兰毅然转让了所经营的三家大排档式酒楼,将创业近10年攒下的6 000万元投资进军中高端餐饮业。在北京国贸的高档写字楼里,开了第一家以川剧变脸脸谱为Logo的俏江南餐厅,也由此开启了张兰的俏江南时代。

俏江南创建不久就实现了盈利。连续8年盈利之后,2007年,销售额达10亿元。为此,张兰曾豪言要将俏江南运作成餐饮业的LV。在她的规划里,俏江南要每年新开门店100家,在3—5年内开设300—500家餐厅。

2008年全球金融危机爆发,资本为规避周期性行业的波动,开始成规模地投资餐饮业,在短时间内涌现出百胜入股小肥羊、快乐蜂收购永和大王、IDG投资一茶一座、红杉资本投资乡村基等资本事件,全聚德与小肥羊也先后于A股及港股成功上市。这无疑给中国餐饮业注入了资本兴奋剂。

在这种背景之下,既有规模优势又有高端标签,还有奥运供应商知名度的俏江南,自然也招来了资本伸出的橄榄枝。

2008年,张兰结识了鼎晖创投的合伙人王功权。当年9月,俏江南与鼎晖创投签署增资协议,鼎晖创投注资约合2亿元人民币,占有俏江南10.526%的股权。

不过,天下没有白吃的午餐。鼎晖入股时,投资条款中设有"对赌协议":如果非鼎晖方面原因造成俏江南无法在2012年年底上市,那么鼎晖有权以回购方式退出俏江南。

正因为这个条款的约束,俏江南不得不加速自己的IPO进程。

2011年3月,俏江南向中国证监会提交了于A股上市的申请。考虑到A股上市的排队企业数量以及审核流程,要实现2012年年底之前上市,时间已经相当紧迫了。

但天有不测风云,上市申请提交之后,监管层冻结了餐饮企业的IPO申请。2012年1月30日,中国证监会例行披露的IPO申请终止审查名单中,俏江南赫然在列。

上市的不顺利,令张兰对投资方鼎晖颇有微词:"引进他们(鼎晖)是俏江南最大的失误,毫无意义。民营企业家交学费呗。他们什么也没给我们带来,那么少的钱稀释了那么大股份。"张兰还抱怨道,她早就想清退这笔投资,但鼎晖要求翻倍回报,双方没有谈拢。

当然,抱怨归抱怨,"2012年年底之前完成IPO"的紧箍咒依然戴在张兰头上。A股无门,俏江南不得不转战港股,但赴港上市之路最终也没能走通。

上市失败后,俏江南饱受资金压力,不得不继续寻求PE资本的帮助。

2014年4月,欧洲私募股权投资机构CVC宣布,正式入主由张兰创办经营的俏江南,成为最大股东,持股比例达82.7%,剩余股权,张兰持股13.8%,员工持股3.5%。在CVC控股俏江南后,鼎晖也正式抽身退出。

在入股时,CVC表示,张兰会继续留任俏江南董事会主席,仍是股东之一,与CVC团队共同负责公司的战略决定。同时张兰也表示,相信这一合伙关系"将带给俏江南一个光明的未来"。

但光明的未来并没有到来。2014年、2015年,公款消费的几近绝迹加之经济增速的放缓,CVC所期望的依靠俏江南的现金流来偿还并购贷款的设想无法实现,未能依约向银团偿还约1.4亿美元收购贷款,于是银团授权香港保华有限公司代表于2015年6月23日出任俏江南集团的董事。

至此,张兰彻底出局。

"可驾驭的资金是天使,驾驭不了的资金变魔鬼。超越自己把控能力地引入资本,有时候就是'引狼入室'。"俏江南的结局或许正应了这句话。

资料来源:俏江南、大娘水饺"引狼入室",新浪财经,2016-08-16,http://finance.sina.com.cn/stock/t/2016-08-12/doc-ifxuxnpy9440601.shtml。

13.3.2 外部因素

外部因素涉及的范围比较广,一般主要关注目标公司规模、股权集中度、收购前溢价、交易成本、外部监管因素、并购支付方式等。

被收购的目标公司如果规模较大,涉及的利益方比较多,则除了和被收购公司协商外,由于收购后一般会涉及裁员精简的问题,当地的工会和政府也会参与其中,完成收购困难比较大。例如在辉瑞尝试收购阿斯利康时,英国政府和当地工会也参与在谈判之中。

对于股权较集中的目标公司而言,完成收购的难度会大于股权分散的目标公司,而对于并购套利者众多的目标公司,交易成功的概率也会变得更大。实证研究表明,从20世纪90年代起,并购交易获得成功的可能性与套利投资者所持股数呈现正相关的关系。

一般来说,收购方报出的收购溢价越高,那么目标公司拒绝的可能性就会越小,收购交易获得成功的概率自然更大。2016年聚美优品拟以不到IPO价格32%的成本进行私有化,受到了股东的广泛质疑,截至3月初有至少10%股权比例的小股东要组团维权。

此外值得一提的是,并购套利活动往往与股市具有较大的相关关系。在欧美等成熟资本市场,往往在经济相对繁荣的时候并购交易相对活跃,且成功概率越大;而如果股市不理想,并购活动往往沉寂,原因是此时公司股票低迷,收购方往往认为自己的股价被低估,不愿意去增发收购。

而国内并购活动的活跃性恰恰与发达国家相反,往往在股市下跌时明显增加。数据显示,在2004年、2005年和2008年国内外股市都非常低迷时,中国市场并购活动反而非常活跃,特别是国内跨境国外的交易愈加频繁。2016年这一表现更为明显,尽管股市低迷,2016年初至3月初中国境外并购已经超过上一年并购量的一半,占全球跨国并购总额的40%以上。2008—2015年中国并购市场发展趋势参见图13-1。

监管是另外一个影响并购能否获得成功的决定性因素,尤其在法律和反垄断方面,极大地限制了很多大型企业的跨国并购。例如,2015年9月百威英博收购SAB米勒,但是SAB米勒持有中国华润雪花啤酒49%的股权,雪花是中国市场份额最大的啤酒生产商,因此百威面临中国的反垄断审查,在这种情况下,百威不得不将雪花啤酒49%的股份出售给华润。

兼并、收购与公司控制

图 13-1　2008—2015 年中国并购市场发展趋势

13.3.3　并购套利失败案例

如上文所述，并购事件会因内部因素和外部因素的共同作用导致一定程度的不确定性。实际市场活动中，并购失败案例比比皆是，由此带来的套利失策也时常可见。

下面列举了几个较为经典的并购套利失败案例，失败因素分别涉及交易定价、政治风险和管理人内部抵触；如米兰站高价卖盘失败案（参见案例 13-7）、可口可乐公司收购汇源果汁被商务部否决失败案（参见案例 13-8）以及全球著名的微软公司也在收购雅虎时遭遇失败（参见案例 13-9）；这些都表明并购套利面临的市场瞬息万变，对市场存敬畏之心，是每一位投资者应该具备的素养。

案例 13-7

米兰站高价卖盘失败

2014 年 11 月 20 日，米兰站发布公告称，持有米兰站 72.29% 股份的控股股东唯美企业有限公司正与一名独立第三方进行初步商讨，对方可能涉及收购米兰站的股份权益，而这次收购有可能会触发全面收购。受此消息影响，米兰站股价暴涨 81.67% 至 1.09 港元。

之后，国内二手奢侈品商寺库、银泰和 LVCapital 都在收购队伍的猜测之列，其中寺库更被媒体列为最具潜力买家。12 月初，寺库中国总裁李日学在出席中国企业家领袖年会时更是对媒体表示要收购香港一家上市公司，甚至提到关于双方的最终决定最近几天就会有消息。

但双方并没有谈拢。米兰站随后宣布已终止与该"第一潜在买方"进行讨论，并开始与"第二潜在买方"和"第三潜在买方"进行对话，且公告透露，第三潜在买方将收购的股份不得少于当日公司已发行股本的 60%，而公司已发行股本 60% 之代价估计不高于 4.74 亿港元。

这意味着，收购方或需花费 4.74 亿港元才能完成收购。记者了解到，过高的收购价或许是令众多收购方退缩的原因，因寺库方面曾对媒体透露，米兰站开出的收购价格过高，考虑到收购米兰站对寺库帮助不是很大，寺库将不会参与对米兰站的收购。

2014年5月12日公司发布公布称,公司大股东唯美因未能与潜在买家达成协议,目前已终止与潜在买家对出售的讨论,唯美亦按谅解备忘录协定,没收买家约200万元的按金。受此消息影响,5月12日,公司股价急跌25.27%至0.68港元。

资料来源:米兰站高价卖盘失败 灰色盈利模式待考验,每经网,2014-05-14,http://www.nbd.com.cn/articles/2014-05-14/833625.html。

案例 13-8

可口可乐公司收购汇源果汁失败

2008年9月3日,可口可乐公司宣布,计划以24亿美元收购在我国香港上市的中国汇源果汁集团有限公司(以下简称汇源果汁),折合每股股价12.2港元,当日汇源果汁股价从前一日的4.14港元暴涨至10.94港元。

2008年11月3日,汇源果汁发布声明称,可口可乐公司并购汇源果汁案目前已正式送交商务部审批,预计审批结果有望在年底前出台。2008年12月4日,商务部首次公开表态,已对可口可乐公司并购汇源果汁申请进行立案受理。由于期间各种不利的消息传来,汇源果汁股价上下波动较大,一度跌至8.3港元,较并购价尚有50%的差异。

2009年3月18日,中国商务部正式宣布,根据中国反垄断法禁止可口可乐公司收购汇源果汁。称这是出于防范垄断对市场竞争效率造成损害的考虑。汇源果汁股价应声暴跌至3.99港元,甚至低于收购前的股价4.14港元;被50%的并购套利空间吸引而来的套利者损失惨重。

资料来源:可口可乐公司并购汇源案例分析,道客巴巴,2009-04-11,http://www.doc88.com/p-9915361885400.html。

案例 13-9

微软收购雅虎失败

2008年2月1日,微软提出以446亿美元收购雅虎,折合每股股价33美元,较前一日的收盘价19.18美元高了72.05%。受此提振,雅虎公司股票开盘暴涨,最终当日收盘于28.38美元,上涨47.97%。

但是,由该并购受到雅虎CEO和创始人杨致远的强烈反对,杨致远要求报价提升至每股40美元,并且提升现金的比例。因为同期美国股市逐渐走到顶点开始下跌,微软的股价在不断下跌,原来一半微软股票一半现金的报价实际已经低于446亿美元,只有约合400亿美元。

在并购过程中,杨致远还和以卡尔伊坎为代表的主要主动投资者发生了激烈的冲突,伊坎要求董事会接受微软的报价,并且在接受采访的同时公开表示如果它能够控制董事会,就会接受报价并且解雇杨致远。

经过长期的拉锯式谈判和双方不断的讨价还价,2008年5月4日,微软公司宣布已撤回收购雅虎公司的提议,微软CEP鲍尔默表示对于雅虎要求的价格,经过深思熟虑,微软认为毫无道理可言，撤回收购请求符合微软股东、员工和其他股民最高的利益。公告宣布后，雅虎股价随即迅速下跌，当天收跌15%，股价跌至24.37美元。

资料来源：根据公开资料自行整理。

13.4 举牌收购

并购市场是资源优化配置的自动调节器，也是大鱼吃小鱼的残酷丛林，举牌收购就是金融森林里的不稳定因素之一。

为了防止机构大户操纵股价和市场，有效保护中小投资者利益，中国《证券法》规定，投资者持有一个上市公司已发行股份的5%时，应在该事实发生之日起3日内，向国务院证券监督管理机构、证券交易所出具书面报告，通知该上市公司并予以公告，并且履行有关法律规定的义务，业内将此称之为"举牌"。

证券法规定的举牌本意是更好地进行信息披露，属于中性词汇。然而实际情况中时常出现的"被举牌"现象，实际上反映出收购方并未提前征得目标管理层的同意，带有恶性收购意味。此外，资本市场上的举牌收购不一定有控股目的，也有可能是资本为实现短线操作需要进行的过渡性行为，恰如门口的野蛮人，不请自来，挥之不去，甚至进行绿票讹诈，获得套利收益。因此，举牌收购可能是公司重组的信号，也可能是一场无硝烟的资本战争的前奏。

2016年，险资"三巨头"——安邦、前海和恒大等险资机构在A股市场上掀起了轰轰烈烈的"举牌狂潮"。据不完全统计，2016年全年险资在A股举牌投资布局了120余家上市公司，引发了市场的关注和热议。2017年随着金融去杠杆的深化和金融监管的趋严，几大险资机构先后被保监会"处罚"或警示，很难再"顶风作案"。

同时另一方面，我们也要看到，退休金、保险金、公募基金作为资本市场的长期资金提供者之一，是长期资本市场最重要的投资者和资金来源。以安邦保险为例，其2016年多次举牌包括中国建筑、民生银行等标的公司，究竟是短期套利，还是长线投资，是否可以持续发展，我们拭目以待（参见案例13-10）。

案例 13-10

安邦举牌两次中国建筑

在中国建筑(601668.SH)2016年度的三季报中，前十大股东和前十大流通股东中并无安邦系身影，因此，安邦系所持中国建筑30亿股的股本主要是在2016年四季度大举买入的。

2016年11月17日晚间，中国建筑公告称，安邦系通过"安邦资产—共赢3号集合资产管理产品"持有公司普通股15亿股，占公司总股本的5%，首次触及举牌线，是为安邦系的首次举牌。

11月21日，中国建筑再度公告称，11月18日至21日，安邦资产通过二级市场增持中国建筑3.63亿股,占公司普通股总股本的6.21%,远超此前公告。在本次增持后的情况说明中,安邦系重申财务投资者的角色定位,强调投资目的系实现险资的增值保值。

此后,中国建筑于11月24日晚间披露,公司收到安邦资产管理有限责任公司通知,截至2016年11月24日,安邦资产通过"安邦资产—共赢3号集合资产管理产品"持有公司普通股30亿股,占公司普通股总股本的10%,位列第二大股东。而中国建筑工程总公司以56.26%的持股比例位居中国建筑第一大股东地位。

这是安邦一周内第二次举牌中国建筑,至此,在安邦举牌的增持下,总市值达2 718亿元的中国建筑从2016年10月至11月底涨幅达46.84%,如果从2016年2月低位计算,公司累计上涨达83.43%(参见图13-2)。

图 13-2 中国建筑周 K 线图

资料来源:短短七天 安邦二度举牌中国建筑,华尔街见闻,2016-11-24,https://wallstreetcn.com/articles/275557。

本 章 小 结

本章研究的并购套利主要指短期因并购事件带来的公司股价波动从而实现的投机套利,实际业务操作中,并购套利者所持有的公司股份往往不超过总股本的10%。

并购套利策略可基于并购支付方式分为三类:现金收购、换股收购和浮动报价收购,其中现金收购和换股收购是目前并购最为常见的做法。现金收购下,投资者的套利策略主要是低买高卖,即在并购事件公布前后,买进目标公司的股票,持有到并购结束。相比而言,换股收购不仅能收获并购事件带来的股价上涨,还能享受税收优惠,在国外可以做空的资本市场中还可以构建对冲投资组合实现低风险甚至无风险收益。

当然并购并不是一帆风顺的,会面临诸多风险,导致最后的结果具有不确定性。在并购事件中,首要的风险因素是标的公司对待收购的态度。善意收购情况下,双方管理层均能达成较积极的并购意向,并购通常可以比较顺利的完成;而在敌意并购的情况下,被并购公司的管理层往往会借助诸多措施来阻碍并购的实现,收购遇到的阻力就会很大,成本也非常高,此外还面临较大的失败风险。此外,并购涉及利益方较多,目标公司规模、股权集中度、收购前溢价、交易成本、外部监管因素、并购支付方式等外部因素也是收购成功与否的潜在风险点。

近年来并购市场的举牌收购逐渐兴起,成为资本市场的不稳定因素之一。所谓举牌,是指在交易或拍卖以及合作时报明相关的价格。为保护中小投资者利益,防止机构大户操纵股价,中国《证券法》规定,投资者持有一个上市公司已发行股份的5%时,应在该事实发生之日起3日内,向国务院证券监督管理机构、证券交易所作出书面报告,通知该上市公司并予以公告,并且履行有关法律规定的义务。本章最后列举的安邦三次举牌中国建筑就是当时轰动一时的经典案例。

重 要 概 念

并购套利　现金收购　换股收购　举牌

课 后 习 题

1. 以安邦举牌中国建筑为例,你认为安邦保险对中国建筑是长期投资还是短期套利?市场是否应该鼓励这样的行为?
2. 如果你是面临恶意举牌的公司管理人,你会如何化解举牌危机?
3. 某套利基金留意到:收购公司 A 在公告收购目标公司 T 时的股价为 60 元每股,目标公司 T 的股价为 80 元每股,要约规定 1.5 股 A 股票兑换 1 股 T 股票。T 股票升到每股 85 元,A 股仍为 60 元每股。套利者出售 1.5 股 A 股票得到 90 元,然后以 85 元购买了 T 股票。一个月后,交易完成时,A 股票为 60 元每股,T 股票为 90 元每股。若两种交易中都要求 50% 的保证金,则套利基金的收益率为多少?

第十四章

跨 国 并 购

本章导读
- 掌握跨国并购的定义、特征及动因;
- 了解全球跨国并购市场的发展和中国跨国并购市场的演变;
- 掌握外资并购中国企业的基本情况、并购特征和并购模式;
- 了解中国企业境外并购的动因和遇到的挑战。

1995 年以来,全球跨国并购浪潮风起云涌,从 21 世纪开始一路升温,不断刷新并购最高金额。近几年的调整期也并未动摇跨国并购在全球范围内 FDI 的主体地位。据联合国贸易和发展会议组织(UNCTAD)编写的 2016 年世界投资报告中显示,全球范围内的 FDI 金额较 2014 年上升了 38%,达到了 1.76 兆美元。其中,跨国并购的总金额达到了 7 210 亿美元。中国是发展中经济体中对外投资增加的少数国家之一,通过跨国并购等方式投资,中国已经成为一些发达国家的主要投资者。2009 年,中国企业境外并购案例仅有 38 件,到 2016 年,中国企业境外并购案例达到 237 件,总并购金额达到了 5 230.21 亿元。另一方面境外企业为了进入中国市场,打破技术、贸易等壁垒或因其他原因而发起的并购也在不断进行中。本章,我们将通过分析案例了解企业进行境外并购或来华并购的动因、并购模式以及所面临的挑战和经验,并从既有的成功案例中掌握跨国并购的趋势和成功原因,也从失败的案例中学到经验教训。

14.1 跨国并购概述

14.1.1 基本概念

(1) 范畴界定。跨国并购,是企业跨越国界的跨国兼并和跨国收购的总称,是一种帮助企业走向全球的扩张模式[①]。黄中文(2006)认为,跨国兼并和跨国收购的区别在于:在跨国兼并中,目标公司的法律实体地位不复存在;而在跨国收购中,目标公司的法律实体

---

① 商务部跨国经营管理人才培训教材编写组.中外企业跨国并购与股权投资比较[M].北京:中国商务出版社,2009:3.

地位还存在。也就是说,跨国兼并使两个或两个以上的法人合并成一个法人,而跨国收购只改变被收购企业的产权归属或经营管理权归属。总体而言,跨国并购指的是"一国企业为了某种目的,通过一定渠道或支付手段,将外国企业(目标企业)的一部分甚至全部份额的股份或资产买下来,从而对后者经营管理实施实际的或完全的控制"[①]。按照联合国贸易与发展会议(UNCTAD)的定义,跨国并购是包括"外国企业与境内企业合并"以及"收购境内企业股份10%以上,使境内企业的资产和经营的控制权转移到外国企业"从而掌握被并购企业所有权或控制权的投资行为。

总体来说,我们认为跨国并购是一国企业购买另一国企业的股份或其所有的资产来对后者经营管理实施控制或者取得控制权的行为。跨国并购活动涉及两大主体,一方是收购方,通常被称为"母国企业";另外一方是目标企业,通常被称为"东道国企业"。跨国并购的根本目的在于追求竞争上的长期战略优势,以适应不断变化的国际环境。

相比于国内并购,跨国并购风险更大。跨国并购过程中,并购方在考虑通常存在的并购风险之外,还需要考虑跨国并购所特有的风险,如东道国政治、法律、汇率、文化风险等。2009年可口可乐试图收购汇源果汁失败案就是一个涉及东道国(中国)政治法律风险的案例。另一方面,跨国并购因为涉及至少两个国家的利益,难度也更大。跨国并购要同时经过国内审批和国外审批,流程复杂。虽然中国自2014年年初开始相继出台了一些新的法律法规,简化了境外投资境内审批、备案或登记流程,但一项外投资与并购如完成国内全部行政审批、备案或登记程序仍需相当长的时间。除需经发改委、商务部门、外汇局审批、备案或监管,国企还需经国资委批准或备案外,境内企业境外投资还可能受到财政部门、税务部门、环保部门等的监管,这就进一步增长了办理政府监管手续所需的时限。并购完成之后,整合,尤其是文化整合,也需要花很长的时间和精力[②]。

(2) 分类。按行业划分,可分为跨国横向并购、跨国纵向并购和跨国混合并购。

跨国横向并购,是并购方和目标方所归属的行业相同,并生产同类产品,目的是扩大世界市场份额,增加国际竞争力。由于两者具有类似的成长背景,因此整合风险相对较弱,广证恒生通过对2005—2015年中国的并购重组案例系统统计,横向并购在整个并购中占比高达62.26%。典型的例子如联想并购IBM的个人电脑业务以拓展该业务在国际市场上的范围。

跨国纵向并购,是通过前向或后向并购,来扩大销售渠道或扩大供应来源的并购方式。典型的例子如万达收购美国传奇影业,进入电影产业的上游。

跨国混合并购,是处于不同国家、不同行业之间的企业之间的并购,主要出于跨国多元化经营的目的而进行的并购战略。2016年7月,复星集团7天密集披露4宗境外收购,包括足球、医药、地产、银行等各大领域,就是混合并购的典型案例。

14.1.2 跨国并购动因

企业并购浪潮一轮接过一轮。国际金融危机后,新一轮跨国并购浪潮兴起,在亚太地

[①] 黄中文.跨国并购实务[M].北京:中化工商联合出版社,2006:111.
[②] 商务部跨国经营管理人才培训教材编写组编写.中外企业跨国并购与股权投资比较[M].北京:中国商务出版社,2009:5.

区迅速发展的背景下,国际化趋势和区域经济一体化速度加快,各国企业跳入了跨国并购的行列当中,其眼光延伸到了境外市场。全球战略取代了原来的国内战略,企业开始全球产业布局建立竞争优势,实现战略目标[1]。

在中国采取全球战略的典型例子是被称为"并购王"的海航集团,这几年积极参与境外投资并购,实现国际化战略(参见表14-1)。

表14-1 海航集团境外并购一览表[2]

时　间	境外投资并购事件
2013年2月	海航集团对NH酒店集团股权竞购成功
2015年5月	海航集团旗下荷兰的全资子公司支付1 300万美元获得南非商务航空6.2%的股份
2015年7月	海航集团与私募股权基金PAI Partners签署协议,将以约人民币175亿元收购瑞士国际空港服务有限公司全数股权
2016年1月	海航物流集团有限公司旗下的天津天海投资发展公司将以每股38.90美元价格,斥资约60亿美元收购全球最大的IT产品代理商英迈(Ingram Micro)[3]
2016年4月	海航集团宣布以15亿美元收购瑞士航空服务公司佳美集团(Gategroup)。这是全球第二大航空配餐企业
2016年4月	海航集团宣布已达成协议,收购英国外币兑换运营商International Currency Exchange (ICE)。ICE是全球最大的零售货币兑换运营商之一
2016年4月	海航集团旗下海航旅游集团宣布,该公司已达成协议,收购卡尔森酒店集团(Carlson Hotels) 100%的股权,以及后者持有的瑞德酒店集团(Rezidor Hotel Group)51.3%的多数股权
2016年7月	海航集团以28亿美元收购地勤服务集团瑞士空港(Swissport)
2016年7月	海航集团以25亿美元收购在纽约上市的飞机租赁集团Avolon
2016年10月	海航集团旗下的Avolon Holdings同意以100亿美元收购CIT Group Inc.的飞机租赁业务
2016年10月	海航集团以约65亿美元,从黑石集团手中收购其持有的约25%希尔顿集团股份,将成为后者的最大股东
2017年3月	中国海航集团再度增持德意志银行股份,持有股份从3.04%至4.76%,成为仅次于持股近10%的卡塔尔政要和持股6.1%的贝莱德集团的第三大股东
2017年4月	海航集团旗下上市公司海航实业以14亿新加坡元(约合69亿元人民币)收购新加坡物流公司CWT
2017年5月	海航集团5月初再次伸出增持之手,登上德意志银行(Deutsche Bank)第一大股东的宝座,持股份额达到9.9%

---

[1] 商务部跨国经营管理人才培训教材编写组.中外企业跨国并购与股权投资比较[M].北京:中国商务出版社,2009:40.
[2] 资料来源:根据互联网内容自行整理。
[3] 商务部跨国经营管理人才培训教材编写组.中外企业跨国并购与股权投资比较[M].北京:中国商务出版社,2009:40.

企业进行跨国并购的动因,可分为外部环境的变动所带来的影响和企业内在的并购驱动因素。

(1) 外部环境动因。主要包括如下内容。

① 全球化趋势和区域经济一体化。从 21 世纪初开始,经济全球化和区域经济一体化已经成为世界经济的主流,企业间的竞争空前激烈,企业由简单的国内竞争转移到复杂的国际竞争。为了国际市场上能够占据优势,越来越多的企业将跨国并购、战略联盟视为制胜的关键。

2016 年 2 月 4 日,环太平洋经济伙伴协定(TPP)正式签署,意味着区域经济一体化在全球范围内得到再度迅速的发展,各国的贸易壁垒降低,生产要素更加自由地流动,这些有利条件为跨国并购提供了肥沃的土壤;同时,区域性集团所具有的对内凝聚性和对外排他性也促进了区域内成员国之间的企业并购活动[①]。

② 科技的发展。随着科学技术的发展,企业的竞争优势从单纯的生产规模升级到了技术和研发领域。各国企业希望通过跨国并购来获得知识技术产品,或者与现有技术相结合以达到资源配置最优化,或者将该产品进行内部化以节省交易成本。中国正遵循着熊彼特周期。熊彼特(1939)认为,每个长周期包括 6 个中周期,每个中周期包括 3 个短周期;短周期约为 40 个月,中周期约为 10 年,长周期为 48—60 年(陈学彬,2012:68-78)。熊彼特的"破坏性创新"观点认为:先知先觉的具有冒险精神的企业家在追求超额利润的行为推动下,能引起社会效仿,引发信用投资增加,负债经营,推动过度投资,在其他经济环境设施没有跟进的前提下会导致经济过热;但随着新的基础设施、制度等配套服务环境的构筑和完善,新的一轮经济增长将开始发力。从 1995 年互联网商业化至今,才短短 20 年,中国的制造业(去库存的基钦周期)、资本市场(去杠杆的朱格拉周期)、房地产市场(去存量的库兹涅茨周期)都在中短期内交错登场完成了自己的辉煌使命;今天,互联网+的熊彼特经济周期拉开了序幕。美国苹果公司被称为最有创新能力的公司,但是基于获取高新技术成果、增强研发能力的考虑,每年仍然要跨国收购很多科技公司,如 2013 年并购以色列 3D 传感技术公司 PrimeSense、加拿大地图数据公司 Locationary、瑞典移动数据压缩公司 AlgoTrim,都是苹果公司在科技方面需要发散枝叶而实施的跨国并购。

③ 投资环境。2015 年 11 月 30 日,国际货币基金组织执董会决定将人民币纳入 SDR 货币篮子,人民币成为 SDR 的第五种、第三大篮子货币,权重超过日元、英镑。这一步有助于优化中国的投资环境,为"走出去"和"引进来"都加强了极大的便利。各国在投资领域的协调合作关系也不断加强,对跨国并购发展起到了重要的驱动作用。近几年来盛行的 VIE 就是一个巧妙利用投资环境来实行免税目的的企业结构,也称为"协议控制",为企业所拥有的实际或潜在的经济来源,但是企业本身对此利益实体并无完全的控制权。

(2) 企业内在动因。企业跨国并购的动机包括提升效率、跨国公司间利益重新分配,或者是代理人盲目扩张等。毫无疑问,在竞争激烈的全球市场中谋求生存和繁荣是跨国兼并和收购的最重要的动机[②]。

---

① 上海国家会计学院.企业并购与重组[M].北京:经济科学出版社,2011:291.
② 同上,292.

① 速度经济性。按美国学者 Chandler 认为企业通过并购可以获得速度经济性。相比绿地投资,跨国并购无须重新建立企业,省略了在他国谈判、审批、动工建设等多个烦琐耗时的步骤,只需获得一个现成的企业从而迅速地投入生产,在融资、生产、经营、研发等领域获取规模扩张。同时,快速进入市场可以获得相对较多的市场份额,并在该行业获取垄断优势,进而谋取高额利润,或者在本国市场被竞争对手所击败的情况下,可以在东道国市场获取机会,寻找新的发展机会。典型的例子是,中国化工集团于 2015 年 8 月收购了意大利上市公司倍耐力约 26.2% 的普通股的股份,强化了中国化工集团在中国及欧美的轮胎业市场地位。倍耐力具备相当的世界影响力,是全球第五大轮胎制造商,中国化工通过收购倍耐力,仅可以提升品牌知名度,还能通过倍耐力欧洲企业的身份避免一些贸易摩擦,有效地扩大市场规模。

② 获取核心技术、专利等知识产权。由于技术与知识产权之类的资产都有时间限定,因此切入市场的时机是跨国并购必须慎重考虑的战略,如果错过或判断失误,在不恰当的时机进入东道国市场,可能会给跨国公司带来无法挽回的后果。另外,跨国并购可以提高对所进入市场的控制有效程度。在东道国投资建立企业,达到盈利状态一般需要 3 年或以上,这期间市场风云变幻,优势可能改变;但是并购一家企业,达到预期生产能力所需花费的时间短得多,可以提前进入收获期且避免风险[1]。在医药生物行业内,为获取其他企业的药品等专利实施并购行为不胜枚举。

③ 成本降低。跨国并购可以降低母国企业进入东道国市场的成本。一方面,母国企业可以利用目标企业既有的资源、渠道、能力和市场来降低生产和经营成本;另一方面,母国企业还能够通过跨国并购规避贸易壁垒,降低税收成本和贸易摩擦成本。以中国为例,政府给予对外投资居民企业税收减免的优惠,用来鼓励中国企业对外投资。为了避税目的而实施跨国并购的案例很多,比如 2016 年美国制药巨头辉瑞(Pfizer)企图用 1 600 亿美元的天价收购爱尔兰制药公司艾尔建(Allergan)。如果该收购成功,辉瑞可将公司注册地从美国变更为爱尔兰,公司税税率则将从 35% 变为 12.5%,节约了大量成本。

④ 战略结构调整获取战略资源。通过跨国并购,跨国公司可以在短时间内获取自身所欠缺的战略性资源。中国是世界石油、天然气的进口大国,以 2015 年石油进口为例,中国的石油对外依存度超过 60%,随着经济发展,今后对自然资源提出的需求将更加强烈,中国企业必须采取积极的措施获取境外资源来保证国家的战略安全,而跨国并购就是重要的途径之一。例如,2013 年中海油 151 亿美元收购了加拿大油气公司尼克森。

同时,近年形势又有所不同,中国正处于经济转型阶段,战略资源有了新的含义,高科技、品牌成为新的战略资源,中国对外并购行业分布大幅扩大,不再局限在能源领域,更加注重科技、商贸等方面[2]。

⑤ 引进战略投资者改善公司治理水平。通过引进战略投资者,可以为企业带来先进的技术和管理经验,为东道国的经济发展注入新鲜的血液。中国的银行业是引进境外战略投资者的典型行业。1996 年光大银行第一个引入亚洲开发银行作为其外资战略投资

---

[1] 黄中文.跨国并购的十大动机[J].北方经贸,2003(11):29-31.
[2] 上海国家会计学院.企业并购与重组[M].北京:经济科学出版社,2011:293.

者,参与到本行的管理工作中。部分学者认为外国机构投资者可能并不会满足于拥有少数股权,他们的进入也可能造成恶性竞争,甚至会威胁到国家的金融安全。但总而言之,境外机构投资者的引入对中国银行的盈利能力和创新能力等是有积极影响的(参见表 14-2)。

表 14-2 中国银行业积极引入外资参与管理

银行名称	时 间	事 件
上海银行	2001 年	汇丰银行参股上海银行,以 6 260 万美元购买上海银行 8%的股份
建 行	2005 年	美洲银行投资 25 亿美元购买建行 9.1%股份
		建行与新加坡淡马锡控股有限公司签署投资入股协议,淡马锡将以 14 亿美元从汇金公司购入建行 5.1%股权,同时承诺在建行 IPO 时将投资不少于 10 亿美元购入建行股权
		美国银行以 30 亿美元的价格收购建行的 9%股份
浦发银行	2003 年	花旗银行境外投资公司持有浦东发展银行总股本的 4.62%
中 行	2005 年	中行和淡马锡签订协议,淡马锡计划投资 31 亿美元入股中行 10%股份
		中行与苏格兰皇家银行合作,后者用 31 亿美元收购了中行的 10%股份
工 行	2005 年	中国工商银行与高盛集团旗下的高盛资本伙伴第五基金、德国安联集团和美国运通达成了 30 亿美元收购 10%股权的收购协议,并成为董事会股东。

14.1.3 跨国并购效应

跨国并购活动影响各个企业、各个国家乃至全球经济的发展格局。企业增加了其未来的发展潜力,实现技术和竞争力的增强;同时国家与国家之间的技术、管理转移自如,解决失业率、产业结构升级、市场发展等方面对本国和东道国都造成了一定的效果。这种效果既有"正效应",又有"负效应",跨国并购可谓是一把"双刃剑"。

(1) 跨国并购正效应主要包括如下内容。

① 生产要素流动性提高。跨国并购活动提高了全球资源配置效率,不仅使资本流动更加活跃,还使人力、技术等无形资源在更大范围内流动,提高了生产要素国际流动性。同时,通过跨国并购,利用所引入的管理资源和人力资源,能通过规模效应来分摊高昂的研发费用。

② 产业结构升级效应。跨国企业向目标企业投入巨额的资金、高级人力资源和已成熟的技术,帮助东道国企业弥补其本身不足之处,能够有效应对其竞争对手,获取产业结构升级的效应①。

③ 协同效应。跨国并购能够通过提高财务能力、合理避税等为企业带来财务效应协同,提高经济效益;也能够为企业在生产活动效率方面带来提升,以此产生正向的经营效应协同。比如,2016 年中国化工集团收购瑞士先正达,先正达的优势在农药、种子上,中

---

① 石建勋,郝凤霞.企业并购与资产重组——理论、案例与操作实务(第一版)[M].北京:清华大学出版社,2012:140.

国化工通过跨国并购获得的种子技术,将强化中国的粮食安全保障,符合国家利益,也能借此扩大杀虫剂和作物市场的国际版图。对先正达而言,中国化工过往国际并购的声誉以及中国市场的入口极具吸引力。

(2) 跨国并购负效应。跨国企业通过并购活动获取垄断优势,削弱东道国宏观调控上的控制力度。东道国资源会遭到掠夺性开采,并且在环境问题上,跨国公司常常造成不良影响。东道国行业总体规划会被打乱,并且可能脱离东道国的行业监督。目标企业往往被输入的技术都是已经成熟的技术,因而研发上的积极性会受到挫折,这容易导致东道国在技术上长期受制于跨国企业的局面。

在并购有一种模式被称为"斩首行动"——选择行业里的龙头企业,通过并购获得其控制权,控制该行业某一个地区甚至全国的生产。根据 2006 年国家粮食局粮食科学研究院的一份研究报告,外资通过并购已控制了中国大豆压榨业 40% 的市场份额,中国大型大豆压榨企业只有一家未被外资兼并。

卡特彼勒给中国制造业带来的影响可谓是最好的案例。2003 年,卡特彼勒提出在中国 100 亿美元的产业布局,2005 年收购山东山工机械有限公司 40% 股权,2006 年初并购了厦门工程机械股份有限公司和上海柴油机股份有限公司等企业。在此之前,卡特彼勒在华业务收入仅为 40 亿元人民币,不足中国工程机械市场总产量的 1/20,更是其全球 226.7 亿美元产销总额的微末之数。卡特彼勒的主要目的是通过跨国并购整合吃掉整个中国的机械制造行业,而工程机械和重大装备工业是整个国家工业的基础,涉及国家长远发展能力等问题。如此的并购态势必然会造成机械行业的过度集中和垄断,使得整个行业失去平衡。更夸张的是,卡特彼勒的并购战略强硬而苛刻,"凡是在国外建立的企业必须控股",而且一定要"消化或抑制竞争品牌",所有的被收购企业需要"服从卡特彼勒的全球战略"且"限制使用原企业品牌"。如此一来,国内的自主品牌无法创新,中国装备工业在国际分工中会被死死钉在价值链的底端。

然而,总体上看,跨国并购正效应大于负效应,东道国政府通过金融和货币上的政策干预和与跨国企业的协调方式来最大限度地发挥跨国并购的正面效应。

14.2　中国跨国并购市场的发展

中国企业首次进行境外投资是在 1979 年。当时国务院颁布了《关于经济改革的 15 项措施》,其中第十三项明确规定:要出国办企业。这也就意味着中华人民共和国成立后把对外投资作为一项政策确定了下来。就在同一年,北京友谊商业服务公司与日本东京丸一商事株式会社在日本东京创办了"京和股份有限公司",这是中国历史上第一家境外合资企业。

总体上看,中国企业跨国并购所经历的历史可以分为三个阶段。

第一阶段:1979—1997 年,新生阶段。在政策的引导之下,这一期间经外经贸部批准或备案的境外企业达 5 045 家。当时主要采取和外资合资或合作的形式进行跨国投资。真正意义上的第一例跨国并购是在 1984 年,香港最大的上市电子集团——康力电子有限公司受到财务危机的影响而面临倒闭的时候,中银集团和华润集团形成战略联盟组建新琼企业有限公司,向康利注资 4.3 亿港币,并获得了其 67% 的股权。

在这一阶段的境外并购主要以国有企业为主,虽然数量较多,但总金额上远远低于其他发达国家。如以 1991 年为例,这一数值不足 14 亿美元。

这一时期,上海境外投资企业发展到 400 多家,分布在 70 多个国家和地区,涉及家电、轻工、纺织、医药等制造业以及工程承包、贸易等领域,但是投资总额仅为 2.8 亿美元,其中跨国并购形式对外投资仅为一成左右。

第二阶段:1997—2008 年,跨国并购探索阶段。2000 年,中国政府确立了"走出去"战略,坚持"引进来"和"走出去"并举,相互促进。在这样的背景下,中国企业的境外并购面临一个全新的局面。

2002 年起,国民经济迅速增长,中国境外投资和并购也猛增。2003 年 2 月 12 日,京东方科技集团宣布,以 3.8 亿美元的价格收购韩国 HYNIX 半导体株式会社旗下的现代显示技术株式会社的 TFT-LCD 薄膜晶体管液晶显示器件业务。该笔收购创下了当时国内企业境外收购金额的最高纪录。这一时期,中国开始以国有企业的主动境外并购加入第五次并购浪潮之中。

第三阶段:2009 年至今,快速成长阶段。世界经济在 2008 年国际金融危机的冲击之下逐渐恢复,中国经济正处于加速发展的阶段,境外并购成为中国整合国际、国内资源的必然选择,中国企业的境外并购正成为推动经济复苏的重要手段。

2009 年 3 月 16 日,商务部出台了《境外投资管理办法》(以下简称《管理办法》),宣布核准权益下放,商务部仅保留对少数重大境外投资的核准权限,并简化了核准程序;同年 6 月,国家外汇管理局发布了《关于境内企业境外放款外汇管理有关问题的通知》,在扩大境外放款主体、扩大放宽资金来源和简化手续等方面作出相应调整。

中国境外并购涉及众多行业,比如,资源行业的中石化通过支付 72.4 亿美元成功收购瑞士 Addax 石油公司,创下中国企业境外并购的新纪录;制造业中,吉利收购全球第二大自动变速器制造企业澳大利亚 DSI 公司;法国皮尔·卡丹也宣布,其旗下的在华成衣和衣饰业务卖给广州健升贸易有限公司和卡丹路公司,总价 2 亿欧元。

跨国并购活动在中国已经开展得如火如荼,但同时中国企业的境外并购失败的案例也接踵而来。仅 2008 年,中国企业境外并购损失达到 2 000 亿元人民币。现在,中国企业的境外并购所面临的新的问题是:如何建立一套理性且系统的境外并购管理体系,也就是让境外并购并不局限于目前的利益,而是为中国企业创造可持续竞争优势。这是跨国并购的原始初衷,也是在"走出去"的同时,"拿回来"的关键成功要素。

具体在第六次并购浪潮中,中国企业并购境外企业参见 14.4 章节,外资并购中国企业参见 14.3 章节。

14.3 外资并购中国企业

14.3.1 外资并购概述

根据《关于外国投资者并购境内企业的规定(2006 年修订)》第二条之规定:"本规定

所称外国投资者并购境内企业,系指外国投资者购买境内非外商投资企业股东的股权或认购境内公司增资,使该境内公司变更设立为外商投资企业;或者,外国投资者设立外商投资企业,并通过该企业协议购买境内企业资产且运营该资产,或者,外国投资者协议购买境内企业资产,并以该资产投资设立外商投资企业运营该资产。"

20世纪90年代后期开始,跨国公司为了实现全球化战略,利用其原有优势(管理、技术、人力资源等)通过并购进入中国市场。最初,中国政府的政策限制导致并购活动无法迅速发展,随着中国国内市场经济的深化,外资企业进入中国进行跨国并购活跃。近年来,中国市场的外资跨国并购活动很踊跃,2011年并购发生数量达66起,而2013年达到了787亿元人民币的并购规模(参见图14-1)。

图14-1 2009—2016年中国并购市场外资并购统计

2003年世界轮胎巨头佳通集团以9789万元竞买购得1.5107亿股华林轮胎国有股权,成为第一大股东,这是第一例外商收购国内上市公司的案例。此后,2003年10月,柯达收购中国彩卷行业唯一民族品牌乐凯20%的股份;2011年,雀巢17亿美元收购徐福记60%股权,同年又获得银鹭集团60%股权;2012年,美敦力以8.16亿美元的代价购得中国最大骨科器械康辉公司的股权①。

14.3.2 外资并购特征

(1)从并购类型来看,上市公司并购成为外资并购主要选择。跨国企业把上市公司选为进入中国市场的跳板,主要是通过证券市场,借助壳资源,能以较低的成本注入其产品、技术等,加快进入速度。一般来说,跨国企业偏好股权分散、公司治理相对规范的上市公司。

(2)从并购对象来看,以集中、重点并购为主,并且偏好于行业龙头企业。是否在行业中占据重要的竞争地位是外资企业选择并购对象的主要标准之一,比如在畜牧产品市场上,2014年8月KKR集团斥资26.4亿元获得圣农发展约18%的股权,成为公司的第二大股东,而圣农发展则是目前中国规模最大的专业从事肉鸡饲养、屠宰加工和鸡肉销售

---

① 上海国家会计学院.企业并购与重组[M].北京:经济科学出版社,2011:296.

的企业,这些条件正好符合 KKR 这样的跨国企业对行业龙头的偏好。

(3) 从并购方式来看,主要分为股权并购和资产并购。外资并购中国上市公司,主要有两种:第一种是直接收购股权,如要约收购;第二种是通过购买资产管理公司所持有的不良资产,并以债转股的形式进入上市公司,以提高其进入中国市场的速度。

(4) 从并购行业来看,外资主要对象是战略产业。根据《外商投资产业指导目录》,中国将产业分类为鼓励、允许、限制、禁止四大类。据此,可以把发生外资并购的主要行业分为三大类。第一类是受政策限制,只能参股的行业。这些行业由于其敏感性,受到产业政策限制,一般具有垄断优势。主要包括金融业、通信业、仓储、港口和运输业。第二类是外资能够迅速抢占市场份额的行业。一般进入该类行业,最好的选择就是并购现有企业,主要包括汽车行业、石油化工行业等。第三类是具有核心竞争力,存在资源互补效应的行业。在这一行业领域,中国企业具有充分的竞争实力,也就是具有核心竞争力。外资主要是希望获取互补性效应,典型的行业就是零售业。

20 世纪 90 年代,外资的主要并购对象集中于战略性行业,如汽车、机械、石化等,典型的案例就是 1995 年 8 月 9 日,日本五十铃汽车株式会社和伊藤忠商事株式会社通过一次性收购非流通法人股的形式收购北京旅行车股份有限公司,进入中国汽车行业。

但随着中国吸引外资产业政策放宽和调整,外资的眼光逐渐转向金融服务、保险等服务业领域,如美国新乔收购深圳发展银行股权、德勤并购中国会计师事务所、世界第三大连锁零售商 TESCO 收购乐购连锁超市等大型服务业并购案件频频发生。

14.3.3 外资并购模式

外资并购模式主要有如下四种。

(1) 直接协议收购非流通国家股或法人股。是通过协议受让的方式获得中国上市或非上市公司的法人股或国家股,这是早期最为普遍的并购方式。以前中国对外开放程度尚不足,外资只能通过 B 股或 H 股进行协议并购,但 B 股、H 股占总股本的比例小,而外资并购的主要目的在于取得控制权,通过 B 股、H 股基本上无法达到该目的。

股权分置改革之前,国有法人股股价一般低于流通股的价格,同时能得到要约豁免,降低收购成本,因此一度成为外资并购的主要模式。例如,2001 年底,作为世界三大新兴制冷剂供应商之一的格林柯尔集团通过其旗下的顺德区格林柯尔企业发展公司拿出 5.6 亿元现金,协议收购科龙电器 20.6% 的法人股,成为科龙电器新的第一大股东。

股权分置改革之后,非流通股股东可通过支付对价的形式取得上市流通权,根据《管理办法》的规定,外国投资者以协议转让方式可以取得中国上市公司的 A 股股份,但对手方是谁并没有进行明确的规定;根据《中华人民共和国公司法》规定,股东转让其股份,应当在依法设立的证券交易场所进行或者按照国务院规定的其他方式进行,也就是说,上市公司股票应当完全进行场内交易。

(2) 定向增发。在《管理办法》实施以前,外国投资者通过购买定向增发的 B 股、H 股或可转债实现跨国并购。

与直接协议收购相比,定向增发法律和政策性限制并不强,并且容易实施,也方便监管机构进行监管。在《管理办法》实施之后,外国投资者可以认购上市公司定向发行的 A

股股份。

2006年1月1日起生效的《证券法》对第十条"公开发行"做了明确的界定：一是向不特定对象发行证券的行为；二是向累计超过200人的特定对象发行证券行为；三是法律、行政法规规定的其他发行行为。《证券法》的第十三条有规定："上市公司非公开发行新股，应当符合经国务院批准的国务院证券监督管理机构规定的条件，并报国务院证券监督管理机构核准。"因此，上市公司的私募增发有了明确的法律支持。从《管理办法》对外国战略投资者的主体资格和财务能力的要求来看，所规定的上市公司定向发行新股方式应属于非公开发行。

(3) 其他模式。除直接协议收购和定向发行两种模式之外，《管理办法》还规定了外资跨国公司可以取得中国上市公司A股股份的其他模式。具体如下：

① 间接并购模式。间接并购模式是指通过上市公司的母公司或控股企业对上市公司实施间接控股的模式。例如，2001年10月阿尔卡特通过受让上海贝尔有限公司的股权，以50%+1股控股，上海贝尔有限公司由中外合资企业改制为外商投资股份有限公司，并更名为上海贝尔阿尔卡特有限公司。

② 合资模式。合资合作模式是指外资先和上市公司组建由外资控股的合资或合作公司，然后由该公司进行对上市公司核心业务的反向收购，从而间接控制上市公司。所以合资合作模式又称为反向收购模式。该类模式的优势在于能够绕过政府的审批程序，同时，中国的上市公司所具有的经验可以对合资企业起到积极作用。外资并购中国企业，采用最多的模式就是合资合作模式。例如，2001年，中国轮胎生产龙头企业轮胎橡胶与世界上最大的轮胎生产企业米其林组建合资企业，由米其林控股的合资企业斥资3.2亿美元收购轮胎橡胶核心业务和资产，结果是米其林通过合资企业实质性地控制轮胎橡胶。又如，IBM公司和广电信息在普及运算领域合作，开发信息终端产品；东方通信引进美国高通技术生产CDMA网络系统设备等。

③ 定向增发可转换债券。该模式无须中介机构参与，因此具有发行成本较低和并购效率高等优点。比如，2002年10月24日，上市公司青岛啤酒发布公告，拟通过定向增发可转换债券引入外资战略投资者，青岛啤酒向全球最大的啤酒制造商美国AB公司一次性发行总额为1.82亿美元（约合14.16亿港币）的强制性定向可转换债券，债券在协议规定的7年内将分三次全部转换为在香港联交所上市的H股，AB公司在青岛啤酒的股权比例将从4.5%增加到27%。

④ QFII模式。QFII是合格境外机构投资者，是指允许经核准的合格境外机构投资者，在一定规定和限制下汇入一定额度的外汇资金，并转换为当地货币，通过严格的专门账户投资当地证券市场，其资本利得、股息等经审核后可转为外汇汇出的一种市场开放模式。

(4) 新模式。除上述几种传统的外资并购模式之外，随着资本市场的发展以及中国政府政策上的变化，出现了多种不同的新模式。

① 拍卖方式竞买上市公司股权。外资除了协议收购国内上市公司非流通股之外，可通过拍卖方式竞买上市公司非流通股。很多上市公司大股东无法清偿到期债务而被诉讼，所抵押的上市公司非流通股份，通过人民法院强制执行程序被依法拍卖，外资可以通

过合法的拍卖市场获取股权进行并购。2003年7月13日,新加坡佳通轮胎在北京拍得ST桦林股权,成为中国证券市场首例通过司法拍卖方式获得上市公司国有股股权的外资企业。

② 通过债权市场的间接收购。有些上市公司负债较多,但其本身价值较高,外资可将该上市公司作为"壳资源",同时,一些上市公司所具备的资源价值被低估,这些上市公司对外资来讲,是一个很好的并购对象。

③ 外资机构征集代理权。外资先占有上市公司部分股权,然后以股东身份发出征集委托权的要约。成功以后,在上市公司当中贯彻自己的经营战略,达到实质上控制的目的,为以后的收购行为奠定基础。

④ 吸收合并模式。上市公司之间的并购活动在西方国家屡见不鲜,中国资本市场正对外资进行开放,若能够达到外资企业在中国股票市场上市这一地步,可能会出现外资上市公司对中国国内上市公司进行吸收合并的新模式,并且中国法律本身并未对上市公司之间发生的并购进行明确的规定,因此这种模式在未来可能占据跨国并购的主流地位。

⑤ 第三方代为收购模式。这种方案具有一定的可操作性。目前,外资已经存在利用第三方代为收购模式收购非上市公司的案例。例如,上海的华企投资有限公司和资产新闻实业有限公司以4 250万元的价格收购了女儿红酿酒有限责任公司,其中前者占46%的股份,后者占54%。资产新闻实业有限公司收购后,已着手将其中的25%的股份转让给香港的一家有外资背景的公司。

⑥ 托管与期权方案相结合模式。这种模式相对节省时间,股权托管是受托人受托以自己的名义,为了委托人的利益形式股权的表决等权能,其处理委托事务所得的利益归于委托人指定的受益人。受托一方可以参与公司管理,相对委托人有其独立的地位,为外资在以后的实质性并购奠定良好的基础。2001年4月,宁夏恒力面向境外投资者公开征集股权受让人,计划通过股权委托管理和签订《股权远期转让协议》的方式引进外资股东,后因政策原因叫停。

⑦ 资产置换模式。资产置换是一种典型的非上市公司之间的融资方式,外资使用的是资产。外资可以利用中国内资公司的资产直接和中国上市公司进行资产置换,上市公司将其置换给准备转让股份的上市公司股东。例如,李泽楷的盈科集团并购上市公司得信佳,具体操作方式为:得信佳发行新股297.77亿股,盈科集团以数码港项目和部分物业换得其中的240亿股,占得信佳总股本的75%,同时,还包括10亿港元的3年期可转债;同时,得信佳将其除了在中国香港地区的通信器材以外的其他所有业务和香港地区的债务转让给原控股股东星光科技,这样就实现了对得信佳的资产置换,置换后的得信佳改名为盈科动力数码,成为盈科集团的龙头企业。

14.4 中国企业境外并购

14.4.1 境外并购动因

在全球经济一体化和"走出去"战略的背景下,境外并购已经成为中国企业寻求新一轮发展的主要途径。虽然70%的并购以失败告终,但丝毫未能影响中国企业境外并购的热情。从图14-2可以看出,并购交易数的逐渐攀升和2016年交易额的突然提升。中国企业之所以热衷于进行境外并购动因如下。

图14-2　2009—2016年中国并购市场境外并购统计

（1）抢占战略性资源,以支持未来企业的持续发展。随着工业化不断加速,中国企业已经承担了为全球提供工业产成品的责任,进一步提高了自然资源的耗能;同时,中国本身资源相对缺乏。中国企业为了寻求自然资源,开始实行境外并购。中国国有企业的境外并购侧重于境外矿产资源等上游行业的企业并购。例如,2009年中石油500亿澳元收购埃森克美孚持有的澳大利亚Gorgon液化天然气项目、2013年中海油151亿美元现金收购尼克森等,2015年中润资源113.9亿元人民币收购伊罗河铁矿。

（2）通过境外并购达到技术创新,获取先进技术。中国大多数出口产品是劳动密集型产品,高新科技行业应当不断推出适应市场变化的新产品,但许多企业做不到这一点。相反,发达国家企业在产品技术开发上不惜花费很高的代价,在技术创新、品牌建设、质量控制等方面都卓有成效,但又面临着自身国家市场不够大的问题。在这样的背景下,中国企业通过境外并购,可以吸收境外先进技术,将其转换为本身具有的核心竞争力,同时外资又可以找到弥补市场需求不足的最佳解决方案,无论是中国企业还是外资都可以从境外并购中获得协同效应。例如,天翔环境2016年2月6日收购德国最大的水处理公司贝尔芬格水处理技术有限公司100%股权,后者2015年收入超过2.82亿欧元。2015年,天翔环境已经完成了对全球著名环保分离设备制造及工程服务提供商美国圣骑士公司的收购。此次收购贝尔芬格公司,天翔环境可以引进吸收后者在水处理领域的先进技术和国际先进的管理经验,实现公司在水处理领域的全面技术升级和跨越。

（3）通过境外并购,获取优质资产和品牌。中国企业一般采取国际贸易的形式进入境外市场,在这种情形下,新品牌相比于有知名度的品牌,进入壁垒更大。与此同时,很多外资实行聚焦核心业务的战略,将一些亏损业务剥离出去,中国企业通过收购此类的业务进入国际市场,可以以较低的成本拿到进入国际市场的"牌照"。

（4）拓展境外市场,完成全球战略布局。通过境外并购,中国企业可以利用目标企业的销售渠道来为自己的产品开发境外市场。相比于在进口国设厂的形式,境外并购是绕过贸易壁垒,取得市场资源最快捷、最便捷的方法。如 2012 年 5 月,大连万达收购世界排名第二的院线集团 AMC 影院公司,万达一跃成为全球最大电影院线。此项收购也标志着中国企业境外并购已从能源资源和制造业等传统领域逐渐扩展至文化产业等更高层次。

14.4.2 境外并购特征

近年来,欧洲和北美地区已经超越亚洲市场,成为中国企业境外并购的首选目的地。2014 年,以欧美为并购目的地的交易数量占到了中国企业境外并购交易总量的六成左右,而东亚等传统并购目的地的交易数量骤减(参见图 14-3)。

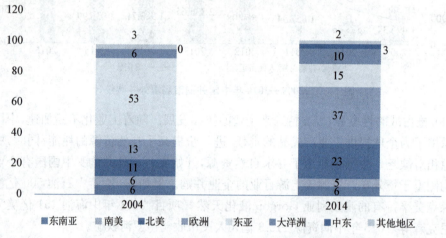

图 14-3　按标的所在地区划分的中国境外并购交易数量

除去交易目的地的悄然转变,中国企业境外并购在近几年呈现的主要特征如下。

(1)境外并购规模和性质多样化。中国境外并购规模的高速增长,主要受全球金融危机和经济复苏的影响。2008 年欧美金融危机,许多企业出现经营不善以及资金流紧张的局面,给中国企业境外并购创造了良好的机会,与此同时中国经济保持坚挺,大量盈余现金为国内企业"走出去"奠定了基础。

(2)境外并购行业分布集中,但分散化的趋势明显。此前中国的跨国并购主体以国有企业为主,并集中在资源、能源和金融等行业,从这两年中资境外并购标的所在行业的情况来看,TMT 行业已经成为绝对的引领者。据晨哨数据显示,2015 年中资企业境外并购标的分布在 TMT 行业的交易宗数有 91 宗,其中,披露金额宗数有 58 宗,披露金额达到 611.72 亿美元,占比高达 26.96%,在所有行业中居于首位;而 2014 年并购标的分布在 TMT 行业的披露宗数为 50 宗,披露金额为 234.06 亿美元,占比为 25.59%,同样排名第一。

另值得注意的是,2015 年中资企业跨境并购分布在农业/食品、文教娱乐两个行业的标的数量和披露金额较 2014 年同期明显增加。尤其是农业/食品行业,2015 年其披露的并购金额仅次于 TMT 行业,达到 489.81 亿美元,是 2014 年的 10 倍,足见该行业在跨境并购领域极速上升的活跃度。

(3) 境外并购交易结构和方式多样化。随着中国企业境外并购规模增加,中国企业并购的交易结构和方式变得越来越多样化。大型国企凭借着其雄厚的财政资源,在资源类行业主要依靠现金支付的方式进行竞标。2008年中钢集团以12亿澳元(约合78亿元人民币)的价格,对澳大利亚小型铁矿石公司中西部公司(Midwest Corporation)提出强制性的全现金要约收购,这是中国企业首次对澳大利亚铁矿石企业直接发起收购。

资金实力相对较弱的民营企业则大多数采用中介机构参与的过渡性权益安排或融资帮助,或者利用杠杆收购等方式进行并购,上文所述的各类并购方式,比如换股收购、共同出资联合收购等也得到应用。比如,2016年昆仑万维和奇虎360对挪威浏览器开发商Opera进行联合收购,该次收购预计总耗资为105亿挪威克朗(约12亿美元),对标Opera 100%的股权。而参与收购的三方分别为北京昆仑万维科技股份有限公司、奇虎三六零软件(北京)有限公司、金砖丝路基金管理(深圳)合伙企业(有限合伙)。收购所需12亿美元的资金分为两部分,参与收购的三方直接出资20%,并由金砖丝路募集剩余80%的资金。两部分资金将汇聚在一家简称为SPV的基金旗下,并由该基金作为全面收购Opera的投资主体。在直接出资部分,昆仑万维的出资占比达70%,实际出资额约为1.68亿美元。

(4) 与外资的合作水平提高,并从中积累了经验。之前进行境外并购的时候,不少国家政府认为中国企业境外并购目的是为了达到控制整个行业的印象,在国际趋势的推动下,中国企业和外资不断联手进行并购。同时,无论是国企还是民营企业,都从境外并购过程当中吸取了必要的经验,开始着重对并购人力资源开发上进行投资,建立起有效的针对境外并购的组织和管理团队,使得中国企业境外并购在整体质量上有一个"质"的飞跃。

(5) 境外并购主体变化,从国企主导到民企主导。在整个对外投资当中,国有企业占据着主导地位,比如,2005—2009年,非国有制企业的并购金额最高时仅占总金额的11%,而最小时不足1%[1],在一些垄断行业,如资源类、金融类等境外并购当中,基本上并购活动的主体是国有企业。2010年末,中国对外投资存量中国有企业占据66.2%[2],就充分表明国有企业在整体上呈现一种主导角色。

新兴产业中的民营企业快速崛起,对外投资热情高涨,逐步成为对外收购的主力军。从2003年开始,国企境外收购交易额占比持续在70%以上。然而,该数值从2012年开始下降,2015年已经降至50%以下。如复星集团2014年以10亿欧元的价格收购葡萄牙最大保险公司CSS 80%的股权,之后2015年又收购美国保险公司Ironshore,成为一时国际国内社会关注的焦点。

14.4.3 境外并购中遇到的挑战

20世纪90年代以来,境外并购成为中国企业对外直接投资的主要形式。经过多年的经验积累,以及"走出去"政策的鼓励和支持下,中国企业在资金和融资渠道上终于具备了境外并购的实力,一些优秀的企业敢于挑战大型跨国企业,并且获得了一定的成效,但

---

[1] 李自杰,李毅,曹保林.中国企业海外并购的特征、问题及对策研究——基于141起海外并购案例[J].东北大学学报,2010,12(4):311-316.
[2] 王晓东,魏丽丽.中国企业海外并购特点及其前景[J].合作经济与科技,2012(436):34-35.

随着中国并购军团的势力增加,许多国家感到前所未有的危机。

(1) 经济威胁论,目标企业所在国家政治干扰因素。2015年7月,紫光集团提出以230亿美元的总价收购芯片存储巨头美光科技,然而美投资审查委员会(CFIUS)以"可能危及美国国家安全的并购"为由叫停了这次并购,在这之后,紫光再度提出收购美国西部数据公司,并借西部数据之手联合收购存储巨头闪迪,但是由于美国境外投资委员会CFIUS介入审查,紫光不得不再度放弃这次收购。

其实,不仅仅对中国企业,大多数世界国家都对外国国有企业并购本国企业采取阻击的态度,原因如下。

第一,思维上存在偏见,政治因素包括东道国政治制度、民族意识和执政党基本政策等影响中国企业跨国并购的成败。美国认为中国的崛起是对美国在亚太地区地位的威胁,在战略上提出来重回亚洲,南海乱局实质就反映了这种政策的本质是制衡中国。沙特、挪威、巴西等国家都曾并购国美国的能源类公司,但美国政府从未以"国家安全"为理由进行阻击,但在紫光收购美光科技的过程当中就可以看出,美国外国投资委员会(CFIUS)表现出系统性的不信任[①],导致了并购以失败告终。

第二,经济体制上存在差异。中国公司制度上国有企业的角色非同一般,而在发达国家,虽然存在国有投资或者控股的企业,但在国家经济总量中所占比例小,民营企业却占据着主要地位。大多数国家认为,国有企业的行动就等于中国政府的行为。比如,2004年11月,中国五矿集团有意收购加拿大最大的矿业企业诺兰达,并未遭到政府的抵制,但却遭到了民族主义者的反对,并且在加拿大舆论的推波助澜之下,中国五矿集团不得不收起其原有意图,退出加拿大市场。

第三,沟通存在问题。语言差异在并购过程和并购后整合当中都会造成严重误会,沟通的误解是造成中国企业境外并购困难的主要因素。

(2) 实际交易操作问题,跨国并购在中国国内程序复杂。中国企业境外并购实际交易操作也存在问题。

首先,政策支持相对较弱。中国企业对境外目标企业的选择具有较大的随机性,这种状况直接影响到了中国企业境外并购的效率和效果。

其次,资本市场和金融改革利约。除了一些垄断行业之外,中国盈利水平高的企业其实为数不多,融资困难已经成为阻碍中国企业境外并购的第一位因素。在国内并购服务机构发展水平不高的情形下,中国企业只能借助国际投行的服务进行境外并购,境外投资银行的中介服务往往收费较高,这会给中国企业带来相当大的成本负担;并且境外投资银行如果和目标企业存在关联,将无法保证并购的公平性。如TCL集团香港公司为筹集合资公司运营资金先后向国外金融机构借款,资产负债率一时趋近70%;联想虽然以私募的方式获得共计3.5亿美元的战略投资用以并购后的企业运营,但其出让了新联想12.4%的股份;中海油为了应付庞大的收购资金,主要借助发行债券进行融资,2002年收购Repsol印尼油气田的资金借助于2001年IPO所募集资金和3月发行的5亿美元债券[②]。

---

① 肖金泉.机遇与挑战:中国公司海外并购的风险与防范[M].北京:法律出版社,2012:25.
② 石建勋,郝凤霞.企业并购与资产重组——理论、案例与操作实务(第一版)[M].北京:清华大学出版社,2012:151.

（3）整合困难，并购过程中及并购后经营管理的经验不足。在跨国并购的实践当中，存在"70/70现象"，即世界上70%的并购企业未能实现期望的并购效果，而其中70%的失败源于并购后的整合不成功[①]。问题主要分为三类。

第一，文化上的整合。文化上的整合通常分为国家层面差异和企业之间差异。比如，一些员工对企业内部的文化价值观具有很大的优越感，甚至有时候无视被并购企业的员工，造成冲突，阻碍双方有效沟通；语言文化会直接影响到双方沟通的方式和效果。比如，中国化工集团并购先正达的种子业务之后，语言成为跨文化整合沟通的最大障碍。中国化工的工作语言是中文，并购后如果还用中文，外籍员工无法交流；如果工作语言换成英文，则会给中国员工带来不便，使得中国高层在沟通中成为"弱势语言"群体，两者不可能进行平等地位的交流。

第二，人员的流失。如何留住境外企业中的优秀员工也是并购后整合当中感到头痛的问题。比如，TCL集团并购汤姆逊、上汽集团并购韩国双龙，都是由于整合方式上存在问题，管理层和员工与中国企业存在矛盾而纷纷辞职，给中国企业带来了巨大的麻烦。

第三，企业并购整合当中的其他细节也需要注意，比如如何将中国企业的低成本经营模式与被并购的境外企业的创新意识和技术领先优势相结合等，同时，对整合成本的低估导致中国企业满盘皆输的情形也越来越多[②]。

境外并购虽然困难重重，但是也是一条必经之路，中国已经敞开大门，为中国企业境外并购做好了结实的"跳板"，跨国并购将是中国企业国际化发展的重要途径之一。

14.5 经典案例

14.5.1 可口可乐公司收购汇源果汁

中国商务部于2009年3月18日正式宣布，根据《反垄断法》禁止可口可乐公司收购汇源果汁。据悉，这是《反垄断法》自2008年8月1日实施以来首个未获通过的案例。

汇源果汁在中国果汁领域内一直是龙头企业，市场份额长期占据领导地位且多年销量第一。而可口可乐公司虽然从2000年就开始布局中国果汁领域，却一直无法超越竞争对手。此时，收购一家龙头企业就成为可口可乐公司在果汁领域内立足不倒的最佳捷径。收购汇源果汁后不但市场份额能够跃升，汇源果汁旗下的生产基地和经销网络都将被可口可乐公司收入囊中，之后可口可乐公司进入中国其他饮料行业也会容易不少。如果收购成功，可口可乐公司将取得汇源果汁的品牌价值、市场份额、市场潜力和营销网络。再辅以可口可乐公司出众的资源整合能力、国际市场营销手段和产品研发优势，可口可乐公司在与中国同类企业的竞争中，无疑将拔得头筹。

于是在2008年8月31日，汇源公司董事长朱新礼与可口可乐公司等代表签署完成股份出售所有相关协议。根据协议，朱新礼将持有的中国汇源果汁集团有限公司38.45%

---

① 肖金泉.机遇与挑战：中国公司海外并购的风险与防范[M].北京：法律出版社，2012：46.
② 石建勋，郝凤霞.企业并购与资产重组——理论、案例与操作实务[M].北京：清华大学出版社，2012：150.

股份以每股12.20港元价格售予可口可乐公司,朱新礼可以以此套现74亿港币。而汇源果汁的另外两大股东法国达能和美国华平基金也同时将所持有的20.96%和6.37%售给可口可乐公司。9月3日,可口可乐公司宣布计划以24亿美元收购在香港上市的中国汇源果汁集团有限公司。法国达能集团以果汁不在其战略版图中为由,选择退出。美国华平基金作为财务投资者与双方签订了股权转让备忘录约定,不同意收购报价的一方需要补偿差价。

  2008年12月4日,商务部首次公开表态,已对可口可乐公司并购汇源果汁申请进行立案受理。而自交易公开宣布之后,近八成网民对此桩收购都持反对意见,认为应该"保护民族品牌"。12月20日,商务部发出需要进一步审查的书面通知。最后在2009年3月18日商务部给出了最终裁决,禁止可口可乐公司收购汇源公司,因为商务部认定,并购将会挤压国内中小型果汁企业生存空间,抑制国内企业在果汁饮料市场参与竞争和自主创新的能力。

14.5.2 吉利并购沃尔沃

  2008年金融危机后,各大国际汽车品牌身陷囹圄。中国自主汽车品牌,北汽集团、比亚迪等近几年快速增长的汽车企业开始对这些国际汽车品牌"虎视眈眈"。其中吉利汽车成功收购沃尔沃,可谓国内汽车并购境外品牌中的里程碑。这次并购不仅帮助吉利壮大了自己、提高了技术,对于中国汽车业而言也有着与众不同的意义。

  2010年3月28日,吉利集团正式收购了沃尔沃100%的股权及知识产权等相关资产,同年8月2日,交割仪式在英国伦敦完成。对吉利而言,收购沃尔沃可以提高技术水平,从而扩大其国内外市场,另一方面收购沃尔沃也可以帮助吉利提升品牌形象,从低端汽车市场快速进入高端市场。一直以来,中国汽车技术都较为落后,从国外引进的技术也大多是已经淘汰的技术,而并购无疑是迅速掌握核心技术的捷径。对福特公司而言,卖出沃尔沃也可以解决其资金紧张问题。

  吉利汽车并购成功依靠的是"天时、地利、人和"。20世纪末,沃尔沃被福特公司收购,加入"美国籍"后,其产品定位一直处于不够清楚;沃尔沃过去以"严谨、安全"著称,而福特公司则想把它打造成一个以年轻人为主打消费群体的品牌。2005年起,沃尔沃就开始处于亏损状态。2008年第一季度,沃尔沃美国市场销量下滑了7.9%,销量仅为24 804辆。在欧洲市场,也出现了9.6%的下滑。在2008年下半年,福特提出"一个福特"概念,宣布出售沃尔沃汽车公司,并且标出了60亿美元的售价,约合人民币412.4亿元。沃尔沃最引以为傲的是品牌和专利技术以及部分欧美的营销网络,而这也正是处于高速发展阶段的吉利汽车在追求的。融资是此次并购的核心问题,此次并购的最终成功离不开政府的大力支出。吉利和大庆市政府以及上海市政府进行洽谈,以沃尔沃落户当地为条件,三方共同出资收购沃尔沃轿车公司,股权比例分别为51%、37%和12%。再加上商务部的高调支持和国内银行的贷款安排,并购资金问题很快得以解决。

  吉利收购沃尔沃的成功除了依靠"天时、地利、人和"外也离不开背后为之工作的精英团队。从咨询到谈判,到财务、法律、技术、公关等各方面吉利聘请的都是世界一流的团队和专家。全球四大会计师事务所之一的德勤会计师事务所负责此次项目的财务咨询;德国咨询巨头罗兰贝格负责对收购沃尔沃项目展开内部审查;洛希尔金融集团担任此次收购的独家财务顾问,其中一位顾问曾是沃尔沃的首席执行官。

在政府的支持和各方团队的努力下,最终吉利以 18 亿美元外加后期 9 亿美元成功收购了沃尔沃。这比最开始福特标出的售价 60 亿美元少了一半!并购成功后,沃尔沃的销售状况得到了极大的改善,并且中国现已取代美国成为沃尔沃最大的单一市场。

14.5.3 万达收购美国传奇

2016 年 1 月 12 日,万达集团正式宣布以 35 亿美元的价格 100% 收购美国传奇影业,成为到目前为止中国文化娱乐产业境外并购第一大单。自从万达集团开始图谋文化产业以来,电影产业就是万达文化产业版图中的重头。实际上,早在 2012 年,万达集团就收购美国第二大院线运营商 AMC 的 100% 股权,随后又宣布在好莱坞腹地比佛利山投资十多亿美元开发综合地产项目。2015 年,万达集团旗下的上市公司万达院线又全资收购澳洲第二大院线公司 Hoyts。这次并购传奇影业是万达在继收购 AMC 和 Hoyts 之后的又一大动作。在大举收购境外院线资产的同时,本次万达将目光投向了上游的影视制作,进一步延伸境外资产链条。

好莱坞传统五大电影公司现在的日子还是风生水起,背后的靠山也很强势,暂时没有出售的动机。传奇影业虽然不在好莱坞六大影业公司之列,但近年来风头正劲。

与好莱坞六大影业公司不同,传奇影业本质上是家私募基金,从事拼盘投资(slate financing),即一揽子投资多部电影,以对冲风险,并且大多数项目是与六大影业公司当中的华纳兄弟合作。

在被收购之前,传奇影业已连续两年巨亏,2015 年传奇影业营业总收入 30.2 亿元,净利润 −36.3 亿元,负债总额 93.5 亿元;2014 年营业总收入 26.3 亿元,净利润 −22.4 亿元,负债总额约 90 亿元。但万达在应对被收购企业亏损将其扭亏为盈方面已经有了经验。在 AMC 被收购之前,AMC 一年亏损一个亿,万达收购了之后就做到了盈利。而传奇影业也有着相同的处境,在收购传奇影业之前万达对传奇影业做过详细的内部调查,认为这家公司沉淀了很多 IP,有扭亏为盈的基础。另外,万达影业正在建立一个生态系统,在这个系统之内可以将 IP 进行 360 度转化,使得 IP 价值最大化。

对于万达并购传奇影业,万达集团董事长王健林认为主要基于以下三个原因。

(1) 传奇影业有上千个 IP,其公司的价值绝不仅在于电影本身。万达要进军旅游产业,可以与传奇拥有的 IP 进行联动,增加万达旅游产业链的协同效应。

(2) 增加万达全球电影市场的地位,也许在不久的将来,万达还会有更大的电影资本动作。

(3) 为传奇影业创造更多机会,提高其业绩。中国电影业将经历黄金十年,包括过去的两三年,未来还将有七八年的黄金期,所以现在正是需要电影公司奋起成长的时候。

万达收购传奇影业的达成建立在两个事实基础上:一是依靠崛起的市场优势。按照目前的发展速度,中国将很快超越美国成为全球最大的电影市场,并且比美国更具挖掘潜力。二是好莱坞各大影业公司也面临不同程度的危机,握手中国电影企业会为老品牌注入新活力,拥有碾轧其他竞争对手的机会。传奇影业的加盟,一举提升了万达在内容制作方面的竞争力,与万达强悍的院线发行能力相得益彰,万达电影真正意义上由单翼飞行变成了双翼齐飞。

本章小结

跨国并购是企业跨越国界边境的跨国兼并和跨国收购的总称,是一种帮助企业走向全球的扩张模式,可分为跨国横向并购、跨国纵向并购和跨国混合并购。科技的发展、全球化的深化为企业跨国并购提供了基础条件,企业内在的速度经济性、对核心技术专利的渴求等为企业并购提供了内在动力。

19 世纪末开始,西方国家的并购历史上出现过五次大浪潮。中国的跨国并购开始较晚,首次进行境外投资是在 1979 年,到 1997 年提出"引进来,走出去"战略,中国境外并购逐渐活跃。20 世纪 90 年代后期开始,跨国公司为了实现全球化战略,利用其原有优势(管理、技术、人力资源等)进入中国市场,开展了并购活动,并购方式主要包括股权和资产并购,并购对象则以战略行业、行业龙头企业为主。

到现在,欧洲和北美地区已经超越亚洲市场成为中国企业境外并购的首选目的地。中国企业在第六次并购浪潮中正式成为主角,2014 年至今,以欧美为并购目的地的交易数量占到了中国企业境外并购交易总量的六成左右。然而中国境外并购的路程并非一帆风顺,随着中国并购军团的实力增强,许多国家感到前所未有的危机,甚至出现了中国"经济威胁论"。此外,并购流程的复杂性、政治因素的不确定性和后期整合困难,也为中国企业"引进来"带来了巨大挑战。

重要概念

跨国并购 跨国并购效应 外资并购模式 境外并购挑战

课后习题

美的收购库卡

美的集团是一家具有并购基因的企业,在其发展历程中,并购屡次在关键节点起到重大作用。2011 年以来,中国家电行业收入增速放缓、利润下滑,家电企业纷纷谋求转型。作为中国白色家电龙头企业,美的面临着艰难的战略选择。顺应制造业升级趋势,美的选择智能制造作为发力点。在"中资出海"的背景下,美的于 2016 年以 37 亿欧元收购四大机器人公司之一库卡,成为当年最引人注目的跨国并购案例。

收购背景

2016 年新年伊始,摆在美的集团掌门人方洪波面前的是一份美丽的答卷,美的集团营业收入、主要利润指标、现金流量都创出历史新高,但是他心里并不轻松。事实上,家电行业经过多年发展,已经进入成熟期,国内市场趋近饱和。白色家电领域,美的和海尔、格力三足鼎立,形成寡头竞争的局面。三家在价格方面的血拼使得利润率下降。中国是家电制造大国,作为行业龙头,美的前面已经没有标杆企业可以效仿。

2014年,美的提出"智能家居"+"智能制造"战略。智能家居战略是产品端的整合扩张,智能制造战略是生产端的改造。作为智能制造的核心环节,进军机器人行业是美的实施"双智"战略的必然选择,也为美的在逐渐没落的家电行业之外找到了新的业务增长点。

(1) 交易基本情况。交易基本情况包括如下四点。

① 收购主体:美的集团,2000年成立于广东佛山,实际控制人为何享健,主营业务为:大小家电、电机业务和物流业务。MECCA由美的集团香港全资子公司——美的国际控股持有100%的股权。

② 标的公司:库卡集团,成立于1889年,主营业务为机器人以及自动化生产设备和解决方案的供应商。其被收购前股权结构如下:福伊特集团持股25%,美的境外全资子公司MECCA为13.51%,另外SWOCTEM GMBH持有10%为第三大股东,其他股东持有总数为51.37%。

③ 收购目的:推进美的"双智"战略,智能家居、智能制造协同发展;增强集团在机器人领域实力,开拓行业市场,开拓多元化市场;促进美的集团物流业务发展,完善行业布局;通过并购,互补地区市场。

④ 收购方式:通过境外全资子公司MECCA以现金的方式全面要约收购,股价:115欧元/股。

(2) 收购过程。2016年5月25日,作为市场收购老手的美的集团(000333)在公司公告中发布了要约收购德国库卡集团报告书,将通过银团借款和自有资金对德国库卡集团发起了要约收购。美的收购库卡正式拉开序幕。

从美的要约收购报告书中,美的表明了自己希望能达到的最低持股比例为30%,在此之前,美的已经通过了其境外子公司全资子公司MECCA在2015年8月通过二级市场持有库卡13.51%的股份。

2016年6月28日,美的与库卡集团签署《投资协议》,该协议规定了7年半以内,① 美的不促使库卡集团退市、重组;② 公司支持库卡集团监事会及执行管理委员的独立性,并保持库卡融资策略的独立性;③ 不会改变员工人数关闭基地和搬迁;④ 尊重库卡的品牌和知识产权,订立隔离防范协议承诺保护商业机密和客户数据;⑤ 支持库卡增加研发人员及扩展现有科研设施,加深库卡在物流自动化及服务机器人等业务的合作。

2016年6月29日要约开始执行,到要约期结束,包括美的境外全资子公司的13.51%的股份,美的集团所持有的库卡集团股份达到了94.55%。具体进展如表14-3:

表14-3 收购进展

日 期	要约收购比例(%)	总比例(包括MECCA股份)(%)
6月29日	4.21	17.71
7月6日	43.74	57.24
7月11日	46.32	59.83

续表

日期	要约收购比例(%)	总比例(包括MECCA股份)(%)
7月12日	50.71	64.22
7月14日	62.88	76.39
7月16日	72.18	85.69
8月4日	81.04	94.55

在库卡股东接受要约之际，美的还面临着一个问题，由于库卡企业遍布全球各个地区，因此在收购库卡的过程中还需要获得各个国家的审核。通过表14-4可以看到在各国都快速批准了美的收购库卡的行动时，美国外国投资委员会和国防贸易管制理事会直到12月30日才批准了美的收购库卡，这其中原因在于库卡在美国拥有美国少量的军工业务，这关系到美国的国家安全和机密，也涉及了国家核心技术的问题。

表14-4 各国审核机关的通过情况

2016年6月16日	德国联邦金融监察局	通过
2016年8月10日	中国商务部反垄断局	通过
2016年8月20日	德国联邦经济事务和能源	通过
2016年8月27日	美国反垄断审查	通过
2016年9月6日	俄罗斯反垄断审查	通过
2016年9月17日	巴西反垄断审查	通过
2016年10月12日	墨西哥反垄断审查	通过
2016年10月13日	欧盟反垄断审查	通过
2015年12月30日	美国外国投资委员会和国防贸易管制理事会	通过

为了尽快加速要约收购的完成，库卡在2016年12月16日将库卡在美国的涉及美国航天领域的军工业务出售给了Advanced Integration Technology，通过该举措，美的成功得到美国外国投资委员会的批准，该委员会曾在2016年阻止飞利浦出售LED业务给以金沙江创投为主的收购团队。该出售举措为美的的要约收购铺平了道路。

2017年1月美的宣布该次要约收购全部完成。

问题：

1. 美的与库卡集团在要约收购前先签署了《投资协议》，试分析该协议在收购过程中的作用。该协议是否是可有可无的？

2. 从美的收购库卡这个案例中，可以看出跨国并购有哪些意义，又容易遭遇哪些困境？

第四部分
并 购 监 管

　　本部分的主要关注并购活动发生的法律环境（第十五章），不仅介绍了并购浪潮的主体以美国为代表的并购监管环境的发展历史和法律框架；同时重点介绍了中国并购市场以及跨国并购活动的法律监管环境和原则等；最后从监管者角度，介绍并购法律监管和履约程序的流程。

第四部分

小結 與 討論

第十五章

并购的法律环境

本章导读

- 了解美国并购监管的发展和法律框架;
- 熟悉中国企业并购、重组的法律监管原则及框架;
- 了解各国关于跨国并购的法律监管,以及 VIE 结构存在的法律问题;
- 从监管者角度看,了解其执行并购法律监管和履约程序的一般步骤。

2016 年 12 月 26 日,万家文化公告,龙薇传媒计划以 30.6 亿元收购万家文化 29.14% 的股权。后因高杠杆融资问题,其收购股权下调至 5%,2017 年 2 月,万家文化涉嫌违规,被证监会立案调查,面临退市风险。2017 年 3 月 28 日,万家文化声明龙薇传媒并没有前来办理过户手续。龙薇传媒澄清说是因为万家文化被证监会调查,交易存在无法预测的风险。这场你来我往的好戏在 3 月 29 日画上了句号,龙薇传媒和万家文化终止了交易,双方不追究违约责任。撇开龙薇传媒是否是想利用 6 000 万元制造 30 亿元的高杠杆来收购一家 A 股上市公司这个焦点不谈,万家文化违反证券法而导致这场交易流产是不争的事实。可以看出,法律法规及监管问题一直都是收购交易双方不可忽视的重要环节。本章节将从对并购法律监管的概述进行描述,然后针对全球并购环境下的美国法律监管发展史变迁以及国内外的相关法律法规监管进行探讨。

15.1 美国并购监管发展史

美国作为五次并购浪潮的主导国家,在并购市场发展和监管上都是世界范围的标杆。本章将以美国主要并购法律条文及演变作为开始,为中国并购市场的监管提供参考和借鉴意义。

19 世纪末 20 世纪初,资本主义国家之间市场竞争愈演愈烈,并购作为企业扩张发展的重要手段,加速了资本的积累集中,推动资本主义进入垄断时期。一批实力雄厚的领袖企业在竞争中通过兼并不断发展壮大,形成了诸如洛克菲勒、杜邦、摩根等大型财团,将资本主义经济推向了鼎盛。然而,并购虽然可以改善资源配置、产生协同效应,但也会产生诸多负面影响。尤其是在法律监管缺失的情况下，并购浪潮引起的市场垄断、股市泡沫、金融欺诈等社会危害也渐渐暴露出来。随着资本主义国家的经济大调整，开始出现旨在对并购活动施加严格限制的各种法律规定。这次反对和限制并购的浪潮延续了相当长的一段时间，直至20世纪70年代末，仍有许多人将并购活动视为灾祸而排斥。在这段时间前后，美国相继出台了多部规制并购的法律规范，如美国于1914年通过了旨在制约指定购买、掠夺性定价以及明显倾向反垄断的企业间并购的《克莱顿法》(Clayton Act)，于1933年和1934年分别通过了旨在规范证券交易与资本运作的《证券法》及《证券交易法》，于1968年通过了旨在规范要约收购和与收购相关的信息披露的《威廉姆斯法案》(Williams Act)等。20世纪80年代初，美国经济进入滞胀阶段，经济增长率出现大幅度下降。此时，政府意识到兼并收购扩展发展的价值，开始放松对兼并收购的管制。由于政府政策放开，兼并收购再度活跃起来，到1988年发展到并购浪潮的高峰。可见，兼并收购作为一种交易，既不是洪水猛兽，也并非灵丹妙药。我们需要正确分析并购的复杂性和特殊性，以及由此带来的相关各方的利益保障问题。

美国有多部法律专门监管并购领域的活动，这些法律较为详尽地制定了监管并购过程的规则。一些目标公司在面临敌意收购时会利用其中的某些法律条款作为反接管防御策略，因此，收购公司要提高并购的成功率，必须仔细研究这些法律法规。

通常在美国，证券交易法、州公司法和反托拉斯法是和并购活动有关的最主要的三类法律。证券交易法主要有《1934年证券交易法》和《1968年威廉姆斯法》。美国州立反收购法主要是针对"外部狙击者"收购导致本州大量员工失业或者捐款减少而通过的法案，以增加地方性公司被收购的难度，这里以1988年的《特拉华州反收购法》为典型代表。而反托拉斯法是限制公司之间发生并购行为的能力，制定发托拉斯法的目的是为了防止公司通过并购来减少竞争，这在美国并购历史上至关重要。反托拉斯法规定，对竞争的不正当限制、垄断、图谋垄断和不正当的竞争方法均属违法行为，该法案作为美国政府对公司并购进行管制的主要工具，在历史上曾经对美国的并购活动发展有过重大影响。

美国的反托拉斯政策主要体现在国会通过的反托拉斯法和司法部制定的兼并准则上。概述而言，美国历史上的反托拉斯法主要有以下五个。

15.1.1　1890年《谢尔曼反托拉斯法》

1890年，联邦政府通过了《谢尔曼反托拉斯法》，该法案是美国制定的第一部反托拉斯法。时至今日，这个法规仍是反垄断的基本准则，它是保护贸易和商业不受非法限制和垄断侵害的基础法案。它规定任何以托拉斯或其他形式限制各州之间、外国之间贸易的行为都是违法的，如"凡是限制几个州之间的贸易或商业活动的合同，以托拉斯或其他形式进行兼并或暗中策划"都是非法的。它还规定任何人垄断或企图垄断，或与他人联合、共谋垄断州际或与外国间的商业和贸易，都是违法的。但该法案中并未对"限制贸易""垄断""联合"等词进行明确的解释。但作为美国历史上第一个授权联邦政府控制、干预经济的法案，它从法律上禁止了竞争者联合控制价格，排斥新进企业和瓜分市场。在当时的美国，这一法案很大程度上限制了垄断或接近垄断地位的大公司势力的进一步扩张。

15.1.2　1914年《克莱顿法》

1914年,国会通过了《联邦贸易委员会法》(*Federal Trade Commission Act*)和《克莱顿法》(*Clayton Act*),以弥补《谢尔曼法》的不足。《联邦贸易委员会法》的目的是要防止商业中的不公正竞争或欺骗性行为。之所以要禁止不公正的竞争,是因为如果对这种不公正的竞争方法不加以限制,就有可能使企业获得垄断地位。根据《联邦贸易委员会法》成立了联邦贸易委员会,负责执行《联邦贸易委员会法》和《克莱顿法》。联邦贸易委员会有权调查不公正的商业行为,提供实施法令的程序,并具体决定哪些商业行为是合法的、哪些是非法的。

《克莱顿法》比较详细地解释了《谢尔曼法》所没有表达的细节,其着眼点在于防止垄断力量的形成和积累。该法案第五条指出联邦委员会有权利阻止公司从事伤害性业务的权力。对并购活动来说,《克莱顿法》中最重要的是第七条。它规定公司之间的任何兼并,如果"其效果可能使竞争大大削弱"或"可能导致垄断"都是非法的,即并购中,如果竞争受到负面影响,一个公司收购另一个公司股权就是非法的。《克莱顿法》后来经过《罗宾逊-帕特曼法》(*Robinson - Patman Act*)和《塞勒-凯弗维尔反兼并法》(*Celler - Kefauver Antimerger Act*)的修正,成为美国政府管制兼并活动最主要的法令。

15.1.3　1950年《塞勒-凯弗维尔反兼并法》

1950年,美国国会通过了《塞勒-凯弗维尔反兼并法》,对原来《克莱顿法》的第七条进行修正。因为原《克莱顿法》的第七条允许大公司购买竞争者的资产,即使这种购买会大大削弱或导致垄断;对此,修正案赋予了联邦委员会阻止资产收购和股权收购的权利,如果这个购买有可能导致竞争的大大削弱或产生垄断。同时,修正案还对早期文件进行了补充,规定如果联邦贸易委员会发现行业出现集中度提高的趋势,那么它就有权阻止兼并。

值得注意的是,该修正后的法案旨在"保护竞争,而不是竞争者"。一些并购活动消灭了竞争者,但并没有削弱竞争力,有时反而促进了竞争。例如,两家位于第二和第三的公司合并就有利于它们与位于第一的公司展开竞争和较量;而且,这种并购对于行业内的集中并不会有很大影响。又如,一家经营不善的公司,被竞争对手收购后重组获得发展,对于前者来说,由于资源经费不足,将自己出售反而谋得一条生路。因此,《塞勒-凯弗维尔反兼并法》对上述情形的兼并是允许的。

15.1.4　1968年《威廉姆斯法》与要约收购监管

1968年《威廉姆斯法》(*Williams Act*)集中解决对要约收购的监管问题。要约收购是围绕收购要约展开的,要约是整个收购行为的中心,收购要约的发出标志着法律意义上收购程序的开始。一项关于收购的意思表示是否构成收购要约,对收购者、目标公司及其股东、甚至股票市场都会产生巨大的影响。因此,界定收购要约的构成标准在法律上具有极其重要的意义。但给收购要约规定一个明确的构成标准并非易事。美国《1943年证券交易法》和其他规范公司收购的规则,都没有明确规定收购要约的构成要素,原因就在于涉及收购要约的情况非常复杂,如果对其构成标准严格规定,那么这个标准就有可能被规避,所以国会将收购要约构成要素的解释权交给法院和证券交易委员会去行使,由他们结合具体情况来判断某一购买股票的要约在什么情况下构成收购要约。

1968年7月,美国国会通过了《威廉姆斯法》(Williams Act),成为证券交易监管的法律基础,这是美国并购领域最重要的证券交易法之一。这一法案对20世纪80年代的并购行为产生了深远影响。该法案修正了《1934年证券交易法》对现金收购的缄默,具体如对要约收购要求有:① 监管股权收购行为。如在10天之内信息披露超过5%股权的收购,需要提供13D目标公司控制权将受到威胁的预警信息。② 规定信息披露要求和收购程序。如要约至少要持续20个工作日,要约不能按照先来先得的基础,而是按比例执行。③ 为股东作决策提供充足时间。如股东有在要约期间撤出的权利,所有要约要无差别对待,股东有权获得最好价格的选择;可以是有条件的要约,如投标人获得50%股份的承诺权;一旦宣布要约,则投标公司禁止以非要约收购方式购买股票。

1979年,美国证券交易委员会(SEC)提出了两层要约收购的界定:一层关注征集股票数量、股东人数和具体时间限制;二层关注溢价、对象的广泛性、谈判机会;两层符合之一即构成要约收购。具体如符合下列条件之一或多个:① 在任意45天内向10个人以上征集取得5%以上某类证券(经纪商及其客户或交易商在全面性证券交易所或场外市场按当前行情而进行的正常要约购买除外);② 符合以广泛的方式被传播、价格超过当前市场价格的5%或2美元、没有给目标公司提供有关价格和其他条款的有意义的谈判机会。

鉴于威廉姆斯法在定义股权收购时并不是非常明确,在后面的实际判例中,美国证券交易委员会推荐了八个评判收购要约的构成标准:① 积极而广泛地向公众股东征集某一发行公司的股份;② 征集额在该发行公司股份中占相当大的比例;③ 要约以高于市场价格的溢价作出;④ 要约条件确定而非仍需协议商定;⑤ 购买以获得一定量的股份为条件,常常规定最高购买量;⑥ 限定要约的有效时间;⑦ 对受要约人施加出售股份的压力;⑧ 在开始迅速收集股份之前或同时公告购买计划。上述八个方面是对一项收购要约较为全面的概括,但第①项中何谓"广泛"征集,并无定论,美国法学会建议将"广泛"限定为"35个以上股东。"不管怎样,有一点非常明确,即符合上述这些标准中的一项或几项并不必然构成要约,而不符合者也未必一定不是要约收购。

15.1.5 1976年《哈特-斯科特-罗迪奥法》

1976年12月30日,美国通过了《哈特-斯科特-罗迪奥法》(Hart-Scott-Rodino-Antitrust Improvement Act,简称HSR),该法案与前面的《克莱顿法》《谢尔曼法》等在并购领域同样重要。对诸如"兼并一方拥有1亿美元以上的资产,另一方有1 000万美元的资产",或者"任何一方拥有另一方15%以上的有投票权的股份"的并购交易都会密切关注。

该法案主要由三个部分组成,其目的在于加强司法部和联邦贸易委员会在并购发生前请求批准的权力:第一部分扩大了司法部门的权力,可以发起与垄断法调查相关的民事调查要求(CID),如果司法部怀疑公司有违反垄断法的行为,可以要求该公司提供大量的内部文件用于审查。第二部分是和程序性内容相关的兼并前公告条款,它规定了从指定信息上报联邦贸易委员会和司法部以备审查;在接管完成前,兼并活动需要 30 天的等待期(要约收购有 15 天的等候期),两个机构都可要求将等候期延长 20 天(要约收购可要求延长 10 天)。第三部分是《帕瑞斯-帕依法》(Parens Patriae Act),它扩大了州司法部长的权力,使其可以代表(该州中)由于违反垄断法行为而受损的人们的利益而提起三方受害诉讼。并且这种违法行为不一定要对州政府本身造成损害。

15.1.6 并购监管准则

为了便于具体执行反托拉斯法,美国司法部每隔若干年颁布一次兼并准则,用来衡量什么样的兼并可以被批准,什么样的将被否决。第一次颁布并购准则在 1968 年,此后在 1982 年重新颁布了一次,1984 年对 1982 年的兼并准则作了修正。

(1) 1968 年司法部的并购指南。

1968 年,美国司法部发布了并购指南,该准则主要是依据《克莱顿法》所判的一些重大案例来制定的,列出了政府反对的并购类型。它规定了一系列标准,用以说明什么样的兼并将不会得到批准。指南使用了行业集中度的概念,即某行业四家最大的公司市场集中度超过 75%,那么该行业被认为是高度集中的,则如表 15-1 所示市场份额的企业之间的横向兼并将可能引起质疑。1968 年并购准则对纵向兼并的限制较少,对混合兼并则基本上没有限制,除非这种兼并严重地影响了市场竞争。

表 15-1 1968 年司法部的并购准则

市　　场	收购公司	被收购公司
高度集中	4%	4%或更多
	10%	2%或更多
	15%	1%或更多
非高度集中	5%	5%或更多
	10%	4%或更多
	15%	3%或更多
	20%	2%或更多
	25%	1%或更多

(2) 1982 年司法部的并购指南。

1968 年的并购指南过于僵化,这一问题在 20 世纪 70 年代变得更加突出。1982 年司法部颁布了一套新的兼并准则。首先,该法案提出一套新的划分市场范围的方法和规则,如哪些产品、哪些企业应该划归同一市场;同时,也将定量评价方法引入,增加了反托拉斯政策的灵活度。诸如"5%规则",即如果价格提高 5%,在 1 年内顾客将转向哪些供应商,这些供应商就应当包括在这一市场之内;如果价格提高 5%,在 1 年内,哪些生产者将开始生产这种产品,这些生产者也应当属于这一市场。最为重要的是,1982 年的并购指南与主流经济学理论保持一致,引进了一种新的指标体系,即赫芬德尔-赫希曼指数(Herfindahl-Hirschman Index,简称 HHI)取代 1968 年的四企业法,该指数是行业中每个公司的市场份额的平方和。

$$HHI = S_1^2 + S_2^2 + S_3^2 + \cdots + S_n^2 \tag{15.1}$$

式中:S_n 是该公司所占市场份额。HHI 的取值在 0—10 000,HHI 的数值越高,代表市场集中度越大。例如,假设行业里有 5 家公司,每家公司份额为 20%,则 HHI 指数将是 2000;如果此时其中两家公司进行合并,则 HHI 指数将上升至 2 800。可以发现如果一家公司占主导地位,HHI 指数会显著增大。利用该指数而不是前四大公司的市场份额之和,可以更为精确地评估竞争公司的并购行为对行业集中度的影响(注意,运用 HHI 指数,需要认真核查并购前后市场份额保持不变的假设)。

并购准则把市场集中度分为三类:低集中度的市场(HHI 低于 1 000)、中等集中度的市场(HHI 在 1 000—1 800)和高集中度的市场(HHI 高于 1 800)(见表 15-2)。在低集中度市场,不管兼并企业的市场份额是多少,一般都得到批准。在中等集中度市场,如果兼并会使 HHI 上升 100 以上,就可能得不到批准。在高集中度市场,如果 HHI 的上升少于 50,才有得到批准的可能。

表 15-2 HHI 值与兼并指南

兼并后的 HHI 值	是否反对兼并
小于 1 000	不反对—行业集中度不高
1 000—1 800	看 HHI 的增加值,超过 100 以上,进行调查
高于 1 800	若 HHI 增加值超过 50,就会反对

(3) 1984 年及以后的并购指南。

1984 年 6 月 14 日,美国司法部再次修正了并购准则。新的并购准则开始认识到市场特征的重要性,之前的并购准则的定量标准都过于僵硬不太灵活,需要更多考虑一些定性的因素,如市场条件的变化、新企业进入的难易和美国公司在国外的影响力等。特别要考虑的是兼并对效率的影响,包括规模经济性、降低运输成本、工厂专业化、降低运输成本等。对于那些能大大提高经济效益的兼并,应当适当放宽标准。1984 年的并购准则也引入了 5% 测试法,考察并购公司价格上涨 5% 时的影响,尝试检查并购后公司控制价格的能力。

1992 年,司法部和联邦贸易委员会共同发布了新的并购指南,建议执法机构遵循五大步骤:① 评价并购是否显著提高了集中性;② 评价该项交易潜在的反竞争效果;③ 评价其他竞争者进入市场是否抵消并购潜在的反竞争效果;④ 确定交易能否带来效率收益;⑤ 确定并购是否会使得任一方倒闭或退出市场。

总体来说,在美国主导的五次并购浪潮中,法律与监管环境对并购活动有着深远的影响。简单来说,可以将其对并购活动产生了重要影响的法规列表归纳,如表 15-3 所示。

表 15-3　美国五次并购浪潮相关的法律监管

重要法规	主要内容	影响
《谢尔曼反托拉斯法》(1890)	禁止特定行业内的合谋	影响不大。法律模糊不清,故执行效果不佳
《克莱顿法》(1914)	约束特定行业内的垄断行为	通过横向并购扩张变得困难,第二次并购浪潮开始转向纵向收购
《塞勒-克福弗法》(1950)	约束购买其他公司资产的行为	监管当局加强了对横向和纵向并购的监管,第三次并购浪潮开始转向混合并购
《威廉姆斯法》(1968)	对股权收购进行有力监管	加强对证券市场管制
《税制改革法案》(1969)	限制了一些财务处理手段的滥用	上市公司很难借财务处理的手段在混合并购中获益
《特拉华州反收购法》(1988)	保护州内公司免于被敌意收购	以该法为代表的州立公司收购法保护州内公司免于遭受敌意收购
《金融机构改革、重整和强化法案》(1989)	加强对垃圾债券的监管	对垃圾债监管和州立反收购法的颁布导致第四次收购浪潮的结束
《金融服务现代化法案》(1999)	允许金融业混业经营	以该法为代表的监管放松法案导致相关行业内并购案例频发

资料来源:帕特里克·A.高根.兼并、收购和公司重组[M].北京:中国人民大学出版社,2010。

从监管力度角度,美国 20 世纪 50—70 年代反垄断政策执行较为严格;20 世纪 80 年代里根总统上台实施自由经济,政府管制趋向市场自由化,同时对 1968 年司法部的合并指南进行放松修改,这使得 20 世纪 80 年代的反垄断法相对于 60 年代较为松弛,为当时的杠杆收购浪潮提供了宽松的环境。因此,一方面,行业管制的收紧和放松直接影响并购的活跃程度。例如,第一次并购浪潮中美国一些州的公司法逐渐放宽,使得公司在获得资本、持有其他公司股票、扩大商业运作范围等方面变得更加简易便捷,大大刺激了并购行为。在第五次并购浪潮中,美国服务行业取消了对行业内并购活动的管制,如电信业 1996 年的法案打破了原电信业跨区域运营的壁垒,金融业 1999 年的法案使得金融业内可以开展混业经营,这些法案使得行业内并购活动迅速增加。另一方面,法律与监管环境还影响到并购活动类型的走向。如反垄断法的实施使得企业横向并购受限,进而转向纵向并购,又进一步开展多元化混合并购;对垃圾债券的监管和州立反收购法的颁布导致杠杆收购的成本大幅提升。1999 年美国国会通过了《金融服务现代化法案》,其核心内容是废止有关限制银行、证券公司和保险公司三者跨界经营的条款,准许金融持股公司跨界从事金融业务。这一法案的通过大大促进了第五次并购浪潮中银行业的兼并收购活动,同时金融工具创新活动高涨。直到 2008 年美国发生次债危机,让我们对金融管制放松有了更多的警惕。

15.2　中国并购市场的监管

收购在本质上是股权转让的商业行为。无论是收购还是被收购,最终还是一种商业判断和交易,条件由交易双方决定。上市公司的收购可以被定义为收购方通过股份的收购达到一定的比例,从而导致或可能导致其对该上市公司拥有实际控制权的行为和事实。上市公司的收购通常伴随着公司控制权的转移和由此带来的公司资产和业务的变更,也常伴随着利益的重新分配。

15.2.1　并购监管原则

一般来说,收购/反收购的法律法规应该覆盖以下三个方面:① 收购/反收购方式的界定;② 不同收购方式需要履行的信息公告的程序;③ 收购/反收购过程中各种行为应承担的法律责任。英国证券业委员会制定的《伦敦城收购及兼并守则》基本反映了收购/反收购立法的主要原则,包括以下四个方面:① 确保投资者待遇与机会均等;② 确保投资者有充分的资料和信息;③ 禁止未经股东同意便采取阻碍收购的行动;④ 维持市场秩序。当然,从法律上进行并购规制有时也是为了保护市场竞争。下面我们就上述四点逐一进行分析。

(1) 投资者待遇与机会均等。即股东平等待遇原则是《公司法》法理中股东平等原则的体现。所谓投资者待遇与机会均等,是指公司在基于股东资格而发生的法律关系中,不得在股东间实行不合理的不平等待遇,并应按股东所持有的股份性质和数额实行平等待遇的原则。

公司收购中的投资者待遇与机会均等原则,要求在收购过程中,"目标公司的所有股东均须获得平等待遇,而属于同一类别的股东必须获得类似的待遇",它的基本内容体现在以下两个方面。

① 目标公司股东有平等参与收购的权利。具体内容又包括全体持有人规则和按比例接纳规则。全体持有人规则即在收购人以公开要约方式进行全面收购的情况下,要约人应向目标公司某类股份全体持有人发出收购要约。按比例接纳规则是指在部分收购的情况下,当目标公司股东在要约期内所欲出卖给收购人的股份超过收购人所欲购买的股份总额时,收购人必须按照相同比例从每一个同意出卖股份的股东那里购买该股份,而不论股东作出同意出卖其股份的意思表示的时间先后,以阻止对通常较晚才获得信息的小股东的歧视。

② 目标公司股东有权获得平等的收购条件。首先,在收购过程中,目标公司的所有股东,无论持股多少,都平等地享有收购者向任何股东提出的最高要约价格,这就是"价格平等和最高价规则"。其次,收购要约人不得在要约有效期内以要约以外的任何条件购买股东所持股票,不得在收购有效期内给予特定股东以正式收购要约所未记载的利益,不得与特定股东签订或达成附属协议而直接或间接给予该股东以任何其他利益。最后,在收购支付上,对每一个股东必须平等对待,不得对部分股东以现金作为收购支付,而对另外

的股东以证券作为收购支付。

(2) 充分的信息披露。信息披露是证券法律制度的重要内容,是对收购兼并与证券市场实行有效管理、防止内幕交易的重要手段。充分披露原则是公开原则在上市公司收购中的具体体现,它要求上市公司收购的信息披露必须达到以下要求。

① 真实性。上市公司在收购兼并中所披露的信息必须是真实可靠的,不得有虚假不实记载或故意隐瞒、遗漏的情况。

② 充分性。上市公司在收购兼并中必须向股东充分披露与收购有关的各种关键性信息与资料,以便于股东据此信息作出决策。

③ 及时性。有关收购的信息应在合理的期间内迅速、及时地予以公布,不得故意拖延,以避免有人利用内幕信息进行交易,从而损害其他投资者的权益。

④ 平等性。上市公司应不加歧视地、平等地将信息披露给每一位投资者。

具体而言,收购人和被收购人的信息披露通常需要包括以下内容:

⑤ 收购人持股情况披露。收购人在公布其收购意图前持有目标公司股份达到法律规定的比例,须依法披露其持股情况。至于比例标准的规定,各国有所不同,中国、美国为5%,英法等国为10%。

⑥ 收购人应将自身的财务状况、收购意图、收购要约的内容以及与收购有关的其他信息予以充分披露。已披露的信息如发生变更,该变更也应披露。

⑦ 目标公司董事会应对所面临的收购发表意见,该意见应向所有股东充分披露;目标公司董事会还应说明其之所以持某种意见的理由,并披露其对该项收购的利益冲突。

(3) 禁止未经股东同意便采取阻碍收购的行动。公司收购一般表现为目标公司的控制权的转移/让渡,不可避免地会危及目标公司管理层的利益及构成。尽管有些反收购措施对保护目标公司的股东利益有利,但若目标公司的经营者从自身利益出发,特别是采取具有重大破坏性的反收购措施(如焦土策略),阻碍价格合理并存在显著协同效应的收购,则将会损害中小股东的利益。退一步讲,即便收购方的收购条件过于苛刻,具体采取什么样的反收购措施,仍直接关系到股东利益,必须经过股东同意。

(4) 维持市场秩序。上市公司的管理层和控股大股东是收购活动中的内幕人,若其利用内幕信息,事先在二级市场上大量吸纳目标公司的股票,待收购信息公布之后股价大涨之时抛出获利,就势必导致市场秩序的混乱,违背资本市场的公平原则。此外,并购过程中时常发生的关联交易和价格操纵,也会对中小股东的利益造成伤害。因此,各国证券立法都加强了对内幕交易的监管,并赋予了受害者损害赔偿请求权。

15.2.2 并购监管框架

证券交易市场中的并购活动主要是通过收购上市公司的股份来实现的。为了规范上市公司的并购活动,《中华人民共和国公司法》《中华人民共和国证券法》《上市公司收购管理办法》《上市公司股东持股变动信息披露管理办法》共同组成了中国上市公司收购的基本法律框架,是中国证券市场上并购重组的法律依据和行为准则。其他法律法规还包括证监会制定的与上市公司收购有关的配套文件及规范并购重组的法律法规、证券交易所的上市规则、其他有关部门关于国有股股权转让的规定等,详细列表可参见附件。其中

《上市公司重大资产重组管理办法》是规范上市公司重大资产重组的统领性规章。

15.2.3　并购监管：以上市公司重大资产重组管理办法为例

2008年4月18日，中国证监会正式发布了《上市公司重大资产重组管理办法》（以下简称《重组办法》），该办法自2008年5月18日起实施，后历经了2011年和2014年两次重大修订。

《重组办法》通过完善交易决策和批准程序、增加股份支付等必要的并购工具、强化中介机构作用和责任等措施，鼓励与支持并购重组创新。同时，《重组办法》通过明确上市公司重大资产重组的程序，强化并购重组信息披露的及时性、公平性，增加了上市公司重大资产重组透明度，并针对重大重组中容易出现的内幕交易问题，对相关各方在重组事项筹划、决策过程中的信息公平披露、信息保密、信息澄清、信息记录保存和申请停牌等方面作出了详细规定，从而达到限制内幕交易的目的。

《重组办法》适用于上市公司及其控股或者控制的公司在日常经营活动之外购买、出售资产或者通过其他方式进行资产交易达到规定的比例，导致上市公司的主营业务、资产、收入发生重大变化的资产交易行为（即"重大资产重组"）。同时，上市公司发行股份购买资产应当符合《重组办法》的规定。不过，上市公司按照经中国证监会核准的发行证券文件披露的募集资金用途，使用募集资金购买资产、对外投资的行为，则不适用《重组办法》。

《重组办法》主要包含如下五点内容。

（1）资产重组行为界定。依照新《重组办法》，上市公司及其控股或者控制的公司购买、出售资产，达到下列标准之一的，就构成重大资产重组。

① 购买、出售的资产总额占上市公司最近一个会计年度经审计的合并财务会计报告期末资产总额的比例达到50%以上。

② 购买、出售的资产在最近一个会计年度所产生的营业收入占上市公司同期经审计的合并财务会计报告营业收入的比例达到50%以上。

③ 购买、出售的资产净额占上市公司最近一个会计年度经审计的合并财务会计报告期末净资产额的比例达到50%以上，且超过5 000万元人民币。

值得注意的是，依照《重组管理办法》，购买、出售资产未达到前述三个标准，但中国证监会发现存在可能损害上市公司或者投资者合法权益的重大问题的，证监会可以根据审慎监管原则，责令上市公司按照本办法的规定补充披露相关信息、暂停交易、聘请独立财务顾问或者其他证券服务机构补充核查并披露专业意见。

（2）上市公司发行股份购买资产。发行股份购买资产也是一种重要的重组方式。发行股份购买资产是指上市公司在收购、合并或者重组过程当中，上市公司通过增发股票作为支付对价，取得出售方资产的行为。反过来说，也是出售方以资产来认购上市公司定向增发的股票。上市公司发行股份购买资产对于上市公司来说是属于一个非公开发行股票的行为。

发行股份购买资产要注意的一点是，特定对象也即发行对方，也就是标的资产的股东，以现金或者资产认购上市公司非公开发行的股票后，如果上市公司用同一次非公开发行所募集的资金向特定对象购买资产,也视为上市公司发行股份购买资产。

(3) 发行价格。以往通过定向增发确定的收购价格一般为定价基准日前 20 个交易日的加权平均价格,基准日可以为董事会、股东大会或证监会通过日期,给了上市公司较大的操作空间。2017 年 2 月,为完善非公开发行股票定价机制,保护中小投资者合法权益,更好地支持实体经济发展,证监会对《上市公司非公开发行股票实施细则》部分条文进行了修订,其中明确规定定价基准日为发行期首日。此外还规定上市公司申请增发、配股、非公开发行股票的,本次发行董事会决议日距离前次募集资金到位日原则上不得少于 18 个月。前次募集资金包括首发、增发、配股、非公开发行股票。但对于发行可转债、优先股和创业板小额快速融资的,不受此期限限制。

(4) 发行股份限售期。非公开发行股份数量不得超过发行前总股本的 20%,20% 股本的计算基数包括 A 股、B 股、H 股合并计算。

认购的股东,普通投资者至少需锁定 12 个月,控股股东、实际控制人或其控制的关联方至少锁定 36 个月。

(5) 借壳上市。近年来,证监会对借壳上市的审核标准渐渐和 IPO 等同,主要有以下四个关键点需注意。

① 借壳上市所需时间:从借壳对象停牌开始,一般 9—12 个月。

② 发行估值:以评估机构的资产评估结果为依据。

③ 一般需要盈利补偿及预测。

④ 审核:借壳方实际控制人需符合《上市公司收购管理办法》,上市公司购买的资产对应的经营实体应当是股份有限公司并且符合《首次公开发行股票并上市管理办法》(中国证券监督管理委员会令第 141 号)规定的其他发行条件,且经并购重组委员会审核。

案例 15-1

万华化学 522 亿吸收匈牙利化工巨头 BC 的监管反馈

2018 年 8 月 16 日,并购重组委召开第 39 次工作会议,万华化学作价 522 亿元吸收合并控股股东万华化工的方案上会获得通过。从 2018 年 5 月 10 日发布交易预案到最终获得通过,万华化学仅耗时 98 天,过会速度相当之快,一方面说明监管机构的办事效率;同时也证明此次交易的优质性。

1. 监管反馈重点:未来增长是否可持续?

万华化学选择以吸收合并方式收购 BC 公司,主要原因就是其经营业绩产生了大幅改善,2017 年实现净利润 30 亿元,接近 2016 年的 5 倍。那么 BC 公司的业绩增长是否可持续呢?

对此,证监会在反馈意见中重点问询了这一问题,问询原文为:"请结合报告期内 BC 公司和万华宁波所处行业的周期波动情况、以前年度经营业绩情况,报告期内主要产品价格和销售数量的变动情况、主要原材料采购成本变动情况、期间费用情况等,补充披露 BC 公司和万华宁波报告期内业绩大幅增长的原因及可持续性。"

万华宁波主要产品为 MDI,BC 公司主要产品为 TDI 及 MDI。两种产品均属于石化行业产业链的中游位置,其市场价格及行业景气程度受上游原材料的供应和价格情况,以及下游行业的需求情况共同影响,均呈现较强的周期性波动。

MDI主要消费地的价格变化从2008—2017年,全球MDI价格曾遭遇两次较大幅度的波动,充分体现了该产品的周期性特征,其余年份行情则多以小幅升降调整为主。

与MDI产品相似,TDI产品的价格也呈现较强的周期性特征。在2007—2017年,全球价格也曾遭遇两次大幅度的波动,其余年份市场行情则多以小幅升降调整为主。

报告期内BC公司及万华宁波业绩增长,与TDI和MDI产品的周期性波动有重要关系。同时,2016年以来,美国经济走强,大宗原油价格上涨等宏观经济复苏引起的下游市场回暖,以及2017年行业内其他生产厂商定期停产检修、不可抗力状况频发,都使得聚氨酯系列产品价格快速上升。而在此期间,BC公司和万华宁波通过不断增强公司的竞争实力,抓住了这个市场机遇,业绩迅速增强。

根据万华化学的回复,本次重组评估中,为了剔除行业周期性因素和个别事件带来的短期业绩波动,在对BC公司和万华宁波进行未来盈利情况的测算时,对主要产品在稳定市场下价格的回落均已做了相应调整。

其中BC公司MDI销售单价从2017年度的2 215.50欧元/吨下降至永续期的1 668.25欧元/吨,降幅为24.70%;TDI销售单价从2017年度的2 809.15欧元/吨下降至永续期的1 846.62欧元/吨,降幅34.26%;万华宁波的纯MDI销售单价从2017年度的1.85万元/吨下降至永续期的1.39万元/吨,降幅24.86%;191聚合MDI销售单价从2017年度的1.51万元/吨下降至永续期的1.11万元/吨,降幅为26.44%。

BC公司及万华宁波作为全球领先的聚氨酯产品供应商,在国际市场上,特别是中东欧及国内都有重要的市场地位和庞大的市场份额,经营业绩也经过了时间的考验。因此,对未来业绩的稳定性和可持续性,都可以持有较为乐观的预期。

2. 监管反馈重点:业绩承诺金额递减?

在万华化学针对此次交易发布的最新公告中,对业绩承诺安排,特别是承诺净利润和补偿方式进行了更详细的修订。

根据公告披露,本次交易的全体对手将对于以收益法评估的BC公司100%股权、BC辰丰100%股权、万华宁波25.5%股权和万华氯碱热电8%股权承诺业绩。

业绩承诺方承诺2018—2020年相关资产实现的净利润分别不低于43.43亿元、25.07亿元、24.67亿元;如交易于2019年实施完毕,则补充承诺2021年实现的净利润不低于24.88亿元。此次业绩承诺中一个值得关注的问题是,2018年的承诺净利润是2019年、2020年的近两倍,这种情况其实是比较少见的。

这个问题同样引起了这证监会审核中的关注,并在反馈意见中要求万华化学"结合BC公司、万华宁波报告期内经营业绩实现情况、所处行业周期发展情况及未来年度预测情况、未来年度行业竞争格局变动情况、新增产能情况"等,对业绩承诺期内万华宁波和BC公司业绩承诺逐渐下降作出解释。

根据公告中提供的BC和万华宁波的财务数据分析,两个公司均在2017年有较大的增幅。如前文所述,这与两个公司所提供的TDI和MDI产品所处行业自身的周期性波动,和宏观经济周期与竞争对手投产情况等突发性因素有关。

万华化学预计未来几年内可能会有新增产能的释放,这将使各地的MDI和TDI产品价格承受一定下行的压力。短期来看,全球供给仍有可能因定期检修等不可抗力导致的停产而产生价格上涨波动,因此预期2018年公司的盈利水平仍然保持较高的预期。后续市场稳定后,出于审慎性原则,在评估中已经剔除了常规周期外的特殊事项影响,考虑过往年度市场价格对MDI和TDI产品价格进行了下调,并基于此对未来的业绩增长进行了更为客观的预期,进而作出业绩承诺。所以万华化学此次交易中业绩承诺的金额是逐年下降的。

不过考虑行业本身具有极高的技术壁垒和市场呈现出的"寡头垄断"特征,以及BC公司和万华宁波在核心技术上的领先性,并对其产能规模、市场地位等优势进行综合实力的考量,未来的持续盈利能力仍毋庸置疑。

根据万华化学的《备考审阅报告》中上市公司主要财务数据的比较可知,交易完成后,上市公司的总体资产规模和利润水平均有答复提升,基本每股收益和扣非后基本每股收益也均将得到增厚。2018年1—6月的基本每股收益将增长31.50%(见表15-4)。

表15-4 2018年上半年万华化学的相关财务交易数据

项 目	2018年6月30日/2018年1—6月			
	交易前	备考数	变动金额	变动比例
资产总额	6 809 276.58	8 276 874.91	1 467 598.33	21.55%
负债总额	3 351 340.91	4 848 457.42	1 497 116.51	44.67%
所有者权益	3 457 935.67	3 428 417.49	−29 518.18	−0.85%
归母所有者权益	3 011 109.29	3 304 601.71	293 492.43	9.75%
营业收入	3 005 417.46	3 725 681.02	720 263.56	23.97%
利润总额	1 030 549.46	1 312 937.37	282 387.91	27.40%
净利润	823 017.91	1 077 488.00	254 470.09	30.92%
归母净利润	694 993.44	1 050 202.88	355 209.44	51.11%
扣非归母净利润	647 988.27	1 013 746.96	365 758.69	56.45%
基本每股收益	2.54	3.34	0.80	31.5%
扣非基本每股收益	2.37	3.23	0.86	36.29%

资料来源:并购汪.98天过会!万华化学522亿吸收匈牙利化工巨头BC,"秃鹫策略"登顶世界第一? https://mp.weixin.qq.com/s/EabLvrATDFCUOd9V9go29w。

15.3 跨国并购的监管

15.3.1 国外对跨国并购的监管

各国证券市场最主要的收购方式是要约收购,即收购方通过公开方式向目标公司股东发出要约，达到控制目标公司的目的。下文将从信息披露、要约收购、反敌意收购、强制排除权等方面介绍美国、英国和德国在这方面的规定。

(1) 信息披露。收购交易信息如果提前透露到市场上一般会引起目标公司股价的波动，所以各国要约规则都要求收购方在持有目标公司股票达到一定比例后进行公告，以确保公众获取信息的公平性。

美国：收购方在取得上市公司股份超过5%时，需要在10日内向目标公司、美国证券交易委员会(SEC)和证券交易所备案。收购方在此之后持股比例变动每达到1%，必须向上述机构进行补充备案。如果收购方最终发出了收购要约，就必须向目标公司股东和美国证券交易委员会披露在收购要约正式开始之前60日内为收购目标公司股份进行的所有交易。

英国：收购方收购目标公司的股份达到或超过了目标公司表决权的3%时，需要在2个交易日内向目标公司和英国金融管理局(FSA)申报，此后持股比例变动每达到1%时也应补充申报。

德国：收购方持有德国上市公司超过或低于3%、5%、10%、15%、20%、25%、30%、50%或75%以上表决权的，应在4个交易日内通知该目标公司和联邦财政监督管理局(BaFin)。此外，如果收购方收购了目标公司表决权10%或以上股份，它必须在20个交易日内告知目标公司其是否有收购计划所需的资金来源。

(2) 要约收购。要约收购是指收购方以取得目标公司的控制权为目的，通过公开方式直接向目标公司股东作出购买股份的表示。该制度的设立目的是确保收购方在取得上市公司控制权的过程中，广大中小股东的利益得到一定保护。该制度是收购上市公司的法律体系中最重要内容。根据法律对收购方所要求责任不同，要约收购分为强制性要约和自愿性要约。

美国：美国的要约收购制度属于自愿性要约，即不要求收购方在收购目标公司股份达到一定比例后必须向剩余股东发出收购要约。收购方可自主发出要约，自行确定要约比例，但是收购方在收购过程中要不断地就收购人的背景、收购意图、收购计划等信息予以充分详细的披露。该制度是在保护大股东能自由转让其控制权的同时，通过施加信息公开义务和控股股东对其他小股东的信托义务来实现中小股东利益保护。

英国：英国的要约收购制度则属于强制性要约收购，即法律规定收购方在持有目标公司的股份超过30%时，其必须以特定的价格，在规定的时间内向目标公司的剩余所有股东发出要约。在要约价格方面，法律规定收购方的出价必须至少是该收购方在要约期间前三个月或从要约期间开始到收购方正式提出要约之间为收购目标公司股份支付的最高价格。

德国：与英国类似，德国采用强制性要约收购制度，即收购方在购买目标公司表决权达30%时，有义务向所有的剩余股东发出收购要约。收购方提出的价格必须最少是该收购方在要约期间前6个月目标公司股票在公开市场交易价的加权平均值。同时持有同一等级股票的股东必须收到同等的支付对价。此外，如果收购要约期满之前或在收购方公布收购股份数之后的一年内，收购方以更高的价格购买了目标公司的股票，收购方会被要求向已经接受收购要约的股东支付收购对价的差额。

(3) 反敌意收购措施。敌意收购是指收购方提出的收购计划并没有得到目标公司管理层(主要是董事会)支持的收购交易。常见的反敌意收购措施主要分为两类:一类是要约出现前的一般防范性措施;二类是要约出现后的针对性防守措施。

美国:美国采取董事会决策模式,即只要目标公司董事会是在按照对目标公司的尽责和忠诚义务来采取行动,董事会无须股东特别授权就可以在收购要约发出前或发出后实行相应的反收购防御策略。其基本的理由在于:① 董事会对公司的受信义务是董事会采取反收购措施的基础。董事是公司财产的受托者,因此当目标公司董事会认为一项收购出价不符合公司最大利益时,法律会赋予其权利采取反收购措施;② 目标公司股东与收购方之间交易地位的悬殊,客观上需要董事会来承担起反收购的义务;③ 董事的社会责任也是董事会有权采取反收购措施的一个重要因素,即董事会还考虑收购是否会损害除股东以外其他利益相关人的利益。

英国:英国采取股东大会决策模式,即由目标公司的股东大会来主导反收购的决策权。这种立法模式突出了对公司股东利益的绝对保护。为了防止目标公司的经营管理层在反收购过程中为了自身利益而滥用公司的权利,从而造成公司及公司股东、特别是中小股东的利益受损的情况发生,英国对任何未经目标公司股东大会批准的反收购行为都加以制约。

德国:德国采用监事会与股东会共同决定模式。德国传统上采用协议收购的方式转移上市公司控制权,要约收购的情况较少,所以相关的法律制度建设起步较晚,而且德国公司法关于德国公司治理结构设计有自己的特点,涉及公司重大事项时董事会须向监事会进行报告并由监事会予以批准。因此,德国关于反收购的决策权体现出了由监事会以及股东会共同决策的特点。在实际中,监事会以及股东授权董事会采取阻碍敌意收购的防御措施并不多见。

(4) 强制排除权(squeeze out)制度。收购方在取得目标公司股权一定比例(一般90%—95%)之后,很多国家法律会赋予收购方一个强制排除权,即有权要求剩余小股东必须将其持有的股票出售给收购方。其理由是当收购方持股比例达到法定比例后,最经济和最有效的做法就是让收购方全资拥有目标公司,以避免收购方与剩余小股东之间的种种博弈。

英国:英国规定如果收购方已收购到或达成了协议将会收购到代表目标公司股票价值和表决权 90% 以上的股票时,该收购方就有权在一定期限内要求剩余股东必须向其出售股票。

德国:如果收购方已收购到或达成协议将会收购到代表目标公司表决权 95% 以上的股票,同时超过 90% 收购要约针对的股东已同意接受收购要约的条件时,该收购方就有权在收购要约期结束后三个月内向地区法院提交申请来购买剩余股东所持的股票。德国也允许持股 95% 以上的股东通过召开股东大会要求少数股东出售其所持的公司股票。这个制度很类似于美国法下的二次收购方案,如果异议股东认为要约价格不满意,也可以要求法院审查股东会通过强制出售的决议。

美国:美国联邦法没有明文规定强制排除权,但是,美国有些州法允许收购方采用二次并购的方式来达到同样目的。如果收购方在第一次要约收购中取得了目标公司 90%

兼并、收购与公司控制

或以上投票权,收购方就可以再发起一次不需要股东投票决议的交易,将目标公司和自己的一个子公司进行合并。在二次收购中,收购方可以仅让目标公司寄给股东一个简短的信息通告而无须再次投票。如果异议股东对要约价格不满意,该股东可以向法院申请重新估价。

1988年,美国通过的《埃克森-佛罗里修正案》将跨国并购国家安全的审查对象设定为"外国人"。其中,对于外国国民美国采用国籍标准,而对于外国实体采用的是控制说,而不是成立地标准,其包括联合集团、信托、公司或其他任何组织以及任何政府或者政府资助的机构等,他们如果受外国利益控制或者能够受外国利益控制的就必须要接受国家安全审查。随着外国投资委员会的发展,其对"外国人"的定义作出了进一步的完善,其规定外国利益的控制必须具有现实可能性,而不是某种微小的可能性,同时用"受到控制或能够受到控制"替换了原来暂行条例中"受外国利益控制或可能控制的实体"的规定,目的是赋予"外国人"这一标准以明确性,减少模糊性和不相关性。关于审查标准,美国关键还是看跨国并购是否威胁其国家安全。而对于国家安全的定义其随着美国本土政治、经济、国防、外交的情况的变化而有所不同,所以外国投资委员会对于国家安全的审查标准只作了原则性规定,其规定十分笼统,为以后的实践操作预留了很大的空间。"9·11"事件以后,美国对于国家安全的重视程度进一步升级,也因此将国家安全的内涵进行了扩充,"国家安全"的审查重点不仅仅是技术转让和涉及国防的工业上而且只要涉及美国重要的基础设施的外国投资都要进行十分严格的审查(参见图15-1和案例15-2)。

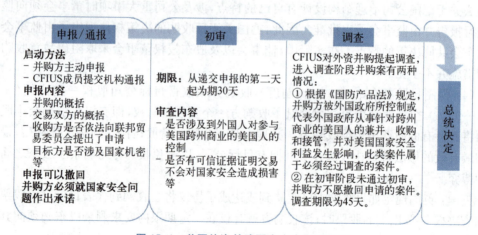

图15-1 美国外资并购国家安全审查程序

案例15-2

为何蚂蚁金服友好收购速汇金,失败还要赔偿对方3 000万美元?

2018年1月3日,美国外国投资委员会(CFIUS)以威胁国家安全为由,否决了蚂蚁金服对速金汇的收购计划;由此导致美国汇款公司速汇金(MoneyGram)与阿里巴巴(NYSE:BABA)集团旗下蚂蚁金服于当地时间1月2日宣布取消并购交易,因为未能获得美国监管机构批准。但是,两家公司表示双方将专注于在汇款和数字支付市场进行新的战略合作;同时,蚂蚁金服因交易终止将向速汇金支付3 000万美元解约金。

那么，为什么收购不成，还要倒贴3 000万呢？

2017年1月，阿里巴巴（NYSE：BABA）集团旗下蚂蚁金服宣布以8.8亿美元的价格收购美国汇款公司速汇金（MoneyGram）。不久，美国公司Euronet也加入竞购，为此，蚂蚁金服立马追加报价，将收购价格提升到了9.55亿美元，接着上调到收购价格至12.04亿美元，比第一次报价增长了36%，Euronet就此放弃，速汇金董事会全票通过。

但是，1年后，美国驳回了投资并购，蚂蚁金服赔偿其3 000万美金。

蚂蚁金服收购失败要支付速汇金3 000万美金（约2亿人民币）是由于双方收购要约约束所要求的。如果收购失败，也会阻碍了速汇金的融资，因此，强势的被收购方会在合约里添加苛刻性的条款。这是根据双方签订的合同细则决定的，这3 000万美元是双方合同的解约金。由于速汇金选择了蚂蚁金服，就相当于放弃了其他的竞购者；同时为了配合收购，速金汇也要花一定的时间和财力配合蚂蚁金服进行尽调调查，于是就增加了许多额外的工作成本，这导致就算蚂蚁金服收购失败也要付这3 000万。

由于蚂蚁金服不是美国企业，所以收购要得到美国外国投资委员会的审查。速汇金作为美国最大的支付平台，为此，速汇金提出了一些苛刻性的要求，当然这些要求也是规避风险。蚂蚁金服为了布局全球支付势在必得，只能照单全收，若失败只能付出违约金。以后在国际收购中，中国企业也可以采用类似的机制。

关于解约金，其实在中外的合同中是有广泛运用的。蚂蚁金服在签订合同时，做了责任保证或跨国收购案一定要签订这个条款，政府授权不视为风险部分，所以才会出现赔偿。至于收购案的失败原因是复杂的，美国对于境外投资审查力度在不断地加强，中国政府同时也在对境外投资加强管理。并购失败后，中国外交部发言人表示，中美经贸合作的本质是互利共赢，中国政府一贯鼓励中国企业按照市场规则，遵守当地法律法规的基础上展开投资；同时希望美方能为中国企业赴美投资兴业提供一个公平的、可预期的环境。

资料来源：深海传媒.马云收购速汇金失败！为何还要赔偿对方3 000万美元？https：//www.toutiao.com/a6508364776186315268/，2018-01-08。

15.3.2 中国对跨国并购的监管

中国关于规范外国商事主体在华从事经营性活动的法律、行政法规、部委规章及其他规范性文件数量众多，主要包括以下三类。

（1）企业组织类。这类法律法规主要包括：《中华人民共和国外资企业法（2016修正）》《中华人民共和国中外合作经营企业法（2017修正）》《中华人民共和国中外合资经营企业法（2016修正）》《中华人民共和国外资企业法实施细则（2014修订）》《中华人民共和国中外合资经营企业法实施条例（2014修订）》《关于外商投资企业合并与分立的规定（2015修正）》。此外，在政府职能转换和简政放权的大背景下，国内外各界翘首企盼的外商投资领域的根本大法——《中华人民共和国外国投资法（草案征求意见稿）》也已在2015年向社会公布征求意见。

（2）投资并购类。这类法律法规既有关于外国商事主体投资的一般性规定，也有关于上市公司股权转让、反垄断申报和安全审查等特殊规定。一般性规定有：《关于外国投资者并购境内企业的规定(2009修订)》《商务部关于进一步改进外商投资审批工作的通知》《国务院关于进一步做好利用外资工作的若干意见》《商务部关于外商投资管理工作有关问题的通知》《国务院关于进一步优化企业兼并重组市场环境的意见》《外商投资产业指导目录(2017修订)》《商务部关于涉及外商投资企业股权出资的暂行规定(2015修正)》《关于外商投资企业境内投资的暂行规定(2015修订)》《外商投资商业领域管理办法(2015修正)》等。

(3) 特殊规定。如《商务部办公厅、国务院国有资产监督管理委员会关于上市公司国有股向外国投资者及外商投资企业转让申报程序有关问题的通知》《外国投资者并购境内企业反垄断申报指南》《国务院办公厅关于建立外国投资者并购境内企业安全审查制度的通知》《商务部实施外国投资者并购境内企业安全审查制度的规定》《商务部实施外国投资者并购境内企业安全审查制度有关事项的暂行规定》《外国投资者对上市公司战略投资管理办法(2018年7月30日征求意见稿)》《关于外商投资举办投资性公司的规定(2015修正)》《商务部关于外商投资举办投资性公司的补充规定(2015修订)》《外商投资创业投资企业管理规定(2015修订)》《外商投资电信企业管理规定(2016修订)》等。

15.3.3 外资并购监管体系

(1)《关于外国投资者并购境内企业的规定》(以下简称《规定》)。商务部于2009年修订了《关于外国投资者并购境内企业的规定》，使其与《反垄断法》和《国务院关于经营者集中申报标准的规定》的相关规定一致，这项文件对于外国投资者并购境内企业作出了全方位的制度性安排。《规定》所称外国投资者并购境内企业，是指外国投资者购买境内非外商投资企业(以下称"境内公司")股东的股权或认购境内公司增资，使该境内公司变更设立为外商投资企业(以下称"股权并购")；或者，外国投资者设立外商投资企业，并通过该企业协议购买境内企业资产且运营该资产，或，外国投资者协议购买境内企业资产，并以该资产投资设立外商投资企业运营该资产(以下称"资产并购")[1]。该《规定》要点如下。

① 禁止性要求。《规定》要求外国投资者并购境内企业应遵守中国的法律、行政法规和规章，遵循公平合理、等价有偿、诚实信用的原则，不得造成过度集中、排除或限制竞争，不得扰乱社会经济秩序和损害社会公共利益，不得导致国有资产流失[2]。其次，外国投资者并购境内企业，应符合中国法律、行政法规和规章对投资者资格的要求及产业、土地、环保等政策[3]。此外，依照《外商投资产业指导目录》不允许外国投资者独资经营的产业，并购不得导致外国投资者持有企业的全部股权；需由中方控股或相对控股的产业，该产业的企业被并购后，仍应由中方在企业中占控股或相对控股地位；禁止外国投资者经营的产业，外国投资者不得并购从事该产业的企业[4]。

---

[1] 《规定》第二条。
[2] 同上。
[3] 《规定》第三条。
[4] 《规定》第四条。

② 登记与审批。外国投资者并购境内企业设立外商投资企业,应依照《规定》经审批机关批准,向登记管理机关办理变更登记或设立登记。如果被并购企业为境内上市公司,还应根据《外国投资者对上市公司战略投资管理办法》,向国务院证券监督管理机构办理相关手续①。值得注意的是,境内公司、企业或自然人以其在境外合法设立或控制的公司名义并购与其有关联关系的境内的公司,应报商务部审批。当事人不得以外商投资企业境内投资或其他方式规避前述要求②。此外,外国投资者并购境内企业并取得实际控制权,涉及重点行业、存在影响或可能影响国家经济安全因素或者导致拥有驰名商标或中华老字号的境内企业实际控制权转移的,当事人应就此向商务部进行申报。当事人未予申报,但其并购行为对国家经济安全造成或可能造成重大影响的,商务部可以会同相关部门要求当事人终止交易或采取转让相关股权、资产或其他有效措施,以消除并购行为对国家经济安全的影响③。另外,国有产权和上市公司国有股权的特别要求。外国投资者并购境内企业涉及企业国有产权转让和上市公司国有股权管理事宜的,应当遵守国有资产管理的相关规定④。

③ 享受外商投资企业待遇的认定标准。外国投资者在并购后所设外商投资企业注册资本中的出资比例高于25%的,该企业享受外商投资企业待遇。外国投资者在并购后所设外商投资企业注册资本中的出资比例低于25%的,除法律和行政法规另有规定外,该企业不享受外商投资企业待遇,其举借外债按照境内非外商投资企业举借外债的有关规定办理。审批机关向其颁发加注"外资比例低于25%"字样的外商投资企业批准证书。登记管理机关、外汇管理机关分别向其颁发加注"外资比例低于25%"字样的外商投资企业营业执照和外汇登记证。境内公司、企业或自然人以其在境外合法设立或控制的公司名义并购与其有关联关系的境内公司,所设立的外商投资企业不享受外商投资企业待遇,但该境外公司认购境内公司增资,或者该境外公司向并购后所设企业增资,增资额占所设企业注册资本比例达到25%以上的除外。根据该款所述方式设立的外商投资企业,其实际控制人以外的外国投资者在企业注册资本中的出资比例高于25%的,享受外商投资企业待遇⑤。

④ 外国投资者并购境内企业中的资产评估。《规定》要求并购当事人应以资产评估机构对拟转让的股权价值或拟出售资产的评估结果作为确定交易价格的依据。并购当事人可以约定在中国境内依法设立的资产评估机构。资产评估应采用国际通行的评估方法。禁止以明显低于评估结果的价格转让股权或出售资产,变相向境外转移资本。外国投资者并购境内企业,导致以国有资产投资形成的股权变更或国有资产产权转移时,应当符合国有资产管理的有关规定⑥。

⑤ 披露义务与反规避。并购当事人应对并购各方是否存在关联关系进行说明,如果

---

① 《规定》第六条。
② 《规定》第十一条。
③ 《规定》第十二条。
④ 《规定》第五条。
⑤ 《规定》第九条。
⑥ 《规定》第十四条。

有两方属于同一个实际控制人,则当事人应向审批机关披露其实际控制人,并就并购目的和评估结果是否符合市场公允价值进行解释。当事人不得以信托、代持或其他方式规避前述要求①。

⑥支付安排与期限。首先,外国投资者并购境内企业设立外商投资企业,外国投资者应自外商投资企业营业执照颁发之日起 3 个月内向转让股权的股东,或出售资产的境内企业支付全部对价。对特殊情况需要延长者,经审批机关批准后,应自外商投资企业营业执照颁发之日起 6 个月内支付全部对价的 60% 以上,1 年内付清全部对价,并按实际缴付的出资比例分配收益。其次,外国投资者认购境内公司增资,有限责任公司和以发起方式设立的境内股份有限公司的股东应当在公司申请外商投资企业营业执照时缴付不低于 20% 的新增注册资本,其余部分的出资时间应符合《公司法》、有关外商投资的法律和《公司登记管理条例》的规定。股份有限公司为增加注册资本发行新股时,股东认购新股,依照设立股份有限公司缴纳股款的有关规定执行。此外,外国投资者资产并购的,投资者应在拟设立的外商投资企业合同、章程中规定出资期限。设立外商投资企业,并通过该企业协议购买境内企业资产且运营该资产的,对与资产对价等额部分的出资,投资者应的对价支付期限与前述股权并购的对价支付期限相同;其余部分的出资应符合设立外商投资企业出资的相关规定。另外,外国投资者并购境内企业设立外商投资企业,如果外国投资者出资比例低于企业注册资本 25%,投资者以现金出资的,应自外商投资企业营业执照颁发之日起 3 个月内缴清;投资者以实物、工业产权等出资的,应自外商投资企业营业执照颁发之日起 6 个月内缴清②。

(2)《国务院办公厅关于建立外国投资者并购境内企业安全审查制度的通知》。为引导外国投资者并购境内企业有序发展,维护国家安全,中国逐步建立了外国投资者并购境内企业安全审查(以下简称并购安全审查)制度。而《国务院办公厅关于建立外国投资者并购境内企业安全审查制度的通知》(国办发〔2011〕6 号,下称《第 6 号文》)就是这一制度的"奠基性"文件。此后,根据《第 6 号文》以及外商投资相关法律法规,商务部对《商务部实施外国投资者并购境内企业安全审查制度有关事项的暂行规定》(商务部公告 2011 年第 8 号)进行了完善,形成了《商务部实施外国投资者并购境内企业安全审查制度的规定》(商务部公告 2011 年第 53 号,下称《第 53 号文》),该规范性文件自 2011 年 9 月 1 日起实施。并购安全审查范围。根据《第 6 号文》,并购安全审查的范围为:外国投资者并购境内军工及军工配套企业,重点、敏感军事设施周边企业,以及关系国防安全的其他单位;外国投资者并购境内关系国家安全的重要农产品、重要能源和资源、重要基础设施、重要运输服务、关键技术、重大装备制造等企业,且实际控制权可能被外国投资者取得。

并购安全审查内容。依照《第 6 号文》,下列事项属于安全审查的内容:① 并购交易对国防安全,包括对国防需要的国内产品生产能力、国内服务提供能力和有关设备设施的影响。② 并购交易对国家经济稳定运行的影响。③ 并购交易对社会基本生活秩序的影响。④ 并购交易对涉及国家安全关键技术研发能力的影响。

---

① 《规定》第十五条。
② 《规定》第十六条。

并购安全审查工作机制。根据《第6号文》,中国逐步建立外国投资者并购境内企业安全审查部际联席会议(以下简称联席会议)制度,具体承担并购安全审查工作。联席会议在国务院领导下,由发展改革委、商务部牵头,根据外资并购所涉及的行业和领域,会同相关部门开展并购安全审查。其中,联席会议的主要职责是:分析外国投资者并购境内企业对国家安全的影响;研究、协调外国投资者并购境内企业安全审查工作中的重大问题;对需要进行安全审查的外国投资者并购境内企业交易进行安全审查并作出决定。

安全审查的主体。根据《第53号文》,外国投资者并购境内企业,属于《国务院办公厅关于建立外国投资者并购境内企业安全审查制度的通知》明确的并购安全审查范围的,外国投资者应向商务部提出并购安全审查申请。两个或者两个以上外国投资者共同并购的,可以共同或确定一个外国投资者向商务部提出并购安全审查申请。此外,《第53号文》提交并购安全审查申请。

安全审查的标准和反法律规避。根据《第53号文》,有关部门对于外国投资者并购境内企业,应从交易的实质内容和实际影响来判断并购交易是否属于并购安全审查的范围;外国投资者不得以任何方式实质规避并购安全审查,包括但不限于代持、信托、多层次再投资、租赁、贷款、协议控制、境外交易等方式。

15.3.4 VIE架构公司的监管问题

(1) 中概股回归步骤。中概股回归一般按照如下步骤进行:① 大股东发起私有化要约;② 筹资购买多余股东所持股份;③ 在国外交易市场退市,同时拆除VIE结构,启动招股或者借壳计划;④ 最后选择标的或者等待审批,完成上市。

(2) VIE架构公司的主要法律问题。在国内,VIE结构的主要目的一是为了境外上市,二是为了满足政府的某些规定,例如进入"禁止"和"限制"类行业。考虑到民营企业的融资渠道已经有了更多选择,目前VIE模式的使用更多是为了规避准入限制,这也是它的高风险所在。国内VIE的风险主要包括:① 政策风险。目前国家对VIE结构没有任何实质的可操作的明文规定,一旦国家相关部委出台相应的规定,可能会对采取VIE结构的公司造成极大影响。② 外汇管制风险。利润在从境内转移至境外时可能面临外汇管制风险。③ 税务风险。采用VIE结构的公司将会涉及大量的关联交易及反避税问题,在转移定价、股息分配上可能存在税务的风险。④ 公司治理风险。由于VIE结构采用SPV,加之公司股权控制层次多而复杂,公司位于不同管辖国家和地区,这就给公司治理带来极大困难;同时VIE模式采用协议控制方式,上市公司及其独资公司对境内持牌公司没有控股权,这也给公司的管理和控制制造了极大的隐患。

VIE模式的核心和关键在于一系列以实现公司控制权的"协议",如果单纯从每一个合同角度来分析,这些合同或者协议均由双方当事人在意思表示真实有效的情况下依法订立,并且每个合同不存在着违法的内容,均是日常投资事项操作。甚至在一般情况下为保证VIE协议形式上的效力,一些关键协议也履行了相关登记或备案登记手续。可以这么说,单个协议具有合法的完全的实质和形式。但是VIE每一个协议并不是孤立存在的,当其作为一个协议共同体发挥作用时,其真实意思和实际目的是通过VIE协议设立协议控制架构,来规避中国的外商投资产业限制,满足企业对于资本的需求。综上所述,

VIE 模式的方式,就是使外国投资者规避了《外商投资产业指导目录》中相关限制或禁止的行业限制或者是规避《外国投资者并购境内企业的规定》中并购境内关联企业的审批程序。总之,如果将全部相互联系的 VIE 协议看作一个整体,其完全符合"以合法形式掩盖非法目的"的构成要件的,可以依据合同法中"以合法形式掩盖非法的"的认定 VIE 协议无效。合法性问题是 VIE 模式永远脱不开的最根本的法律风险。

15.4　M&A 法律流程

并购法律流程一般可分为如下四个程序:预备程序、调查程序、执行程序、履约程序。

15.4.1　预备程序

在这个阶段,律师的主要服务是收集资料、法律研究和设计方案。

(1) 收集资料。律师针对目标公司的公开资料和信息进行收集、整理并分析,进而论证并购项目的可行性及设计法律结构。一般在进行带有敌意性质的收购或要约收购时,目标公司很难给予配合,通过调查问卷的方式肯定是不可行的。因此,律师可以通过工商、税务、海关、劳动等行政管理部门了解目标公司的基本数据及其他情况。

(2) 法律研究。通过综合研究《公司法》《证券法》《反不正当竞争法》《税法》《反垄断法》等相关法律的规定及所获得的材料和信息,确定该项并购活动的合法性,并据此协助并购方制定并购活动总体结构的法律框架。然后,律师应给并购方一个详细的相关法律解释,比如哪些是限制的、哪些是允许的、哪些需要报告或审批、需要哪些文书及其格式等。

(3) 设计方案。在前期工作完成并确认并购至少在法律上可行后,律师要根据可能的几种并购方式,对相应的不同法律责任进行权衡,选出最佳方案以供并购方选择。这种设计是相当专业和有技巧性的。另外,律师还要对并购交易的法律主体进行明确,以免出现做了大 2 准备工作后发现交易主体不符合法律法规要求的情况,这一点在实践中非常重要,也经常出现这样的问题。类似地,如果出现了其他法律上的问题,律师还应该马上设计方案来规避,以保证并购的顺利进行。

15.4.2　调查程序

在此阶段,律师的主要服务是参与并购意向书的制定和进行审慎调查。

(1) 并购意向书。如果属于善意收购,交易双方通常要先达成一份并购意向书或并购备忘录,以作出一定约束。这种约束是否具有法律效力以及有多大的效力应由律师来参与。一般来说,对于收购方的保障要大一些,其律师要在意向书中加入排他条款、提供资料及信息条款、不公开条款、锁定条款、费用分摊条款等。对于被并购方,其律师要在意向书中加入中止条款、保密条款。

(2) 审慎调查。审慎调查是律师、会计师和投资银行都可以提供的服务,但侧重点有所不同。了解目标公司的实际状况对并购的成功非常重要,因此买方律师起草的调查清单必须详尽,以充分了解被并购企业的基本情况,包括法律地位、资金、资信、人员等,保证将并购的风险降至最低。对于卖方律师,首先要对并购方的主体资格进行审查,从资信情况、支付能力和经营实力等角度对并购方的行为能力先做确认,确认其有无交易资格;其次,要了解并购方开出的清单,此举对于清理目标公司的各类问题、适时进行法律技术的处理和包装、最终顺利完成并购具有重要意义。一般调查内容主要是目标公司的组织和产权结构、资产情况、经营情况、财务数据、对外签订的所有合同协议、对内与管理层及员工签订的各类合同协议、知识产权拥有状况、法律纠纷情况、税务保险、环境保护等问题。

15.4.3 执行程序

律师主要是参与并购谈判、起草并购协议书和准备其他法律文件。

(1) 参与并购谈判。此举主要是维护己方当事人的权益及应获得的利益。

(2) 起草并购协议书。并购协议书是企业并购案中最核心的法律文书,也是双方谈判、协商的重点,自然也是律师的工作要务。通常由买方律师草拟后经卖方律师修改,双方谈判有关内容及条款,最终形成一个具有法律效力的文书。该文书通常由并购合同及相关附件组成,包括并购合法性的依据、合同的主要条款、并购后企业的法律地位性质、资产评估、并购方式、违约责任和损害赔偿条款、不可抗力条款及有关合同终止、保密、法律适用、争议解决等条款。附件主要包括财务审计报告、资产评估报告、土地使用权转让协议、政府批准文件、财产清单、员工安置方案、会议纪要、谈判笔录等。

(3) 准备其他法律文件。最常见的是出具法律意见书,这种形式并不是所有并购的法律均要求的。如果法律并不对此要求,则视客户的意见而定。在中国,根据相关的并购法律法规和规章,律师主要对上市公司的要约收购、上市公司重大关联交易、上市公司重大购买、出售、置换资产行为及股份有限公司国有股权的转让等事项出具法律意见书;如果涉及融资,还必须准备相关的融资法律文件。

15.4.4 履约程序

律师主要是准备履约备忘录、协助买方进行信息披露以及办理登记交割。

(1) 准备履约备忘录。律师准备这份文件的作用在于,对于复杂的并购,相关文件往往多且复杂,必须做周详的记录。一旦各种文件齐备,双方就可以召开验证会议并开始履约。

(2) 协助买方进行信息披露。如果是上市公司并购的话,根据有关法律法规和规章的要求,交易方必须进行信息披露。律师应就股权转让合同及相关事项向监管部门及交易所作出书面报告,并办理有关临时公告事宜。

(3) 办理登记交割。并购如果涉及变更登记、重新登记或注销登记等手续,都需要律师的参与;如果是上市公司并购,还需要去证券登记结算机构办理转让股权的交割手续。股权交割完毕,对上市公司并购的法律程序才算完结。

律师在并购过程中的协调与沟通作用也是非常重要的。因为在缺乏明确法律意见的情况下,很多谈判往往会陷入为争取各自利益而盲目争论的困境。有了律师的协调,不仅可以提供相应的法律咨询和解释,还可以促成谈判取得共识,提高并购效率。另外,除了与当事人打交道外,律师还可以凭借以前的经验和人脉关系取得有关部门的支持,使并购活动更顺畅地进行。当然,律师并不是在并购案中通过单打独斗就可以提供服务的,他必须和其他专业中介机构及其人员进行合作,才能提高法律服务水平和工作质量,使企业并购更加严谨规范。

附录 15-1

中国资本市场兼并收购重组有关管理办法列表

1990:国务院:《关于加强国有资产管理工作的通知》
1997:财政部:《关于企业资产评估增值有关所得税处理问题的通知》
1998:证监会:《上市部关于加强上市公司主要股东变更审查工作的通知》
1999:财政部:《关于出售国有小型企业中若干问题意见的通知》
2000:上海证券交易所:《关于上市公司收购母公司商标等无形资产信息披露问题的通知》
2000:深圳证券交易所:《关于规范上市公司和关联人收购商标等无形资产信息披露的通知》
2000:证监会:《关于涉及境内权益的境外公司在境外发行股票和上市有关问题的通知》
2000:国家税务总局:《关于企业股权投资业务若干所得税问题的通知》
2000:财政部:《关于股份有限公司国有股权管理工作有关问题的通知》
2000:证监会:《关于上市公司非流通股份类别变更有关问题的通知》
2001:证监会:《关于上市公司重大购买、出售、置换资产若干问题的通知》
2001:证监会:《关于加强对上市公司非流通股协议转让活动规范管理的通知》
2001:国务院:《关于上市公司国有股质押有关问题的通知》
2001:最高人民法院:《关于国有资产产权管理行政案件管辖问题的解释》
2001:最高人民法院:《关于人民法院在强制执行程序中处分被执行人国有资产适用法律问题的请示报告的复函》
2002:国家税务总局:《关于转让企业产权不征营业税问题的批复》
2002:国家税务总局:《关于转让企业全部产权不征收增值税问题的批复》
2002:财政部:《关于国有股持股单位产权变动涉及上市公司国有股性质变化有关问题的通知》
2002:财政部:《关于股权转让有关营业税问题的通知》
2003:最高人民法院:《关于人民法院在审理企业破产和改制案件中切实防止债务人逃废债务的紧急通知》
2003:证监会:《中国证券监督管理委员会关于要约收购涉及的被收购公司股票上市交易条件有关问题的通知》
2003:国家税务总局:《关于外国投资者并购境内企业股权有关税收问题的通知》
2003:深圳证券交易所:《上市公司要约收购业务指引》

2003：国务院：《关于向外商转让上市公司国有股和法人股职能分工的公告》
2003：环保总局：《关于对申请上市的企业和申请再融资的上市企业进行环境保护核查的通知》
2003：国税总局：《企业债务重组业务所得税处理办法》
2003：国务院：《关于适用〈企业国有资产监督管理暂行条例〉有关问题的函》的复函
2004：最高人民法院：《关于"红帽子"企业产权纠纷处理有关问题的意见》
2004：国资委：《企业国有产权转让管理暂行办法》
2004：国务院：《关于中央企业主辅分离辅业改制分流安置富余人员资产处置有关问题的通知》
2004：国务院：《企业国有产权转让管理暂行办法》
2004：国家税务总局：《关于企业股权转让有关所得税问题的补充通知》
2004：证监会：《关于规范境内上市公司所属企业到境外上市有关问题的通知》
2004：发改委：《外商投资项目核准暂行管理办法》
2004：国资委：《关于加强中央企业收购活动监管有关事项的通知》
2005：工商行政管理总局：《公司法(2005修订)》
2005：商务部：《外国投资者对上市公司战略投资管理办法》
2006：证监会：《合格境外机构投资者境内证券投资管理办法》
2007：财政部：《企业兼并有关会计处理问题暂行规定》
2006：国务院：《国务院办公厅转发全国企业兼并破产和职工再就业工作领导小组关于进一步做好国有企业政策性关闭破产工作意见》
2007：国务院：《国务院关于在若干城市试行国有企业兼并破产和职工再就业有关问题的补充通知》
2008：深圳交易所：《深交所上市公司信息披露指引第1号—上市公司收购、出售资产公告格式指引》
2008：证监会：《上市公司重大资产重组申报工作指引》2010：国务院《关于促进企业兼并重组的意见》
2011：证监会：《中国证券监督管理委员会上市公司并购重组审核委员会工作规程(2011年修订)》
2012：证监会：《中国证券监督管理委员会关于加强与上市公司重大资产重组相关股票异常交易监管的暂行规定》
2012：证监会：《上市公司收购管理办法(2012修订)》
2013：证监会：《上市公司监管指引第4号—上市公司实际控制人、股东、关联方、收购人以及上市公司承诺及履行》
2014：工商行政管理总局：《公司法(2014修订)》
2014：证监会：《上市公司收购管理办法(2014修订)》
2014：证监会：《公开发行证券的公司信息披露内容与格式准则第17号——要约收购报告书(2014年修订)》
2014：证监会：《非上市公共公司收购管理办法》

2014：证监会：《公开发行证券的公司信息披露内容与格式准则第 16 号——上市公司收购报告书(2014 年修订)》

2014：证监会：《公开发行证券的公司信息披露内容与格式准则第 17 号——要约收购报告书(2014 年修订)》

2015：证监会，财政部，国资委，银监会：《关于鼓励上市公司兼并重组、现金分红及回购股份的通知》

2016：证监会：《上市公司要约收购业务指引(2016 年修订)》

2016：证监会：《证监会上市公司重大资产重组管理办法(2016 年修订)》

2017：证监会：《非上市公众公司收购管理办法》

资料来源：证监会，http://www.csrc.gov.cn/pub/newsite/。
中国政府网，http://www.gov.cn/guowuyuan/index.htm。
财政部，http://www.mof.gov.cn/index.htm。
深圳证券交易所，http://www.szse.cn/。
发展改革委员会，http://www.ndrc.gov.cn/。
最高人民法院，http://www.court.gov.cn/。
商务部，http://www.mofcom.gov.cn/。
上海证券交易所，http://www.sse.com.cn/。
国家税务总局，http://www.chinatax.gov.cn/。
中华人民共和国生态环境部，http://www.zhb.gov.cn/。
中华人民共和国工商行政管理总局，http://home.saic.gov.cn/。

本 章 小 结

并购活动作为重要的二级市场操作，受到政府的严格监管。以美国为例，在其主导的五次并购浪潮中，一批实力雄厚的企业在竞争中通过兼并不断发展壮大，同时带来了市场垄断社会危害，随后美国政府开始制定一系列法律法规以维持市场秩序，并以反托拉斯法为典型代表。

中国并购市场结合本土并购流程，制订了适合国情的并购法律监管原则和框架。《上市公司重大资产重组管理办法》是目前中国并购市场的主要监管法规，其中对重组的基本概念和行为准则都进行了明确界定。

跨国并购不同于普通并购，需同时接受双方国家的法律监管，包括企业组织类、投资并购类和特殊法规。中国重点行业在外资准入方面还有严格规定，2017 年中国放开了非银行类金融机构准入，从原先不超过 30% 的持股比例调升至 51%，体现了中国对跨国并购更加宽容和开放的姿态。

中概股回归是近年资本市场的一大热点，本章最后对中概股回归步骤、拆除 VIE 结构涉及的可能问题和风险进行了梳理。

最后本章从监管者的角度,对并购相关法务的流程进行了归纳,包括预备程序、调查程序、执行程序和履约程序;并附上自1990年至今较为重要的与并购活动相关的法律法规列表。

重要概念

兼并准则　　上市公司重大资产重组管理办法　　VIE

课后习题

习题案例 15-1

首钢在秘鲁的风雨历程

1992年,秘鲁政府决定把长期亏损的国有企业秘鲁铁矿私有化。在秘鲁铁矿的国际招标中,首钢以1.2亿美元投得该标,收购了秘鲁铁矿公司98.4%的股份,获得马科纳矿区670.7平方公里内所有矿产资源的无限期开发和利用权。

老牌国有企业出海以后也有一个熟悉水性的过程。第一个吃螃蟹的首钢在秘鲁呛的第一口水,就是投标时出价过高带来的债务负担。由于前期调研不足,首钢对秘鲁政府的意愿并不清楚,对参与投标的其他几个竞争对手也不了解,在投标中一下子就开出了1.2亿美元的高价。事后他们才知道,这个价格远远高出秘鲁政府的标底,也大大高出其他对手的出价。这笔投资的本息,要用秘鲁铁矿每年卖铁矿石的收入来偿还。以后很多年中,首钢秘铁长期存在贷款规模过大、偿付能力偏低、每年支付银行的财务费用过高等问题。尽管首钢秘铁大部分年份都有盈余,但扣除需付银行债务的本息后,就始终难以摆脱亏损困境。为此,首钢秘铁采取了许多办法清还债务,直到2002年其银行贷款余额才压缩到1 000万美元以下。

从进入秘鲁铁矿开始,首钢就被各种名目的罢工示威所困扰,频繁的劳资纠纷曾一度令秘鲁铁矿处于半死不活的状态。每年三四月份,首钢秘鲁铁矿公司都要集中精力应对矿业工会的强势。每次费尽心力解决完问题后,又面临下一波威胁。而每次罢工的目的几乎都是涨工资、加福利。据不完全统计,矿工罢工给秘鲁铁矿公司带来的日平均损失在100万—200万美元不等。仅2004年的罢工事件,给秘鲁铁矿造成直接经济损失达500多万美元。

此外,秘鲁铁矿的人事管理问题也曾困扰首钢多年。进入秘鲁铁矿之初,首钢试图在秘鲁引入国内管理体系,利用中方人员进行企业管理。首钢最多时曾向秘鲁铁矿派驻的中方管理人员达180多名,其中一些人把国内的矛盾也带到国外,不但没有帮助解决境外公司的经营困难,反而带去了很多内部问题。之后,首刚开始采用"本土化经营"的策略,更多地雇佣当地管理人员,经过努力,此后首钢秘铁的中方管理人员已经精简到20多人。

习题案例 15-2

中铝收购力拓

经过三个多月的拉锯战,中国铝业以195亿美元注资力拓,打算将力拓的股份增加至19%的计划终于以分手告终。2009年6月5日力拓集团董事会宣布撤销对2月12日宣布的双方合作推荐,力拓并为此而向中铝支付1.95亿美元分手费。中铝注资力拓的计划一直成为国际财经圈关注的焦点,因为这是迄今为止中国企业最大规模的境外投资,澳洲以及西方国家是否放行,是观察西方社会如何对待中国企业走出去的一次重要指标。中铝显然是低估了政治干预的影响力,没有汲取中海油收购美国优尼科公司的失败教训。

习题案例 15-3

慧通天下收购妙盛动力失败

2017年7月15日,停牌近两个半月的贤丰控股发布重大资产重组停牌进展公告,公司同时拟收购深圳市慧通天下科技股份有限公司(下称"慧通天下")和妙盛动力科技有限公司(下称"妙盛动力")各51%的股权,并与交易对手方签署了股权收购的框架协议,大力进军锂电池产业。

贤丰控股此次并购是再加码新能源产业。贤丰控股停牌期间披露,公司拟与控股股东贤丰有限、聚能永拓共同投资设立贤丰新能源科技有限公司,从事锂相关产品生产和技术服务,优化碳酸锂制备工艺,实现高效、低成本提取锂的效果,并以此切入锂产业,向"金融+实业"双模式发展。

然而这一看似完美的收购,却在三个月后以失败告终。10月20日,贤丰控股公告,由于公司与交易对方最终未能就交易方案的核心条款(交易价格和交易条件等)达成一致意见,公司预计在本次停牌期间不能完成相关工作,决定终止本次重大资产重组事项。

问题:试分析上述并购案例失败的原因,以及对监管层的启发。

参 考 文 献

1. Anderson C. The long tail: Why the future of business is selling less of more [M]. Hachette books, 2006.
2. Arnold M, Parker D. Stock market perceptions of the motives for mergers in cases reviewed by the UK competition authorities: an empirical analysis[J]. Managerial and decision economics, 2009, 30(4): 211-233.
3. Avery C, Chevalier J A, Schaefer S. Why do managers undertake acquisitions? An analysis of internal and external rewards for acquisitiveness[J]. Journal of law, economics, & organization, 1998: 24-43.
4. Berle A A, Means G G C. The modern corporation and private property[M]. Transaction publishers, 1991.
5. Bierman H, West R. The acquisition of common stock by the corporate issuer [J]. The journal of finance, 1966, 21(4): 687-696.
6. Black F, Scholes M. The pricing of options and corporate liabilities[J]. Journal of political economy, 1973, 81(3): 637-654.
7. Bradley M, Desai A, Kim E H. The rationale behind interfirm tender offers: Information or synergy? [J]. Journal of financial economics, 1983, 11(1-4): 183-206.
8. Bradley M, Desai A, Kim E H. Synergistic gains from corporate acquisitions and their division between the stockholders of target and acquiring firms[J]. Journal of financial economics, 1988, 21(1): 3-40.
9. Brouthers K D, Van Hastenburg P, Van Den Ven J. If most mergers fail why are they so popular? [J]. Long range planning, 1998, 31(3): 347-353.
10. Bruner R F. Leveraged ESOPs and corporate restructuring[J]. Journal of applied corporate finance, 1988, 1(1): 54-66.
11. Bryan Burrough & John Helyar. Barbarians at the gate[M]. Happer press, 2009.
12. Cadbury A. Report of the committee on the financial aspects of corporate governance [M]. Gee, 1992.
13. Chandler A D. Integration by Way of Merger [J]. Mergers and acquisitions:

perspectives, 2002, 1: 24.
14. Claessens S, Djankov S, Lang L H P. The separation of ownership and control in East Asian corporations[J]. Journal of financial economics, 2000, 58(1): 81-112.
15. Coase R H. The nature of the firm: Origin[J]. Journal of law, economics, & organization, 1988, 4(1): 3-17.
16. Dolley J C. Characteristics and procedure of common stock split-ups[J]. Harvard business review, 1933, 11(3): 316-326.
17. D'souza J, Jacob J. Why firms issue targeted stock[J]. Journal of financial economics, 2000, 56(3): 459-483.
18. Elton E, Gruber M. The effect of share repurchase on the value of the firm[J]. The journal of finance, 1968, 23(1): 135-149.
19. Fama E F, Jensen M C. Separation of ownership and control[J]. The journal of law and economics, 1983, 26(2): 301-325.
20. Franks J, Harris R, Titman S. The postmerger share-price performance of acquiring firms[J]. Journal of financial economics, 1991, 29(1): 81-96.
21. Fishlow A. Internal transportation[J]. American economic growth: An economist's history of the United States, 1972: 468-547.
22. Gillan S L, Starks L T. Corporate governance proposals and shareholder activism: The role of institutional investors[J]. Journal of financial economics, 2000, 57(2): 275-305.
23. Grossman S J, Hart O D. One share-one vote and the market for corporate control [J]. Journal of financial economics, 1988, 20: 175-202.
24. Hart O. Corporate governance: Some theory and implications[J]. The economic journal, 1995, 105(430): 678-689.
25. Hayward M L A, Hambrick D C. Explaining the premiums paid for large acquisitions: Evidence of CEO hubris[J]. Administrative science quarterly, 1997: 103-127.
26. Healy M. Paul, Krishna G. Palepu, Richard S. Ruback. Does corporate performance improve after mergers[J].Journal of financial economics, 1992, (31): 135-175.
27. Jagannathan M, Stephens C P, Weisbach M S. Financial flexibility and the choice between dividends and stock repurchases[J]. Journal of financial economics, 2000, 57(3): 355-384.
28. Jensen M C. Agency costs of free cash flow, corporate finance, and takeovers [J]. The American economic review, 1986, 76(2): 323-329.
29. Jensen M C, Meckling W H. Theory of the firm: Managerial behavior, agency costs and ownership structure[J]. Journal of financial economics, 1976, 3(4): 305-360.
30. Karim S, Mitchell W. Path-dependent and path-breaking change: Reconfiguring business resources following acquisitions in the US medical sector, 1978-1995

[J]. Strategic management journal, 2000: 1061-1081.
31. Kelso L O, Kelso P H. Democracy and economic power: Extending the ESOP revolution through binary economics[M]. BookBaby, 1986.
32. Lowenstein L. Management buyouts[J]. Columbia law review, 1985, 85(4): 730-784.
33. Magenheina E B, Nmueller D C. Are acquiring-firm shareholders better off after [J]. Knights, raiders, and targets: The impact of the hostile takeover, 1988: 171.
34. Marshall A. "Some Aspects of Competition." The Address of the President of Section F — Economic Science and Statistics — of the British Association, at the Sixtiet Meeting, held at Leeds, in September, 1890[J]. Journal of the royal statistical society, 1890, 53(4): 612-643.
35. Masulis R W. Stock repurchase by tender offer: An analysis of the causes of common stock price changes[J]. The journal of finance, 1980, 35(2): 305-319.
36. Mueller D C. A theory of conglomerate mergers[J]. The quarterly journal of economics, 1969, 83(4): 643-659.
37. Myers S C. Determinants of corporate borrowing[J]. Journal of financial economics, 1977, 5(2): 147-175.
38. OECD (1999). Principles of Corporate Governance, OECD: Paris.
39. Park S, Song M H. Employee stock ownership plans, firm performance, and monitoring by outside blockholders[J]. Financial management, 1995: 52-65.
40. P D W. ed. The dictionary of modern economics. Springer, 1983.
41. Porta R L, Lopez-de-Silanes F, Shleifer A, et al. Law and finance[J]. Journal of political economy, 1998, 106(6): 1113-1155.
42. Roll R. The hubris hypothesis of corporate takeovers[J]. Journal of business, 1986: 197-216.
43. Rovenpor J L. The relationship between four personal characteristics of chief executive officers (ceos) and company merger and acquisition activity (maa)[J]. Journal of business and psychology, 1993, 8(1): 27-55.
44. Schumpeter J A. Business cycles[M]. New York: McGraw-Hill, 1939.
45. Shefrin H. Behavioral finance: Biases, mean-variance returns, and risk premiums [C].CFA Institute Conference Proceedings Quarterly. CFA Institute, 2007, 24(2): 4-12.
46. Shleifer A, Vishny R W. Stock market driven acquisitions[J]. Journal of financial economics, 2003, 70(3): 295-311.
47. Shleifer, Vishny. A survey of corporate governance[J]. The journal of finance, 1997, No. 2 (June).
48. Travlos N G. Corporate takeover bids, methods of payment, and bidding firms' stock returns[J]. The journal of finance, 1987, 42(4): 943-963.

49. Warga A, Welch I. Bondholder losses in leveraged buyouts[J]. The review of financial studies, 1993, 6(4): 959-982.
50. Williamson O E. The economics of antitrust: Transaction cost considerations [J]. University of Pennsylvania law review, 1974, 122(6): 1439-1496.
51. Zervas G, Proserpio D, Byers J W. The rise of the sharing economy: Estimating the impact of Airbnb on the hotel industry[J]. Journal of marketing research, 2014.
52. 2014年度注册会计师全国统一考试辅导教材[J].财务与会计,2014(5).
53. 宝马、大众争夺劳斯莱斯回顾[EB/OL].新浪汽车,2014-11-10,http://auto.sina.com.cn.
54. 蒋韵户.宝洁公司组织简要分析[EB/OL].2011年12月,https://max.book118.com/html/2015/0520/17345019.shtm.
55. 宝延风波：资本市场并购第一案[N].中国证券报,1994-03-31.
56. 第六次并购浪潮.21世纪经济报道[N],2013-11-17.
57. 尽职调查资料清单[EB/OL].百度文库,https://wenku.baidu.com/view/dc937ee1192e45361166f57d.html.
58. 并购的融资与支付方式[EB/OL].豆丁网,http://www.docin.com/p-796352566.html.
59. 伯利,米恩斯.现代公司与私有财产[M].甘华鸣,罗锐韧,蔡如海译.北京：商务印书馆,2005.
60. 波音案例分析[EB/OL].五星文库,http://www.wxphp.com/wxd_23gc138hzx7l7tx2asfr_1.html.
61. 蔡宁,何先进.中美企业兼并动机的比较及启示[J].经济理论与经济管理,2002(4)：55-59.
62. 陈宝胜,毛世辉,周欣.并购重组精要与案例[M].中国法制出版社,2017.
63. 陈庆红.我国公司反收购现状分析及对策探讨[D].西南财经大学,2005.
64. 陈学彬.金融理论与政策——宏观分析视角[M].复旦大学出版社,2012.
65. 程力.企业并购融资策略问题研究[D].对外经济贸易大学,2004.
66. 传雅虎向骨干员工推金手铐股权授予方案[EB/OL].创业网,http://www.admin5.com/article/20080331/78237.shtml.
67. 崔凯.风云并购[M].北京：机械工业出版社,2010.
68. 代凯军.管理案例博士评点[M].北京：中华工商联合出版社,2000.
69. 戴建民.《外国投资法（草案）》颁布,VIE将何去何从？[EB/OL].福布斯中文网,http://www.cyzone.cn/a/20150128/269118.html.
70. 戴维·凯里,约翰·莫里斯.资本之王[M].中国人民大学出版社,2011.
71. 短短七天安邦二度举牌中国建筑[EB/OL].华尔街见闻,https://wallstreetcn.com/articles/275557.
72. 段嘉尚.中国资本市场的并购套利策略研究[D].北京交通大学,2010.
73. 饭岛秀幸.兼并与收购[M].吕明哲译.大连：东北财经大学出版社,2005.

74. 反并购策略案例——广发 VS 中信[EB/OL].百度文库,2010-10-02,https://wenku.baidu.com/view/6861386925c52cc58bd6be18.html.

75. 反并购措施与股东权益的保护[EB/OL].豆丁网,http://www.docin.com/p-929331476.html.

76. 冯鑫.青岛啤酒并购战略分析[J].企业改革与管理,2017(7).

77. 丰子顺.中国企业跨国并购的税务问题研究[D].对外经济贸易大学,2015.

78. 复盘美的智能转型之路千亿掌门如何运筹帷幄[EB/OL].搜狐财经,2016-05-23,http://www.eepw.com.cn/article/201605/291465.htm.

79. 干春晖.大并购:30个世界著名企业并购经典案例[M].上海人民出版社,2006.

80. 杠杆资本重组操作:看KKR如何收购安费诺[EB/OL].搜狐财经,http://mt.sohu.com/20170104/n477695814.shtml.

81. 高级财务管理第9章反并购[EB/OL].道客巴巴,2012-10-23,http://www.doc88.com/p-952216780332.html.

82. 工信部.《工业和信息化部关于放开在线数据处理与交易处理业务[经营类电子商务]外资股比限制的通告》〔2015〕196号,2015.

83. GrantThornton京都天华会计师事务所.国际商业问卷调查报告,2011.

84. 股份回购重要案例[N].东方网—劳动报,2005-06-08.

85. 顾勇,吴冲锋.上市公司并购动机及股价反应的实证检验[J].系统工程理论与实践,2002,22(2):84-89.

86. 贯君.论员工持股计划在我国的应用[J].商业经济,2011(15):92.

87. 中华人民共和国商务部.《关于外国投资者并购境内企业的规定(2006年修订)》,2006.

88. 郭富青.论公司要约收购与反收购中少数股东利益的保护[J].法商研究,2000(4):79-88.

89. 国务院国有资产监督管理委员会.《国有控股上市公司(境外)实施股权激励试行办法》,2006.

90. 翰宇药业启动员工持股计划募集资金约2 000万元[EB/OL].凤凰财经,http://finance.ifeng.com/a/20141017/13196001_0.shtml.

91. 胡宏雁.刍议并购中的知识产权尽职调查[J].特区经济,2014(3).

92. 《中华人民共和国公司法》.华律网,2014年,http://www.66law.cn/tiaoli/6.aspx.

93. 华立收购飞利浦CDMA[EB/OL].南方网,2001年10月29日,http://www.southcn.com/.

94. 华为再披露股权结构:员工持股99%每股收益率26%[EB/OL].虎嗅网,https://www.huxiu.com/article/29010/1.html.

95. 黄中文.八大并购理论述评[J].生产力研究,2004(5).

96. 黄中文.跨国并购实务[M].中华工商联合出版社,2006:111.

97. 黄中文.跨国并购的十大动机[J].北方经贸,2003(11).

98. 贾立.杠杆收购:并购融资创新路径探讨[J].理论探讨,2006,(3):69-71.

99. 姜若愚,刘奕文.旅游投资企业战略管理[M].昆明:云南大学出版社,2010.

100. 金勇军.公司法(重组购并)[M].高等教育出版社,2009.
101. J.弗雷德·威斯通,S.郑光,胡安·A.苏.接管、重组与公司治理[M].北京大学出版社,2006.
102. 可口可乐公司并购汇源案例分析[EB/OL].道客巴巴,http://www.doc88.com/p-9915361885400.html.
103. 可口可乐并购汇源果汁的台前幕后[EB/OL].新浪网,http://news.sina.com.cn/o/2008-09-17/070014458553s.shtml.
104. 兰春华.浅析战略并购中协同效应的实现成本[J].企业经济,2003,(9):172-173.
105. 李丹."可口可乐收购汇源果汁案"之评析[D].西南政法大学,2010.
106. 李国海.职工持股的法律调整[J].法商研究,1998(4):48-53.
107. 李俊.首例要约收购考验上证所[N].国际金融报,2003-04-14.
108. 李明瑜,袁朝晖,徐蕾.盛大新浪攻防术[EB/OL].证券市场周刊,2005-03-13,http://www.sina.com.cn.
109. 李守强,丛菡.浅析企业并购财务风险及防范——新华传媒并购案例研究[J].中国管理信息化,2009(23):46-47.
110. 李素君,张曙光.企业员工持股计划及其应用[J].现代管理科学,2005(5):39.
111. 李文文,耿喜华,杨荣本,等.浅析员工持股的"利与弊"[J].商业会计,2013:82.
112. 李燕.美国公司法上的商业判断规则和董事义务剖析[J].法学,2006(5):143-149.
113. 李艳娥.企业如何依据资金成本分析选择最佳筹资方式[J].经营管理者,1998(2):33-34.
114. 李直.公司政治解密[M].广东经济出版社,2006.
115. 李自杰,李毅,曹保林.中国企业海外并购的特征、问题及对策研究——基于141起海外并购案例[J].东北大学学报,2010,12(4).
116. 联想猎食国资[EB/OL].网易财经,http://money.163.com/05/1008/14/1VI1PNRM00251GU7.html.
117. 联想29亿美元收购摩托罗拉智能手机业务[EB/OL].人民网,http://world.people.com.cn/n/2014/0130/c157278-24268024.html.
118. 刘华南.企业并购法律实务(第一版)[M].肖太福译.北京:群众出版社,2005.
119. 刘松.杠杆收购的投资增值机制——价值放大与价值创造[J].科学管理研究,2011,(1):87-91.
120. 罗婷婷.企业债务融资工具的法律尽职调查[D].第七届西部律师发展论坛论文.
121. 马克·鲁宾斯坦(Mark Rubinstein).投资思想史[M].张俊生,曾亚敏译.北京:机械工业出版社,2012.
122. 马瑞清.企业兼并与收购[M].中国金融出版社,2011.
123. 毛雅娟,米运生.公司并购的动因理论:一个基于价值视角的述评[J].金融理论与实践,2010(6).
124. [美]萨缪尔·韦弗,弗雷德·威斯顿.兼并与收购[M].周绍妮,张秋生译.北京:中国财政经济出版社,2003.

125. [美]小艾尔弗雷德·D.钱德勒.王铁生校.看得见的手[M].重武译.北京：商务印书馆,2013.
126. [美]约翰·S.戈登.伟大的博弈[M].祁斌译.北京：中信出版社,2006.
127. [美]弗雷德·威斯通等.兼并、重组与公司控制[M].唐旭等译.北京：经济科学出版社,1998.
128. 美国雷诺兹—纳贝斯克（RJRNabisco）公司杠杆收购案[EB/OL].360doc,http://www.360doc.com/content/14/1114/08/12225453_424984116.shtml.
129. 美的电器：公司章程（2009年3月修订）[EB/OL].证券之星,http://stock.stockstar.com/JI2009042700004256.shtml.
130. 米兰站高价卖盘失败灰色盈利模式待考验[EB/OL].每经网,http://www.nbd.com.cn/articles/2014-05-14/833625.html.
131. 年轻的万达影业＋巨亏的传奇影业,王健林要怎样讲一个好看的故事[EB/OL].虎嗅网,https://www.huxiu.com/article/148750.html.
132. 宁向东.公司治理理论[M].北京：中国发展出版社,2006.
133. 帕特里克·A.高根.兼并、收购和公司重组[M].中国人民大学出版社,2010.
134. 皮尔斯,戴维·W,毕吉耀,等.现代经济学词典[M].北京航空航天大学出版社,1992.
135. 企业战略管理[EB/OL].百度文库,https://wenku.baidu.com/view/8749eb6c783e0912a2162a6d.html.
136. 俏江南、大娘水饺"引狼入室"[EB/OL].新浪财经,http://finance.sina.com.cn/stock/t/2016-08-12/doc-ifxuxnpy9440601.shtml.
137. 屈艳芳,郭敏.我国上市公司套利性并购盛行的表现、原因与对策[J].商业研究,2005(21)：120-123.
138. 全球并购研究中心.中国并购报告（2004）[M].北京：人民邮电出版社,2004.
139. 饶海琴.世界主要国家员工持股计划比较研究[J].中国管理科学,2003,11(z1)：205.
140. 任淮秀.兼并与收购（第二版）[M].北京：中国人民大学出版社,2011.
141. 山东如意三涨停传闻求证：六个月内不再重组[EB/OL].中国青年网,http://finance.youth.cn/finance_zqjrgsxw/201403/t20140305_4818186.htm.
142. 上海国家会计学院.企业并购与重组（第一版）[M].北京：经济科学出版社,2011.
143. 上海文广新闻传媒集团重组新媒体业务[N].21世纪经济报道,2006-10-28.
144. 商务部.《外商投资法草案》,2015年1月.
145. 商务部.《关于外国投资者并购境内企业的规定》,2006.
146. 商务部.《关于外商投资管理工作有关问题的通知》,2011.
147. 商务部跨国经营管理人才培训教材编写组.中外企业跨国并购与股权投资比较[M].北京：中国商务出版社,2009.
148. 深交所企业培训中心.上市公司并购重组问答[M].北京：中国财政经济出版社,2014：34-35.
149. 失败的教训：15年后看美国在线与时代华纳合并[EB/OL].网易财经,http://money.163.com/15/0115/08/AG03NLSB00253G87.html.

150. 石建勋,郝凤霞.企业并购与资产重组——理论、案例与操作实务[M].北京:清华大学出版社,2012:140.
151. 石珣.ST 力阳资产置换交易案例解析[J].现代商贸工业,2011(16).
152. 四通集团管理层收购案例研究[EB/OL].豆丁网,http://www.docin.com/p-232469612.html.
153. 斯蒂芬·A.罗斯等.企业理财(第六版)[M].吴世农,沈艺峰等译.北京:机械工业出版社,2003.
154. ST 美雅反收购[N].证券时报,2014-05-19.
155. 苏敏.自由现金流量与现代财务理论——评詹森《自由现金流量的代理成本、公司财务与收购》[J].经济与管理研究,2006(12):87-89.
156. 孙健,盖丽丽.每天读点金融史[M].北京:新世界出版社,2008.
157. 孙泽蕤.中国国情与管理层收购的关系研究[J].上海金融,2002(3):11-13.
158. 谭华杰.万科的事业合伙人制度[J].清华管理评论,2015(10).
159. 唐纳德·德帕姆菲利斯.兼并、收购和重组:过程、工具、案例和解决方案综合指南(第 1 版)[M].黄瑞蓉,罗雨泽译.北京:机械工业出版社,2004.
160. 陶琦.皇冠明珠条款——欧美实践与中国移植[J].广西政法管理干部学院学报,2012(6).
161. 特变电工:2011 年度股东大会法律意见书[EB/OL].凤凰网财经,2012-04-18,http://finance.ifeng.com/stock/gsgg/20120418/5952564.shtml.
162. 同方股份拟分拆子公司赴港上市[N].东方早报,2011-01.
163. 仝舒男.新公司法对公司治理结构影响浅述[J].青年与社会,2014,(7).
164. 通用汽车公司资产重组案例剖析[EB/OL].纳税实务网,http://www.cnnsr.com.cn/jtym/swk/20090424/2009042414123555974.shtml.
165. 屠巧平.杠杆收购财务风险的分析与控制[J].经济经纬,2002,(3):65-67.
166. 王爱东,王冬雪.企业并购协同效应的计量模型[J].中国管理信息化,2008.
167. 王方剑.中国连锁企业投融资实务[M].北京:中国时代经济出版社,2008.
168. 王魏.杠杆收购与垃圾债券:中国机会[M].北京:人民邮电出版社,2007.
169. 威斯通.接管、重组与公司治理(第一版)[M].北京:北京大学出版社,2000.
170. 王文兵,干胜道.我国员工持股计划值得期待吗——兼评《上市公司员工持股计划管理暂行规定》(征求意见稿)[J].财会学习,2012(10):19.
171. 王文娟.跨国并购国家安全审查制度之比较研究[D].北方工业大学,2015.
172. Wind.上海电气集团股份有限公司关于上海电气首次公开发行 A 股招股说明书暨换股吸收合并上海输配电股份有限公司报告书摘要.
173. 王晓东,魏丽丽.中国企业海外并购特点及其前景[J].合作经济与科技,2012.
174. 王鑫.并购协同效应理论研究及案例分析[D].上海社会科学院,2009.
175. 第一并购,图解金融.一图解读十种典型的并购交易结构[EB/OL].2014-07-26,http://mp.weixin.qq.com/s/TRWX6dsNBR7AetGMy0AWUQ.
176. 魏世振,陈传明.员工持股计划的困惑与思考[J].现代管理科学,2005(7):8.

177. 魏昕.万科真相：中国第一地产背后的秘密[M].北京：中央编译出版社,2009.
178. 魏兴耘.我国上市公司MBO实施效应及相关问题探讨[J].证券市场导报,2003(6)：70-75.
179. 吴建国.高盛"偷食"双汇的"肉"[J].公司金融.2011：72(5).
180. 吴敬琏.当代中国经济改革[M].上海：上海远东出版社,2003.
181. 相雯.企业并购理论及其在中国的应用[D].北京交通大学,2003.
182. 小艾尔弗雷德·D.钱得勒.看得见的手(美国企业的管理革命)[M].北京：商务印书馆,2013.
183. 小米等互联网公司高价域名的背后动机[EB/OL].阿里云资讯,2014-12-09,https://www.aliyun.com/.
184. 肖金泉,黄启力.并购重组操作指引[M].法律出版社,2011：32.
185. 肖金泉.机遇与挑战：中国公司海外并购的风险与防范[M].法律出版社,2012：25.
186. 《新财经》编辑部.中国资本药局[J].新财经,2003(7).
187. 谢德仁,张高菊.金融生态环境、负债的治理效应与债务重组：经验证据[J].会计研究,2007(12)：43-50.
188. 谢旻宵.自由现金流量、大股东控制与公司并购——来自中国上市公司的实证检验[D].上海财经大学,2009.
189. 新浪上市[EB/OL].天极网,2000-07-03,http://www.yesky.com/268/101768.shtml.
190. 徐洪才.中国资本运营经典案例(上册)(第一版)[M].北京：清华大学出版社,2005.
191. 许新宇.基于并购动机的并购绩效分析——以吉利收购沃尔沃为例[J].商场现代化,2015(29).
192. 亚当·斯密.国富论[M].胡长明译.南京：江苏人民出版社,2011.
193. 烟台市泰兴海洋化工有限公司强制清算案例[EB/OL].中国清算网,2011-05-20,http://www.yunqingsuan.com/news/pinglun/1590.
194. 杨华.上市公司并购重组和价值创造(第二版)[M].北京：中国金融出版社,2009.
195. 杨澍.百年福特：失落的光荣与梦想[J].商学院,2010(7).
196. 姚铮.上市公司管理经典案例(第一版)[M].北京：清华大学出版社,2006.
197. 尤小雁.论员工持股计划实施中存在的问题[J].财会月刊,2009(26)：79-80.
198. "优酷与土豆宣布合并"专题[EB/OL].新浪科技,http://tech.sina.com.cn/z/youkutudou/.
199. 羽箭.Men'sWearhouse报价15亿美元反收购JosA[EB/OL].新浪财经,2013-11-26.
200. 与广东振戎订立更进一步认购协议及债务重组方案[EB/OL].美通社,2012-10-08,http://www.prnasia.com/story/68953-1.shtml.
201. 曾凡荣.企业并购动因研究的最新发展[J].特区经济,2006(1).
202. 谌楠.电子商务等平台经济的统计方法与监管问题探讨——以上海市为例[J].电子商务,2014(11).

203. 张坤令,姚广.谈内源融资及内源融资现金流的界定[J].财会月刊,2009(26):5-6.
204. 张利华.华为研发(第2版)[M].北京:机械工业出版社,2013.
205. 张林钢.我国汽车产业跨国并购案例分析——以吉利收购沃尔沃为例[J].时代金融,2014(32):32-34.
206. 张小南.上市公司运作理论与实务[M].成都:四川科学技术出版社,2009.
207. 赵伯生.财务尽职调查流程及内容研究[D].北京邮电大学,2011.
208. 中华人民共和国财政部.《企业会计准则》,2006.
209. 中国企业跨国并购动因及效应分析[EB/OL].百度文库,https://wenku.baidu.com/view/c75f6dd2195f312b3169a54d.html.
210. 中国证监会.《关于企业申请境外上市有关问题的通知》(证监发行字〔1999〕83号),1999.
211. 中国证券监督管理委员会.《上市公司收购管理办法》,2014.
212. 中国证券监督管理委员会.中国上市公司并购重组发展报告[M].北京:中国经济出版社,2009.
213. 中国证券监督管理委员会.《关于上市公司实施员工持股计划试点的指导意见》.2014.
214. 周春生.融资、并购与公司控制(第二版)[M].北京:北京大学出版社,2007.
215. 周东林.论企业并购[D].武汉理工大学,2001.
216. 周瑞凌,陈宏民.企业兼并实证研究综述:方法和成果[J].系统工程学报,2005,20(4):419-426.
217. 朱宝宪.公司并购与重组[M].北京:清华大学出版社,2006:280.
218. 专营公司收购的汉森公司[EB/OL].三亿文库,http://3y.uu456.com/bp_7yioa0ert344s0w0dxyt_1.html.
219. 追踪股票的特征分析[EB/OL].中华会计网校,http://www.chinaacc.com/new/287/293/341/2006/7/sh9660323225101760021299 2-0.htm.
220. 兹维·博迪,罗伯特·莫顿.金融学(第二版)[M].北京:中国人民大学出版社,2011.

图书在版编目(CIP)数据

兼并、收购与公司控制/杨青编著.—上海：复旦大学出版社,2018.9
经管类专业学位硕士核心课程系列教材
ISBN 978-7-309-13944-0

Ⅰ.①兼… Ⅱ.①杨… Ⅲ.①企业兼并-研究生-教材 Ⅳ.①F271.4

中国版本图书馆 CIP 数据核字(2018)第 215962 号

兼并、收购与公司控制
杨 青 编著
责任编辑/王雅楠

复旦大学出版社有限公司出版发行
上海市国权路 579 号 邮编：200433
网址：fupnet@fudanpress.com　　http://www.fudanpress.com
门市零售：86-21-65642857　　团体订购：86-21-65118853
外埠邮购：86-21-65109143　　出版部电话：86-21-65642845
上海四维数字图文有限公司

开本 787×1092　1/16　印张 25.25　字数 554 千
2018 年 9 月第 1 版第 1 次印刷

ISBN 978-7-309-13944-0/F·2501
定价：50.00 元

如有印装质量问题，请向复旦大学出版社有限公司出版部调换。
版权所有　侵权必究